宗教文明论

卓新平 著

中国社会科学出版社

图书在版编目(CIP)数据

宗教文明论 / 卓新平著 . —北京：中国社会科学出版社，2020.9 (2021.4 重印)
（宗教学新论）
ISBN 978-7-5203-6454-6

Ⅰ.①宗… Ⅱ.①卓… Ⅲ.①宗教史—世界—文集 Ⅳ.①B929.1-53

中国版本图书馆 CIP 数据核字（2020）第 077411 号

出 版 人	赵剑英
责任编辑	陈 彪
责任校对	赵雪姣
责任印制	张雪娇

出　　版	中国社会科学出版社
社　　址	北京鼓楼西大街甲 158 号
邮　　编	100720
网　　址	http://www.csspw.cn
发 行 部	010-84083685
门 市 部	010-84029450
经　　销	新华书店及其他书店
印刷装订	北京市十月印刷有限公司
版　　次	2020 年 9 月第 1 版
印　　次	2021 年 4 月第 2 次印刷
开　　本	710×1000　1/16
印　　张	25.5
插　　页	2
字　　数	380 千字
定　　价	158.00 元

凡购买中国社会科学出版社图书，如有质量问题请与本社营销中心联系调换
电话：010-84083683
版权所有　侵权必究

"宗教学新论"总序

宗教是人类社会及思想史上最为复杂和神秘的现象之一。人类自具有自我意识以来，就一直在体验着宗教、观察着宗教、思考着宗教。宗教乃人类多元现象的呈现，表现在社会、政治、经济、信仰、思想、文化、艺术、科学、语言、民族、习俗、传媒等方面，形成了相关人群的社会传统及精神传承，构成了人类文明和民族文化的重要部分，铸就了人之群体的独特结构和人之个体的心理气质。在人类可以追溯的漫长历程中，不难察觉人与宗教共存、与信仰共舞的史实，从而使宗教有着"人类学常数"之说。因此，对宗教的审视和研究就代表着对人之社会认识、对人之自我体悟的重要内容。从人本及其社会出发，对宗教奥秘的探究则扩展到对无限微观世界和无垠宏观宇宙的认知及思索。

于是，人类学术史上就出现了专门研究这一人之社会及灵性现象的学科，此即我们在本研究系列所关注的宗教学。对宗教的各种观察研究古已有之，留下了大量历史记载和珍贵的参考文献，但以一种专业学科的方式来对宗教展开系统的学理探究，迄今则只有不足150年的历史。1873年，西方学者麦克斯·缪勒（F. Max Müller）出版《宗教学导论》一书，"宗教学"遂成为一门新兴人文学科的名称。不过，关于宗教学的内涵与外延，学术界一直存有争议，目前对这一学科的标准表达也仍然没有达成共识。在宗教学的发展过程中，涌现出一大批著名学者，也形成了各种学术流派，并且由最初的个人研究发展成为体系复杂的学科建制，出现了众多研究机构和高校院系，使宗教学在现代社会科学及人文学科领域中脱颖而出，成绩斐然。20世纪初，宗教学在中国悄然诞生，一些文史哲专家率先将其研究视域扩大到宗教范围，以客观、中立、悬置信仰的立场和方法来重点对中国宗教历史问题进行探究，从而形成中国宗教学的基本理念及原则。随着中国现代学术的发展，宗教学不断壮大，已呈现出蔚为壮观之局面。

宗教学作为跨学科研究，其显著特点就是其研究视野开阔，方法多样，突出其跨宗教、跨文化、跨时代等跨学科比较的意趣。其在普遍关联的基础上深入探索，贯通时空，展示出其内向与外向发展的两大方向。这种"内向"趋势使宗教学成为"谋心"之学，关注人的内蕴世界及其精神特质，侧重点在于"以人为本"、直指人心，以人的"灵魂"理解达至"神明"关联，讨论"神圣""神秘"等精神信仰问题，有其内在的深蕴。而其"外向"关注则让宗教学有着"谋事"之学的亮相，与人的存在社会、自然环境、宇宙万象联系起来，成为染指政治、经济、法律、制度、社会、群体、国际关系等问题的现实学问，有其外在的广阔。而研究者自身的立足定位也会影响到其探索宗教的视角、立场和态度，这就势必涉及其国家、民族、地区、时代等处境关联。所以说，宗教学既体现出其超越性、跨越性、抽象性、客观性，也不可避免其主体存在和主观意识的复杂影响。在这种意义上，宗教学既是跨越国界的学问，也是具有国家、民族等担当的学科，有其各不相同的鲜明特色。除了政治立场、学术方法、时代背景的不同之外，甚至不同学派、不同学者所选用的研究材料、关注的研究对象也互不相同，差异颇大。由此而论，宗教学当然有着其继承与创新的使命，而我们中国学者发展出体现中国特色的宗教学自然也在情理之中。

基于上述考虑，笔者在此想以"宗教学新论"为题对之展开探讨，计划将这一项目作为对自己近四十年研究宗教学科之学术积累的整理、补充和提炼，其中会搜集自己已发表或尚未发表的学术论文，以及已收入相关论文集的论文和相关专著中的文论，加以较为周全的整合，形成相关研究著作出版，包括《经典与实践：论马克思主义宗教学》《唯真与求实：马克思主义宗教观中国化之探》《宗教学史论：宗教学的历史与体系》《宗教社会论》《宗教文明论》《宗教思想论》《世界宗教论》《中国宗教论》《基督教思想》《基督教文化》《中国基督教》《反思与会通》等；在马克思主义宗教观的指导下，梳理探究宗教学的历史和宗教学的体系，进而展开对世界宗教的全方位研究。其"新"之论，一在视野之新，以一种整体论的视域来纵观古今宗教研究的历史，横贯中外宗教学的范围；二在理论之新，即用中国特色社会主义理论的创新之举来重温马克思主义经典作家关于宗教之论，探究马克思主义宗教观在当代中国的新发展、新思路；三为方法之新，不仅批判性地沿用宗教学历史传统中比较科学、合理、行之有效的方法，而且对之加以新的考量，结合当代学术最新发展的成果来重新整合；四在反思之新，这就是重新审视自己以往的旧作，总结自己四十年之久宗教研究在理论与实践上的体悟、收获，以及经验和教训，在新的思考、新的形势下积极调适，增添新思和新言。当然，这一项目立足于思考、探索乃实情，而建构、创新则仅为尝试，且只代表自己一家之言，故此所谈"新论"乃是相对的、开放的、发展的，必须持有锲而不舍、止于至善的精神和毅力来继续往前开拓。由于这一研究项目涉及面广，研究难度较大，论述的内容也较多，需要充分的时间保证，也需要各方面的大力支持，故其进程本身就是不断得到合作、得到鼓励和支持的过程。

在此，作者还要衷心感谢文化名家暨"四个一批"人才工程领导小组将本课题列为"文化名家暨'四个一批'人才项目"计划！也特别感谢中国社会科学出版社在编辑出版本项目课题著作上的全力支持！

卓新平

2019 年 5 月

目　　录

"宗教学新论"总序 …………………………………………（1）
前言 …………………………………………………………（1）

第一编　宗教与文化

第一章　论信仰与宗教及其文化蕴涵 ………………………（3）
第二章　中华文化的反思与展望 ……………………………（13）
第三章　重新发掘中华优秀文化传统 ………………………（21）
第四章　宗教与文化关系刍议 ………………………………（28）
第五章　对宗教与中国文化的反思 …………………………（33）
第六章　中国文化中对"宗教"意义的理解 ………………（39）
第七章　论宗教与文化多样性 ………………………………（46）
第八章　关注宗教与文化发展 ………………………………（52）
第九章　关于中国宗教学的文化思考 ………………………（56）
第十章　宗教文化与当代中国社会发展 ……………………（70）
第十一章　中国文化传统中的"德信相济与安身立命" ………（83）

第二编　宗教与文化战略

第十二章　从"文化兴国"的战略举措看中国传统文化
　　　　　及宗教的意义 ………………………………………（89）

第十三章　宗教学研究助力中国文化战略实施………………（94）
第十四章　宗教对加强文化战略、提高文化软实力的意义………（101）
第十五章　必须重视宗教在中国对外战略中的积极作用………（107）
第十六章　中国宗教："走出去"文化战略的先行者……………（112）
第十七章　基督教与中美关系的文化战略思考…………………（118）
第十八章　基督教在促进中美关系改善及中华文化发展上的
　　　　　　作用………………………………………………（131）

第三编　整体思维与宗教文明

第十九章　以整体思维来审视人类文明…………………………（139）
第二十章　人类命运共同体与整体思维…………………………（161）
第二十一章　从整体思维看西方"新时代"运动…………………（169）

第四编　宗教与"一带一路"

第二十二章　对"一带一路"文化的整体审视……………………（189）
第二十三章　对话宗教与"一带一路"发展………………………（199）
第二十四章　"一带一路"与宗教文化关系的历史反思及
　　　　　　　未来展望………………………………………（206）
第二十五章　"一带一路"与宗教文化交流及其现实意义………（218）
第二十六章　"一带一路"建设中的民族宗教问题探究…………（231）
第二十七章　海上丝绸之路与宗教传播…………………………（235）

第五编　宗教与人类命运共同体

第二十八章　人类命运共同体建设与中华民族的参与…………（245）
第二十九章　人类命运共同体与宗教价值………………………（250）
第三十章　文化交流与和平对于构建人类命运共同体的意义……（258）

第三十一章 "人类命运共同体"观念的中西比较 ………………（263）
第三十二章 宗教与人类命运共同体的可持续发展 ……………（278）
第三十三章 宗教在人类命运共同体构建中的意义 ……………（285）
第三十四章 中华民族精神共同体与宗教信仰 …………………（292）
第三十五章 海外华人信仰对中华民族文化共同体的意义 ……（299）

第六编　宗教与文明对话

第三十六章 对话作为共在之智慧 ………………………………（311）
第三十七章 对话以求理解 ………………………………………（321）
第三十八章 以多元文化包容争取世界和谐 ……………………（327）
第三十九章 "全球化"处境中的宗教文化及发展趋势 …………（334）
第四十章　 从世界语境看中华文明的传承与开放 ……………（337）
第四十一章 宗教与文明对话 ……………………………………（342）
第四十二章 宗教对话的时代：世界宗教对话百年回眸 ………（346）
第四十三章 文化对话是世界和谐的通途 ………………………（351）
第四十四章 宗教的睿智与东西方对话 …………………………（356）
第四十五章 亚洲宗教多样性及其文明对话 ……………………（359）
第四十六章 亚洲文明对世界文明的贡献 ………………………（370）

第七编　宗教与生态文明

第四十七章 中国宗教与生态文明 ………………………………（379）
第四十八章 关爱生命，拯救生命
　　　　　　——论宗教中的生命观 ……………………………（390）
第四十九章 生态文明与佛教文化 ………………………………（393）

前　言

从文化、文明的角度来审视宗教，在中国学术语境中是比较新的现象。其实，宗教自诞生以来就与人类文化有着密切的关联，一些宗教甚至是人类早期文明的代表和象征。因此，对待宗教应该具有一种文化感，形成我们探究宗教的文化意识，表现出评价宗教时的文化品位和文化鉴赏。总之，我们研究宗教就应该体现出反观人类文明历史时的文化自觉和文化自知，达到一种"宗教是文化"的体悟。

当然，文化内涵丰赡、范围广远，几乎关涉人类发展的方方面面。于此，我们应该相对集中在对宗教之文化意义、文明承载的探讨。在中国学术界对待宗教的认知转型时期，从文化、文明的视野来看待宗教曾发挥过非常重要的作用，而文化表述的综合性及人们对其的理解包容，故使这一转型相对顺利。尽管今天仍然有人质疑宗教的文化性，不同意对宗教的泛文化表达，对宗教的文化认可却已获得广泛共识和基本接受。所以，这里以一种文化哲学的视角来论述笔者曾长期思考的宗教文明论，其社会氛围应该已经形成，而成熟的学术环境对之也应该会理解、包容。

在世界宗教研究的最基本聚焦中，一般不会离开三大问题的询问及探索。一是什么为"宗教"的问题，这涉及人的信仰这一精神追求之定性和定位，由此而有不同民族、语言之表述的对照和比较。二是什么为"神明"的问题，即对人类信仰之对象的究问和释疑，触及对人类之超然追求目标的实在性及定性性的确认或确定。三是"神人"之间的关系问题,这种关系会围绕永恒与现实、超越与内在、绝对与相对、彼岸与此岸、无限与有限、存在与生命等关系来展开、充实、扩散。这些问题虽然是以宗教探究的方式来切入,其实质却乃我们人文精神之表达。虽富神秘感,却更有文化味。这种"间"性关系之中则正是人的存在,乃人的上下求索。人的困惑、思索和探讨,才构成了这些神学、人学、哲学、科学的基本出发点。既然如此,那么在这探索之旅就会有人的体验及经验,人的审视及批判,人的自我意识及尊严。而这一切则正是人的文化意义之彰显。

记得1987年笔者在德国慕尼黑撰写自己的第一部中文著作《宗教与文化》时,曾提到是想以一种"富有立体的弹性和有机的韧性的整体哲学"来全面、严密、能动、个性地展开"对一切事物多层次、全方位的研究和理解",并且以宗教文化之探为案例来做了初步尝试。自此,这一"整体思想"的构设就一直萦绕脑际而挥之不去,但却没有时间来精心思考以使之达到某种成为体系的高度。直到最近笔者在开办擘雅研修班之时还论及"整体思维",并以"人类文明与整体思维"作为其开班主题。那么,时至今日,笔者仍然认为,对宗教文明的寻踪究义就需要这种整体思维的视域和方法。所以,从文化的角度来研究宗教,就应该博文广化。

基于上述构想,本文集将涉及如下一些方面。

第一,宗教与文化的综合论述。对之将讨论信仰与宗教及其文化蕴涵,反思中华文化并尝试发掘其优秀传统,其中的重点当然是对宗教与中国文化之关系的思考,对"宗教"在中国文化中的意义加以解读和诠释,从中国宗教学的发展来展开文化之思,并对宗教文化与中国社会发展的关系加以探讨。

第二,对宗教与文化战略的专论。其中当然以中国宗教与文化战略为重点,围绕中国传统文化及宗教对"文化兴国"的意义、对文化软实力的提高,以及对国际关系的作用来展开,同时也关注整个国际关系中的宗教文化战略问题,尤其是对宗教与中美关系的关联加以专门阐述。

第三，整体思维与宗教文明的思考。其内容包括尝试以整体思维来审视人类文明，探讨人类命运共同体的社会建构与整体思维的精神指导之间的逻辑关系，以整体思维来审视"一带一路"文化，并从整体思维的视角来剖析20世纪下半叶曾风靡西方社会的"新时代"运动。

第四，宗教与"一带一路"的关系之探。专门展开对宗教与"一带一路"发展之关联的研究，对之加以历史反思及未来展望，其中亦注重"一带一路"建设中的民族宗教问题及其相关风险防范，并论及海上丝绸之路、草原丝绸之路与宗教交流及传播等问题。

第五，宗教与人类命运共同体的研究。这里所涉及的研究问题包括人类命运共同体建设与中华民族的参与、中华民族精神共同体与宗教信仰、人类命运共同体与宗教价值、文化交流与和平对构建人类命运共同体的意义、"人类命运共同体"观念的中西比较，以及宗教与人类命运共同体的可持续发展和在人类命运共同体构建中的意义等。

第六，对宗教与文明对话的回顾及评价。这种对话涉及多元文化的共存关系问题，为此而将论及以多元文化包容争取世界和谐、"全球化"处境中的宗教文化及发展趋势、从世界语境看中华文明的传承与开放、文化对话作为世界和谐的通途、宗教的睿智与东西方对话等议题，并对亚洲宗教多样性及其文明对话以及亚洲文明对世界文明的贡献等加以专门阐述。

第七，对宗教与生态文明关系的强调。论述宗教在保护自然生态及文化生态中的意义，从关爱生命、拯救生命的视角来论及宗教中的生命观，最后专门讨论中国宗教与生态文明的关系问题。

对宗教的文化关注、从宗教文明意义上来阐释宗教，是我们当前学术研究中的短板之一，社会舆论对之亦众说纷纭、莫衷一是；因此，我们有必要加强宗教文化层面的研究，拓展我们的视野及思路，改进我们的见解及认知。本文集的推出即旨在对之作出积极的尝试。

第一编 宗教与文化

第一章

论信仰与宗教及其文化蕴涵

在当代中国社会语境中，对信仰的认知是一大焦点，也是一大难题。这是一个社会理解问题，其涉及的精神深层则更是一个文化理解的问题。中国人究竟有没有信仰，中国共产党究竟应该有无信仰，共产主义究竟是不是信仰，这些问题似乎又开始成为人们特别关注和经常讨论的话题。有些人认为中国人根本就不需要信仰，中国文化的"哲学"性特征和中国共产党的科学理性思维已经超越了对信仰的依赖，一切都可以用哲学理性来说明及解释，信仰在中国已经"出局"了！但也有不少人认为，信仰是人所需要的，甚至是必需的；就是说中国人"没有宗教"，也不能说中国人"没有信仰"！一个没有信仰的民族、政党或国家，是非常危险的，也是很难在思想精神上凝聚一起共同发展的。还有一些人则认为，信仰为宗教所专属，离开宗教则谈不上信仰。这些在信仰问题上的混乱认识和对信仰的复杂态度，充分说明了我国在目前社会及思想转型时期的多元状况和看法分歧。所以说，现在我们在中国的话语境况中不仅在宗教认知上尚未达到共识，就是在信仰问题上也缺乏相对统一的看法。对于这些问题的透彻理解，除了基于其存在社会的分析探究之外，还需要文化哲学意义上的参照和思考，为此我们也必须回到一种大文化的审视及思考。其实，人类的信仰即一种信仰文化，有着丰富的文化蕴涵。

按照马克思主义的理解，信仰是人类精神生活中"人们把握世界的方式"之一，而且是非常重要、极为典型的方式，充满着文化蕴意。

在此，马克思主义经典作家已经在从文化这一更宽广的视域来观察和思考宗教信仰问题，将信仰视为人类文化表达的一种重要方式，与认识世界、把握世界相关联。基于这一思路，我们分析、研究宗教，就应该更多地从其文化史、文明观的视域来展开，从而对宗教信仰也更能持一种包容、理解的态度。

在中国文化语境中，信仰关涉人的言论，有人言之论、人心所向的含义，即对某种道理的崇敬和膜拜，最初为天地信仰、祖先信仰，而这种信天理乃中国文化核心要素之一。在中国古代文献中，(北齐)魏收所撰《魏书》(卷四十三，列传第三十一，刘休宾)中已经提及"信仰"，有"亡父既见赤虎之信仰感圣朝远遣妻子又知天命有归"之说[①]。当然，研究者对这一文献因为句读不同而理解不一，对之仍可探讨、商榷。可以说，在后来的发展中，信仰一般被理解为"有理"之信、"理性之信仰"，故被视为"正信"、"理信"和"智信"。这种理性之信仰的对立面则为"迷信"，有"愚昧""愚迷""迷妄""迷惑"之贬义。中国历史文献中有唐代墓志提及"迷信"，云"既下车，闻有僧道峦属火於顶，加钳於颈，以苦行惑民，人心大迷信"[②]。不过，只是到了19世纪末、20世纪初，随着日本学界将"religion"译为汉语的"宗教"，才开始频频出现将"迷信"与"宗教"相混同的理解，视宗教的鬼神信仰为迷信。由此，信仰遂分出"正信"与"迷信"，梁启超特别强调"正信"或"智信"与"迷信"的区别，而在其主张中国"无宗教"时则干脆将"宗教"与"迷信"相等同，批评鬼神信仰和宗教迷信。为此，梁启超在其主编的《新民丛报》第24期(1905年，即光绪三十一年十二月十五日出版)上刊登了日本人富士川游所著《论信仰》一文，对"信仰""迷信""宗教"等作了如下区别性说明：

[①] 中华书局点校本将"信仰"二字用逗号分开表述："亡父既见赤虎之信，仰感圣朝远遣妻子，又知天命有归，拥众一万，以诚降款。"《二十四史》23，《魏书》一，中华书局1995年版，第967页。

[②] 周绍良、赵超主编：《唐代墓志汇编续集》，上海古籍出版社2001年版，第909页。

第一章 论信仰与宗教及其文化蕴涵

宗教上之杂志言信仰者多矣,是为宗教上之信仰与学问上之信仰全迥然有别也。然世人以信仰仅为宗教上之信仰,斯误甚已。今就信仰之全体说明之。信仰者即德语之 Glauben 译其意,有信念之义,而分自然的与不自然的之二种。

自然的之信仰 Der natürliche Glauben 可补吾人知识之缺陷,所谓学问之信仰即此也。

此信仰者于日常之生活多遭遇知识学(科学)者,为信仰必不可缺之要件。若其信仰关于原因之认识时,而臆说(Hypothese)出,此谓之形而上之信仰(Metaphysische Glauben),又假定共通之原因,说明相关联各种之现象时,而理论(Theorie)出,此臆说与理论者为知识学上必要。若此信仰者,则知识学(科学)诚不完全。上所言者,为自然的之信仰。兹请述学问上之信仰(Wissenschaftliche Glauben)。在各种之宗教现象说明所用之观念,名狭义之信仰,此宗教上之信仰者(Religiöse Glauben)。理外之信仰(übernatürliche Glauben)与前言学问上信仰,其原理有著明之差异处,宗教上之信仰者,黑智儿谓为神怪之信仰(Wunderglaube)。信出于理外之事,在吾人之理性上抵触,自然的信仰者不少,此之谓理外信仰(Ueberglaube)。理外信仰者,实不外迷信(Aberglaube),根本之形式即自然以外(理外)之力与现象,而为知识学(科学)所认识、承认为事实存在。宗教上信仰常有之迷信者,由知得之误谬与想像之错误而起,吾人明认背于自然律者多,故迷信者非理性的也。宗教之说,谓生存之谜者,解释吾人之理性而起,必不解释于自然之外之道途,定教义或信条以为神之法,而整伦理、定生活,此为凡宗教所普有者。其信仰前已言之矣,理外之信仰由吾人之理性基于经验真理所认者,多有抵触,黑智儿等之诸家谓为迷信。①

---

① [日]富士川游:《论信仰》,咀雪子译,载梁启超主编《新民丛报》光绪三十一年十二月十五日第24号,第69、71—72页;《中国近代期刊汇刊·第二辑》,中华书局2008年版,第9831、9833—9834页。

可以说，以梁启超等人为代表的启蒙主义者和新文化运动的推动者对"信仰""宗教""迷信"的理解及其贬抑与当时日本知识界的理解相呼应，此后又对中国社会尤其是知识界产生了长久而深远的影响，导致中国学术界否定宗教存在及其意义的罕见文化歧视现象。其结果，"宗教"甚至"信仰"一度成为中国近现代社会中的贬义词，甚至在当代中国这一看法都根深蒂固、尚难根本改变。

然而，研究思想文化问题，尤其是研究宗教问题，却不能绕过对信仰的关注及评说。这一研究的关键在于对"信仰"的理解。信仰是人类精神文化的重要现象，信仰反映出人类在认知和实践上的超前把握及决定，体现出人追求超越性和神圣性的境界，当然有着积极、肯定的蕴涵。其中"信"为认知上的超前性和超理性，"仰"则是行动上的超越性和敬畏性，指一种往上的、超然的、折服的心态及相应的行动选择。在此，"信仰"的表述已经涵括了其理论与实践的双重寓意。信仰虽然可能有神秘性的因素，但更多的是体现其敬佩、推崇和神圣的境界。信仰有不同层面，包括政治信仰、文化信仰、科学信仰、民族信仰、宗教信仰，它们彼此有关联却不能完全等同。所以，这些不同层面的信仰在许多情况下可以并行不悖，一个人在拥有其政治信仰的同时，当然也可以有其文化信仰、民族信仰甚至宗教信仰，并可在一定情况或条件下努力使其在社会政治层面上相协调、达一致。

将信仰分成不同层面很有必要。由于政治信仰、民族信仰和宗教信仰的相混淆，及其被放在同一层面来对待，使许多原本十分简单的事情变得极为复杂，本来不应敏感的问题变得极为敏感。特别是把政治信仰与宗教信仰混同一体，引起了许多理论及现实问题，出现了不少本来就不必要的纷争与冲突。如果将政治信仰与宗教信仰放在同一个层面来理解，信仰的忠贞性和唯一性所导致的排他性会使二者处于相互排拒、水火不容的尴尬处境，而且不少问题由此会被打上死结，永远无法得到解决。但如果让政治信仰和宗教信仰回到其各自不同的固有层面，有各自相应的存在处境，则可能柳暗花明，让人们打开一片生机，使两种信仰相互尊重、积极对话、和平共处。目前中国的信仰理解实际上已经走到了这一临界点,其同一层面的认知使宗教问题陷入僵局,出现了理论上的悖论及理论与实践上的自相矛盾,故此无法摆脱其政治及意识形态上的包袱而轻装上阵,"积极引导"则被打上了问号或被虚化。若能将之还原到其本属层面,问题则迎刃而解,宗教的社会作用与功能也就能得到最好的运用和发挥。显而易见,对信仰、宗教的单一理解限制了我们的视域,桎梏了我们的思想。所以,我们今天很有必要对信仰、宗教都要加以多层面、多角度的整体审视。

共产主义理想就是一种政治信仰,是我们共产党的信仰。从中国共产党的历史发展来看,这种信仰的力量是非常巨大的。过去有些人认为共产党员不要有信仰,这实际上是把共产党人的精神持守、理想追求都否定了。笔者认为我们共产党人应该有信仰、中华民族应该有信仰;如果没了信仰,我们的党、我们的民族也就没了希望,失去了目标。共产主义是我们共产党人追求的信仰,我们相信其在未来一定会实现,但现在尚未实现,而且还有漫长的路要走,中国共产党经过近百年的历程,我们也才达到"社会主义初级阶段";因此,不少共产党员为其信仰而奋斗,不惜抛头颅、洒热血,牺牲自我及其所属的一切,虽然看不到其信仰的实现,却已表现出对其"信"之坚定和在"仰"之行动上的忘我,体现出这种政治信仰的超越性和神圣性。对这种未来才可能实现的政治理想的坚信,只有用信仰才能根本加以解释。在政治信仰层面上有一定的排他性,一个人不可能也不应该同时持有两种政治信仰,其信仰的坚贞就包括对其所持信仰的专一和坚守。不过,不同的政治信仰之间仍然可以对话和交流,在特定时机甚至可以相互包容和共同合作。事实上,不同政治信仰所构成的不同政党,在其政治"主义"或"主张"之间就不仅有冲突、斗争,同样也有协商、合作。各党派之间的政治协商、团结合作代表着人类政治民主的积极发展。

信仰是人类求知的产物,是对"未知"的一种具有模糊性、神秘性、神圣性、整体性的把握。信仰是世人超出其现实认知的有限性而尝试对未知的一种独特把握,是人在意识到在其之外还有着整个无限宇宙存在的朦胧猜测以及在认识到人的自我之限却又不甘心囿于这种自我及其有限性的一种精神突破和思想探求。这在哲学理解上，也就是说信仰是世人超出其理性认知而对时空整体的一种独特的思想精神层面的把握，是人在意识到却尚未真正认识到这种时空整体存在、包括对无限时空的推测和前瞻以及意识到人之自我和这种自我有限性时的一种人生追求和自我超越。科学家承认，在已知世界中科学能真正说明、解释的仅为其百分之四；此外的部分加之未知世界，人只能靠信仰来把握、来界说。据传当代科技界开始普遍关注一些本属社会科学或自然科学与社会科学相交织的问题，如在辩证对比意义上基本粒子与具有源端意义的"上帝粒子"问题，物质与反物质以及与之关联的暗物质、暗能量问题，宇宙起源、生命起源以及意识、精神的起源问题等。由于宇宙的无限性，这种科学的探索会永无止境、永在途中，故此科学也需要信仰意义上的推测和把握。这种信仰把握在目的上具有绝对性，而其实现则仅有相对性。而信仰的言述乃有其平等性，无论是哪一个层面的信仰，在关涉理性和确知的方面则都是相似或相近的，很难说此高彼低、此真彼伪。在此，"信"是一种前瞻、一种托付、一种投身、一种冒险，当然也是一种超越、一种升华，因为"信"本身即是对某种尚未实现、并非可以确切证实的观念、理想、预设的追求、持守和忠诚。人生构设的这类目的实际上就是人的信仰，虽然在其人生中这种目的不能真正实现，人却会对其信之、仰之，甚至可为其殉道、牺牲。一旦其真正实现了，信仰则不再是信仰而为真实。所以，信仰关涉未来学、预测学，是人的精神所具有的独特功能，也体现出人的伟大之处。对尚未实现的目的之信仰，反映出政治、文化、民族、宗教等信仰层面的共性，而政治信仰和宗教信仰在目的上的区别，则是在于政治信仰相信其目的在此岸（此世）的未来会实现，而宗教信仰则相信其目的只能在未来的彼岸（来世）得以实现，虽然这种信仰的目的会被人认为是"虚幻"的，但这种彼岸信仰仍会影响、制约其信奉者的此岸人生，帮助人们相对冷静、超脱地面对生老病死和天灾人祸。人追求成圣、成仙以及人的"神化"，其实也是人对自己的一种更高要求，直接关涉并规范其此在人生，从而生动说明了信仰的现实关联，并非与此岸毫无干系。由于宗教信仰的彼岸性、超时空性和超现实性，在社会政治层面对之难以说清、不可比较，因此也就没有必要纠缠在其认知层面的不可知性而相互对峙，而应更多关注其社会实践层面的共同性及可合作性，把握如何在其信仰指引下的社会实践中与之求同存异或和而不同。

实际上，宗教信仰所指导、规范的社会实践标准和社会伦理规范不一定就与社会政治层面的价值观、人生观和道德观必然矛盾、相悖；宗教信仰之思曲折地反映出人的现实需求和追求，因而其向往的真、善、美、圣也是属于这个世界的，可以与社会需要的真理、完美、和善及神圣求同、共在。由此而论，信仰包容及共在主要是社会政治意义上的，我们的共同关注也应该立足于今生、此岸、这个世界及其现实需求。至于其信仰之源、信仰目的、信仰对象之非此岸性或超现实性，则应该给予认知上的充分自由和政治上的完全包容，其商榷、讨论、争议或批评则只应该限在认识论层面。纵令其意识与存在、理论与实践、建构与基础、思想与社会等关系上的考量，也必须辩证地、整体地、相互关联性地来进行。把宗教信仰与其社会现实的生存相脱节，只指责宗教信仰而不看到其反映和基于的现实，则是在批评唯心主义的同时自己也滑入了唯心主义。

信仰在政治、文化、民族、宗教等层面本身的多样性，说明信仰在其共在上必须体现包容精神。诚然，信仰所要求的单一和专一使之具有信仰的排斥性，在同一层面的不同信仰认知很难达成共识或认同。不过，不同信仰却必须面对其共同存在，因此，在社会层面形成或构建其信仰的存在共同体却是可能的，这也就需要信仰之间的宽容和包容。在其多元社会生存中，信仰的绝对性诉求也仅有其相对性，不可能畅通无阻，而且其强行也不会走得太远。就此而论，政治信仰的社会底线或许较为明确，而宗教信仰的认知底线却并不十分清晰；政治信仰上的改变会被视为"背叛"或"弃暗投明"，但宗教信仰则很容易出现皈依、转宗或兼信、共融现象。究其实质，信仰改变在很大程度上是社会政治意义上的，是社会生存、社会关系的改变使然。所以，我们应该关心这种改变的社会政治原因，弄清其变化的实质。而宗教信仰层面有神、无神所共同论及之"神"在认识论上虽然很值得探讨和商榷，却没有必要纠缠其存在论和社会论上的不确定性。真正在认识"神"、信仰"神"的方面所发生的变化，则可能主要是宗教哲学家等宗教理论家所出现或关注的问题。所以，现代社会对纯宗教信仰意义上的"转宗""改教"已经相当宽容、颇为温和。就其实质来看，"神"的问题本身乃信仰认知问题，它不应该被放在政治、社会领域去解决。而其所折射的社会政治、经济问题，则也应该从社会层面去补救，已不应该再与"神"性认知的认识论问题相混。

其实，在信仰追求中，过程才是一种真正的、真实的实现，所以我们必须重视、把握、欣赏或警惕这一过程，把研究、解决信仰问题的重点也放在这一现实过程之中，而不能放在说不清、纠缠不完的未来或彼岸上。信仰所问的问题"人是什么""人从何来""人往何去"，其实很难找到一个真实、准确的答案。实际上，这是人生哲学的永恒之问，也是自然科学所无法回避的。人在其来往之间的过程对之才是真正重要的；这是人对其"当下"的关注，只有从其来与去之间的过程才能回答、解释"人是什么"的问题。所以说，我们关注信仰、关注宗教信仰问题，关键就在于对信仰者的人生经历及社会参与的关注、研究、重视，是其今生今世而不是什么"彼岸"之"神"。探讨有"神"、无"神"，弄清"唯心""唯物"，实际上是哲学认识论问题，而并非社会存在论问题。"神"之有无，或"心""物"之所"唯"，恰如一个硬币上的两面会同时存在，相辅相成，这在认识论上未解，在存在论上则无解，故而会长期为人类之问，且答案多元。从纯学术层面可以继续不断地探究这一问题，因为在短时间之内不可能根本解决这一认知问题；但在社会政治层面则可以对之扬弃、超越，不必过度纠缠；因为争论不休、让彼此生出异心反而会影响到社会和谐发展、安定团结的大局。所以说，我们对信仰问题，有必要从哲学理性认知及社会政治效果这两个层面来认真研究和界说。

综合信仰的哲学宗教理解和社会政治理解，信仰说到底也是一个文化问题，即有没有信仰文化、其内涵和内容是什么的问题。其实，中国有着久远、深厚的信仰文化，在扫尽历史的百年尘埃后早应露出"信仰中国"的本真面目。无论是追求政治者因其神圣性而执着，还是宗教徒因"神道设教"而崇敬，都显示出"神州"的本色。对于"神州"之"神"的寓意问题，可以进一步加以词源学、历史学的考证和阐发。中国是一个与神圣结缘的国度，中华民族的信仰情结亦有其与众不同之处。由于现实关切容易成为其关切的焦点，因此使中国各层面的信仰有着特别的趋同性、共构性，人们不太强调此岸、彼岸的截然区分，神人之间也不像在"亚伯拉罕传统宗教"中那样有着无限分离的距离。尽管这容易造成其挤在同一层面而彼此不容的悲剧，却也使这种信仰理解有着对我们的直接贴近感和亲切感。中国的信仰对人提出了更高的要求，使本来在一些宗教中不敢想象的人性本真之神圣追求成为可以实现的理想。中国的圣人崇拜比不少宗教中的圣徒崇拜多了一些人文的内容、社会的蕴涵。在中国宗教信仰的神明体系中，历史上的英雄人物会被"神化"、成为真神；同理，中国政治信仰中的人物及其思想、学说、理想，也可以高达宗教崇敬的程度。信仰既是超越人之自我，同样也是提拔、升华人之自我。所以，中国的信仰特色颇值研究，我们不应该仅以其他民族的宗教信仰为圭臬来衡量、判断我们中国人自己的宗教信仰，而理应基于我们自己的文化传统来给出我们认识宗教的标准。

中国信仰的核心，无论在其政治信仰、文化信仰、民族信仰，还是宗教信仰之中，都体现出其追求"大一统"即整体共在的这一奥秘。从政治信仰、文化信仰、民族信仰和宗教信仰对中华民族的维系上来看，都可以发现其对中国社会独特、持久的整体性和一统性传统及其发展惯性的注重和神圣化。中国社会体制在世界政治史范围中乃是一个极为典型的超稳态、持久型的"大一统"社会。中国传统所强调的"大一统"政治文化延续数千年，迄今仍是中国政治的主导思想。而其政治、文化、民族、宗教等信仰则都对之持肯定、维护的态度。其旺盛生命力，源于中国社会所持守的"海纳百川""多元通和"的圆融、共构精神，它要求一种神圣的"大同"世界，纵令有异也需达到不同而和的共融,这为今天中国社会整体所倡导的"和谐文化"奠定了基础。中国社会发展曾丢失过这种"和谐"传统,结果使中国社会长期处于混乱、动荡的状况之中,生灵涂炭、民不聊生,其结果造成人人自危的恐惧心态,传统的信仰也一度隳沉。社会的分裂使中国"失魂落魄",找不到自我。而"大一统"政治及文化理念的持守,既需要求同存异,也允许和而不同。多元共在方为和谐,不同而同即为玄同,充满辩证意义。在当前越来越强烈地意识到中国已进入多元社会的氛围中,人们希望一种多元并存的局面,却没有丢掉一种"大一统"共在的共识。其维系及坚持乃是中国信仰文化的力量,这种坚守构成了中华民族的信仰之魂。而这也是一些中国当代知识精英倡导"宗教共同体""信仰共同体"的中华文化基础。其所反映的,则正是中国政治共同体、中华民族共同体的现实真实。而为了这一"大一统"和"共同体",信仰不可相混,却必须对话沟通。所以,正如宗教对话之"宗教内""宗教间""宗教外"三层次那样,信仰的对话也应该是在同一层面内的信仰对话、不同层面间的信仰对话以及信仰与其之外的其他范畴的对话。这种信仰对话、信仰包容,则可使我们保持各美其美、赢来世界美美与共。

[原载《文汇报》2012年4月9日。后根据卓新平著《中国宗教与文化战略》(社会科学文献出版社2013年版)"第一章 信仰理解"改写。]

第二章

中华文化的反思与展望

在今天中华文化重新崛起的历史时机，我们中华民族有许多期望和抱负可以尽情地施展。但国际形势并非莺歌燕舞，四处潜伏着危机，对此我们必须未雨绸缪，早有准备。对中华文化在这一全球化时代的反思与展望，是与我们民族的命运紧紧联系在一起的。我们民族团结就是国家兴旺之时，而一旦民族分裂就是国家破落之日。

在与世界各民族人民交往中，笔者发现他国之民对于中国深入了解者不多，而存在误读及误解者则不少。因此，我们学术界对外学术及文化交流，实际上也担当着桥梁和使者的角色，即宣传中国的文化，使各国人民得以沟通和理解。我们希望各民族同胞不要因彼此误读或被人误导而彼此仇视，陷入冲突甚至杀戮之中；而目前的所谓"文明冲突"，正是面临着这一可能使人类陷入灾难性后果的危险局面。回顾历史，人类有着苦难深重、生灵涂炭的艰难历程，各民族都曾为其生存、发展而拼命挣扎，中国人民也一同经历过痛苦，一起承担着民族复兴的使命，并共同面对着发展的困难及复杂局面。人类文明史就是冲出丛林的历史，但弱肉强食的丛林景观依旧在频频出现，激励并迫使各个民族要以"自强"来求生存、图发展。中华民族亦深刻体会到"人间正道是沧桑"的沉重和艰辛，但现在已经从过去的磨难和历史的悲剧中成熟起来，而正把当今的改革开放视为振兴中华、实现中国梦的一种新希望，故而将保持其"而今迈步从头越"的勇气和斗志。

通过中华文明上下五千多年历史脉络的梳理，可以体悟到这种朝代的更替、国家的兴衰之沧桑变迁的历史，实际也是反映出一部民族兴盛衰亡的历史，中国民众是这一历史的参与者，我们任何一个家庭的悲欢离合以及我们每一个人的人生经历，都是这部历史大剧角色的构成者。对于中国的民族问题，现在仍有各种偏激观点盛行，其中或是强调只有一个中华民族之族群而不要突出各族之别，或是认为各族有异而难以达成中华民族的整合。不过，笔者认为，中华民族的形成是必然的，其从多元一体到其整体融构仍需要长期的努力。一代代中华儿女的奉献铸造了我们这个民族，发展出光辉灿烂的中华文明，而多族积极、自然地整合统一的进程也正是我们民族的希望所在。中华民族历经沧桑，能走到今天，是经过了千百年血与火的反复洗礼而成就的伟业，我们的先辈为了子孙后代已经付出了太多太多，对于"中华民族""中国人"的文化价值与意义，我们及我们的后代应该世代铭记。

中华民族是具有丰富文化积淀的民族，是以博大精深的中国文化为核心凝聚起来的。中华民族团结统一的核心观念就是我们的国家统一、文化一体的精神追求。中国文化是我们的灵魂，是我们永远的根，是我们永远保持团结统一的不竭动力。应把我们的文化作为中华民族复兴的核心事业来推动。在注重"有形"的文化产业发展同时，更应关注发挥文化之"潜在的精神力量"作用，大力推动看似"无形"的文化意识、文化精神的建设事业，加强我们的文化寻根溯源，建立我们的文化自知、自觉、自强、自信。我们文化工作者、人文学者就是从事这项工作的，因而把这一固本护根工作做好乃"匹夫有责"、义不容辞。

中国社会是一个超稳态的"大一统"社会，中国传统所强调的"大一统"文化之所以有旺盛的生命力，就在于其"海纳百川""多元通和"的圆融、共构精神，此即今天所倡导的"和谐文化"。这就是我们中国社会的主体文化精神，由此使我们中华民族虽历经沧桑却绵延不绝，跌宕起伏而发展不衰。这种"大一统"的持守，既希望求同存异，也允许和而不同，体现出厚德载物、有容乃大的气质。中国社会"合"则能长治久安，"分"则会被肢解，混乱无序，一盘散沙。因此，我们的一切努力都应该保持其"合"、防止其"分"。

不过,这种"合"并非千篇一律、消除个性,而乃"和而不同"。中华多民族的文化在"大一统"的格局中仍然有其百花齐放、多彩纷呈的个性特色,即以多样性的差异、区别而共构其稳态、和谐的整体,用各自千姿百态的倩影来汇聚成美丽而不奢华的共在,这使中华文明含蓄而不张扬,温和却仍有刚强,其给人类和平、国际共在所带来的启迪和理想境界则是"人类一家""世界大同",是"海纳百川,有容乃大",是宽容、包容而不吞并、取代,同样也是"道法自然"而不强求。

关于中国历史上的民族融合问题,学术界甚至社会上一直存在争议,也是比较敏感的问题。最近,学术界和理论界在关于民族、宗教问题的讨论中,出现了一些引人担忧的主张,如在民族问题上希望尽快实现中华民族的"族群"融合而减少对少数民族特点的突出,甚至不承认有"跨境"民族的存在;在宗教问题上主张强调与主流社会意识之"异"而消极对待"求同"的努力,主张对宗教的遏制和打压。这些观点实际上会对民族团结、社会和谐带来潜在的伤害和隐藏的危险,表面上看好似能够达到短、平、快的眼前之变,但其结果却会欲速而不达。在当前中国发展的关键时期,这种解决民族、宗教问题之"大跃进"式的思路及举措可能会混淆视听、造成误导,带来本可避免的麻烦或矛盾的潜化后移。

历史上两个以上的民族,由于互相接近、互相影响,最终成为一个民族的现象,就是民族的融合,这是一种社会融合,更是深层次的文化融合。中华民族是许许多多部族千百年融合而成的。汉族、回族、满族等许多民族本身也都是由很多部族融合起来的。中国历史上,一些民族不断融合,而在与外来民族的结合中又使一些新的民族不断产生,这是普遍的、经常的现象。不可否认,过去有些民族融合曾有血与火的过程,留下了心理积淀中的恩恩怨怨,但真正持久、稳定的融合则一定要建立在自愿、平等的基础上,不能搞强迫。

回顾中华民族融合的历史,秦始皇在地缘、政治意义上统一了中国,并在文化、经济方面作出了中华一体的重大改革,达到了"书同文、统一度量衡、车同轨"之效。而多民族如何融合的问题,在秦、汉之际尚无有效解决之措。对这一发展的贡献,值得提及的如北魏冯太后、孝文帝主动推动自己的鲜卑族与中原民族同化,这为此后中华民族迎来又一个强盛时期奠定了基础,此即后来隋的统一和唐的盛世。可以说,北魏以及其继承者们由此自然而然地承担了孕育华夏第二帝国(隋唐)盛世的使命。其主动同化使内迁游牧民族成为华夏的一部分,这场改革推动了北方地区多个民族的大融合,消除了长期以来民族之间的隔阂、纷争,为国家由分裂走向统一奠定了坚实的基础。而隋文帝执政期间亦审时度势,对周边各族也采取了政治上的招抚政策,积极妥善地处置了相关民族事务,及时有效地处理了当时的民族矛盾,使周边少数民族对隋朝"或款塞归附,或遣使贡献",形成各族之间的友好关系,故隋文帝也曾被相关少数民族尊称为"圣人可汗"("圣人莫缘可汗")。所以,从历史的经验来看,应该推动建立在自觉、自愿、自动基础上的融合。这种融合可使各民族的优点、长处为大家共有共享,增强各民族的一致性。而当条件尚不成熟时,则应有足够的耐心,并积极创造条件,让各民族取长补短,因此在目前情况下要把尊重差异、包容多样、促进交融作为民族工作的基本取向,而不是急忙、仓促地取消差异,强求一律。这种尊重就包括尊重相关民族的宗教信仰,而这种促进也包括对其宗教的积极引导。

在中国历史上,古人没有我们今天意义上的民族意识,却有很深的中华文化认同意识。中国古代有"类聚百族,群分万形"之说,称"东夷""南蛮""西戎""北狄"和"中原华夏"为"五方之民",形成了中华民族的基本共识。这一共同意识难能可贵,长久维护了中华民族的一体观念。甚至当古代西域大邦于阗同内地交通断绝之后,到了宋朝仍自视"唐之宗属",自称"大于阗汉天子",自觉以中国守臣身份来拱卫西北,沿袭唐代行政制度、建筑民风,而且连穿着打扮也仍袭唐风。古代中国虽有农耕、游牧、渔猎等民族之分,但绝大部分部族认同自己是中华文化的一分子,有着共同的文化意识。

虽然，北方一些游牧、渔猎民族在强大后曾经频频进兵中原，导致汉族王朝的倾覆，但这些民族在政治占领后也没有走文化分殊之路，反而在站稳脚跟后依旧自觉或不自觉甚至主动地重建中国文化，最后全族一起融进中华文明，变成了现在多民族大家庭的有机构成。历史上鲜卑、契丹、蒙古和女真如此，回族、满族依然，在经历民族融合的长期发展之后，当今许多少数民族也与汉族区别甚微。所以说，中华文明曾被北方游牧民族重创或打断，但这些游牧民族统治者却意识到本身在文化发展上的短板，故而也试图遵循中国历代王朝的传统来进行文化重建，从而弘扬了优秀的中华文化传统，也巩固了自己的邦国，达到一种双赢，在客观上也使中华文明得以传承，使之延续不断。当然，他们在尊崇中原文化的同时，也以不同方式保留了自己的文化特色，故而体现的是多样性的认同，最终也丰富了中国文明，如元朝时这种文化认同和共构曾使蒙古人的军事文化达到了中国军事文化的巅峰状态。这里，我们必须强调的、非常重要的一点，即这些游牧、渔猎民族的文化也是中国文化的重要组成部分，他们自身的文化包括其语言本来就属于中国文化，这是经常为很多人所忽视的。

从世界范围的比较来看，国际上只要稍微大一点的国家都有其民族问题，但是其他民族在重建其共同的民族文明时极少成功。在这个问题上，中国的圆融、整合、一统意识是个特例。这使中华文明源远流长、绵延不绝，甚至有着自傲、自我优杰认知传统的犹太民族也只在中国出现了被同化的现象，而且犹太人在华的同化乃其自觉自愿的过程，并无强迫的因素。这使犹太人感到中华文化乃深不可测的大海，会融化掉一切进入这一大海的异域文化。

对比之下，俄罗斯从基辅罗斯到二战结束，以千年之久的奋斗才一度站在世界之巅，建立起多民族共构的苏维埃联盟，但其联盟只享受了70余年就因为国内民族矛盾而解体，过去的超级大国苏联分崩离析、不复存在。现在差别本来很小的俄罗斯人和乌克兰人又卷入了民族冲突之中，而且暂时仍看不到和解的希望。此外，本来拥有同一个伊斯兰信仰、同一种阿拉伯语言的阿拉伯人因自己民族内部分歧而分成了几十个国家，有些甚至相互仇恨、水火不容、战争频仍，结果使其虽然拥有世界上最丰富的石油资源，却仍处于工业化萌芽阶段而止步不前，并受制于西方大国。

所以说，根据人类社会发展的历史经验教训，民族团结就是国家兴旺之时，民族分裂就是国家破落之日。而另一方面，国家兴盛则能有效促进民族团结；国家衰败则会刺激民族内乱，这是相辅相成的。所以，我们强调发展是硬道理，稳定压倒一切。这是我们今天妥善处理好民族问题而必须保持平衡的二维。

笔者作为中华少数民族的一员，可以对汉族与少数民族的关系作一客观、冷静的分析。我们土家族与汉族虽有区别却不再明显。这两个外貌文化血缘接近的族群共同生活两三代后就同化了，如笔者的家乡慈利县最后一个土司王还是三百年前的事情。可以说，我们同一地域的土家族和汉族在血统、外貌、服饰、生活习惯上的差别，甚至还没有汉族内部各个地域的差别那样大。当代的土家族人和汉族人已经非常接近，区别不大了。在这种民族关系中，必须承认，在中国历史上，汉族作为主导民族起着非常关键的作用，汉族强盛则民族团结，破坏团结者没有出路；汉族衰微则民族矛盾尖锐，使人有着没有主心骨的失落和恐慌。这在唐宋时期表现得很为明显。唐朝前期国力强盛，各民族共同建设大唐盛世，汉兵胡将同破突厥。在"华夷如一"思想的影响下，唐朝对少数民族采取了前古未有的民族平等策略，去华夷之防，容纳外来的思想与文化的民族政策。在这样的政策影响下，当时中国的文化成为世界上最具包容性的文化，其"大唐""盛唐"气势也让不少外来民族同化在中华民族之中，正是"海纳百川"而带来了"百族来朝"。而"安史之乱"则既是华夏政治、经济矛盾的爆发，也是不同民族的分裂和纷争，汉人因此走向衰落，胡人自身也大乱不已，唐朝盛世不再，国运因而衰落。

古代一些游牧民族之所以能和汉族结成同盟，实现融合，其中儒家文化所起的催化、推动作用功不可没。自汉朝以来，儒家文化很早就在中华大地成为许多民族所共同的文化追求，形成根深蒂固的中华文化精神的心理积淀。所以，我们不可忽视儒家文化在中国历史上的民族融合作用，在今天中华文化重建和复兴的关键时刻，我们说"不忘初心"，也就应该正视、承认儒家文化在中华文明中的奠基意义和枢纽作用，对之应有必要的"敬重"。

其实，儒家文化在中华文明中的作用，也可以使之成为信仰，这就是历史上"儒教"的意义。我们不要仅以西方的宗教信仰标准来看待、界定宗教，而需更加多样性的选择和界定。西方"神本宗教"是宗教，中国"人文宗教"同样也可以是宗教，没有必要于中分出高低、优劣，厚此薄彼；更不可以西方宗教为典范而根本否定中国宗教的历史存在。

宗教涉及信仰问题，是信仰的一种重要表达。"信仰是鸟儿，黎明还是黝黑时，就触着曙光而讴歌了。"印度诗人泰戈尔这么说，对信仰有着诗意的描述。信仰是未来的、前瞻的，让我们往前争取的。信仰可以为中华民族的持续发展提供源源不断的动力。我们在弘扬中国文化的过程中，没有信仰支撑是不能长久的，是走不下去的。儒家文化所倡导的大同理想、圣贤追求、仁义礼智信等价值，就曾是古代中国人的信仰、精神支柱。对其历史作用，我们不该否认。

今天我们正在为构建和谐社会、实现中华民族伟大复兴的中国梦而奋斗，我们的民族同胞应该团结一致、荣辱与共、齐心协力、携手前进。中国当前正面对国内国际上复杂严峻的形势，因此，我们必须自我强身健体，加快发展，凝聚合力，形成拳头。在共同争取实现"中国梦"的进程中，我们首先必须树立一个中华民族共有的精神理念，吸纳、传承各个民族优秀的文化传统，将中华民族丰富多彩的文化集合起来，实现各民族文化的和谐互动，拧成一股绳、抱成一个团。同时，我们仍要特别关注少数民族，看到现在一些少数民族地区还未脱贫、他们的发展需要大力支持这一实际情况。一方面，汉族要有博大的胸怀，多扶助少数民族一点，就像一个家庭中的大哥关心弟弟妹妹那样，没有必要过于计较自己的付出和贡献；另一方面，少数民族也要认清形势，奋发图强、自强不息，主动肩负起中华民族振兴的责任。各民族作为中华民族大家庭的重要成员，一定要顾全大局，自立、自信、自强，团结合作、水乳交融，为共同的"中国梦"贡献大家的力量与智慧，这样才能无愧于这个时代，早日实现我们中华民族的大复兴与大统一。

（本文基于《天下湖湘》的相关采访，为未刊稿。）

第三章

重新发掘中华优秀文化传统

中国文化有我们自己的传承和道统,其作为"中华之魂"指导、影响着中华文明上下五千多年的发展,这在中华大地的两岸四地是有共识的。但在近百余年的社会、政治变革、转型发展过程中,中国人面对外来势力及思潮的政治、文化侵袭,这种本有的文化精神一度出现了动摇。伴随着社会政治的动荡,其传统体系也几近崩塌,比如中国内地在过去百年对儒家思想的冲击有"新文化运动"的"打倒孔家店",以及"文化大革命"中的"批林批孔"。这样,人们在失望中显然少了许多对我们自己文化历史应有的"温情和敬意"。今天,中国社会经济发展在世界上已经引人瞩目,成就惊人,但过去社会剧变带来的精神失落、思想差距依然存在,原有的文化自信也没有真正恢复。这种精神障碍、文化缺失会对我们未来的可持续发展造成负面影响,阻碍中华民族共构整体的全面腾飞。因此说,重新发掘中华优秀文化传统乃是我们中华民族当代腾飞的重要支撑。

从政治文化方面的发展来看,中国社会的近代突破,无论在大陆还是在港澳台地区,都曾经获得过对外来文化之"拿来主义"的便利。我们今天仍然应该继续保持这种"海纳百川、有容乃大"和"他山之石、可以攻玉"的开放姿态。不过,外来因素是应该被我们所吸纳,在我们的精神文化共同体中得到整合、重构,而不是让这些外来因素反客为主,对我取而代之,导致失去自我的后果。"全盘西化"和精神

"外化"会对我们的文化自觉、自尊形成攻击,造成伤害。在形成两岸四地发展现状的历史进程中,这种"外化"实际上已经不同程度地表现了出来,如中国内地近现代以来关于"西化"之论,最近香港相关人群所受英美意识的潜在影响而搞"占中"、动乱之政治、文化背景,都会让人体悟到这种延续、感觉到这种担忧。这种嬗变的扩大必然会使我们的文化精神根基产生动摇,对我们的文化自觉和文化自尊形成攻击、造成损害。但非常遗憾的是,这种现象已在不同程度地发生,无论在内地还是在其他地区都没能得到有效地阻止,而且依旧有其心理内在和社会外在的市场,在一些地区存在外来文化可能逐渐取代本土文化的趋向。所以说,我们中华文化的重建已经到了最为关键的时刻。文化兴亡,匹夫有责,尤其对中国社会精英及知识阶层而言,重新审视、弘扬中国优秀传统文化,乃有着义不容辞的责任,也是我们在这个时代追求突破性发展的当下使命。

文化的发展都有其活水源头。中华文化的大观,亦是其"厚德载物""润物无声"之漫长发展的积累。所以,我们需要有很多中华文化精华的象征或其基本元素的表述,形成我们的文化记忆和乡恋。中国人在气质上、精神上和性情上都有着自己传统的深深烙印,已经很难轻易改变。我们的社会现状、文化景观已不可能脱离这种发展的轨迹和惯性,我们理应对自己的传统保持自信。虽然在社会动荡时期,人们对传统文化出现了冷漠,使之经历了被边缘化的"潜伏"和文化"压抑",但我们也可将之看作一种卧薪尝胆的历练。其在经受住百余年的磨难之后,最后仍结出了善果。过去这种文化在其本土的"自我流放",曾经使中国的文化精神体系大伤元气,但其根犹在,其线未断,顽强地代表着中华民族文化的身份标识,维系着中国百姓的精神家园。今天两岸四地已经各自形成了政治文化、社会文化、经济文化、信仰文化等方面的多元发展局面,在短时间内恐怕很难达到统一认知或精神共识,但大家仍保持着共有的文化基点,即对中华优秀传统文化的自觉和认同,因此,我们共同努力来重新发掘中华优秀传统文化,这是我们今天文化重建的很好基础,也完全可以成为我们中华民族当代腾飞的重要支撑。

对中国传统文化是否体认和肯定，一个绕不过去的问题就是对中国宗教传统如何分析、评价。令人遗憾的是，过去百余年的历史变迁和观念变化，使中国内地今天的基本认知仍然存在着实际上要根本否定宗教的现象，这种惯性带动了人们迄今仍旧多从负面来看待宗教。笔者研究宗教四十多年，目睹了中国大陆对宗教的理解出现了很大的变化，有了对宗教相对积极的认识。不过这些变化只是量的变化，尚没有出现在评价宗教上质的改变，宗教的"另类"依属处境依旧。不少人继续把宗教视为中国社会的异化，表现出对宗教的轻蔑和贬损，好像宗教本来就不应该属于中国社会的健康肌体，而乃一种病变、溃疡，反映出社会发展的滞后、短板。一些人仍然陶醉在中国没有宗教且不需要宗教的想象中，觉得中国没有宗教反而可以保持理性清醒和人格独尊。这种历史虚无主义的"浪漫"正在浪费我们自己的灵性资源，伤害我们的精神本体，而且令我们与世界拉开了距离，让充满宗教文化传统的他族感到了一种与我们在精神上的生分、隔膜，使其对中国大陆舆论的宗教淡漠和否认觉得不可思议。这种看法和态度甚至也让我们两岸四地在认识上拉开了距离，少了某种灵性上的亲和。其实，中国内地社会上尤其是学术知识界之中存在的这种肤浅的"优越感"，反而会使我们自己陷入"高处不胜寒"的孤寂。所以，我们借此想呼吁两岸四地的朋友们，尤其是海外华人专家学者在文化理解上应注重宗教的因素，展示宗教在其生活社区中的积极作用，帮助大家在其思想观念上能够尽早拨乱反正，重新认识宗教在传统文化中的价值，而不要把宗教打入冷宫归为另类。这个任务显然是非常艰巨的，要靠我们大家的共同努力。为此，笔者一直在呼吁我们社会上的人们一是要让宗教脱敏，二是要会善待宗教。这种态度其实也反映出我们的文明程度、揭示出我们的文化修养水平。

但如果我们回溯、反思中华民族的精神之旅，却很容易发觉中国宗教留下的深深印痕。在我们今天重议文化发展、力争文化腾飞时，殊不知中国宗教所保有的中华文化底蕴意义深远，而其信仰则正是中国社会可持续发展"潜在的精神力量"。当然，宗教在中国文化中有其特殊性，中国的宗教理解也与西方世界基督教、阿拉伯世界伊斯兰教等的宗教理解有着明显的不同。西方传教士在历史上因其传教策略和文化内心对中国精神思想的贬低而曾认为中国没有宗教、宣称代表中国典型文化精神的"儒教"不是宗教,由此开始了儒、佛、道"三教"的割裂。但问题是从此在一些中国人的认识中也觉得中国没有宗教,虽然他们以中国不缺宗教的文化"优越论"来否认中国宗教的存在,却反而在解读中国传统宗教信仰上带来困境,把自己文化中固有的宗教不得不说成为"迷信",结果进入恶性循环的怪圈。宗教作为人类社会文化现象在中国也不例外,宗教自身经历了复杂的发展过程,本来就既有精华、亦存糟粕,需要扬弃、提升,有着去伪存真、去粗取精的改革必要。这本是社会文化的正常现象,而且世界现存文明宗教基本上都源自亚洲,更没有理由单独强调宗教与中国无缘、不是中国文化传统的本真。所以,正确的理解或者说对此的"中庸之道"应是承认宗教在中国历史及现实社会中的客观存在,使宗教脱敏,表达出社会民舆善待宗教的态度,而宗教自身则需不断改革创新、力争与时俱进,积极适应变化发展的社会。但中国近代社会以往的思想积淀已形成的对宗教之"幽暗心理"已经积重难返,人们心中对宗教所淤聚的"魔障"短时间亦很难消除。在过去约四十年笔者从宗教研究的角度一直呼吁让宗教"脱敏",但迄今宗教并未真正脱敏,宗教研究反而成为"敏感话题",面对不少匪夷所思的批评和人们有意识的回避或躲避!为此,在我们两岸四地的文化交流和传统回归中,也希望大家能根据自己的社会处境及文化体验共同努力来解读、消除宗教理解之难,破解宗教认知之谜,展现宗教本质之真,以对宗教在相关社会中实际存在和积极作用的客观、正确评价来使我们能有效运用这一我们共有的精神资源,发挥出中国宗教的文化正能量、社会积极功能。我们应该冷静、清醒地认识到,无论是理论上还是实践上,彻底否定宗教对我们的社会和文化并没有任何好处,而且这种选择也很不睿智。在任何民族的文化"软实力"构建中,宗教文化都是其重要组成部分,这在中国也不例外。对于中国宗教的理解,不能只有突出绝对一神论的"亚伯拉罕传统宗教"这一种模式,也不能仅从社会"建构"上来框定宗教。中国宗教乃"建构性"和"弥散性"共有,此岸性和彼岸性并存,人与神以"天人合一"的模式而相通。中国人之"宗教性"的表达其实并不亚于人类任何民族。因此,我们并没有充分理由或绝对权威来从义理上及实践中根本否定宗教。

中国文化的起步是宗教源起的同步,远古的神话描述了中华大地的"神州"行程,反映出中华民族"究天人之际"、求"天人合一"的神奇经历。中国知识阶层的孔子等文化先贤继往开来,形成了"敬天法祖"之尊,留下了"四书五经"之文,定下了"忠""孝"这种卫"国"护"家"之序,铸就"仁义礼智信"之本,让中华文化精神有了"诚"的特质,整合为"和合""和谐""圆融"之体。孔子所达成的中华文明上下五千多年之融贯,构建了儒家学术信仰体系,积淀为中国民众的气质。儒家的风骨对我们而言是消除不了的,其不少基本要素仍然体现在中国人的性格中,反映为中华文化"血脉"之流淌。

对儒家思想在今天是否应当重新审视,这是我们应该积极面对的。尽管孔子仍然没有彻底摆脱其遭到精神流放而成为"丧家犬"的窘境,封建制度的"国破"而使其"家亡",且留有过往的封建痕迹和历史遗憾,但历史上这种顽强的、延续未断的尊孔、祭孔却反映出其精神本体的生生不息,其灵性生命的历久弥新。中国大陆社会今天仍然纠结于孔子形象及其评价,"打倒孔家店"、坚持批孔的余音依然缭绕。中国历史博物馆在装修一新、重新开馆时曾在其北门即天安门广场东侧竖立了一尊孔子塑像,但随之招来滚滚骂名和尖锐批评,被指责为是"封建思潮"复辟的象征。一些人认为孔子根本没有资格在天安门广场立足,哪怕是在其旁边站一站也都不行。其结果是仅立百天的孔子塑像不翼而飞、藏匿不见,留下种种猜测和感慨。天安门广场曾挂立过许多伟人之像。这些人物都是近两百年来的现代伟人,而影响中华文化两千多年的孔子却仍被国人所质疑,其作为融贯中华文明上下五千多年的文化伟人,却没有资格在天安门广场边上站站!这是一个莫大的讽刺,也是我们在面对自己文化上的悲哀。但这种惯性认知也不是不可打破的。其重要转机就发生在孔子像在天安门广场东侧被移走后不久。在纪念孔子2565周年诞辰之际,有近千名中外学者进入天安门广场西侧的人民大会堂，表达了对孔子的敬意，特别重要的是习近平主席还亲自出席纪念大会并作了重要讲话，对孔子思想有着高度评价。这是否代表着对孔子评价、对儒家认知上的柳暗花明、水穷云起，则还有待观察和探究。但这种让孔子"回来"的呼唤，说明儒家文化在当代中国可以振兴。儒家折射出中华文化传统中的主流形态，是众多中国人的心路历程、精神家园，其"敬天""克己"自有宗教之理，与西方康德所言"头上的星空、心中的道德律"形成对应；而其"孔庙"、祭典亦不离宗教之形，无论是"建构性"还是"弥散性"理解都不能说儒家与宗教完全无缘，而必须看到在其身上有着哲学与宗教的共构、理性和信仰的汇聚。今天中华文化的复兴不可能彻底离开儒家精神，但作为中华文化传统精神主要象征的儒家也必须与时俱进，"弃""扬"并举，在改革更新中实现其复兴。

我们可以看到，中华文化的"道统"在儒家传统中一脉相承，保存至今；而中华之"道"的灵性表征则典型地体现在道教、道家之中。"道"是理解中国宗教精神的关键词、核心词。"形而上者"谓之"道"，有着超然、超越的意蕴；但"道不远人"，已成为中国人的"根底"。"道通千古"而一以贯之，体现出中国精神的传承。中国人的精神文化发展就一直在问道、闻道、悟道、修道、证道的途中，其精神追求就表现在言道之为哲、行道之为德、敬道之为教之中。中华大"道"意向高远，旨在"天下有道""道行世界""道化全球"。

中华传统宗教文化的博大精深，还在于其"海纳百川、有容乃大"，勇于更新、善于充实。这在中华文化可以吸纳、改造、重构来自印度的佛教、来自西方的基督教以及来自阿拉伯世界的伊斯兰教等外域宗教上得到了经典表达。在积极探索中国宗教文化"走出去"的同时，中华文化亦对"传进来"的各种宗教加以"中国化"的转化、消化、融通和整合，使之得以顺利适应、华丽转身，成为中华宗教文化的有机共构。对于各种文化，中国文化体现出了"理无分殊"的包容、涵括和圆融，体现出"和合""和好"的对话、会通、融合的姿态。这些宗教融入中国的历史，也在见证着中华文化一直在不断开放、吸纳中更新、扩大、发展、完善。

总之，中国优秀传统文化包括宗教文化是我们中华民族的宝贵精神遗产，是我们的先祖留给我们的思想文化财富，也是我们今天中华文化大发展大繁荣、中华民族当代腾飞的基础、资源和重要支撑及动力。对于这么厚重的历史积淀和宝贵的精神传承，我们不能愧对祖先，我们必须继往开来。在今天"全球化"的时代发展中，我们中华民族的崛起与复兴又迎来了新的机遇，我们也已经有了较好的政治及经济条件，现在迫切需要的就是文化上的及时跟进。所以，我们两岸四地的中国人以及海外华人应该通力合作，共同建设好我们中华民族的精神家园，并在这一开放性的国际社会中使中华文化能够充满生命力、竞争力、影响力地永立世界文化之林，并积极参与对整个人类精神发展大潮的引领和推动。

[本文为2014年10月在福州"中华文化发展方略、两岸四地文化沙龙"（会议）上的发言]

第四章

宗教与文化关系刍议

中国学术界近年来比较热心于宗教与文化的探讨，二者的关系已成为一个热门话题，而"宗教文化""宗教是文化的组成部分"之说亦引起普遍的关注和激烈的争论。在 1994 年 10 月世界宗教研究所与爱德基金会联合举办的"基督教文化与现代化"国际学术研讨会上，人们争辩的焦点之一即"基督教文化"这一提法本身是否成立。其实，这是中国改革开放以来，世界宗教研究所第一次举行这种规模的涉及基督教的国际学术研讨会，会议组织者出于谨慎考虑而在"基督教"之后补加了"文化"这一术语，希望通过"基督教文化"这种比较中性的表述来避免"基督教"这一直白表达的敏感，会议英文标题则仍然保留了"基督教与现代化"（Christianity and Modernization）这一原初构想。颇值深思的是，来自基督教传统背景的海外学者和国内宗教界的学者一般不同意"基督教文化"之说，而强调"基督教"与"文化"在提法上应分开而不是结合，有人亦认为"基督教"本身已包含有"文化"，故而不必突出其文化性。而中国境内不属于宗教界的人文学者却大多提倡"基督教文化"或"宗教文化"的说法，认为应该彰显宗教的文化性，深入研讨宗教的文化意义及影响。此外，社会上对于"宗教文化"的提法，如"佛教文化""伊斯兰教文化"等说亦有不同见解，形成赞成或反对二者相提并论的两种对立观点。为了加强不同看法人们之间的沟通与理解，在宗教与文化关系之探索上交换意见已很有必要。笔者作为研究宗教的人文学者之一，比较推崇"宗教文化"之说，亦曾著有《宗教与文化》而论之。因此，很愿意就此问题谈点自己的粗浅看法。

讨论宗教文化或者是强调宗教是文化，与在此之前国内学术界刚刚结束的一场关于宗教本质的大讨论直接相关。一批学者主张要拨乱反正，把对宗教的认识从"宗教是鸦片"转为"宗教是文化"的理解，由此而逐渐凸显宗教的文化蕴涵及意义。关于文化或宗教的定义已极为纷繁，但人们迄今尚未达到某种基本认同。我们认为文化乃一种社会历史现象，其本质即以人为中心的各种关系之体现，作为文化主体的人代表着一切社会关系之总和，而宗教则体现为一种多层面的文化统一体，亦展示出人的各种关系。宗教和文化所表现的这些关系包括人与自然、人与超然、人与其自我、人与其群体等多重关系，由此反映出人的自然和社会存在、其物质和精神生活及其历史演变进程。宗教既然包含着这种种关系，因而乃人类文化的有机构成，关涉其诸多方面。文化作为人类社会历史实践过程中所创造的一切物质财富和精神财富，具有民族和社会之多样性，历史和发展之变异性，其涵盖面自然包摄宗教，并肯定了宗教文化之说的合理性。

宗教文化本身亦为一种多层次、全方位的体系，所含因素既有个体性又有群体性，既有民族性又有世界性，既有社会基础也有心理基础，既有理性成分也有情感成分，既有终极关切亦有现实关怀。在过去的宗教研究中，中国学者一般侧重于对作为意识形态的宗教与政治关系的探讨，而积极意义上的宗教文化研究则成为人们不敢问津的禁区。不可否认，宗教与政治的关系乃是宗教文化的一个重要层面。在其意识形态意义上，宗教为一定社会政治和经济的反映，并对这一政治和经济产生影响，起某种反馈作用。

从对宗教的这种社会意识形态层面认识出发，人们曾指出宗教乃把支配人们日常生活之外部力量幻想为"超人间、超自然"力量的一种社会意识，是对之信仰和敬拜的社会实践、群体及相关制度，以此界定宗教本质与价值，为宗教定义。在此层面上，人们亦曾根据宗教的"群众性、民族性、国际性、长期性、复杂性"来体认宗教，提出"宗教五性论"。此外，近年来人们还比较关心宗教与社会的关系，韦伯、杜尔凯姆等人的宗教社会学理论曾风靡一时，大家对于宗教作为社会意识形态、社会群体象征以及社会发展之潜在的精神力量的意义和作用，宗教作为社会团体和社会体制的功能等亦津津乐道。正是基于对宗教的这种政治学、社会学理解，一些中外学者才突出宗教的社会群体建构，强调其作为社会力量、组织机构和制度体系的存在，而放弃其认为内涵不清、外延无限的宗教文化说。同理，对基督教之"普世性"和"本色化"持乐观态度的西方学者也从狭义、传统的理解出发，视基督教文化仅为一种兴起于欧洲中世纪、以西方文明为中心的文化体系，从而对此提法置疑或加以放弃。应该承认，宗教之社会政治层面的存在乃客观事实，宗教问题因其与政治、民族、国际问题的关联而具有其敏感性和复杂性。因此，中国当代政治进程中提出积极引导宗教与社会主义社会相适应，正是具有这一层面的理论意义和现实作用。

然而，宗教与社会政治的关系仅为宗教文化的一个层面，它还有其他层面，与文化的各个领域形成多种关系。例如，人们在宗教精神和情趣上对无限、永恒的追求，其终极探询和关切，以及其形上学意义上的究诘等，并不能简单地用政治标尺来衡量或用社会意义来界定，它们往往不具政治的向度而充满哲学、美学的意趣，有着更多的精神文化特质。而且，宗教灵思、灵视和灵悟的精神意义及价值意义亦已超出了从组织形态、政治意义和民族关系上认识及把握宗教的范围。宗教的社会影响及其在人类文化进程中的作用，也是单纯研究宗教自身结构及其组织体系所难以了解的。因此，从文化的大视野中看宗教，依据对宗教与文化各层面关系的梳理来提宗教文化现象既有必要也是必然。

为了达到在全面理解宗教上的共识和真知，笔者认为目前的重要任务是要以文化学意义上的宗教探究来弥补以往政治倾向较强或传统积淀较深的宗教政治及社会学研究之不足，以使我们的宗教学研究更加厚重和周全。但强调宗教是文化，并不是要用文化概念来使宗教认识普泛化、一般化，而是旨在对限于意识形态之层面的宗教理解补偏救弊，使社会学意义上的宗教认识再往前迈进。当然，我们必须在涵盖极广的文化理解中找出宗教与其他文化现象本质不同的特点及特征，以此界定宗教独有的本质及其价值意义。所以说，把宗教研究从政治学、社会学领域转向或扩大到整个文化学范围，深入剖析宗教与文化的各种关系，抓住宗教文化的特色，乃是宗教研究者的新课题和新任务。

文化作为人类所独有的"精神气质"，是把人类从一般动物中区分开来的象征性标志，正如格尔茨所言，"我们是通过文化来使自己完备或完善的那种不完备和不完善的动物——并且不是通过一般意义的文化而是通过文化高度特殊的形式"，"我们的思想、我们的价值、我们的行动，甚至我们的情感，像我们的神经系统自身一样，都是文化的产物"[①]。格尔茨把宗教亦视为一种重要的文化体系，因此，宗教就不只是形而上学之探，而与人的精神气质、世界观、伦理观都有关联。他强调，"宗教决不仅仅是形而上学。因为对所有的人来说，崇拜的形式、媒介和对象都充满着深刻的道德严肃。宗教中处处都有着内在的义务：它不仅仅是鼓励虔信，它还要求虔信；它不仅仅是诱发理智上的赞同，而且还强化情感承诺。"其基本特点是"它都超越世俗，不可回避地被认为对人的行为取向有深远的含义"。宗教不是抽象的、空虚的，而具有其存在性的现实本质，"宗教决不仅仅是形而上学，而且也决不仅仅是伦理规范。因为它的道德生命力的源泉被认为存在于对现实的本质的忠实表述之中。有力的强制性的'应当'（ought）被感觉到是产生于无所不包的事实上的'是'（is），由此，宗教奠定了在人类存在的最一般的情景中对人的行为的最独特的要求"[②]。由此而论，宗教是综合性、涵括广泛的且接地气的人类文化体系。

就其整体而言，宗教在文化领域中的特点乃是以自然与超然、自我与超我、此在与恒在之关系来洞观世界、调节人生和影响社会，因而是人类历史发展过程中一种强调个人及群体灵性存在，寻觅终极意义，体

---

① ［美］克利福德·格尔茨：《文化的解释》，韩莉译，译林出版社2014年版，第62—63页。
② ［美］克利福德·格尔茨：《文化的解释》，第155页。

悟升华意境，以求真为善、虔诚笃信来超越自我、臻于神圣的文化现象。

宗教文化各层面的实践乃说明人类在认识其有限、相对之际仍以其文明创造、灵性之探来表达其对无限、永恒、绝对的倾慕与向往，并由此构成其追求真、善、美、圣的价值观念、致知取向和行为实践。

应该承认，人类历史上的各种宗教都反映了其在理想与现实之间的存在，从而有其局限性和相对性。正如文化发展一样，宗教也处于一种动态的发展过程之中，其本身存有进步与保守、积极与消极的对立，必须不断去除糟粕、发扬精华，不断自我革新和完善。在这一意义上，宗教与文化的发展、变革、转型或重构亦密不可分。

把宗教作为文化现象来看待，是中国学者学术思想的进步和研究视野的开放，它扩大了对宗教的认识、深化了对宗教的理解，亦为宗教内外各界人士的沟通、对话和交流找到了契合点。宗教与文化的关系乃一种双向交流、双向渗透、双向融合和双向重叠的关系。

宗教不可能脱离文化，其本身又是人类文化的一种表现形态，从其发展变迁上，能够捕捉到历史的脉搏和文明的线索。而且，宗教与文化关系上之求同或存异，亦为人们达到对宗教的共识创造了条件、铺平了道路。总之，宗教与文化的讨论关系到人类对自身价值和历史意义的评说，涉及人类对过去的回首和对未来的展望。这种探究在中国改革开放的新形势下刚刚开始，有着广阔的前景和深远的意义。对此，中国的宗教研究学者们仍任重而道远。

（原载《世界宗教文化》1995年第1期，本文有扩充。）

第五章

对宗教与中国文化的反思

　　文化是民族之魂，是社会共构的精神支柱。人的社会存在是极为复杂的，分为不同民族、阶层、社群、团体、宗教、党派等。在一个多元社会的共构中，文化认同及文化共融乃特别重要。人的社会行为规范如果没有一定的精神资源作为根据和支撑，则有可能出现嬗变和异化。人的社会共在秩序如果没有共同的文化意识或文化自觉，则很难维系和坚持。而目前中国的问题，则正是其文化自知即对中国传统文化的认识及评价出现了分歧或者说有着模糊之感。这种文化精神探寻和文化定位上的障碍，使得中国优秀文化传统难以真正得到弘扬。而中国文化与宗教的关联以及对宗教的评价，更是这一认知领域的敏感区和冲突处。中国文化之"道"是什么？这种"道统"是否能够一以贯之以及如何继承与弘扬？在现代性和世俗性的当今社会几乎被遗忘或悬置。如今人们致力于社会秩序的维系和对社会公德的呼唤，力争社会公共底线不被冲破。但总是让人感到收效不大，事倍功半，且不知原因究竟何在。其实，要使实践理性意义上的道德伦理真正起到其社会作用，这里就必须有弘道方能厚德的关联；如果"大道"已隐，德性又怎样能真正显现做到"明德"呢？为此，在今天强调文化建设、文化繁荣的新机遇之际，反思中国文化及其精神资源，就显得既特别及时又非常重要。为了克服人们在"德"行上面久而习惯的麻木，就必须澄清或朗现使之得以"明德"之"道"。

为了弥补这一在自我文化认知上的缺失或忽略，最近我们中国内地宗教研究学者组织了关于宗教与中国传统文化的多次讨论，并形成了相应共识。而谋求这种共识的目的，就在于通过反思中国文化传统及其宗教关联而力求对以往的见解加以梳理，及时补偏救弊，从而能够为当今中华文化的发展弘扬起到保驾护航、顺利推进的作用。当然，回顾与反思绝非守旧，而是对之持扬弃、如"火中凤凰"那样的重生之态，即以革新、创新的思想来促成中华文化的现代复兴，于此而充分体现我们中华民族的文化自知、自觉、自强和自信。同样，也希望由此而实现"道德结合""明德弘道"，理直气壮地为当下中国社会实践中所必需的伦理道德找回其精神性资源和精神支撑。为此，我们认为在以下几个层面值得认真探讨。

其一，对中华文化传统的重新审视。中国传统文化虽有一些缺陷，却仍保留了中华文明的基本气质和典型特征，体现出其博大精深、源远流长、海纳百川的优杰。中国人理应为中国文化上下五千多年的传承骄傲、自豪。因此，我们应该客观、理性、辩证地对待我们民族的传统，爱惜、呵护我们的精神文化遗产。20世纪初的"新文化运动"体现出破旧除垢、大胆革新的时代进步精神，但在对中国传统文化的批判性继承及弘扬方面亦有不足，故而需要我们在今天重新反思和全新认识，这样才能在当前中国社会所渴求的文化大发展大繁荣中真正建设优秀传统文化传承体系。当前人们仍存有一种心理障碍，好像一谈到中国传统文化就是"复古""守旧"，对中华文化传统的积极方面缺乏信心。由于对20世纪初"新文化运动"的认识或误读，好像在无形中设置了一道心理障碍，以此为界而将中国文化加以"新"与"旧"的割断和隔绝，"旧"的已破，"新"的未立，中间有间隔和空白，使中华文化的延续性及继承性成了问题。而对外来文化的"拿来主义"则不仅没有真正消化吸收外来文化的精髓，却又使我们自己的传统文化在与之对比中被轻视或遭贬低。这种类型的片面认识阻碍了我们今天的文化复兴和重建，使我们的文化自知、自觉很难着陆于坚实的中国文化传统大地上，结果会根基不牢，基础不稳。其实，今天中华文化的厚重与成就并非凭空而来，是与五千多年的积累、沉淀密切关联的。若把古往各个时代的文化传承忽视甚至否定掉，今天的文化建设岂不成了"空中楼阁"？"历史虚无主义"则会无所顾忌地逞凶肆虐。所以，我们中国人必须要守住我们自己的文化之根，守住我们传统文化的精神宝库。

其二，对中国传统文化中的宗教维度之重新认识。很显然，儒、释、道曾以宗教形式或相应的宗教精神实质性地参与了中国传统文化的构建，其宗教性仍得以保留和延续，因此，中国传统文化并非与宗教无缘。宗教在中国传统文化中占有很大比重，甚至起着核心作用，离开了儒、释、道三教，中国传统文化的内容则会变得空洞。可以说，儒、释、道与民间信仰一起共同构成了中国宗教的基本谱系，而伊斯兰教、基督教等外来宗教在中国传统文化海纳百川的包容中亦得到相对吸纳。这些宗教共构了中国传统文化的重要内容，其宗教文化在中华文化走向世界中尤其可以发挥不可替代的独特作用，有着不凡影响。所以，决不能以历史虚无主义的态度来对待中国传统文化中的宗教参与及宗教维度，而必须全面、系统、透彻地了解中国传统文化，并使其宗教文化内容得到积极的弘扬。实际上，中国传统文化的本质仍是一种宗教文化，其宗教追求、宗教境界乃是其文化之魂。但中国社会对宗教根深蒂固的排拒心态已成为世界范围内的一个独有而非常奇特的现象。

中国社会尤其是中国学术界有一个心结，即20世纪初"新文化运动"的领军人物曾否定中国文化有宗教因素，甚至认为中国乃"无宗教"的国度、中华民族乃"无宗教"的民族，而且强调这种"无"乃是人类民族中的"唯一性"，从而自己把自己打入了世界民族及其文化中的"另类"。问题则在于人类是否还存在没有宗教的其他民族？中华民族就真的与宗教无缘吗？宗教在中华文化中究竟有没有体现以及如何体现？虽然这些文化领军人物后来大多又认可了宗教，并主张在中国社会中推行某种宗教，成为其热心倡导者或实践者，然而其中国"无宗教"之说却流传下来并影响到当今中国内地社会对宗教的基本认知，让人们谈宗教而色变。这些当时轻易就改变了自己观点之文化"大咖"的随意之说，可能自己也没想到会有一语成谶之效。因此，客观地回顾这段历史，冷静地分析当时的话语变换，在今天我们的文化认知中，就有必要以一种平常心来看待我们社会、文化中存在的宗教。也就是说，宗教也必须"脱敏"，而不能总是"被敏感"。

应该说，中国传统社会秩序乃基于人们对"天道"与"人道"共构之理解，其中并不离其宗教性。而中国传统伦理道德基本上也是宗教道德，或者至少是具有宗教性的伦理道德，有其信仰支撑和超越之维。对传统道德之信仰维度的剥离或否定，则势必使这种道德实际悬空而变得玄乎、空洞而无厚重。对传统文化之宗教内涵的无视或轻看，也会让人们找不到文化的真谛和精髓。由于传统文化信仰和宗教信仰在中国迄今并没有得到真正恢复和社会的认可及信任，这种道德精神性资源的缺席或失位，以及文化意义或意识的失落和麻木，遂使社会道德出现了真空或只有颇为虚假的存在，让人们的文化性找寻也颇有思无所依之感。从这一意义上来说，我们的当今社会发展必须有传统文化的支持，道德伦理的重建需要对传统精神性资源的批判性审视和吸纳，需要返璞归真。否则就会处于我们民族精神"无魂"或"游魂"状况。要使"中华魂，归来兮"，这其中就势必有对宗教的审视和考量，有对其在中国文化中之意义和作用的体悟和理解。

其三，对中国社会特点和宗教特点的重新思考。中国社会是一个超稳态的"大一统"社会，这种理念古今相连、依然鲜活。中国传统所强调的"大一统"文化之所以有旺盛的生命力，就在于其"海纳百川""多元通和"的圆融、共构精神，此即今天所倡导的"和谐文化"。这种"大一统"的持守，既希望求同存异，也允许和而不同。多元共在方为和谐。与之相呼应、相协调的，则是中国宗教的包容性和互通性。中国传统宗教的主体儒、佛、道都是一种交织存在，相互渗透，而中国民间宗教及民间信仰的存在与发展更是交融性的，大多体现并涵括这三大宗教的思想精神和文化内容，甚至还有更多的扩展，因而并非泾渭分明、彼此排异。这些宗教所体现出的"大同"精神，有着明显的开放性和包容性，故而不会出现绝对排他性的极端。所以，有学者认为，所谓儒释道及民间信仰之分仅有相对的意义，其实完全可以"中国宗教"

来对之涵括汇总。与我国毗邻的"印度教"实际上就是这种"印度宗教"之集合。

中国的哲学和宗教深深体现出其"中庸"之道，不偏激而颇有回旋余地，特别是宗教境界上体现的向心、趋同意向使不同宗教能够扬弃或超越各自在社会存在上的分殊及隔膜，其突出之处就是中国传统宗教并不强调或渴求其"建构性""团体性"，而更多展示出其灵性体验和精神追求，关注社会融合的意义，因此给人一种"组织性"遁隐、"宗教性"多元的印象。对比基督教、伊斯兰教，中国宗教常被一些学者视为"弥散性""人文性"的宗教类型。而这种"弥散"和"人文"则更有利于其达到宗教的"大同""共处"。这种文化氛围亦使基督教和伊斯兰教在其普世追求中多以包容来替代排他，逐渐形成融汇、和合的"中国特色"。这种特点使中国传统宗教之间虽各有区别却关联明显，从而编织出中国社会相互连接、彼此呼应的关系网络，并在社会各层面辐射、扩散，促成其融贯、一体。正是基于对中国文化传统及其宗教特色的深刻理解，所以在中国内地已有不少学者认为，在中国更有可能追求一种"宗教共同体"的精神构建，形成一种具有独特意义的"宗教大同"，从而抗拒、抵制宗教冲突、宗教纷争的恶性发展。当然，这种"大同"并非完全是其存在方式及构建上之同，即并非某种实体性的社会"共同体"，而乃共在的意向、对话的姿态、沟通的努力，即更多体现为精神追求上的趋同和求同，以此而获得大家在社会存在上的和谐共在，美美与共。这种宗教大同的理想很有感染力和渗透力，会影响到社会的方方面面。这种具有弥散性、自由性的中国宗教文化是大众文化，但其中也富有精英文化；中国宗教精神不只是基层、草根意识，同样也在参与共构中华民族之魂中发挥了重要作用。求同、对话而使中国的各种宗教能够相互吸引、相互吸纳、相互融合，由此亦使各宗教自身也不断得以改进、提高、革新和升华。此外，中国宗教还积极参与、推动了社会的普遍对话，促成了各层次人们之间的和谐共处，体现出中华社会"大同""统一""和睦"的存在观念和共识。应该说，这种"大同"精神及文化在"全球化"发展的今天更能体现出时代精神和国际社会的发展走向。中国宗教的当代复兴给世界宗教的未来景观带来了希望，提供了值得借鉴的模式。这种蕴含宗教意境的中国传统文化之更新，也使我们当代文化的建设更有底蕴和厚重。因此，弘扬中国宗教思想文化的积极因素，使之得以有机融入当今中国和谐大家庭及其精神理念，成为我们中华民族自己的基本社会力量和文化软实力，这一认知对于我们当前的文化建设和文化战略、对于促进我们的文化大发展大繁荣至关重要。

从世界现代化进程来看，美国、欧洲各国、日本等都经历了其从中古、近代到现代化社会的转型，但它们在激烈的社会变革和重组中都没有抛弃和否定自己文化传统中的宗教，而是将之有机融入今天的社会结构之中，成为其文化传承和社会的重要精神支撑，为普遍民众提供了心理保障的底线，达到了其社会共同体存在上的基本共识和集体认同。对于这些经验，作为重新崛起的中国，我们应该认真研究和相应借鉴。对于中华民族的传统宗教可以重构，但不必根本放弃，这种文化精神传承上的藕断丝连会让人揪心，而打断骨头连着筋的疼痛亦难以忘怀。"宗教大同"本为中国传统文化及宗教的基本认识和潜在努力，与中国社会结构颇相吻合。在近现代中国社会变革和转型过程中，这种传统文化及宗教受到冲击，出现嬗变，故而仍有误区、仍存误解。但那些大言宗教消失的文人已逝，中国传统宗教犹存，且仍保持着其旺盛的生命力和广泛的传播性。对于这一中国信仰精神的传承，需要我们展开广泛的交流和积极的沟通，在反思、对比中使我们能有警醒、得到启迪。在对宗教的正确认知上，我们期待着柳暗花明、曲径通幽。

（原载台湾宗教哲学研究社编《宗教哲学》2012 年第 61 期）

第六章

中国文化中对"宗教"意义的理解

要了解中国传统宗教的存在及中国宗教意义的本真，需要从语言文字上加以必要的梳理，这也是我们研究宗教所必需的文化功课。中国古代最初虽无"宗教"二字的并用，但"宗"和"教"二字各自所具有的宗教含义却可从古代典籍中追溯出来，两种表述都有悠久的历史、丰富的内容。

其中"宗"字早就具有宗教之制度性、结构性、场地性意义，其蕴涵包括"祖庙"：《书经·大禹谟》载"受命于神宗"，《传》则解释为"神宗，文祖之宗庙"；"祖先"：《左传·成三年》曰"若不获命，而使嗣宗职"，其《注》释为"嗣其祖宗之位职"；"宗族"：《书经·五子之歌》载"荒坠厥绪，覆宗绝祀"，《疏》曰"太康荒废，坠失其业，覆灭宗族，断绝祭祀"；"归向"：《书经·禹贡》称"江汉朝宗于海"；"朝见"：《周礼·春官·大宗伯》解释说"春见曰朝，夏见曰宗"；"尊崇"：《书经·洛诰》载"惇宗将礼，称秩元祀"，《诗经·大雅·云汉》曰"上下奠瘗，靡神不宗"；"本源"：《庄子·知北游》"直且为人，将反于宗"；"主旨"：《国语·晋》四曰"礼宾矜穷，礼之宗也"；"派别"：唐许浑《丁卯集》下《冬日开元寺赠元孚上人二十韵》诗云"一钵事南宗，僧仪称病容"。凡此种种，表达了关涉宗教组织形式、活动场所、社会结构、礼仪制度、历史传承等意思。早在虞舜时期，按《书经·尧典》"禋于六宗"的记载，就已经有宗教崇拜祭祀活动，所谓"六宗"即"天宗三——日月星""地宗三——河海岱"。《说文》对"宗"字的解释是，"宗，尊祖庙也。从宀从示。"其中"宀"具有建筑、屋宇、场所之意，而"示"则从"二"从"川"，"二"为"上"字，有"上天""在上"之意；"川"指"三垂"，为"日月星三光"；此即《说文》所解释的，"示，天垂象见吉凶所以示人也，从二。三垂，日月星也。观乎天文以察时变示神事也"。

而"教"字按其传承则与学说、思想、理论、义理相关，有着"上施下效"、从学入道之意。其中"宗教"之"教"与"教化"之"教"在此本无本质区别或绝对界限。"教"的原初之意包括："政教""教化"，如《书经·舜典》所言，"故作司徒，敬敷五教"；《礼记·经解》称"入其国，其教可知也"；"教育""训诲"，《孟子·滕文公章句上》认为，"饱食暖衣，逸居而无教，则近于禽兽"，《荀子·大略》记载有"《诗》曰：'饮之食之，教之诲之'"；"传授""说教"，《左传·襄公三一年》文中主张"教其不知，而恤其不足"；"指使""命令"，如《左传·襄公二六年》所说，"通吴于晋，教吴叛楚"；《唐诗纪事》十五金昌绪《春怨》则有"打起黄莺儿，莫教枝上啼"之说；"学说""理论"，梁简文帝《征君何先生墓志》载有"聚徒教习，学侣成群"之论，而《方广大庄严经》十一《转法轮品》一也有"随应演说法，教化诸群生"等说法。其实"教"在中国远古时代早就被用来表示人们"对神道的信仰"，在《周易·易观》中有"观天之神道，而四时不忒，圣人以神道设教，而天下服矣"之句；儒家经典《中庸》中也曾指出："天命之谓性，率性之谓道，修道之谓教"；而《礼记·祭义》则说得更为清楚明确："合鬼与神，教之至也"。"教"字的宗教蕴涵始于殷商时期，曾指宗教"术士"，至春秋年代则有了"教士"之意，后演化为"教化""教师""教育"等表达，故此蔡元培在其《佛教护国论》中把"教"与"国"相关联，认为"国者，积人而成者也。教者，所以明人与人相接之道者也。国无教，则人近禽兽而国亡，是故教者无不以护国为宗旨也。我国之教，始于契，及孔子而始有教士"。中国学界有人偏执地认为"儒教"之"教"乃"教育"

"教化"之"教",而非"宗教"之"教";殊不知在中国古代文化语境中,这种"教化"之"教"与"宗教"之"教"乃互通的,并无本质之别。在儒释道"三教"并称时,不可能只有"儒教"是教化,而释、道则无教化;反之亦然,不可能只有释、道是宗教,而儒则与宗教无缘。

在中国,"宗教"二字合用最早始于佛教术语。梁朝袁昂(公元459—540年)在《答释法云书难范缜神灭论》中已经提到"仰寻圣典,既显言不无,但应宗教,归依其有",而隋朝释法经在《上文帝书进呈众经目录》中论及其修撰众经目的时也有着"毗赞正经,发明宗教,光辉前绪,开进后学"之强调。后来《景德传灯录》十三《圭峰宗密禅师答史山人十问》之九也有"(佛)灭度后,委付迦叶,展转相承一人者,此亦盖论当代为宗教主,如土无二王,非得度者唯尔数也"等表述。而《续传灯录》七《黄龙慧南禅师》一文中也有"老宿号神立者,察公倦行役,谓曰:'吾位山久,无补宗教,敢以院事累君'"之句。从此,佛教以佛所说为"教",佛的弟子所说为"宗","宗"为"教"的分派,二者合称为"宗教"。本来,"宗教"是指佛教中的"教理";后来才被用来泛指一切"对神道的信仰";于是,"宗教"这一中文术语就有了"人生宗旨、社会教化"之意,有了宗教信仰之意。在社会层面,中国宗教理解强调"神道设教",这种"神道"乃虚实结合;在形而上层面,其"道"或"天道"乃虚,作为涵括整体的至上观念及宇宙本源"不可道"、难言语,却为自然规律之本、社会道德之源;所以,有学者认为中国古代宗教的本质乃"虚神"信仰。但在形而下层面,则有栩栩如生、极为实在的神仙、天尊、佛陀、菩萨等"多神"崇拜,有着其具象性之"实",还有兼具宗教性和世俗性、建构性和弥散性的宗教结社和各种膜拜社团。所以,中国宗教具有体现"天人合一"的"人间"意向和相信"多元一统"的整体把握,与其他绝对一神教传统形成区别,故有"人文宗教"之称。

"宗教"之中文表述与西文 religion 之蕴涵的连接,则是 19 世纪下半叶的发展,西方传教士曾对之探究和比较,反映出中西文化的深层次交流。"宗教"与 religion 的对应,有"假道日本而入中国"的解说。本来,"宗教"作为佛教术语而随佛教经典传入日本,日本佛教界本来是将难用语言表达之真理视为"宗",而各种尝试解释这类真理的教义诠释则被视为"教",其"宗教"理解与中国佛教有所不同。只是到19世纪下半叶,日本官方文件开始对与西方各国交往文书中出现的 religion 加以各种中文术语的对译,最初包括"宗旨""宗法""宗门""宗教"等,后则逐渐统一为以"宗教"相译。自1868年以来,日本明治政府公文将西文 religion 译为中文"宗教",如1869年日本与德国巴伐利亚所签订的《修好通商条约》日文本,就用了中文"宗教"来对译 religion,这种"宗教"译法随之在其通商航海条约、介绍西方的著作中频频出现,如邨田枢文夫所著《西洋闻见录》等。最早影响中国人用"宗教"来对应 religion 的,则是黄遵宪及其所著《日本国志》。此书1887年完稿,1895年出版,其中论及"华夏""泰西"时谈到了"各国人情、风俗、宗教、政治之不同"[①],并在多处表述了"宗教"这一术语。早在《日本国志》正式出版前,其内容已经传入中国,被不少中国名士所论及。不过,当时中国学术界并没有完全接受黄遵宪的"宗教"之译,也有不少人反对用"宗教"来对应汉译 religion。有人甚至宁愿用"尔釐利景"之汉语音译来对应 religion,而不愿采用"宗教"之译。1893年,参加芝加哥万国宗教大会的唯一中国代表彭光誉则在其《说教》中将"尔釐利景"译为"巫",却不用"宗教",并且将当时的基督宗教传教士、神父、主教译为"祝",认为 religion "于华文当称为谶纬之学",并非"宗教"之蕴涵。此后亦有学者主张用"道"来汉译 religion,如谢扶雅认为,"今日西方所用 Religion 一语,与我国所谓'宗教'者,实大有出入……是则'宗教'在我国文字上的意义,不过一神或多神之崇祀而已;既不足以概无神之佛教,及介乎有神无神之间之儒教,亦未能包括宗教的神契经验及伦理行为。若求中国辞书中足与 Religion 相当之名,惟'道'字勉可充数。道兼涵体用两

---

① 陈铮编:《黄遵宪卷》,中国人民大学出版社2014年版,第334页。

面，Religion 亦具宗旨及方法两面；道可以完全表示个人与宇宙本体之嘘吸关系，同时亦不遗落个人对于社会之活动及适应"①。但时过境迁，现在中国已经通用"宗教"来表达 religion 之意。

中国宗教有着自我一统的传承，外来宗教在华"中国化"的进程中亦受到这种中国文化"整合""一统"的影响。从历史传统来看，中国宗教信仰的人文性、此岸性、功效性很强，因此其与社会有更多的关联，对政治也有更多的依附。历史上中国宗教的发展有着二元分殊的现象，政治性、学理性的宗教发展多走"上层路线"而好似与草根性、民俗性的"下层""底层"宗教发展分道扬镳，因而给人以同一信仰却差别很大的印象。另外，中国宗教"结社"的情况也很复杂，很难简单用"建构性"和"弥散性"这两种模式来说清。有的宗教社团意识非常明确，其社会组织严密而健全；但有的宗教发展则如行云流水，从无定型。在涉及中国传统宗教性质时，故而有"民间宗教"与"民间信仰"之区分。但有些宗教虽然没有严格的教团组织，却以社会底层的基本社区构建作为其依附及表现。这样，中国宗教信仰的发展乃与中国社会发展建设、中华文化的弘扬传播联系密切，不能将之分割。中国宗教信仰历经各种艰难险阻而延续至今天，在今天中国当代多元文化的共聚中，宗教亦表现出其顽强的存在。因此，对中国宗教信仰的承认、包容和宽容，是今后中国社会继续健康发展所不可缺少的。以中国人宗教信仰的历史为鉴，可以洞若观火，启迪未来。

宗教是人的精神追求之表现，反映出人在神圣与世俗之间的徘徊，在永恒与现实之间的纠结，在超然与自然之间的徜徉。中国人的宗教亦是对"神圣化"的生活之向往和追求，相信"举头三尺有神明"的神律，希望通过宗教修行而达到自我心灵的"净化"与纯洁。可以说，儒佛道三教的沟通、互渗和共融，非常典型地体现出中国古代宗教的信仰特色。

中国佛教认为"信者，令心澄净"，宗教精神可以使人"自净其

---

① 谢扶雅：《宗教哲学》，青年协会书局1950年版，第250页。

意""深正符顺,心净为性",以这种境界方能"诸恶莫作,众善奉行"。佛教的"心性本净"主张人心的纯化,实现人性的返璞归真,从而直达"佛性"。以"佛性"作为对"人性"的超越,佛教表达了其追求抽象本体的精神。基于其"佛性论"的理解,佛教倡导一种对尘世的"跳出"和超越,即看破红尘俗界、悟透大千世界,强调"目前森罗万象""同是一真法界"。

作为中国传统宗教典范的道教亦主张"天道自然""道法自然"的纯朴和纯洁,而这种纯朴的真正实现则要求人们"见素抱朴,少私寡欲",由此方可乐天知命,达到"天地与我并生而万物与我为一"的"与道同一"之境。道教以一种淡泊、宁静的心境而让人体会其一直在寻思、追求的那种"摄万物""通千古"之"道"。在道教的理解中,"道"是超然本体,同样也是人所向往、追求的境界。从其本原、超越意义上,"道者,虚无之系,造化之根,神明之本,天地之元"[1]。而人在"观天之道,执天之行"时则需遵循"立人之道"。人生的追求就在于信守"天道"及"人道",但这并非强势而为,变成人生的负担。就道教的领悟而论,"澹然无极,而众美从之,此天地之道,圣人之德也"[2]。人若如此,则"安之若命,德之至也"[3]。这种清静无为也是宗教精神立于自我、超越自我的真实写照。

儒家通常被视为是对"人文精神"的推崇,所重视的是"人学",立足于体现"天地之德""天地之心"的"人本",但其"敬天"之举却使之由持守家、国之"仁"的儒家而转为表达出超越追求的"儒教"。自然之天地境界并不需要敬畏,对之本可保持缄默"不语"。然而,儒教不仅有相应的敬拜,还进而探究"天道本体",有着"推明天地万物之原"的精神追求,由此而展示出中国古代文化中儒、佛、道作为"三教"的共在。所以,按照任继愈之论,"儒教虽然缺少一般宗

---

[1] (唐)吴筠:《玄纲论》。
[2] 《庄子·刻意》。
[3] 《庄子·人间世》。

教的外在特征,却具有一切宗教的本质属性"。① 儒教从"道之大原出于天"的本体论悟道,推至其现实人生安身立命中的"以道教民""以道德民",从而也使其宗教精神得以凸显。在儒教传统中,"天"具有至高无上的独特地位,此后其作为中国封建皇权的"国教",形成了只有作为"天子"的皇帝才有资格"祭天"的特权,而其麾下的臣民"祭天"则是一种僭越,但地位较低的形形色色"祭天神"活动在中国社会就非常普遍。不过,在中国社会底层却也保持了另一种形式的"祭天神"活动,使"儒教"既有官方宗教,亦存民间信仰,体现出中国基层文化"礼失求诸野"的特色。

  在中国宗教传统中,不少宗教有其功利性的敬神祈福,故而会让人感到那种对有形神明、各种偶像顶礼膜拜之乌烟瘴气的不快。但这并不是中国宗教的全部,而仅是其形而下的局部,并且是其需要不断改进、革新的重点。我们不可仅仅因此而就"巫化"中国传统宗教。真正体现中国宗教真精神的,则是这种神圣追求上人之精神境界通过"德化""圣化"而达到的"神化",实现的"升华"。对此,过去人们关注得并不很够,甚至多有忽略。而这种中国宗教的本真则正是需要我们去发掘、弘扬的。我们应该在今天的现实生活及宗教实践中止住那种功利性的隳沉,而让一种崇高的精神境界得以高扬。

（原载《中国人的宗教信仰》,中国社会科学出版社2015年版。）

---

① 任继愈:《论儒教的形成》,载《中国社会科学》1980年第1期。

第七章

论宗教与文化多样性

"宗教与文化多样性"的讨论在当代中国颇有现实意义，而且在中国许多地方也体现出了这种民族及宗教的多样性存在。例如，云南就是中国文化多样性最为典型的地区，这里保持着春季的盎然，又有着秋季的多彩，全省有着全国56个民族的成员，世居民族达到26个之多，是全国少数民族种类最多的省份，而且是全国五大宗教俱全的省份，尤其是全国唯一佛教三大部派共聚之地，加之各种原生性宗教和民间信仰，使云南成为民族宗教多样性最为突出、最有意义的地方。所以说，云南非常典型地显示了"宗教与文化多样性"，是这一议题最为恰当的地域。

从当前世界大局来看，文化多样性在"全球化"的时代乃异彩纷呈、格外突出。交通与传媒的便利给世界各国人民、各种文化带来了相遇和共聚的机会，人们谈论着"地球村"的睦邻关系，但也担心陌生的文化会相互碰撞而激化为"文明的冲突"。因此，从生态、社会的多样性进而论及文化的多样性，这里就涉及各种文化如何友好交往、和平共处的问题。其实，宗教的存在与交流也突出反映了文化多样性的现象，我们研究宗教就必须关注宗教的多样性存在及其多元文化意义。我们应该看到，宗教折射出人类精神及民族灵魂的存在，展示了许多民族文化血脉的传承。基于人的文明素质和多元文化共在的现实，我们理应认识到各宗教之间的和谐共在、和平共处乃是人类文明的表现，而我们与各种宗教和谐共存、良性互动、和平发展所表现的也是应有的一种文明姿态。所以，作为改革开放与世界接轨积极融入当代世界的中国人，我们就应该尊重宗教、理解宗教、保护人们的宗教信仰自由，这就是我们必须维护的社会文明理念及社会和谐形态。达到了这一点，也就能实现人类社会文化生态的和谐。

宗教的多样性使人类历史极为复杂。马克思在研究历史时，就曾发现人们普遍信教这一现象，由此使之把对宗教的研究从社会、经济层面扩展到人类学、文化学等领域。其实，人类历史在某种文化或精神意义上就是人类的宗教信仰史，而毛泽东也曾把这种宗教信仰看作一种文化现象，主张对之加以文化审视。习近平主席也专门谈到宗教的文化价值及意义。从人类文明史、文化史的视角来看宗教，是对宗教社会史、经济史和政治史研究的重要补充。因此，如果我们从政治的角度来研究宗教，就应该总结历史的经验教训，在今天的中国社会尽量避免宗教可能产生的负能量，而全力促成宗教正能量的释放和发挥。对于当今中国的宗教研究者，我们的任务是积极引导、努力促成宗教参与建设当前的新世界，实现我们和谐中国、美丽中国这一中华民族伟大复兴的中国梦。

中国当今宗教研究的主流，是提倡对宗教的积极引导，反映出这种让宗教发挥正能量、正功能的正气，是在为我们和谐社会建设实实在在地增砖添瓦。这种主流只能充分肯定、积极提倡，而不应被歪曲、误解。但令人遗憾的是，社会上还是不时出现一些否定我国宗教甚至对中国宗教学研究说长道短、歪曲攻击的杂音，给人一种"文革大批判"遗风再现之感。对于这种否定和指责，我们一要说"不"，加以必要的澄清和说明，以正视听、防止误导；二要有所针对，即充分肯定党和政府对宗教的积极引导，展示我们自中国改革开放以来宗教研究的正确方向和众多成果。面对国际上政治、经济、文化、思想、学术等领域的挑战和交锋，我们中国宗教学必须旗帜鲜明、准备充分，扩大我们的学术成果，推动我们的学术研究走向世界学术领域的最前沿。为此，我们绝不可对中国宗教研究自我否定，也不能因为某些不实指责而气馁、放弃。让我们以千帆齐发之势迎来中国宗教学术的万木之春。

20世纪我们中国人共同经历了极为复杂的社会发展，国际上有着给世界带来毁灭性打击的两次"世界大战"，中国人民不幸也被深深地卷入，付出了上千万人的生命代价；在国内政治上则有过两次天翻地覆的改朝换代，使中华千年之久的封建王朝先后被"民国"和"人民共和国"所替换；文化上也有两次触目惊心的运动，即20世纪初的"新文化运动"和在下半叶的所谓"文化大革命"。它们给我们留下了种种经验教训，值得今天重新反思和反省什么是文化、什么是中国文化。而20世纪我们的地球在经历了上半叶的两次世界大战之后，又有其下半叶的东西"冷战"僵持和意识形态冲突，甚至还有世纪之交的"后冷战"时期及其所谓的"文明冲突"和思想价值隔阂等，至今仍然阴影犹存、危机未过。这些都给21世纪的国际社会留下了必须面对和接受的政治及文化"遗产"，使这一仍不太平的寰球必须"同此凉热"！在步入21世纪之后，中国要想在这一纷争、复杂的世界中生存并繁荣，就必须练好内功，做到内在和谐，只有这样才能应对世界挑战、立于不败之地。习近平同志最近专门指出，要"巩固和发展最广泛的爱国统一战线"，以"最大限度团结一切可以团结的力量"，其中自然也就要"发挥宗教界人士和信教群众在促进经济社会发展中的积极作用"。为此，我们要坚决反对把广大宗教界人士推向我们对立面的极"左"做法，而应该全力吸引、争取信教群众与我们同心同德，而我们宗教研究者也应该积极响应党中央的这一战略举措，贯彻落实党的宗教工作的基本方针，通过学术、学理来积极引导宗教与中国社会主义社会相适应、参加中国和谐社会的构建。我们在中国必须致力于促进、实现与宗教的和谐，使宗教成为我们社会文化内在的有机共构，而不要挑起或激化与宗教的分歧及冲突，因为中国鲜活的历史告诉我们：斗则两败俱伤，和则双赢共荣！我们在当前中国社会发展的关键时期已经伤不起，故此只能共赢而别无选择。

中华民族由56个民族所共构，中国的多种宗教为中华文化的内在元素、有机构成。这一现实体现出中国社会的多元性、中华文化的多样性。可以说，一木不成林、一花不成春、一蝶不成景，文化的绚丽是由多彩所绘就，我们应该学会欣赏这种多姿多彩，努力保持这种万紫千红。而这也是尊重自我，保持我们自己的文化自知和自觉，获得我们的文化自信和自强。也只有以这种开放之态，我们才会去欣赏他者，看到异己文化中的精华和优杰之处。实际上，正视、尊重并欣赏这种文化的多样性、看到并肯定其个殊性，这是我们共同存在的必要前提和天然处境，我们不可能超越这种境遇，脱离人类共在的环境。只有在这种多样性、差异性中，我们才有必要求同存异或和而不同，才能以多元通和来保障多元一体。所以说，我们在多元共在中应以承认多元差别为前提，以实现和谐共在为指归。这就是费孝通先生所言"各美其美，美人之美""美美与共"之真谛。这也是我们追求尽善尽美、止于至善之起步。这种人类文明之美的共享和共构，是我们发展文明共同性、找出大家公认的共同点和契合点的使命与义务。当人类社会发展从竞争性的工业文明向生态文明转型时，我们也必须朝向社会生态文明发展形态转化，达成世界社会文明生态共同性的统一、共融。

  文化对话的展开需要对各自文化资源的发掘、弘扬。而对宗教的理解也需要对其思想理论、精神传承的研习、把握。宗教及文化多样性中蕴含着丰富的精神及文化元素、有着深厚的信仰及文明积淀。多种文化价值、各类宗教信仰、不同精神智慧，可以给我们今后构建和谐世界带来启迪、提供经验。中华文化上下五千多年，形成了华夏文明"一体而多元"的"中和之道"，有着中国信仰精神的"天人合一"。中国文化追求"多样性中的统一"，主张一种"整体性""内涵式"和"共构型"的文化发展。因此，我们的文化结构中自然有着各种宗教之位，保持着丰富的信仰传统。就构成中华传统文化主体及核心要素的儒、佛、道三教而论，这三教文化的交流及融合，使理学、心学、道学有机共构，深化了中国文化的精神底蕴，提升了华夏思想的灵性境界，丰富了中华民族的心性造诣，由此让我们的社会走向成熟，使人们的生活态度达到升华，以富有禅意、哲思和雅趣的姿态而对超越与世间有了一种全新的审视，其"澹泊明志、宁静致远"的人生之旅亦更为平静、深沉、睿智和洒脱。中华文化在这种多元宗教、多样文化的沟通中获益匪浅，其豁达、明智、开放、包容之举使自己的文化体系建构得以更为博大、厚重、广远、开阔、雄浑。在"三教合一"中并没有消减其各教个性，而乃让禅学、理学和道学尽情发挥，高潮迭起，尽善尽美。中华多民族的文化在这种"大一统"的格局中仍然有其百花齐放、多彩纷呈的个性特色，即以多样性的差异、区别而共构其稳态和谐的整体，用各自千姿百态的倩影来汇聚成美丽而不奢华的共在，这使中华文明含蓄而不张扬，温和却仍有刚强，使其理想境界是"人类一家""世界大同"，从而对外来文化所保持的基本态度是开放而不扩张，是"海纳百川，有容乃大"，是宽容、包容而不吞并、取代，同样也是"道法自然"而不强求。我们追求"国家兴旺""社会和谐"的进程，是在"多"中求"一"，以"多元一体"来呈现自我，以"多样统一"而与时俱进，这种"一体"或"统一"都立意在"中和"，其"和而不同"允许个性的张扬、差异性的存在；而其"不同而和"则展示了其文化的凝聚力及其共存、共在、共同发展的人生智慧。"同"是一种境界、一种向往、一种梦寻，而"和"则是现实的、当下的、可行的，是在"多元化""多样性"中人类真正得以共存的奥妙之处、睿智之举。中华民族的这种"和合文化"是我们今天构建和谐社会、推进社会文化建设的思想基础和精神传承。在今天"全球化"多元文化的相遇及碰撞中，我们要立于不败之地就必须保持这种开拓、进取、创新之势。在我们睿智、冷静地对待从西方引进的"斗争哲学"时，我们还应该以一种多样化的视域关注、研习蕴含着古代希伯来、希腊和罗马文化精华的基督教，传扬阿拉伯、波斯等文化要素的伊斯兰教，以及体现着南亚及东方文化神韵的印度教等。中华文化的自立、自强，在当代也更加需要这种对外开放、相互学习、扬长补短的姿态、胸襟、胆识和气魄。这种态势可以充实自我、惠及他人，使整个人类文化发展能够更为深入、更加辉煌。

为此，我们既要有这种世界眼光和融入并引领国际文化思潮的胆识及担当，又要有冷静、客观的自我定位。这样一来，我们自己的文化传统不仅不能放弃或丢失，而还必须大胆继承和积极弘扬，在文化上真正固本守根，这样才能实现我们的永续发展，圆我们的中华复兴之梦。正如《论语》所言，"士不可以不弘毅，任重而道远"。为了这一宏伟目标，我们积极提倡中国知识分子和各界有识之士的社会担当精神，"匹夫有责"的使命感和责任感，"彩云"之南的七彩云南则正是这一多种文化交汇、共融的耀眼之地和鲜明标志。"赤橙黄绿青蓝紫，谁持彩练当空舞"！多元多彩所彰显的就是一种"彩虹文化"，其历史悠久，亦鲜活在当下。这种七彩之虹将激励我们展开学术研讨、启迪我们进行文化交流。

（本文为在云南昆明以"宗教与文化多样性"为主题的"中国宗教学 50 人论坛"上的发言）

第八章

关注宗教与文化发展

宗教与文化有着密切关联，这是宗教研究界的学术共识。但如果让中国社会真正认识到中国文化与宗教的关联以及宗教对于当今中国文化发展的重要意义，却并不容易。社会对宗教的误解积重难返，宗教自身因限于历史的包袱也未能彻底轻装上阵与时俱进。为此，许多现实问题值得我们深入讨论，解决这些问题就是旨在使宗教为我国的文化建设、社会建设有更大的投入，有更新的奉献。当然，要实现这一突破，首先需要我们在思想上、学识上和舆论上推进对宗教客观、正确的理解，营造宗教为我国文化建设、文化发展大有作为的良好氛围。

中国文化乃中华民族之魂，但对这一民族之魂的认知却仍存有许多模糊和差异之处。黄河、长江两大流域文化在远古的汇聚，最终形成了大一统的中华文化。这种文化的精神内涵有着突出的宗教特色，凝聚着中国人的信仰追求。当我们追溯公元前上千年黄河、长江流域中华文化的起源及发展时，给我们最为深刻印象的，仍然是其宗教留存及其信仰特色。在数千年的发展演变中，中华文化饱受风霜、历经沧桑，顽强地走到了今天，并在不断发展壮大。但在各种社会巨变、政治风暴的冲击下，中华文化也遭受打击、破坏，其不少传统亦在丢失、出现隳沉。我们的文化传承及其重要基因，仍有一定的比重处于尘封状况之中。其中最为突出的，就是对中国宗教传统的遗忘和否认。这一问题在中国现代百年左右的发展中，并未获得根本解决，其结果使中国人认不清自己的文化自我及文化灵魂。这种在文化观念上的飘游不定和六神无主在某种程度上还在恶化，让人们有着精神空虚和思无所依之感。就连五千多年的文明积淀都会因宗教本真被否认或轻看而失去其厚重，被抽空的中华文化在不少人的眼里竟似浮萍一般，不知会飘向何方。由于在中国社会转型时期出现了文化理解及文化建设的迷茫或缺失，中国社会及民众心态上的确出现了某些"失魂落魄"现象，其结果文化关注在社会上多浮于表面，对于一些人而言好像只有一种"产业"发展上的经济刺激，并无太多精神意义。环视四周，我们会尴尬地发现，体育是产业、教育是产业、文化是产业，甚至宗教也变成了产业！如果没有经济效益的产出，则谁也不会将之作为应尽之事业。现在让人特别担忧的是，人们过于追逐金钱利益，社会暴露出多方面的腐败，不少事件及其报道会有着令人不安的导向，即给人一种穷人失志、富人不贵、邻人无往、社会冷漠的印象。我们社会主义社会的核心价值尚未获得公众的共识，人们的灵魂却在世俗之风中受到侵蚀。为此，我们必须要大声疾呼"中华魂、归来兮"！这种"魂归来兮"的努力是我们文化建设之本，文化发展之途。

理解中华文化和整个人类文化，宗教是其关键之维。从世界历史发展的厚重积淀来发掘，我们所能找得到最多的就是宗教文化遗产、宗教精神传承。为此，今天的文化发展必须要还宗教以合法合理之位，为宗教"正名"，让宗教"脱敏"。也就是说，我们应该认识到宗教在文化中的底蕴、本真，以及宗教为文化发展提供的动力、氛围。只要我们以清醒的眼光看世界，或仅仅只是客观、冷静地看看我们祖国的港澳、台湾地区，对宗教的文化定义、社会作用就应该获得正确的认识，得出正确的结论。当然，宗教不是在真空中存在，而是在复杂的社会处境中生存、发展，因此也势必受到社会、政治等层面的影响。一旦宗教社团或相关宗教界人士参与社会、政治活动，与之相应的也当然不可脱离社会、政治之维，受制于相关的社会管理和举措。这与我们讨论的宗教文化及其核心精神虽然会有直接或间接的关联，但其问题意识毕竟已不在同一个维度，因而对其审视和应对自然也会不一样。从总体来看，中国的宗教文化是一种建设性、协调性及和谐性的"维稳"文化，它虽然有着某种守成的保守和对传统的维系，却可以防止社会走向解体和崩盘；它会以其对传统中华文化的保守及忠贞来尽量让社会稳定下来，给人们一种安然的心情和安全的感觉。同样，中国的宗教文化也在不断自我扬弃、自我改造、自我升华、自我完善，有着与其社会发展的积极适应，并对这种发展作出其贡献。因此，我们今天应该欢迎并需要这种维稳的文化，同时也必须告别、否定那种造反、破坏的所谓"文化革命"。

中国社会有着强调和谐、共融的传统，中国文化追寻的是多元通和、中庸、大同的境界。中国的自我意识注重挺立于天地之间的"人"，重人伦、倡人道、以人为本、关注人生。但其对人的期待和希望，仍是成为圣贤之辈，达到神圣境界，而不是让人从精神上导致消沉、崩溃和毁灭。这种对人的拔高和拯救，在其中就不离宗教的精神和真谛，是一种终极关切与现实关怀的交汇，外在超越与内在超越的共融。人生需要精、气、神，社会须有公、义、正，这两种秩序的维系既应有道德伦理之实践理性，更需要信仰敬畏之价值理性。社会道德没有精神价值的支撑则不可能持久，难以得到延续。中国文化的重建百废待兴、多有波折，而现在已经到了最为关键的时刻，中国宗教的正确定位也已是刻不容缓、时不我待。被冷淡、鄙视的宗教信众在出现不安和躁动的情绪，社会预警系统亦在发出频频警报。如果不能在我们今天的文化发展中理顺与宗教的关系，端正对宗教的态度，如果把宗教界人士引向一种不入社会主流、自暴自弃、被边缘化的"另类"处境，使之走向另一种选择，与我相离或异化，那么我们的社会则难以"可持续发展"，我们的和谐稳定也不会得到长期支撑。这种否定、排拒宗教的做法或导向实质上是把本来有利的因素"异化"为不利因素，是"自毁长城"的荒诞之举。因此，我们作为宗教研究工作者应该是"有识之士"，在中国社会转型、文化复兴的这一千载难逢的历史时刻，也理应在"独善其身"的基础上有"兼济天下"的情怀和志向，体现我们呐喊、疾呼、建议、说理之"匹夫有责"。对此，这种发声需要理论的厚重和见解的深邃,我们因而也需要坐而论道,为我们的正确实践寻找依据和方法提供启迪和思路。抱着这种愿景和志向,我们要坚韧不拔、持之以恒,以思想智慧和知识准备的充盈来共走文明之旅,共赴精神历程。

(本文为2012年在四川大学召开的以"宗教与文化发展"为主题的中国宗教学会年会上的发言)

第九章

关于中国宗教学的文化思考

习近平总书记在2016年5月17日哲学社会科学工作座谈会上的重要讲话中指出："要加快完善对哲学社会科学具有支撑作用的学科，如哲学、历史学、经济学、政治学、法学、社会学、民族学、新闻学、人口学、宗教学、心理学等，打造具有中国特色和普遍意义的学科体系。"这里特别提到了宗教学。一年后在中央领导落实这一重要指示精神时又重提了宗教学的特殊意义。最近这些年来，我们一直在为宗教学的学术发展奔走呼喊，但影响甚微，其学科在整体上并无大的发展，甚至还出现了滑坡现象。究其原因，中国宗教学不可能只囿于学术圈内来生存发展，其迫切需要的是一个良好的社会文化氛围。因此，中国宗教学"学科体系、学术体系、话语体系"这三大体系的构建及发展并不是单纯的学术活动，而需要对之有一种重要文化工程的理解。这里，从文化意义上谈谈自己对如何发展中国宗教学这"三大体系"的初步思考。

一 发展中国宗教学的学科体系基于马克思主义的文化观

习近平总书记明确提出，"坚持以马克思主义为指导，是当代中国哲学社会科学区别于其他哲学社会科学的根本标志，必须旗帜鲜明加以坚持。"同理，当代中国宗教学学科体系的发展理所当然要以马克思主义为指导，这是与其他宗教学的根本区别，也是中国宗教学的典型特色。为此，我们就要认真学习马克思主义经典作家的原著，分析其论宗教的时空背景，并且提炼出其基本理论和研究方法，由以指导当代中国宗教学学科体系的构建。如果不去全面、系统、具体、深入地研究马克思主义宗教观，不以历史唯物主义和辩证唯物主义的方法探析马克思主义有关宗教问题论述的社会时空背景，脱离具体社会文化实际而空喊口号或对经典作家基于社会分析的宗教结论随心所欲地任意套用，则不可能建立起体现马克思主义思想精髓的中国宗教学体系。因此，我们当代宗教研究的时代特点，就是要基于这些基本理论和方法联系实际与时俱进，既弄清经典马克思主义宗教观的社会文化背景，更要认清当今中国的社会文化发展，抓准其社会文化兴趣及旨归，把中国宗教学与中国社会主义文化发展有机结合，发展出具有中国当代文化特色和新时代文明面貌的社会主义宗教学体系。

从中国特色的宗教学学科体系之政治层面来看，其根本立足点就是要体现我们党关于积极引导宗教与社会主义社会相适应的基本方针。这是我们政治文化所提供的最佳氛围。为此，中国宗教学学科建构要基于对中国宗教问题的研究来展开，积极适应这种社会政治文化。但这种对中国宗教特点的分析不是封闭式的，而是以一种世界眼光来审视全球化文化发展背景中的中国宗教，并根据其比较研究的方法来系统探究世界宗教文化，回溯各种宗教文明发展的历史进程，以这种全球视域和整体思维来找出宗教发展的规律，抓准宗教文化的特色，说明宗教的社会本质和精神特质，找出从思想意识及现实社会文化存在上妥善处理宗教问题的最佳方案。因此，中国宗教学学科体系既是理论的也是实践的，既是学术性的也是文化的，既是基础性的也是智库性的，这样才有中国社会文化特色和中国当代学术学派可言。中国宗教学应该基于中国宗教的真实情况，比较世界宗教的发展趋势，搜集研究反映中国社会真实情况的、比较系统全面的宗教资料来推动其有序科学的发展。

中国特色的宗教学学科体系应该体现出其开放性、包容性和跨学科研究的比较及综合特点，为此就应该以一种大文化视域来关注哲学、社会学、经济学、政治学、历史学、文献学、考古学、人类学、心理学和生态学等领域，突出其分析比较，特别是要对中国社会历史文化及现状与宗教的复杂关联、古今政教关系等作全面的探究、深入的分析和科学的说明。由此，其学科体系亦可以这种跨学科视域来达成在跨文化对话氛围中的"科际整合"，相应建立起宗教哲学、宗教社会学、宗教经济学、宗教政治学、宗教史学、宗教文献学、宗教考古学、宗教人类学、宗教心理学、宗教生态学等具有比较宗教学意义的分支学科。

中国宗教学在其价值理性和工具理性意义上还必须强调并重、保持平衡。不仅要建立起具有中国特色社会主义的宗教学理论体系，而且必须理论联系实际，即用社会主义核心价值观来积极引导宗教适应中国当今社会主义社会，耐心教育和说服宗教界人士及信教群众拥护中国共产党领导和中国社会主义制度，理顺中国当代社会与在其中生存的宗教之关系，使宗教存在与其社会有机关联，也与其文化自然融合，反映出其历史发展的逻辑及规律；其中当然就必须对其社会、政治、经济、文化、思想等方面加以具体分析和科学评价，得出因果清晰、令人信服的结论。这一学科体系应为中国社会团结绝大多数信教群众、厘清宗教与中国社会的和谐共融关系而作出贡献。所以说，这一学科体系的基本社会定位是维护、巩固中国当今社会的和谐、稳定、有序之状，形成文化共融的和睦局面，把广大信教群众紧紧地团结在党和政府身边，而不可把宗教推出去成为负面因素、扩大敌对力量，给社会增添不必要的混乱和麻烦，在文化上造成隔阂及分化。在突出这一本土研究的基础上，中国宗教学学科体系应进而全面分析、研究世界宗教的历史与现状及其与相关社会文化的联系和关系，对之加以具体说明和科学阐述。由此而论，中国宗教学学科体系必须是当代中国的、以马克思主义为指导的、以科学态度研究中国宗教并解决其现实社会问题的，这种学科体系有其鲜明的自我意识和主体定位，有社会主义文化意识，因而在国际宗教学界应该是非常独特的。在此基础上，中国宗教学学科体系则应进而展示其世界眼光，与世界学术接轨，融入世界文化发展，以比较研究来观察和说明世界宗教及其社会文化关联。

二 中国宗教学的学术体系必须具有中国社会问题意识和中华文化特色

中国宗教学的学术体系要想突出其学术特色，就必须充分展示其中国社会的问题意识和中华优秀文化的典型色彩，只有这种"中国味""中国风"才能在世界学术界得到极大关注，获得其普遍意义，宗教学术研究若彻底否定中国传统文化则不可能形成这种特色。因此，中国宗教学的学术内容主要是来自中国社会及中华文化，有我们对中国社会的"关注"和"参与"，有对中华优秀思想文化的"敬重""继承"和"弘扬"，由此展示中国宗教学学术体系及其内容的"民族性"。这种中国特色是我们对国际学术界的可能贡献，只有这样才能使我们的学术真正走向世界，自立于国际学术之林，获得在全球宗教学领域引人注目的学术话语权。中国宗教学学术体系必须正视并肯定中华优秀传统文化，注意中国的信仰内容及其特点，从中国社会关怀、"神州"宗教传承、中华信仰特色来勾勒中国宗教学的学术结构及其整体布局和基本内容。如果抽象空谈中华有五千多年悠久文明，却在其文化展现的一个个具体问题上根本否定其基本元素，则不可能体现我们的文化自觉及自信，这对于中国宗教学学术话语极为关键。西方宗教学的学术体系是以其西方社会及其文化为素材的，其对世界宗教资源的获取和归纳也与19世纪西方国家的全球扩张及其殖民主义发展密切相关，这一立足和定位就构成了西方宗教学学术体系的特点及其学术积淀。对此，我们虽可借鉴却不能照搬，而必须有我们自己的宗教学学术素材和积累，从而使中国宗教学的学术理论能够接地气，所以我们必须回归中华文化的悠久传统，在中国社会及其文化的丰富资源中获得我们可以充分运用的空间和得以充实的养分，形成我们的理论体系和学术特色。

当然，中国宗教学的学术体系也绝非封闭的，而有着外向性观察、参考、借鉴、吸纳。习近平总书记说，"哲学社会科学研究范畴很广，不同学科有自己的知识体系和研究方法。对一切有益的知识体系和研究方法，我们都要研究借鉴，不能采取不加分析、一概排斥的态度。"众所周知，宗教学源自近代西方学术发展及其学术体系，其历史渊源和知识传承是我们应该参考和借鉴的。西方宗教学与神学的关联及其脱离神学的独立发展是一个历史演进的过程，对此我们必须辩证分析，既不可由此而彻底否定西方宗教学，也不应该完全放弃对神学的深入研究。其实，宗教学的学术关联极广，涉及世界近代学术史上比较语言学、比较神话学、文化人类学等学术思潮的兴起，以及其考古学、文献学、社会学、心理学、宗教哲学、神学等学科的发展变迁，中国宗教学的学术积淀正应该体现出这些学科跨学科的学术聚焦和文化品位，使之得以呈现出开放性、互渗性和涵容性的不凡学术气质。

　　回顾其学术史，中国宗教学的学术建构性起点源自毛主席在20世纪60年代关于"批判宗教神学"或"研究宗教、批判神学"之说，其中既有意识形态批判也有学术研究评断，其意识形态批判强调的是坚持马克思主义立场观点，而其学术研究评断则注重对世界宗教及其人类文明关联的了解。这里，"研究"与"批判"有着相同蕴涵。在这一全新发展中，任继愈先生对中国宗教学学科体系及学术体系的开创都有着巨大贡献。在任先生根据毛主席关于研究"世界宗教"的指示精神而创立世界宗教研究所时，就强调要用马克思主义来指导宗教研究，即用历史唯物主义、辩证唯物主义的立场观点和方法来观察、分析和研究宗教问题。与此同时，任先生也强调宗教研究要有世界眼光，指出我们研究宗教是面向世界宗教的，应对世界的宗教现象进行深入、系统而透彻的研究。这样就开始了对世界三大宗教的学术探究，并形成中国宗教学的学术体系侧重基督教学术、伊斯兰教学术、佛教学术等特色，对各种宗教的分科学术研究及其学术体系亦由此得以扩大、发展。从这个意义上来讲，任先生一是注意到宗教学学术发展的与时俱进，二是突出宗教学术研究要视野开阔、全面，要有非常精准的问题意识。因此，在对中国传统宗教的学术研究中，任先生特别强调儒教是宗教，这一对中国传统文化的定位是意义深远的。这对我们认识儒教的宗教性，对中国文化中的宗教特征，以及究竟应该怎样理解中国人的宗教性就提供了一个重要视域，有着独特的问题意识。实际上，今天对"儒教是教"的这个意义仍然还没有讲透，对中国传统宗教"敬天法祖"的精神文化特点也没有彻底体悟，而把孔子视为"无神论"的看法更是离任先生的见解相去甚远。任先生审视中国人的宗教性有着极为独到、敏锐的眼光。其对"儒教是教"的理解实际上已使中国人的宗教理解与国际接轨达成共识，形成对宗教特性及共性把握上的有机关联，而且还揭示了认识宗教的最本质、最根本的内涵。其实，从世界范围来看，对宗教性的理解是认识宗教的关键所在，其他一些内容则是附带的；当然，这种宗教性与人的社会性有着千丝万缕的复杂关联和交织。从任先生对儒教宗教性的阐释中，我们可以体悟其敏锐的文化意识，找到中国宗教之"建构性"与"弥漫性"共在同存、交织融合的关键线索，这种思路另辟蹊径、多有拓进，从而凸显了中国宗教学的学术涵括及其中华文化特色。从宗教与人类文明的密切关联而言，中国的宗教学术研究不能光有"火药味"，而更应该彰显其"文化味"，给人一种隽永、优长的文化情感，这对于我们文化中的宗教传统也理应如此。文化是一个不断完善的漫长历程，不应该以今天的视域及标准来指责过去腐朽落后、多有欠缺，而需要更多的积极发掘和升华弘扬，因为历史进程中的任何事物都不可能是尽善尽美的。

  在中国宗教学学术体系的建构中，任先生还非常强调宗教研究与无神论研究的有机结合，指出其学术内容的相同之处。所以，任先生既积极推动了中国宗教学的学术发展，也在其中体现出无神论的必要研究。显然易见，无神论是宗教学学术探究的重要内容，特别是属于对宗教的思想精神层面的研究，因此，探讨有神论和无神论问题是宗教学学术体系中这一思想理论研究的双翼，缺一不可，没有必要对之加以人为分割。马克思主义无神论是马克思主义宗教观的有机构成，但不是任何无神论都可以等同于马克思主义无神论，而且只有马克思主义无神论才是科学无神论。中外古代都有"朴素无神论"，欧洲近代出现了法国的"战斗无神论"，以及德国哲学中费尔巴哈的人本主义无神论和尼采的虚无主义无神论，现代西方还曾流行存在主义如萨特的人道主义无神论等，这些无神论虽然有其历史意义和价值，却都不可与马克思主义无神论相等同，故而也不可称为"科学无神论"。所以，在学术体系意义上，我们的无神论研究要突出其"科学性"，体现出较高的学术水平及其学术严谨性，还必须对中西文化史有比较透彻的了解，而不可随心所欲、浅薄空洞。我们应对这些历史上的各种无神论思潮展开学术研究和理论思考，审视其文化背景及传统沿革；但我们的宗教学学术体系主要还是体现马克思主义无神论思想，彰显其科学的无神论，以代表一种先进文化。从社会宣传教育方面，我们要根据无神论宣传教育的对象来落实，摆事实、讲道理而不是空谈，而且这种宣传还必须服从党和国家积极引导宗教与社会主义社会相适应的这一大局。从宗教学学术意义上的无神论研究来看，则应在集中力量对以往无神论资料搜集、整理，形成系统研究资源的基础上达到其理论探讨上的升华；为此应该全面开展中外无神论历史的系统研究，善于总结以往的经验教训。这就要求我们提高"无神"之论的理论深度和学术蕴涵，积极适应当今世界相关讨论的学术及话语处境，在文化层面站位要高，而不可仅仅停留在无神论宣传的初级阶段。对之要有中国学术研究的具体内容，有中国社会及时代特色，真正让人心服口服，并且有助于我们和谐社会的构建。我们需要系统、认真地学习经典作家的原著，加以潜心研究，弄清马克思主义无神论究竟有什么内容，宣传无神论应该有什么策略，其根本目的是什么，以及什么是其得以实施的科学途径等。我们为之一定要抓准其社会问题意识，最大限度地实现中国社会的稳固、团结及和谐。对此，我们的确值得认真对照和反思。在学术层面的宗教学研究与无神论研究一定要有机结合，而且中国宗教学研究本身主要就是体现出严肃、严谨、严格的无神论研究，是在马克思主义科学无神论指引下的积极迈进。这一发展过程中出现不同的学术观点当然可以商榷、争鸣，但不可无限上纲上线、脱离基本的学术标准，因为真理会越辩越明、真理会历久弥新。

中国特色的宗教学学术体系应该有其纵横涵容，纵向上立足于中华优秀传统文化的丰富内容，从中找出我们的学术新意，实现对传统宗教学的学术创新；横向上则必须面对当代中国社会，而不是与之完全脱节,同时还需静观当下国际局势的风云变幻、世界宗教的云谲波诡。中国宗教学的学术结晶不只是纯学术象牙塔中的珍宝,更应是科学面对并解决现实问题的社会公器。所以,中国宗教学体系应在海纳百川、博采众长的基础上形成自己的学术特色、学术个性和学术气质,既保持延续其普遍性的学术传承,又体现中国问题意识的开拓创新,有我们自己独特的学术思考和研究,有我们中华文化在学术创见上的敏锐及智慧。

三 中国宗教学的话语体系应体现出范式更新的"中国好声音"

在中国特色的宗教学学科体系、学术体系的鲜明定位上,展示的当然应该是"中国声音",而且必须是"中国好声音",这就是我们宗教学话语体系的构建,也是我们文化品位的展示。习近平总书记要求我们的学术研究能够"解决中国的问题,提出解决人类问题的中国方案,要坚持中国人的世界观、方法论"。① 这就提醒我们的宗教学话语要有"独创性""原创性""境遇性""时代性"和"主体性""个殊性",有中国文化特色,而不可人云亦云,不能只会跟着说不会接着说。如若只会发出"杂音""噪音",则会败坏中国学术话语的声誉,让人感到一种文化层面的低下。因此,我们要发声,而且要真正发出"中国好声音"。

其实,仅有一百多年历史的宗教学在话语上留下了许多未得解决、未达共识的问题。首先,其宗教学的学科术语本身就没有得到共识。西方宗教学创始人缪勒(Friedrich Max Müller,1823—1900)首先使用的"宗教学"(Science of Religion,德文 Religionswissenschaft)这一术语并没有得到普遍承认和接受。目前西方宗教学术界几乎不用这一术语来表达其宗教学的名称,而相关的话语则包括"宗教研究"(Religious Stud-

---

① 《习近平在哲学社会科学工作座谈会上的讲话》(2016年5月17日),《人民日报》2016年5月19日第2版。

ies)、"比较宗教"（Comparative Religions）或"宗教史（学）"（History of Religions）等。其次，在理解什么是"宗教"、什么是"信仰"上众说纷纭、莫衷一是。再次，其对人的"宗教性"的认知也各不相同，在"依赖感""敬畏感""恐怖感""神秘感"等描述上众口难调、分歧明显。此外，对"神"之概念的认知差异也很大，宗教哲学家最后只得用万流归宗、殊途同归来涵括。这些分歧、争议显然给我们创建中国宗教学自己的话语体系留下了巨大的空间，也为我们"接着说"提供了种种可能。在此，我们既需要有我们自己的文化意识，也要体现在人类文化发展中我们的文化创新。具体而言，这种话语体系的范式更新及理论创新至少在如下几个方面可以思考、斟酌：

第一，关于"宗教学"的性质及其学科定位要有中国话语。"宗教学"与"宗教研究"既有关联亦有区别。由于宗教学在中国起步较晚，对于宗教的认知亦有巨大分歧，所以更应注意宗教学与宗教研究的关联与区别，具有一种学术及文化的鉴别。宗教学属于宗教研究的一种，其特点是研究者必须持客观、中立、科学的研究态度，宗教界的学者在这一学科范畴内也理应"悬置"自己的宗教信仰。而宗教研究则涵括较广，既有宗教学意义上的学术研究，也有信教者的"护教"研究，更有政府部门服务于其宗教工作实践的宗教"政策"研究，其立足、选项、定位乃各不相同，各自体现出信仰文化或政治文化的特点，我们对之应有必要的比较、鉴别。由于宗教学在中国社会的定位尚不被多数人所认知，世人对其"学究""谋略"还是"传信"弄不清楚，故而在中国学术界内仍然是一门敏感学科，令不少学者望而却步，故才有着"险学"之称，其"脱敏"亦遥遥无期。由此而言，形成中国宗教学自己的话语体系至关重要，且极为紧迫。这一话语体系就是要讲清楚什么是宗教学、其范围有多大、其任务是哪些、其特点如何体现以及其与宽泛的宗教研究有哪些关联和区别等，至少应在学术文化层面脱敏，从而争取能够顺利建立起中国宗教学自己的研究范畴、基本概念、问题意识、语言表达和理论方法。

第二，关于"宗教"术语及其中国语言表达。"宗""教"是中文古已有之的表述，其共构之术语"宗教"则经历了其内涵与外延的复杂演变，反映其漫长的文化发展；而经日本近代转译西文 religion 则形成其当代语意，有着跨文化的比较和借鉴；对之学界争论不休，难达共识。与 religion 的中文对译，包括"教""宗教""神教""道""神道""巫"等，甚至音译"尔厘利景"。宗教乃宗教学研究的直接对象，其内涵的厘清也直接关涉人们对宗教学的理解，因此，我们应该形成中国宗教学对"宗教"的语义共识，有着对其最基本的表述和话语说明。以往把"宗教"解释为"对鬼神的信仰""对神道的信仰"，亦有哲学意义上的"对超越的信仰""对终极的追求"或"绝对的依赖感"等界说，这些概念或解释对我们理解宗教的基本蕴涵很有帮助，但仍然不够，需要我们借助于中国话语而有更多的开拓、更令人信服的解读。

第三，关于中国的宗教存在或"有无"之争。这不仅是术语之争，更是中国精神传统和文化性质之争，其话语表述当然意义深远。其实，这种进而解读基于我们对"宗教"的基本了解和理解，然后方有中国宗教之"有无"的结论。但这种宗教之在的"有无之境"在中国语境中乃意味深长的，值得遐想、玩味和推敲。在此，既有对中国历史文化特质的话语解读，亦有与世界文明之信仰元素的对照比较。在中华文化与世界文明的共性及个性等比较中，中国宗教之有无乃其关键之一，值得深究，必须辨疑。认为中国"无"宗教的一个重要原因就是基于对宗教的负面评价，而这种对宗教纯否定的定性在世界文化理解中占有多大比重、是否符合实际、对中国国际形象会产生什么影响，却是值得我们深思和反思的。当下中国社会舆论中否定中国古代传统有宗教存在的看法很有市场，这一现象本身就可以成为我们宗教学话语研究的问题意识和基本出发点。

第四，关于中国宗教的特点及理解。对此，曾有对宗教本身结构特点的区分，如"原生性"与"创生性"宗教，"自然宗教"与"人为宗教"，"弥散性"（"弥漫性"）宗教与"建构性"宗教，官方宗教与民间宗教，外来宗教与本土宗教等。这里就自然触及对中国宗教的定位及评价，境外不少描述中国宗教的话语曾引起轰动和关注，如中国的

"自然宗教"或"自然神学",中国信仰的"宇宙主义"、"道德宗教""人文宗教"或"弥漫性宗教"等表达,但这些众说纷纭仍然给人"盲人摸象"缺乏全局之感,我们应该用中国宗教学的独有话语来对之重新建构。而且,这里还涉及政教关系问题。以往西方宗教学的话语体系多讲"政教合一""政教协约"和"政教分离"这三种关系,但用之来对照中国古今的政教关系似乎都不靠谱、都很难对号入座。那么,学界曾用以描述中国政教关系的"政主教从"等话语,是否值得我们重新思考和研究,这或许在中国宗教学的话语体系建设中有曲径通幽、柳暗花明之效。这里,中华传统的人文特点、政治文化在政教关系中的渗入以及天人合一的文化自然景观等,都值得我们关注和发掘。

第五,关于中国语境中的"神"论或"神学"意义。这里自然涉及关于"有神"或"无神"所讨论之对象"神"的有无,为此就有必要对中文"神"字的起源,其意义的演变转化等加以梳理汇聚,由此来解读中国语言中"神""神明""神话""神鬼""神仙""神灵""神道"及"神州"等之中"神"的真实蕴意及其延伸,体悟中国民间"举头三尺有神明"之话语的含义及其旨归。我们文化中对神明的具象性和抽象性表述,可以与西方形而上文化传统的"绝对另一体"或"终极实在"观进行比较、对照,找出其异同之所在。此外,在中国与"神学"直接关联及比较的还有"儒学""佛学""道学""经学"等,其"教"之信仰核心与其理解、描述之表达的"学",都是我们中国宗教学话语体系构建所值得重新思考和斟酌的问题。

第六,关于"研究""批判"的意识形态或学术界定问题。"批判"在中国现代之用源自德文 Kritik,由此而来理解英文的 criticism。在德国思想文化传统中,"批判"既有意识形态即政治批判之用,也有学术意义上学术评价或评断之意,这两种用法在马克思主义那儿都得到体现和运用。不过,马克思主义在当时更多地将之用在意识形态即政治批判上,这就是中国学界所经常讨论的"宗教批判",而用在学术研究的评论、评价和评断则主要是指德国19世纪形成的"圣经批判",有着相对中性的文化意蕴;但这种表述因为中文"批判"一词经"文革"

之用而有负面含义，故在当今中国不再多用，转而被婉转地译为"圣经评断"，故此学问也不再用"批判学"而乃用"评断学"之学术话语。这种文化的差异也显然明确地表露出来。这里就不得不论及前述"批判宗教神学"或"研究宗教、批判神学"之解读。毛主席说不批判神学就不能写好哲学史，也不能写好文学史、世界史。这种批判显然也是文化意义上的，是与学术研究与写"史"相关联的。实质上，"宗教"与"神学"乃紧密相构而不可根本分开的，因为神学就是宗教教义的核心表达，是研究宗教最本质、最根本、最核心之"神"的"学问"，所以用"研究宗教"来与"批判神学"相区分，其实也不过是玩文字游戏而已，显然比较牵强。当然，如果是后面即学术评断意义上的"批判"，用之来对待宗教及神学则都说得过去，也没有太大的问题。但是，如果这种"批判"话语只是意识形态即政治批判层面的，那么我们就必须回到马克思主义的原典来理解。马克思所论及的"批判宗教"源出其《〈黑格尔法哲学批判〉导言》，马克思这里认为"就德国来说，对宗教的批判基本上已经结束，而对宗教的批判是其他一切批判的前提"[1]。也就是说，马克思从探究青年黑格尔主义和费尔巴哈等人对宗教的批判入手而启发他转向最根本的社会批判。而宗教批判与社会批判这种逻辑关联在马克思主义中是清晰可辨、不容否定的，正如马克思在此进而所言："因此，对宗教的批判就是对**苦难尘世**——宗教是它的**神圣光环**——**的批判的胚芽**"；"于是，对天国的批判变成对尘世的批判，**对宗教的批判**变成**对法的批判**，**对神学的批判**变成**对政治的批判**"[2]。为了让人看得更加明白，马克思对上述关键词都用了黑体字重点标出，宗教与社会批判、神学与政治批判的关联及统一遂一目了然、无可否认。这种密切的、内在的、逻辑的关联，是我们运用马克思的"批判"话语时不可回避更不可任意割断的。正因为如此，笔者才提醒在今天的中国社会要慎用"批判宗教"之表述，也必须意识到，当有

---

[1] 《马克思恩格斯文集》第1卷，人民出版社2009年版，第3页。
[2] 《马克思恩格斯文集》第1卷，第4页。

人在今天中国社会突出"批判宗教"时，党中央乃号召"积极引导宗教与社会主义社会相适应"；当有人在当代思想发展中强调"批判神学"时，党和政府却支持爱国宗教团体加强其"中国神学建设"。如果故步自封不与时俱进，中华人民共和国时期的宗教思想史是否也会被写成其宗教思想批判史、神学批判史呢？若进而推之，这种批判按照马克思所论的因果逻辑，是否也要剑指当今我们自己的社会呢？随着中国社会性质的根本改变，在其社会根基上发展的宗教及其神学思想会产生什么变化，这就值得我们加以科学辩证的思考。

第七，关于中国宗教学研究队伍的构建。我们曾谈到中国宗教学研究有三支基本队伍，即学界、政界和教界，这三支队伍的研究人员大多以从事人文社会科学为主，但其研究宗教的话语表述显然会有不同侧重、可能会同问各表，所以其彼此之间则可以展开交流、沟通、切磋、比较，大家各美其美，争取和而不同。而学界的话语则理应突出其学术性、理论性、逻辑性、科学性，必须言之有据、立于坚实的资料基础，且还要强调其论述的逻辑关联前后呼应和一致。任继愈先生在世界宗教研究所创建时所设定的"积累资料，培养人才"之任务，就是为了这一目的。在此需要注意的是，宗教学研究的人才队伍必须是由有知识品位和文化修养的学者所担任，因此作为学者则必须注意自己的文化形象，尤其是在对待宗教问题上切忌粗鲁、莽撞。

总之，中国宗教学的学科体系、学术体系和话语体系的发展，必须要有中国社会文化特色之体现，我们的重点是观察、研究中国宗教的现实问题，然后展开理论阐述，并在宗教工作实践意义上提出科学说明和智库层面的建议。按照苗力田先生的观点，中国学问的特点就是"重现世、尚事功，学以致用"，这也是中国宗教学在上述三大体系中获得可能突破的文化背景及时空氛围。当然，中国宗教学以其开放眼光也必须研究、借鉴西方学问"重超越、尚思辨，学以致知"的精神，找回我们中华文化传统的形而上之"究"。所以说，这种研究也是一种高水平、高质量的文化品鉴。我们清醒地意识到，宗教学在社会对之认识麻木、不解的处境下，其发展的空间和难度也非常大，其学术话语的

"立潮头""发先声"是极为敏感或充满风险的;其"阳春白雪"之高在一种低文化、俗文化的观察视域中也会被贬为"下里巴人"之低。因此,宗教学的发展也需要社会舆论的关爱和理解,需要社会文化品位的提高,这样才有可能对宗教学的探索及立论持包容、尊重甚至宽恕之态,才会真正坚持"百花齐放、百家争鸣"的方针,使中国宗教学界的专家学者能够充分展示其学术探究的勇气及智慧。在今天共建人类命运共同体的历史使命中,我们首先要在建设好中华民族命运共同体及文化共同体上下功夫,大力支持我国宗教坚持中国化方向,弘扬中华优秀传统文化,尽可能多地团结广大人民群众,保持改革开放的动力和积极吸纳世界文明优秀成果的态势,使中国宗教学的创新发展贡献于中华民族伟大复兴的宏伟事业。

(原载《世界宗教文化》2019年第5期,此处有调整。)

第十章

宗教文化与当代中国社会发展

　　宗教文化是什么？中国是否有着历史悠久而影响强大的宗教文化传统？宗教及宗教文化对于中国历史传承及当代社会发展究竟有怎样的意义？这些问题一直困扰着我们，而且迄今仍然是议论纷纷争议不断，始终没有达到共识。因此，对这些问题加以认真梳理和科学研究，并且特别关注其对中国当代社会发展的作用及影响，就有着独特的理论价值和现实意义。根据笔者对宗教及宗教文化的理解，在此就宗教文化与当代中国社会发展的关系问题加以探讨，提出自己的一些构想。

　　文化在精神层面乃体现出相关民族之魂，是社团、民族、国家等人类群体共存、社会共构的精神动力和基础，起着其核心作用。尤其在现代多元社会的共构中，相应的文化认同及文化共融乃特别重要。人的社会共在秩序如果没有共同的文化意识或文化自觉，如果不能回溯其共有的文化传统或文化核心，则不会牢靠或稳固，而这种秩序的消解很可能使其社会实在成为没有黏合剂的一堆散沙。目前中国社会文化讨论中之所以出现了自我文化认知的模糊或盲区问题，就是对中国传统文化的认识及评价出现了分歧，或者说有着表述及定性不清的虚玄之感。这种文化精神探询和自问上面的障碍，使得中国上下五千多年的文化传承在今天并无十分清晰的体现，亦无其典型的文化象征和共识，从而导致其优秀文化传统难以真正得到弘扬。其中，宗教与中国文化的关联、中国传统文化的核心元素是否体现出宗教精神，以及对中国宗教本身的评价，更是呈现一种颇为负面或相对否定的意向，导致了这一认知领域的敏感和冲突。对于中国文化之"道"的询问是否能够脱离一种灵性精神或信仰维度，在现代性和世俗性的当今社会也基本上为禁忌，或几乎被悬置和回避。当中国经济建设取得令世人瞩目的巨大成就之际，中国的文化建设却仍处于模糊、含混之境，有着溯源和路径上的困惑。在今天我们正面对强调文化建设、文化繁荣的新机遇，如果能够客观、真实、实事求是地反思中国传统文化及其精神资源，特别是宗教资源的价值与意义，应该说既符合我们国情的需求以制定中国特色的文化战略，又可以应对国内外复杂的社会政治及思想精神发展，凸显出我们的文化本真及其自觉和自强。

我们认真学习党的十八大精神，落实文化强国战略，在中国宗教研究领域就应该理论联系实际，结合对中国宗教的准确认知，基于我们的文化传统来重建、复兴、弘扬现代中华文化。作为宗教研究者，我们探讨的重点自然是宗教与中国传统文化的关系，特别是要思考宗教文化在弘扬中华悠久文化、在当代改革开放的社会处境和全球化走向的国际氛围中建设中华民族共有精神家园中的意义与作用。在此，对宗教的文化考量和社会分析应引起我们的高度重视，是把宗教作为"自己"力量还是"异己"力量来看待，是将之作为"正能量"来释放还是作为"负能量"来防范，这一字之差会影响到我们未来的社会走向及文化建设的质量，而其后果也会完全不同。所以，冷静思考宗教文化对中国传统社会及当代发展的意义，对之加以客观评价和积极引导，是我们今天制定文化战略时应该特别注意和重视的。

根据马克思主义社会存在决定社会意识的基本原理，我们对中国宗教的现实意义，也应该从我国当前的社会现实和文化战略来深入思考，在我们的文化软实力构建中给宗教文化留出相应的位置，发挥其独到作用。实际上，宗教文化所具有的社会及信仰感染力和影响力，是其他文化层面所难以取代的，此乃宗教在人类文化发展中所独有的恒久魅力，我们没有必要回避，更不该无理否认。由于宗教直接与社会政治相关联，一个国家的宗教是否和谐也会影响到其社会安全、政治安全和文化安全。我们要想"文化强国",就应从促成宗教和谐的角度来探究我们的社会和谐、民族和谐、文化和谐,将宗教和谐的问题提到国家的统一、民族的团结、文化的共识、社会的稳定这一高度来认真思考和研究。

正如任何文化发展都会有其优缺点及强势或弱势这种客观存在和动态变动那样,我们也可对中国的文化特点、社会特点和宗教特点加以冷静的分析及反思。对于中国文化,应该从其整体性和一统性的传统及发展惯性来审视。与其他国家不同,中国社会是一个超稳态的"大一统"社会,这种整体、一统理念古今相连、鲜活常新。中国文化传统的内向型使中国的发展及其关注以往主要是以自我为"中"的内涵式发展,成为一种"土地文化",尤其是"黄土"意识强烈。中国虽有"大河文化"之说,却仍侧重于土地,所强调的乃是大河两岸的"流域",即以黄河流域、长江流域作为中华文明的摇篮。其典型特色是致力于"内聚性",争取的是一种"向心力"的影响,突出其文化圈的"中心""核心",而不太有外扩的志向。所以,我们的强势是设界"固内",即"守土有责",这以"长城"的修建和维护为典型特征,形成中国的"长城"文化标志。虽然中华文化也有着草原游牧文化的扩展,特别是在元朝时一度获得中华文化历史上最广阔的领土和有过最大的版图,却仍是以对土地的眷念为主,从而止于海岸。而我们的弱势是海上"外扩",与西方扩张性、探险性的"海洋文化"迥异。当然,我们今天也终于意识到"海洋文化"的重要性,并正在尽力弥补历史留下的不足。不过,其可能的空间已经非常有限,而且还需面对复杂的国际争议和博弈。反省我们自己的传统,中国强调"保家卫国""不失寸土",这种内涵式的"大一统"传统曾在我们的自我发展、民族凝聚力的形成及保持上发挥了巨大作用。

"中国"以己为"中"的"天下一统""天下一家"的"大国"气魄,从古代的"大秦"经"大唐""大宋""大元""大明""大清"直至今天的"大中华"乃一以贯之,未曾中断。虽然这种"大"之意念有可能是后人所追加,却客观、准确地反映出了中国民众较为普遍的心态。中国传统所强调的"大一统"文化之所以有旺盛的生命力，就在于其"海纳百川""多元通和"的圆融共构精神，此即今天所倡导的"和谐文化"及"和合哲学"。这种"大一统"的持守，既希望求同存异，也允许和而不同。多元共在方为和谐。与之相呼应相协调的则是中国宗教的包容性和互通性。中国传统宗教的主体儒、佛、道都是一种交织存在，相互渗透，而中国民间宗教及民间信仰的存在与发展更是交融性的，大多体现并涵括这三大宗教的思想精神和文化内容，甚至还有更多的扩展。基督教、伊斯兰教等是从中华文化传统区域之外传入的宗教，也都必须面对并适应这种大一统和包容共融的格局，由此形成其中国特色。这种政治特色逐渐积淀为文化意识，从而使中国社会的特点即"合"则能长治久安，"分"则会被肢解，进入多事之秋。为此，我们不能"异化"在华的宗教，无论是"本土"还是"外来"宗教，都应该被我们同化、涵容。对我国宗教的认知理解和政策举措，也不能偏离这一方向和目标。这是我们对宗教、民族问题认知的基本底线。如果我们希望有一个稳定的中国社会，有一种繁荣中华文化的愿景，那就必须从更好地争取团结宗教界和各民族群众，使之成为社会维稳和文化发展的重要力量这一角度来分析问题、解决矛盾。关于中国信教人数，有1亿至3亿之说，现在大致取介乎二者之中的2亿来基本定调，而这些信众生活在中华大地的各个区域，恰如中国少数民族虽只有1亿之多却生活在占国土面积64%的广大地区那样，对其认同吸纳至关重要。

　　宗教是人们的一种精神需求和表达，对于一些民族或群体而言也是一种社会共在、文化生活的独特方式，因此不能单纯从"唯心"这种意识形态层面来理解宗教。也必须看到它所蕴含或代表的某种文化观念、文明形式以及一定文化传统的积淀，从而能够更多地从人类社会的生活传统、基层民众的生活习俗来认识宗教，感触到宗教体现生活所具有的鲜活性、流动性、适应性和传承性。恩格斯曾经指出，"一切社会变迁和政治变革的终极原因，不应当到人们的头脑中，到人们对永恒的真理和正义的日益增进的认识中去寻找，而应当到生产方式和交换方式的变更中去寻找；不应当到有关时代的哲学中去寻找，而应当到有关时代的经济中去寻找"①。宗教是相关社会的产物,其性质和意义也与其社会有机相连,保持着其内在的逻辑关系和本质属性。我们看待今天的中国宗教,其实也是看待我们自己所处的当今社会及其文化的一种方式、一个角度;更是对我们普通民众日常生活的一种观察和体悟,是对当今中国社会健康存在的生动写照和基本认可。如果否定、贬低我们今天的宗教存在,实质上也是对我们自己社会及其相关政治的相应否定和贬低。无论人们会怎样来解释,其内在逻辑却不可能扭转或颠倒。马克思所论及的"颠倒的世界观"是与"颠倒的社会"关联并存的,我们不能颠倒地看待我们今天的社会,自然也不应该颠倒地分析、评价我们今天的宗教存在。马克思主义的观点要科学运用,而马克思主义的自身逻辑也不允许被颠倒。马克思主义宗教观最根本的精神精髓就在于从变化流动的社会发展中来根据存在决定意识、社会性质决定宗教性质的唯物辩证法来对宗教现象的具体问题进行具体分析,作出对宗教意义、功能和价值的科学正确判断。

根据各种统计,目前中国的宗教信仰者已达到 2 亿人,而其社会影响和辐射则更为广远。我们应正视这一巨大人群的鲜活存在,不应该也没有必要坚持五十多年前关于中国约 1 亿信教群众之说,那时的全国人口也仅 6 亿,而现在已达 13 亿之多。实事求是地面对这种宗教现状,是一种科学态度,是我们充满自信的表现,也是对改革开放以来拨乱反正落实宗教信仰自由政策所取得的成就之肯定。而且,对这一群体的争取不能仅靠"术"之掌控,而更要用"心"去贴近,用"情"来感染。僵硬地在理论上坚持强调对宗教所谓意识形态上的分歧、价值观上的不同、文化层面上的优劣,在我们今天的社会中已无任何实际意义,反而会造成分歧、对立和混乱。列宁说,"群众不是从理论上,而是根据实际来看问题的,我们的错误就在于总是从理论上来看问题"②。理

---

① 恩格斯:《社会主义从空想到科学的发展》,《马克思恩格斯选集》第 3 卷,人民出版社 2012 年版,第 797—798 页。

② 《列宁全集》第 29 卷,人民出版社 1985 年版,第 103 页。

论探讨服从社会发展的需要,这也是我们"讲政治"的表现。关于今天的中国宗教,必须进行客观科学的调查研究,然后加以实事求是的评价。"马克思主义者只能以经过严格证明和确凿证明的事实作为自己的政策的前提。"[①] 我们所面对的事实是中华人民共和国成立六十几年来的发展,是改革开放约35年的巨变,而不是1949年前的旧中国,更不是马克思、恩格斯当时生活的、远离我们现实存在的19世纪资本主义黑暗统治的西欧。所以,对今天中国宗教界的广大群众,我们当然应该有政治自信、文化亲和及社会关爱,理应体现出宽阔的胸襟和包容的心态,肯定其拥护共产党、爱国爱教的社会表态和实际姿态,使之在我们社会主义的大家庭中有一种"在家"的感受和被呵护、爱戴的温馨。

我们今天和谐社会的构建,是走多元通和之路,社会主流意识和价值观念在社会精神文化的大合唱中乃是起着领唱、指挥、引导作用,而绝不是压制其他声音,只有自我独唱。如果只剩下这种失去民心众和的独唱,没了和声、缺了追随,那就势必会成为绝唱,导致历史的悲哀。"和"是我们文化长久延续的奥秘,而多元共融才真正体现"和"的精髓和核心。我们今天健康社会发展的多元化表达既会有宏观叙述,也自然允许喃喃私语,既应有社会政治壮言,也会让个我精神倾诉。因此,我们应该倾听宗教的心声,正视并承认宗教存在的客观事实。基于"心"之根本来争取和团结宗教,今天仍面临许多困难,仍有许多问题尚需澄清,仍需要理论突破上的探险精神。但时不我待,我们必须直面挑战,充满智慧找到中国未来社会最佳的发展之途。

在当代中国社会发展中,对于宗教理解和宗教工作的一个基本思路,即我们要把宗教"拉过来"而不是"推出去",要把宗教文化视为我们社会文化的有机构建,要把信教群众看作我们广大人民群众的内在组成。为此,我们处理宗教问题就不是为了扩大矛盾,增加纷争,激化冲突,把宗教推向对立面,而应尽量化解矛盾、消除纷争、平息冲突、理顺关系,使宗教界保持为我们的基本群众,对我们为向心力量。所

[①] 《列宁全集》第47卷,人民出版社1990年版,第477页。

以，在我们的党为执政党、我们的任务是稳定社会大局这一前提下，必须在政治、社会、思想、文化各方面都要把宗教纳入我们自己的体系，使之成为我们社会构建、思想文化的内在组成部分，即让宗教作为我们自己的力量、我们的文化软实力来发挥作用。列宁早就指出，"为了为群众服务和代表他们正确地意识到的利益，先进队伍即组织必须在群众中开展自己的全部活动，毫无例外地吸收他们中的一切优秀力量"。[①] 习近平总书记最近特别强调要"发挥宗教界人士和信教群众在促进经济社会发展中的积极作用，最大限度团结一切可以团结的力量"。[②] 因此，我们理应将宗教看作我们自己的有机构成、必要部分。如果不是促成我们自己机体的良性循环、健康成长，却人为地将自身某一部分加以分割、摈弃，视为异类或他体的植入，我们的躯体则难保健全和健康，就会产生本不应该出现的疾病。正是在这一意义上，我们今天对宗教应该"同化"而不是"异化"，是亲和而不是敌对，是"统战"而不是排拒，是求和谐而不是闹矛盾，是"拉进来"而不是"推出去"。即使在思想、信仰认知上不能达成共识，也必须守住思想信仰上"相互尊重"的底线。特别应该指出的是，我们理应紧跟改革开放以来党中央的正确决策，在处理宗教问题上以"和谐"取代"对抗"。至于对宗教中的问题、缺陷和不利因素，我们也应该以积极之态帮之克服、更新，使宗教得以自我扬弃和不断升华。

宗教已被许多国家或民族作为其文化战略的构成而所用，甚至成为一些民族的信仰之魂，但我们迄今对这一意义认识不足。宗教在我们今天的发展中在主动使用时则能起积极作用，若被动防范弃之不用，则有可能滑向对立面、变成消极因素，因此事在人为，需要我们因势利导，即积极引导。其实，我们可以高度重视和发挥宗教在当今社会的维稳作用，对相关群众的精神抚慰作用，对公益事业的积极参与作用，对中华

[①] 《列宁全集》第24卷，人民出版社1990年版，第41—42页。

[②] 习近平：《在第十二届全国人民代表大会第一次会议上的讲话》，载《党的群众路线教育实践活动学习文件选编》，党建读物出版社2013年版，第109页。

文化的深化和弘扬作用，以及对海外世界的感染和影响作用。综观当今天下，社会政治的活跃地区也多能看到宗教的身影，宗教会以自己的方式在社会文化发展中起到显在或隐蔽的作用。对待宗教，不同的社会及政治力量都会有想法，也都会对之加以不同的运用，由此才会出现宗教和谐或宗教纷争的复杂局面。对之是争取还是放弃，是拉还是推，会有不同的作用，产生不同的结果，故事在人为。而宗教对我们的文化战略意义，就是争取其对内起稳定和谐作用，对外起扩大中国文化影响抵制负面干涉的作用，在世界不同文化中起对话沟通作用，这样就能使我们自己越来越强大、稳固，使境外敌对势力及不利因素越来越弱化、分化。基于这一目的，我们应该如何看待和对待中国的宗教，也就不言而喻了。今天的中国是自信、强大、法治的国家，我们的人民政权当然会有信心、有能力管理好、引导好其治下的宗教。

中国的宗教发展有其超越社团、组织建构之范围的扩散这一特性。这些宗教所体现出的"大同"精神，其突出之处就是使中国传统宗教并不强调或渴求其"建构性""团体性"，而更多展示出其灵性体验和追求，关注社会融合的意义，因此给人一种"组织性"潜隐、"宗教性"多元的印象。无论是其彰显还是"大隐"，都在于民众。对比基督教、伊斯兰教，中国传统宗教常被一些学者视为"弥散性""人文性"的宗教类型。甚至基督教和伊斯兰教在华的发展也不同程度地受到这种影响。而这种"弥散"和"人文"则更有利于其达到宗教的"大同""共处"。中国历史上的宗教都曾有其社会依属性和政治相关性，保持着与其社会政治、生活文化的密切联系。这种特点使中国传统宗教之间虽各有区别却关联明显，从而编织出中国社会相互连接彼此呼应的关系网络，并在社会各层面辐射、扩散、促成其融贯一体。中国的宗教文化是大众文化，但其中也富有精英文化；中国宗教精神不只是基层、草根意识，同样也能参与共构中华民族之魂，充实我们的上层建筑。中国宗教积极参与推动了社会对话，促成了各层次人们之间的和谐共处，体现出中华社会"大同""统一""和睦"的存在观念。这使中国宗教对其社会政体和基层社区也都有着一定的归属和依附。因此，我们对中国宗教的文化战略考量，也不能仅限于其社会建构性，而必须注意其思想文化的扩散性、感染力。根据这种政治及文化考量，我们理应让宗教在现代社会发展中能够相适应、共和谐，弘扬其宗教思想文化的积极因素，使之得以有机融入当今中国和谐大家庭，成为我们自己的基本社会力量和文化软实力，即我们文化战略的精髓和旨归。这一认知对于我们当前的文化建设和文化战略、对于促进我国"社会主义文化大发展大繁荣"至关重要。

许多国家和民族在其社会转型中没有根本抛弃和否定其文化传统中的宗教，而是将之有机结合进今天的社会结构之中，成为其文化传承和社会的重要精神支撑，为普遍民众提供了心理保障的底线，为其对外扩展准备了必要的软实力。对于这些经验，作为崛起的中国，在制定自己的文化战略时，应该认真研究和有所借鉴。目前世界社会正处于一个全新的政治、经济、文化转型时期，因而既给我们带来了很大的机遇，也使我们面对着严峻的挑战。机会难得，时不我待，我们必须要有清醒的头脑，抓住这极为难得的机遇，在对待宗教的问题上加以及时调整，以一种大智慧、大手笔来充实完善我们的宗教理论及政策，理顺其与我们宗教工作实践的关系，在我们的文化战略中有宗教文化的定位，促进宗教软实力的参与，借此理顺我们社会文化与宗教的关系，消除以往的张力和对峙，使宗教真正成为我们社会文化的有机构成，与我们的社会政治和谐相融，在我们的社会建构中清晰自然，共同塑造我们的文化自我，形成我们的文化自知和自觉。在思想意识上鄙视、排拒宗教是一种政治短视，也会自找本不必要的麻烦。在宗教问题上制造矛盾挑起纷争是把社会引向灾难之始，我们对此必须高度警惕，防微杜渐。当前，我们在这一关键的社会转型时期应该有我们的时代敏锐感，要有高屋建瓴的远见和胆识。如果在这一时机能及时、自然地调整好我们社会的宗教关系，使宗教真正能与我们的社会建构及政治体制有机共构，那么我们的文化发展就有可能迎来一个长治久安、长期繁荣昌盛的理想时期，避免现今世界许多国家和地区所陷入的动乱及分裂，巧妙地躲过目前国际社会出现的危机和困境，进入我们中华民族再次崛起复兴的盛世。为了这种理想愿景和远景，我们在宗教问题上理应解放思想，对贬低或忽视宗教所可能带来的恶果则必须警钟长鸣。

我们应该认真梳理、清楚说明中国宗教的悠久存在及其与中国文化的密切关系，中国传统文化的特点及其宗教性，宗教在中国文化中的历史及现实意义和作用，即中国传统文化之宗教维度的体现及其融入当代社会为中华民族伟大复兴提供积极动力的可能性，以及中国传统文化中宗教因素的积极发挥对今天中国文化"软实力"构建及其走向世界的文化战略意义等。在中国当代改革开放深入发展之际，文化建设其实已经成为我们的发展"短板"。为了弥补这一在自我文化认知上的缺失或忽略，我们有必要展开宗教与中国文化关系的讨论，谋求这种文化理解上的共识，其目的就在于通过反思中国文化传统及其宗教关联而力求对以往的见解加以调整，对所犯过错加以补救，为当今中华文化的发展、弘扬提供有利条件，起到保驾护航作用。所以，我们要以革新创新的思想来促成中华文化的现代复兴，充分体现中华民族的文化自知、自觉、自强和自信。同样，也希望由此而理直气壮地为中国社会实践中所必需的伦理道德找回其精神性资源和精神支撑，形成一种充满精神蕴涵的文化气场。

漫长的中国文化历程保留了中华文明的精神气质和民族特征，这种历史的悠久及其文化的厚重乃体现出其传统之优杰。中国人理应有其文化自信心和自豪感。习近平总书记说，"我们决不可抛弃中华民族的优秀文化传统，恰恰相反，我们要很好传承和弘扬，因为这是我们民族的'根'和'魂'，丢了这个'根'和'魂'，就没有根基了。"[1] 当前人们仍存有一种心理障碍，好像一谈到中国传统文化就是"复古""守旧"。对20世纪初"新文化运动"的认识或误读好像设置了一道理解宗教的壁垒屏障，以此为界而将中国文化加以"新"与"旧"的割断和隔绝，使中华文化的延续性及继承性成了问题。而对外来文化的

---

[1] 习近平：《在广东考察工作时的讲话》，载中共中央文献研究室《论群众路线——重要论述摘编》，中央文献出版社、党建读物出版社2013年版，第125页。

"拿来主义"不仅没有真正消化、吸收外来文化的精髓，却使我们自己的传统文化被轻视或贬低。近百年来我们文化中的"重外""轻己"倾向是极为明显的。这种类型的片面认识阻碍了我们今天的文化复兴和重建，使我们的文化自知、自觉很难着陆于坚实的中国文化传统大地上。其实，今天中华文化的厚重与成就并非凭空而来，是与五千多年的积累、沉淀密切关联的。若把古往各个时代的文化传承忽视甚至否定掉，今天的文化建设岂不成了"空中楼阁"，人们的文化需求岂不要"画饼充饥"？诚然，人类是不断成熟的，其文化发展、宗教认知经历过复杂、曲折的发展，都会有其相对性和不足之处，都需要不断改进、革新和自我扬弃。但任何民族都是从这种历史的相对发展中走过来的，都是以自己的文化基础为支撑而奋进、飞跃出现突破的。所以，我们中国人不能忘记过去忘了"初心"，而必须守住我们自己的文化之根，守住我们传统文化的精神宝库。这种理念在我们今天中华民族核心价值观、社会主义文化观的构建上应该得到充分体现，而不应该回避或轻慢我们自己的文化历史传统，不能沉迷在历史虚无主义中而难以自拔。

这里，我们也有必要重新认识中国传统文化的宗教维度及其价值。在中国历史中儒、释、道就是以宗教形式而长期存在的，其体现的宗教精神实质上曾是中国传统文化的核心。尽管儒教自1911年以后不再以社会主流宗教的形式存在，但其宗教性作为民族心理积淀和基层民俗文化表述仍然顽强地保留下来，并在今天出现了一定程度的复活，因此，不能说中国传统文化中没有宗教。在19世纪之前的历史上鲜有人否定儒教是宗教，更没有人将儒、释、道拆开来理解宗教。实际上，中国传统文化的本质仍是一种宗教文化，其宗教追求、宗教境界乃是其文化之魂。中国社会尤其是中国学术界存有一个很大的心结，即20世纪初"新文化运动"的领军人物曾否定中国文化有宗教因素，甚至认为中国乃"无宗教"的国度、中华民族乃"无宗教"的民族，而且还强调这种"无"乃是人类民族中的"唯一性"，从而自己把自己打入了世界民族及其文化中的"另类"，不敢承认宗教是自己民族文化中的基本属性。在我们对世界宗教的研究中，发现了宗教的普遍存在，如果我们否定中国有宗教传统，那么问题则在于，人类是否还存在没有宗教的其他民族？中华民族就真的与宗教无缘吗？虽然这些文化领军人物后来也大多认可了宗教，而且梁启超等人还主张在中国社会推行佛教，成为其热心倡导者或实践者，然而其中国"无宗教"之说却流传下来并影响到当今中国内地社会对宗教的基本认知，让人们谈宗教就色变。在社会变迁和文化转型的关键时期，中国学者的"严肃性""严谨性"是值得反思和反省的，其胆小的"跟风"和随波逐流，以及胆大的"狂言"和粗率论证，已使我们曾经引以为豪的"士文化"精神大打折扣。因此，在今天我们的文化认知中，有必要以一种平常心来看待我们社会文化中存在的宗教，也就是说，宗教必须"脱敏"，而不能总是"被敏感"。这种宗教敏感其实乃文化精神的缺失，现在亟须弥补。

应该说，中国传统社会秩序乃基于人们对"天道"与"人道"共构之理解，其中并不离其宗教性；而中国传统伦理道德基本上也是宗教道德，或者至少是具有宗教性的伦理道德，有其信仰支撑和超越之维。对传统道德之信仰维度的剥离或否定，则势必使这种道德实际悬空而变得玄乎，空洞而无厚重。由于传统文化信仰和宗教信仰在中国迄今并没有得到真正恢复和社会的认可及信任，这种道德精神性资源的缺席或失位，遂使社会道德出现了真空或只有颇为虚假的存在。从这一意义上来说，我们的当今社会发展必须有传统文化的支撑，道德伦理的重建需要对传统精神性资源的批判性审视和吸纳，需要返璞归真。这其中就势必有对宗教的审视和考量，有对其在中国文化中之意义和作用的体悟和理解。在文化发展多样性的理解中，我们应该认识到宗教与科学、道德、美育的矛盾是相对的、变化的，而且它们本来也不属于同一范畴，因而从根本上来讲也不可能相互取代。

中国宗教具有独特的包容性和互通性，这些宗教所体现出的"大同"精神使之虽各有区别却关联明显，从而编织出中国社会相互连接、彼此呼应的关系网络，并在社会各层面辐射、扩散促成其融贯、一体。中国传统宗教所体现的是一种"道"文化，强调"道统"的一以贯之、统摄整体，是一种"人文""人道"性的宗教，与突出"神治""神权"性的西方宗教显然有别。中国传统宗教以人可成圣、成仙、成神的视野来审视人及由人至神的发展，体现出以人为本的观念，有着更明显的"人性""理性"。这样，中国的宗教也就有着更多的大众性、入世性、人文性、此岸性、社会责任性，但因此则有其过于倾向于社会功利性和实用性的不足，故而有必要对外开放、相互学习和借鉴，取长补短，不断自我扬弃和升华。尽管如此，仍然非常值得我们自己肯定和自慰的是，中国宗教从总体上乃以一种涉世的理性而积极参与推动了社会对话，促成了各层次人们之间的和谐共处，体现出中华社会"大同""统一""和睦"的存在观念。

我们促进中国当今社会对中国宗教与传统文化及其现代传承和发展诸关系的正确理解，旨在努力争取弘扬宗教中的积极因素和优秀传统，为今天的社会主义文化建设和文化繁荣、构建和谐社会服务。在宗教问题上，我们要力争宗教为当代中国社会发展加分、添彩，而不是让其走向反面。宗教文化在中国社会结构中起着不可替补的黏合作用，也是中华民族得以持久发展的重要"潜在精神力量"之一。这种精神文化形式对于我们保持中华文化特色、传承中华文明传统乃不可缺少。所以，我们若要发挥人民群众文化创造积极性，以一种先进的文化形式在全社会营造鼓励文化创造的良好氛围，让蕴藏于人民中的文化创新精神及文化创造活力得到充分发挥，则不能忽视宗教信众，不能放弃宗教文化，不能忘掉宗教在"以德治国"中的积极意义，不能忽视宗教文化在我们今天中华文化"走出去"战略中的独特作用。这也是我们反复呼吁正常对待宗教、不厌其烦地要求宗教脱敏的根本原因。为了积极引导宗教发挥正能量正功能，造福于我们的社会，我们从事宗教工作和研究的人士仍任重而道远，必须志坚而有恒。

（本文为2013年10月在武汉学术研讨会上的发言）

第十一章

中国文化传统中的"德信相济与安身立命"

当前学术界在哲学社会科学研究领域中的一大亮点,即对道德伦理的系统研究,其中特别是宗教与伦理关系的探究特色鲜明、成绩卓著,受到普遍关注。究其原因,乃与我们社会上的道德滑坡直接相关。世俗道德的功利性缺陷使之先天性不足,因此在面对社会上频频出现的"道德事件"以及由此引起的道德危机时,其相关处理也往往捉襟见肘力不从心。这使人们自然联想到道德的神圣之维的问题,于是不得不添加了宗教伦理道德的议题。

从常情来讲,"德"乃社会共存的润滑剂,既能使个我得以必要的约束,也让他者得以在社会肌体中实现共融。"德"之本意关涉个人修养和公共存在,以本性善、本心初而得德,做顺应自然及社会之事。而社会群体需要一种"普遍"的"公德",以此而形成社会沟通共在的相关基本原则。不过,这种具有世界普遍意义之"德"若想真正发挥作用,则与其超越之维的临在直接相关。对此,西方宗教的社会伦理就不再局限于其社会服务层面,还有着"道德神学"的研习及其带来的"德行者"的精神境界之升华。在西方宗教传统中,"道"或"信"乃基于"终极实在"之在和人们对之的"信",由此推动的德之实践则因其"绝对命令"。"终极实在"之"终极关切"指引了"人间关怀",旨在社会状况的根本好转。而中国思想文化传统对之同样有着超越之维,这就是与"道"之关联。"大道无形"却承载一切,而"德"则为"道"的现实体现为其践行之具体实例,于是而昭示"道"的普在。这里,道德之关联实质上亦有某种宗教之维的存在。其超越性具有根本不同于世俗伦理的功利考量,恰如老子所言,"善者,吾善之;不善者,吾亦善之;德善。信者,吾信之,不信者,吾亦信之;德信"(《道德经》四十九章)。德行天下需要一种超越的维度,古代中国曾将"德"分出层次,故有"清德""和德""上德""下德"等说,而这种普行之"德"则为"上善"。一般情况下,强调道德伦理与宗教的关系及关联,乃是基于今天整个社会道德形势的严峻。长期以来实践之"德"只是关注彼此之间人际关系的和谐、互利,并辅以法治的威严及强迫,但社会道德隳沉的问题并没有得到彻底解决,而且人们的道德状况还在不断恶化,尤其在社会"公德"层面常常会出现"缺德"现象,故而会有"以德治国"与"依法治国"的并重。但总体而言,我们迄今通行之"德"仍在忽视其本该具有的超越之维,因而实际上处于一种"无信"之"德"的尴尬状况。在认知理解上,这种"信"与"道"属于哲学、神学之形而上范畴,而"德"则本应形而下为社会的、政治的实践,是人间的、内在的、此岸的"信仰"实践。故此才有"德信相济"这一问题的提出,其乃社会问题,亦为文化问题,即关涉到我们社会的"信仰文化"是否存在的问题。

　　社会世俗化对"德信"存在提出了挑战,人们"德"之隳沉暴露了"信"之缺失。世界上频仍的暴恐活动,在践踏人类道德伦理的底线。不少中国人对社会需要救助之人与事所表现出的冷漠,折射出当下严重的道德伦理危机。而目前仍然盛行的对宗教信仰的偏见及误解,也极大减少了宗教价值对解决道德伦理问题的积极参与。沉默、冷漠、麻木、无动于衷,到处表现出事不关己、高高挂起,只要自保则丝毫不去管它外界云谲波诡、水高浪急。与 20 世纪一度盛行的"全球伦理运动"和呼吁保持"底线伦理"的努力相对比,今天世界已经明显出现了普遍性道德危机,而中国社会在道德伦理的认知及实践上也在向危险的边沿滑近。所以,我们回归中华文化传统,抓住"德信相济与安身立命"之主题,就显得格外重要、非常及时。希望中国学界能有足够大的声音向社会呐喊,让几近木呆的人们有所触动,可能反省,尽快走向正轨,回到对道德基准的尊重和持守,建立起一种新的道德文化。西方宗教在"神性"之维的审视下,其道德要求有一种精神价值、信仰传统的"绝对命令"在场。在呼吁"德信"的回归及弘扬上,我们需要以震天响声的紧锣密鼓来敲打人们似乎麻木的心弦,此外也还需要有一种"神圣之维"的在场,真正让"人民有信仰,民族有希望,国家有力量"。

"德"与"信"直接关联,"德"的彰显及伦理意义上的参与是维系社会正常秩序的基本保障,而这种"德"作为"实践理性"则需要"信"这种"价值理性"的支持和维护,其践行应有一种超越的维度在指导或监督,是"求道"这一终极关怀在"为德"这种现实关怀中的落实和具体体现。许多信仰可为这种德行正名张目,使"德"之盛行有着"大道"的呵护、滋养和价值支撑。由此,《道德经》的一体共在就提供了这种关系的清晰模式。我们需要"以道推德",更应该"以德弘道",这是宗教信仰的惯常逻辑。而在"德信"关系中,"信"既代表了其形而上之维,又在其丰富的具体信仰内容中得到自我体现。中华传统文化在论述"德""信"及其"相济"方面有丰富的资源,儒家、道家思想对之亦多有阐发。回归我们的精神文化遗产,可使我们在其中温故而知新,找到出路并补充智慧。于此,我们既可获得"信仰文化",也可实践"德性文化"。

根据对"人民有信仰"的理解,"信"应有着丰富的内涵,至少会包括政治之信、文化之信、民族之信以及宗教之信等等。以"德"来体现"信"的运用,通过"德"的实践而表明并实现其"信",方能体现其"德信相济"的真谛。世界上不少宗教都自认为是伦理的宗教,如基督教、伊斯兰教、佛教等,而诞生于中华文化摇篮中的道教更是如此。道教以"道德"为核心观念,《道德经》更是其最为根本的经典。道教的智慧就是在于其"形上"与"形下"的转换中,使根本性、本源性的"无之道"在具体性、社会性的"有之德"中体现出来,践行出来，故而才使我们意识到"德"乃"道之功""道之用""道之容"。所以，道教主张抽象之"道"要在"德"这儿具体体现出来，此即"明德"，使"道"以"德"之态而"遍存于天地万物之中"。伦理道德就是体现"人道"之"德"，就是"道"的人世实践，是人所追求的精神及伦理层面的价值观和实践观，是形上之"道"与形下之"德"的有机结合、珠联璧合。这种形上之"道"的虚，在形下之"德"中坐实，给人一种以超然之境担入世之责的启示，并体现在现实处境中的扎实、夯实和坚实。这些信仰资源包括宗教信仰资源都是我们走出当下道德困境的有力帮手，尤其是博大精深的中华宗教信仰文化资源在此可以发挥其独特作用，帮助我们重建具有中国特色的信仰社会，以这样的"德信相济"，我们则可真正"安身立命"。

（本文为2017年6月在清华大学"德信相济与安身立命"学术论坛上的发言）

第二编　宗教与文化战略

第十二章

从"文化兴国"的战略举措看中国传统文化及宗教的意义

《中共中央关于深化文化体制改革、推动社会主义文化大发展大繁荣若干重大问题的决定》向全国人民发出了"文化兴国"的号召,我们应以学术的敏锐、思想的睿智来为中华文化全面发展,积极走向世界这一宏伟事业集思广益、建言献策,努力为建设优秀传统文化传承繁荣我国哲学社会科学,弘扬中华文化并推动中华文化以其伟姿自立于人类文化之林而作出学术界的新贡献。因此,从我们研究专业的视域观之,中国传统文化的弘扬及其蕴含的宗教意义,与我们今天的"文化兴国"是什么样的关系,就非常值得深入思考、认真研究。于此,我们强调这种学术思考的科学性、独立性、开放性和创新性,并且突出人文学术探究与公共关怀的有机结合,以学术研究来服务推动当今中国的文化建设和社会建设,为中华文化的全面复兴、以积极主动之态参与世界文明的进步发展提供有利条件,打下坚实基础。

中国五千多年的传统文化厚重而博大,有着深厚积淀和雄壮气势,这是我们民族的宝贵财富,对之理应"敬重"而不可轻视。因此,我们应以高瞻远瞩之视域来综观宗教与中国传统文化的关系,展望宗教文化在弘扬中华传统文化、建设中华民族共有精神家园中的意义与作用,对之加以深刻的历史反思,在今天世界局势中体现我们全局纵览的能力和魄力。实际上,我们在此所讨论的内容和涉及的领域实乃对中国思想文化意义独特的巡礼，是对宗教在中国社会文化中如何定位的深刻反思。这关涉到我们文化软实力的构建，也关涉到我们文化战略的谋划。由此，我们也就将宗教问题的正确审视和对待与文化战略问题连接起来。

　　中国宗教的悠久存在及其与中国文化的密切关系，本来应该是一个常识性的问题；而中国传统文化的特点及其宗教性，宗教在中国文化中的历史及现实意义和作用，也本来可以是社会公共领域坦诚讨论的话题；但由于在宗教认知上的分歧及其看法上的差异，这些问题并没有得到非常展开性的探讨，相关讨论基本上是以观点分群，在一种有着共识的语境中自说自话，而不同意见的交流、交锋却并不正常。"新文化运动"以来中国社会对中国传统文化及其宗教的评价和态度，实际上造成了中国知识群体中的观点分歧和站位分裂，个中原因乃有许多值得我们冷静思考的历史经验教训；而今天我们对之是否应该重新审视和拨乱反正，也非常值得我们认真回顾、反思和分析、梳理。在当前形势下，是否有着中国传统文化之宗教维度的体现及其融入当代社会为中华民族伟大复兴提供积极动力的可能性，以及是否可以倡导中国传统文化中宗教因素的积极发挥，使之参与对今天中国文化"软实力"的构建及其走向世界的文化战略，这些问题至少可以在学术层面、从文化角度来探讨、商议。

　　谋求达成这种共识的目的，就在于通过反思中国文化传统及其宗教关联而力求对以往的见解重新评价，为当今中华文化的发展建言献策。历史是面镜子，希望照镜者能够洞若观火、把握其真实之在。当然，这种回顾、回溯不是要"发思古之幽情"，更不是去守旧、保守，而是要通过历史提供的经验教训来使我们能以革新、创新的思想来促成中华文化的现代复兴，在找回中华民族的文化自我之际而充分体现我们今天所需要、应拥有的文化自知、自觉、自强和自信。为此，在以下几个层面值得我们进一步深入探讨。

　　其一，对中华文化传统的重新审视。中国传统文化虽有一些缺陷，却仍保留了中华文明的基本气质和典型特征，体现出其博大精深、源远流长、海纳百川的优秀。中国人理应为中国文化上下五千多年的传承骄傲、自豪。因此，我们应该客观、理性、辩证地对待我们民族的传统，爱惜、呵护我们的精神文化遗产。20世纪初的"新文化运动"体现出破旧除垢、大胆革新的时代进步精神，但在对中国传统文化的批判性继承及弘扬方面亦有不足，故而需要我们在今天的重新反思和全新认识，这样才能在当前的"社会主义文化大发展大繁荣"中真正"建设优秀传统文化传承体系"。

其二，对中国传统文化中的宗教维度之重新认识。很显然，儒、释、道曾以宗教形式或相应的宗教精神实质性地参与了中国传统文化的构建，其宗教性仍得以保留和延续，因此，中国传统文化并非与宗教无缘。宗教在中国传统文化中占有重要比重，甚至起着核心作用，离开了儒、释、道三教，中国传统文化的内容则会变得空洞。可以说，儒、释、道与民间信仰一起构成了中国宗教的基本谱系，伊斯兰教、基督教等外来宗教的传入在中国传统文化海纳百川的包容中亦得到相对吸纳。这些宗教共构了中国传统文化的重要内容，其宗教文化在中华文化走向世界中尤其可发挥不可替代的独特作用，有着不凡影响。所以，决不能以历史虚无主义的态度来对待中国传统文化中的宗教参与及宗教维度，而必须全面、系统、透彻地了解中国传统文化及其宗教元素，并使其宗教文化内容得到积极的弘扬。

其三，对宗教在当代中国社会和文化建设中的作用与价值体现的重新思考。在当代中国的社会体制和框架结构内，"社会主义核心价值体系是兴国之魂，是社会主义先进文化的精髓"，必须"坚持用社会主义核心价值体系引领社会思潮"，因此，让宗教在我们今天的文化建设和精神生活中发挥核心作用或主要作用已不可能。对于这一点我们应该有着清醒的认识，我们今天复兴的不可能是一种宗教文化。而且，中国宗教自身亦必须改革、创新，去除糟粕、发扬精华，以适应时代发展体现时代精神。不过，社会主义文化不是凭空而来，而是有着优秀传统的继承、外来进步因素的吸纳。在社会主义主流意识形态唱好"主旋律"的前提下，宗教在当今中国仍可积极参与社会和谐、多元文化共在的

"大合唱"。在我们这种和谐大合唱中,一定要有社会主义核心价值的"主旋律",但同时也要有其他"和旋""和声"。而我们"弘扬以爱国主义为核心的民族精神和以改革创新为核心的时代精神","培养高度的文化自觉和文化自信","弘扬中华文化"并"积极吸收借鉴国外优秀文化成果","建设中华民族共有精神家园",则离不开宗教的积极参与。所以说,宗教文化不是现代中国文化的主流,却可以对之积极参与,发挥自己可有的作用。在目前复杂的国际环境中,我们也必须清醒地看到,在不少国度及民族中,宗教文化仍然是其社会发展的主流,有着举足轻重的社会及文化建设的作用。因此,从世界全局来看,宗教无论是作为文化软实力还是作为社会力量,都有着重要的文化战略意义。当下境外敌对势力在拼命把宗教往外拉,一些"极左"的思想和做法实际上也在全力把宗教往外推,消解宗教在我们社会主义大家庭的"向心力"而扩大其"离心力"。而这种对宗教的外化一旦实现,则势必削弱我们的统战力量和整个群众阵营,破坏我们的和谐社会及和谐文化的建设。对宗教、宗教认识和宗教研究不能搞"全盘否定",而且这种方式的"否定"违背时代发展潮流,不得人心,也不符合马克思主义宗教观在社会政治层面对宗教的态度,违背党中央关于积极引导宗教与社会主义社会相适应、构建和谐社会的战略决策和部署。所以,我们必须积极引导宗教与社会主义社会相适应、共和谐,弘扬宗教思想文化的积极因素,使之得以有机融入当今中国和谐大家庭,成为我们自己的基本社会力量和文化软实力。这一认知对于我们当前的文化建设和文化战略、对于促进我国"社会主义文化大发展大繁荣"至关重要。

中国学术界能否达成上述方面的相关共识,迄今仍很难说,需要多方面的沟通、协调、对话、商讨。我们当然希望能够达成这些共识,并能将这些共识与社会共享,以促进中国当今社会对中国宗教与传统文化及其现代传承和发展诸关系的正确理解。我们宗教学的研究在此既不反教也不护教,而是客观科学地研究宗教,对之有着中肯公正的评价;同时我们也将努力争取弘扬宗教中的积极因素和优秀传统,为今天的社会主义文化建设和文化繁荣、构建和谐社会服务。按照党中央的精神,我们"要发挥人民群众文化创造积极性,在全社会营造鼓励文化创造的良好氛围,让蕴藏于人民中的文化创造活力得到充分发挥",则不能全然忽视宗教信众,不能根本放弃宗教文化,不能忘掉宗教在"以德治国"中的积极意义,不能忽视宗教文化在我们今天中华文化"走出去"战略中的独特作用。

(本文为2012年在"泰山综观:宗教与中国传统文化"学术座谈会上的发言)

第十三章

宗教学研究助力中国文化战略实施

近年来，我国民族与宗教问题在理论和实践上都已成为热门话题，其问题的复杂性和观点的分歧性亦引起社会的高度关注。同样，当前世界格局尤其是我国周边地区也有一些新的发展动向，我们的国际环境趋于复杂，其中关涉的民族宗教因素逐渐显现。虽然我们随着国力的强大而有着在政治、经济等发展战略上的主动性和相应优势，而在文化精神的理解、文化自信的彰显、文化战略的制定上却也存在某种"短板"，故而还需要进一步开拓创新。例如，丝绸之路经济带的建立和海上丝绸之路的当代发展，都必须高度关注民族宗教问题，防范其可能的风险发生。由于认识上的分歧、观点上的不一、理解上的差别，我们在今天文化战略的思考及构设上并没有充分注意到宗教的意义和作用，从而在发挥宗教在我国文化战略的积极作用上突破不多、作为不大，社会影响甚微。为此，我们有必要静下心来认真思考、冷静分析、科学探究世界宗教与文化战略的关系问题，并结合今日"世情"和中国"国情"，理论联系实际，最大限度地使宗教因素为我们文化战略的实施发挥正能量起到积极作用。为此，转换思路、转变观念至关重要，我们要以思想解放来改变我们的工作进路，完善我们的政策理论。为了促进社会整体和谐共构，我们应有整全、整体、整合的大科学理论体系，形成周密、周全、周详的大安全战略举措，积极推动世界的和谐及可持续发展，巩固并加强我国的国际地位及对世界潮流的引导作用。这里，至少有如下层面值得我们去调查研究，找出有利于当前中国社会发展的最佳之途。

一 在政治上关注宗教与文化的战略意义

从全球政治图景来看，民族宗教问题与相关国度或地区的政治局势是稳定还是动荡有着密切关联。全世界大多数人信仰各种宗教乃是不争的事实，这是中国走开放之路所必须面对的世界现状。我们可以清楚地看到，一些国家用其宗教主动出击，影响相关国家或地区，使其宗教成为其"输出国"的正能量及扩展因素；而另一些国家则因其宗教问题而陷入被动或动乱，甚至由此导致其民族分裂、国家破败，宗教则成为其负面因素和沉重负担。从世界全局来审视，这是国与国、民族与民族之间政治智慧的较量和精神实力的博弈，同时也是彼此思想文化意义上的对比与对话。而中国在这种局面中不可能选择躲避，必须直接参与积极应对，由此对宗教问题的审视和处理就会反映出我们的政治睿智、国际交往和社会治理能力。基于这一考虑，宗教学研究有必要将世界主要国家中宗教对其文化战略的参与及影响加以分析、比较，找出其社会动荡中宗教的作用及外界宗教干涉或渗透的程度，从而为中国文化战略制定之中如何正确对待宗教、发挥宗教积极作用提供启迪和借鉴。面对世界宗教普遍存在的现象，我们在以开放社会之态全方位地参与世界事务时，恰当、正确地处理宗教问题有着独特意义。如果因对之处理不当而给人留下我们的社会氛围在根本上仍是否定宗教、排拒宗教的印象，则会是极为负面的，对我们的改革开放十分不利，也会由此导致我们在国际社会中的孤立，被世界上多数有着宗教信仰传统的国家及民族漠视或抵制、防范。中国要与世界各国广交朋友，正确对待宗教是不可回避之关，这样我们在世界上将有更多真正的朋友，中国亦会更好地融入整个世界。如果我们因境外敌对势力利用宗教对中国加以渗透就对整个宗教反感，对之实施全面抵制，则可能会陷入与全世界宗教为敌的危险境地。这种本末倒置的结果反而会使包括政治、文化的外来社会渗透越来越多，越来越强，而我们反渗透的能力则会越来越弱，防不胜防。所以，以任何理由或理论来否定宗教的思路及办法——以此来抵制境外利用宗教所实施的政治渗透并非上策，而且会越堵越难。中华民族在其文化精神上是一个善于疏导、包容的民族，对宗教的疏导及包容就是其重要内容。我们今天在宗教问题上"讲政治"的正确之途也应该是理解世界宗教、团结大多数信教群众，从而使借宗教之名来搞政治渗透的人暴露出来，将他们明确地分离开和孤立起来，使之受到谴责。我们在国际政治中恰当地处理宗教问题才能优化我们"走出去"的外部环境。因此，在宗教问题上"讲政治"必须走开放、开拓、主动、积极之路，而不是消极防守、自我封闭。面对复杂的国内外环境，宗教问题的正确处理与否，在很大程度上会影响到整个社会态势的发展走向。善治者胜，我们对此必须要有政治睿智和战略眼光，要有充足的文化知识储备和文明发展底蕴，使宗教朝着有利于我们政治大局的方向发展。

二 关注宗教政策的文化战略意义

正确的宗教认知和宗教政策对我们实现"两个一百年"的理想、实现中华民族伟大复兴的"中国梦"至关重要。我们的宗教理解和宗教政策的指导思想应遵循十八大和十八届三中全会精神，"最大限度团结一切可以团结的力量""最大限度增加和谐因素"；这两个"最大限度"落实在宗教问题上则是"使信教群众在全面建设小康社会的宏伟目标下最大限度地团结起来"。无论是在国际上还是在国内，对信教群众我们都要采取"最大限度团结"这一方略，我们的理论研究、学术导向和舆论氛围在宗教问题上也应朝着这个方向去努力，否则就会违背中央精神，违背十八届三中全会的指导。当前我们的政治及政策除了应对经济、外交特别关注之外，还应该特别关注民族、宗教、华侨问题，这应成为我们"最大限度"地团结群众，增加和谐因素所必须高度重视的。在今天中国社会形势下，如果违背现实地过于突出宗教的负面因素，从根本上对宗教作出否定的评价或判断，实质上是会把广大宗教信众推向我们的对立面，加大我们社会治理的难度，搞乱我们社会团结、民族和谐的大好局面。因此，我们必须认真思考在当今中国社会对宗教的价值判断和政治定位，至少也应该从正常的、开放的视角来看待现实社会存在的宗教现象，对之加以具体问题具体分析，防止主观、人为、想当然地全盘否定宗教，对之简单作出负面性的价值判断。对宗教的社会治理主要应体现出法治精神，依法管理宗教，遵守宪法原则。对于宗教问题的处理也应该把握正确分寸，根据法律、法规、相关政策来分析、鉴别，尽量避免将其问题过于政治化或意识形态化，防止在核心价值观层面对宗教问题上纲上线，人为地使之负面化、复杂化。应分清其问题哪些是政治性质的，哪些是宗教方面的，恰当加以区分，让政治的归政治、宗教的归宗教，最大限度地减少其混杂和交织，相应地采取不同的处理方式，不要让矛盾激化和恶化。可以说，在政策上对宗教的"推"或"拉"区别巨大结果迥异。若以"推"的方式来与宗教"划清界限"，则会导致宗教界的反感和"离心"，人为增加对我们执政者的对立和抵触情绪，扩大不和谐、不稳定的因素，得不偿失。对于民族、宗教问题，我们的政策空间就在"发展是硬道理"和"稳定压倒一切"之间，即我们的处理方略应有利于社会的可持续"发展"和真正"稳定"。因此，从政策上思考我们文化战略的有效实施，则应在宗教问题上"走群众路线"、"搞统一战线"、正确处理好人民内部矛盾；正如我们党的统一战线理论所指出的，我们"宗教工作的本质是群众工作"。我们必须真心、真诚地爱护、团结广大信教群众，把宗教界积极地"拉"到我们自己一边。

三　关注宗教学术研究的文化战略意义

学术研究提倡"双百"方针，允许不同的学术思想、学术观点讨论、商榷甚至交锋。当然，宗教问题研究应以事实为依据、以科学为方法、以服务于党领导全国人民共建和谐社会为目的。科学方法的基础在于实事求是，尊重事实、尊重客观存在；科学精神的真髓则在于透彻地认识事实，去伪存真、去粗取精，从而能够勇于开拓、推陈出新、与时俱进。我们不能只是把"科学"作为挂在嘴上的口号、贴在纸上的标签，其关键是要使"科学"方法及精神成为我们开拓发展中的动力和灵魂。客观地、科学地、辩证地分析我国宗教的历史与现状、其国内存在和境外关联，提出符合"国情""世情""时情""民情"的理论探索和政策举措建议，宗教学术研究所起的思想库、智囊团作用方能得以积极体现。作为我们学术研究指导思想的马克思主义之本质核心是历史唯物主义和辩证唯物主义，这也是我们的研究方法指引及指南。其实，马克思本人在研究唯物主义时就非常欣赏和推崇一种"和谐的唯物主义"，这早已体现在他对伊壁鸠鲁与德谟克利特的唯物主义自然哲学的研究之中，他也曾在《神圣家族》中有过"物质带着诗意的感性光辉对人的全身心发出微笑"等表述，这是我们科学无神论在当前的宗教研究中也应该关注和思考的。以唯物史观研究宗教，必须看到人重视人的精神价值和意义。

> 马克思一直没有放弃人在唯物主义中的地位，他认同一种具有人的生命与感觉的唯物主义，认同人能获得幸福生活的唯物主义，这就是和谐的唯物主义。马克思的唯物主义追求一种人与世界、人与社会的和谐境界，并将其融入社会实践与革命中。只有关注人、重视人与世界和谐关系的唯物主义才能使马克思的唯物主义拥有更强的生命力与更持久的魅力。[①]

在人与世界的和谐关系构建中，我们理应对宗教这一人之精神层面的参与展开深层研究。

我们一方面应倡导学术开明、学术良心、学术正派，保持学者的公道、公正、善良和宽容之心，另一方面则必须思考我们的学术探究要以最佳、最有效、最低成本的方式来为党和政府正确处理好宗教问题，开

[①] 陈科：《试论和谐唯物主义——读马克思博士论文有感》，《光明日报》2008年1月19日第7版。

展好对宗教工作的出谋划策、建言献计。学术界内部的争论应该保持在学术层面,以理服人,求真务实,求同存异或和而不同,应该允许在探求真理之途上的各种摸索和尝试,而不要超出学术讨论的界限在政治取向层面过度诠释。对宗教的价值判断关涉现实政治,必须慎之又慎,而对宗教的基本认识则属于学术争鸣问题,会有漫长的探索进程。事实会越说越清,真理会越辩越明,学者在此应有开放、大度的胸襟,做到虚怀若谷、海纳百川。从真理探索的长期来看,宗教认知及理解是一个不断开拓、摸索和前进的路程;从现实的迫切需求而言,则应让我们的宗教研究在增加社会和谐因素、实现民族团结、争取最多的人民群众来参与我们社会主义伟大事业的建设上作出最好的服务和最大的贡献。

　　学术层面研究宗教主要关注的是知识上的认识和社会上的认识,是一种文化感知和感悟。在知识体系上,人类的认识是一个漫长、无限的发展过程,生有限、学无涯。仅从已知世界的人类认识而言,人所接触的世界有最基本的四维:一是自然世界,包括无限的宏观宇宙和无限的微观世界,这是自然科学研究的基本范畴;人对自然是可以认识的,但因自然世界的无限性及人作为认识主体在其时空存在的相对性而使这种认识不可能穷尽,对之故而只可相对而言,留有无限的认识空间和不尽的思维可能。二是人类世界,包括人的社会及其族群、政治、制度、法律、经济、文明等建构,这是社会科学研究的基本范畴;人类世界乃人的创造,既具客观性、亦有主观性,人对其社会的认识也具有相对性、开放性,需要对其有历史的回顾和对其未来的前瞻,认识到存有着各种不确切、不确定因素。三是人的精神世界,包括人的情感、心理、性格、信仰、理想、渴求等,这是精神科学研究的基本范畴,属于人的主体性展示,当然也包括其对外在客体的反映或回应,具有相应的神秘性、深蕴性、潜藏性,对之研究需要实验、推测、判断和梳理,其结果也只是相对的、暂时的,甚至是或然的,因此不可轻言其绝对性、必然性。四是人的知识世界,即人对前三个层面主客体之观察、研究而形成的精神创作、知识积累及其规范体系,从而可包括各种思想、文学、诗歌、艺术、音乐等创作和各种系统性"学问",如文学、哲学、历史学、艺术学等人文科学研究的基本学科，以及关涉社会研究的社会科学体系。这四维世界乃基于人之主体的生存与认知，而且是动态的、变化的，故此要求我们的研究不能静止、僵化，要不断突破我们认识的局限性、封闭性，放开视野、勇于开拓。这四维世界的研究都会关涉宗教问题，即涉及人和世界的来源、走向，其存在的命运、本质及意义问题，对之认识也只能是相对的、开放的、拓展的、不断补充和完善的。人类的存在是一种文化存在，故也有其文化命运的问题。其实，当代网络世界的发展已经给我们带来了新的启迪和思索，对多维世界的存在和探索打开了更多的窗口，或许人的认知还有更多的维度及可能，或许还有超出目前人之认识限度的存在之维，这些都是具有开放性、探索性的，我们的基本态度应是学问无禁区、探究无止境。对之绝对封闭，只能是愚昧之举。在社会意义上，研究宗教则涉及其现实意义、问题和作用，是功能性的、应急性的、解决现实问题的，因此我们的研究立意也就应该是积极引导宗教适应、服务并贡献于我们的社会。不可否认，其现实性乃更有着当下需求，颇为迫切，是我们现实存在中必须关注的重中之重，并且要包括对其社会作用及效果的谨慎考虑。我们应将这种长期性研究和当下性急需有机结合，相互呼应，也应对之有所区别，各有所求。

总之，关注和研究"世界宗教与文化战略"问题，应以坦诚、真挚、科学、严谨之态来为我们的社会决策和宗教政策提供真知灼见，并要有结合人类认识之不断开拓发现的长远眼光。我们为此而应展开启智性、互补性、开放性、前瞻性、对话性、沟通性的学术研讨。特别重要的是，现实宗教研究需要我们在破解社会难题、创造学术历史上往前走、求突破。对此，我们已没有退路，虽然面对着重重困难和复杂险境，但我们对当今时代的发展仍然充满着希望和信心。

（本文原载《中国社会科学报》2014年1月8日A07版，发表时有删节和修改。）

第十四章

宗教对加强文化战略、提高文化软实力的意义

在纪念辛亥革命一百周年之际,有许多问题值得反思。这一革命不仅是中国社会的巨变,也是中国文化的重要转型。辛亥革命后的进步知识分子发起了"新文化"运动,而这一"新文化"运动给中国社会带来了思想、精神、文化上翻天覆地的变化,但是人们在对中国文化的认知方面,由此也形成了一定的分歧,积淀至今影响犹存。中国新文化应包括哪些内容,应向何处发展,当代中国有识之士对此一直在探索。改革开放之后,各种文化思潮涌现,在中国社会上呈现出对话、竞争的态势。西方学者关于文化"软实力"的提法引起我国社会各个层面的普遍关注和广泛讨论,文化"话语权"、文化"形象"、文化"走出去"等问题成为最近我国舆论界的热门话题。这样,人们开始从"文化"这一角度来考虑"国家形象""文化自我""民族精神"等具有文化战略意义的重大问题。对于文化及"软实力"的探讨,西方理论仅供借鉴和参考,我们应该走出具有自己特色之路。在改革开放以来中国经济发展取得卓越成就的形势下,我们有必要而且必须尽快加强我国自己的文化战略举措,使我们的社会经济发展获得持久的、坚实的"潜在精神力量"的支持,有着稳固的文化后盾。但在当前这种文化交流乃至较量中,我国文化产业占世界文化市场比重很小,与国内生产总值、外汇储备等经济硬实力相比,我国文化软实力仍然较为落后,"西强我

弱"格局明显。至于文化事业的发展，同样也是百废待兴，具有很大的拓展空间。中国的文化有着五千多年悠久的历史传统，为我们提供了丰富、宝贵的文化资源；而中国现在正成为世界上第二大经济体，中国由站起来、经富起来而进入真正强起来的发展阶段，因而也给我们当前的文化发展提供了很好的经济基础。在这样的背景下，应该从宏观的层面上提出一些必要的文化发展构思，因为制定相应的文化战略、增强我国的文化软实力已经时不我待。文化战略是一个国度或文化体系关于其文化发展的分析、比较、构设和举措，是对文化全局的宏观把握和自身文化状况的思考，有其系统性、前瞻性和可操作性。文化战略的科学制定和正确决策，对于相关国家和文化体系的发展至关重要意义深远。我国系统、全面地考虑自己的文化战略已是水到渠成，也是全球化文化现状的大势所趋。

目前文化建设的问题已得到社会广泛关注。从文化的角度来重新构建当代中国社会，这些年显然已经得到了长足的发展；一些文化品牌的创立、一批文化景观的建设、一系列文化活动的实施，应该说初有成效。但是，从目前来说，我们的文化建设还未进入系统的发展，在推动文化发展时一些随意性的、临时性的举措比较多，也出现了不少对外来文化创意的借鉴、模仿。如果政府能够从宏观整体的层面、从可持续发展的角度，对文化战略进行比较系统和深入的考虑，有一个基本的梳理和构想，这样就会更有利于增强我国文化软实力，提高国民文化水平。政府这方面的系列举措之推出应该已是水到渠成之时。

文化部已发通知要求各地公共美术馆、公共图书馆、文化馆向社会免费开放，这"三馆"开放的意义在于吸引广大民众进入这些公益性的文化单位，更多地接受文化教育，从而形成全民关注文化修养的风气，达到提高精神文明素质的目的。而国家形象宣传片的推出也是为了让世界了解中国文化，这些都是非常积极的举措。当然，还有更深层次的问题需要我们进一步考虑。综合而论，当前中国的文化战略可以从如下三个层面来拓展。

第一，树立国家的文化形象，在对外宣传中国文化特色、显示中国文化魅力上应加大力量，有相应的投入，启动让中华文化走出去并影响世界的"国家形象"工程，在世界舞台上多有中国文化精品、国家文化形象的亮相，以此能使国际社会对之产生深刻的印象和受到较强的感染。中华文明上下五千多年，历史悠久，底蕴深厚，但迄今仍缺乏文化意义上明确代表"国家形象"的精心构设和品牌意识。过去在介绍宣传我国文化时比较零散而不系统，没有相对集中、较为醒目、综合浓缩的中国文化形象的典型表述和精神结晶。因此，为了比较清晰、透彻地展示中国文化及国家形象，有必要发掘并宣传代表中国文化形象的"关键词""标志图"。

第二，在核心价值观上突出中国文化因素，表明并大力宣传代表中国文化的象征，如代表人物、象征符号、传世作品、名胜古迹等。对中国文化传统的反省、反思应促进中华文化共识的形成和彰显，增强中国人对中华文化的自我意识，形成对中华文化的自觉性、自信心和自豪感，弘扬中华文化自强不息的精神传统。对此，亦需要相应的培养和引导。目前人们对中国文化象征的认识仍很模糊，分歧较大，认同不易。例如，最近人们对中国历史博物馆门前立孔子塑像的讨论、争议，就可看出这些方面仍然存在的复杂问题。从形成中华文化的认同感、凝聚力等意义上来说，孔子、老子作为中华文化代表人物，"儒""道"作为其传统文化象征符号，"四书五经"、《道德经》等作为中华古代文献之传世精品，以及西安、北京等古都，黄河、长江等大川，曲阜、泰山、黄帝陵、炎帝陵等圣地，都应作为中华文化瑰宝来宣传，树立其在人们心目中的重要地位。我们社会舆论对孔子等中国重要文化人物的贬损，实际上是自毁我们的"文化长城"，对之需积极引导，逐渐克服。

第三，展示中国文化"海纳百川、有容乃大"的胸襟及其"自强不息""与时俱进"的发展。在中华文化"多元共存""多元一体"的构建中，应揭示其民族文化、宗教文化在多样中的共构，在不同中的和谐，并突出中国文化对外来文化的开放性、包容性。以此则可说明中国文化对外来优秀文化的认可、借鉴和吸纳，以及由此所推动的中国文化自我的不断更新、积极发展。中国当前的社会主义文化就是中外优秀文化有机结合的产物。尤其是有着五千多年文化积淀，产生出无数优杰人士的中华文明，今天仍以马克思为我们的精神领袖，用马克思主义作为我们社会发展的指导思想，就充分体现出中华民族海纳百川、毫无保留地吸纳世界最优秀文化成分的博大胸襟和感人气魄。而中国现代文化中对自己的传统文化有哪些继承、批判、扬弃、超越和更新，当今中国文化的典型表述是什么，应怎样向世界展示，也都应该有必要的战略考量。中华文化具有对己"自知、自觉、自强"和对外"开放、包容、共存"的纵横坐标，这在北京古城的构思、建设中曾有非常形象的表达，如其南北纵向中轴线上皇家建筑系列所体现的政治威权、自信和统一，以及其东西横向各大民族宗教建筑布局所反映的文化多元共构、和谐共存就极为经典。有不少专家建议，在北京等古老名城的建设布局和修复重构中，应注意这种文化理念的融入和展现，尤其是北京古城从东四往西四一线及其周边地区各大宗教建筑群的恢复、修缮，对之加大宣传和对外开放，都具有文化战略的深远意义。

具体而言，中华民族文化建设的相关举措可以从四个方面来考虑：一是提出作为核心理念的中国文化观念，这是中华文化之魂，体现出中华文化的特色。比如说"和合文化""和谐文化"，它们是不是可以作为中国文化的价值理念，体现中国文化的特色。二是保护作为历史遗产的中国文化留存，如在文物古迹保护、非物质文化遗产保护上加大力度。三是推广作为生活方式的中国文化模式，增加日常生活元素中的中国文化色彩，如茶道、园林、艺术、习俗、节日等。现代中国社会中外来元素尤其是西方元素越来越多，我们应关注并重视这一发展趋势。当然，这也体现着中国文化的开放性和多元性，但与此同时我们自己又要保持住中国文化上的自我意识，如宣传提倡具有中国文化因素的时尚、集会、节庆、凸显日常生活、文化娱乐中的中国元素，打造民族地域文化特色突出的文艺品牌，开展弘扬中华文化优良传统的文化建设、文化工程。四是发挥作为社会功能的中国文化作用。文化作为一种精神力量，能够促使人们向善、推动社会向前发展。其中就包括发挥中国传统文化的文化功能作用，如中国文化的重要组成部分——宗教文化就特别值得发掘。如何使宗教的道德观念、价值追求能够与我们和谐社会的理念相吻合，能够在社会中起到和谐稳定的积极作用，这是值得深入探讨的话题。在此我们应该积极引导宗教在当代中国社会中的积极作用，以其道德功能和谐风尚来服务社会贡献社会。

此外，我们还需协调好民族文化、地域文化的关系，关注现代影视、媒体及网络文化的舆论导向，体现中国文化的丰富多彩、多元通和、有机共构、融合统一。为此，我们应该有所作为，打造和树立如建设中国文化名城，发展具有地域特色的多样文化圈或文化基地，扩充世界各地孔子学院的文化蕴涵，以及创办能有世界影响的文化论坛等中国文化品牌、中国文化样板，在这些方面应系统性地有所构设，积极推广。

在文化战略布局的具体操作层面，中国政府在以下几个方面也可以大有作为：一是古老城市重建和城市规划方面。目前我们正处在"文化接力棒时期"，一些重要的历史文化景观，比如泰山、曲阜等地的发展都需要继承和创新，在有关它们的建设规划中要有文化战略的构设。此外，还可以形成一批我们当代创建的新的文化精品，其未来留存也将是重要的中华文化遗产。二是要有高质量、高水平体现中华文化海纳百川、和谐对话的文化论坛和文化交流。这方面我们已经有了一些成绩，比如近些年举办的北京论坛、上海论坛、中国学论坛、尼山文化论坛、太湖世界文化论坛等，都取得了一定的社会影响。但总体来说做得还不够，仍需继续努力。三是对后代的传统文化教育。什么是优良的文化传统？什么样的文化遗产值得继承弘扬？这需要社会各界的共同努力，形成尊重和传承优秀传统文化的社会氛围，让孩子们在这种氛围中成长，而不是简单地让孩子们诵读《三字经》《弟子规》等经典读物。在这一方面还需认真、系统地构设。

在中国优良的传统文化中，宗教文化占有很大比重。但是因为中国社会对其认知上的敏感，宗教文化的宣传和建设好像没有太多的作为。当前人们仍然谈"宗"色变，不敢触及和涉猎，这是对我国宝贵文化资源的巨大浪费。中国对外开放以来，我们听到了在国际舞台上存在着的利用宗教问题来否定、批评中国文化发展的声音，一些敌对势力甚至利用宗教问题实施"西化""分化"中国的政治图谋。面对这些声音，我们不能消极地防范、反驳，而是应该利用丰富、优秀的宗教文化资源，让中国宗教文化走出去，用正面的形象向世人展示中国文化和谐繁荣的景观，让谣言不攻自破。中国社会的繁荣发展给宗教正常的生存和发展带来了很好的机遇，形成了很好的环境。前些年中国业类人士组织了几次世界佛教论坛和道德经及道教论坛，社会反响都很好，国际影响也很大。类似的宗教文化工程构设应该说是很有必要的。目前这方面做得还不尽人意，可以进一步深入探讨，我们宗教文化研究者也要积极呼吁。

费孝通先生曾经讲过"各美其美，美人之美，美美与共，天下大同"，有的学者把最后一句改为"和而不同"。这是因为"天下大同"很难做到，而"和而不同"却是我们中国文化的重要特色之一。中国文化的最大特点是多元共构、和谐共存，不能拿某一种象征作为我们全部文化的代表。但是它仍可以有相对集中的代表群体，比如说人物代表是孔子和老子，地域代表是长江、黄河、泰山，图腾象征是龙凤，文化经典有"四书五经"、《道德经》等。中国文化有漫长历史的积淀，上下五千多年的传承，因而不能简单地用某一种来涵括所有。应有一个象征群体来代表中国文化，这个群体具体包含哪些成员，目前还没有达成共识。现在舆论的趋势是大家乐于批评或反驳其中某一种关于中国文化代表性表述的观点，却较少提出建设性的意见。我认为，我们应该更多地从建设性的方面来重塑中国文化的象征符号群体，真正让大家具有弘扬中国文化的自知、自觉和自信。

总之，应从加强中国文化战略有效举措入手来避免我国在新时期发展中可能潜在的文化危机，引导人们走出其文化盲区或误区，扭转西方文化在我国过于强势扩展，甚至可能发展为颠覆性渗透的被动局面，以巩固中国文化传统本有的内在凝聚力和外在开放性，并通过强烈的中国文化意识来博古通今、固本化外，从而既能增加自信又会感染世界。

（本文基于 2011 年与中国社会科学网记者的对话）

第十五章

必须重视宗教在中国对外战略中的积极作用

　　人类世界是一个多宗教信仰的社会，在国际交往、民族交流、人际沟通中，宗教会起到非常重要的作用。这种宗教认同或求和的接触，宗教情感的自然流露和共鸣，往往会成为不同国度及民族达到求同存异或和而不同的共在共识的促进剂、润滑油。相关的宗教情感往往会影响支配其民众在对待国与国之间关系上的态度。尽管世界上仍然存在着宗教的纷争和冲突，由此使相关宗教在一些国家或地区成为社会不稳定的因素，但从整体来看，宗教发展的主流仍然是促进世界和平、维护社会和谐的。"没有宗教和平就没有世界和平"，宗教和平已经成为世界和平的重要保障，而宗教沟通与理解则是实现这种和平的可行通途。可以说，宗教信仰已经成为国际交往、国际关系中的一个重要因素。人们将之视为基本人权的表现，也是衡量一个社会道德水平、文化程度的标准之一。在"全球化"的今天，我们中国正积极努力地融入国际社会，而在这种"融入"过程中，其实宗教是可以给我们提供有用的推动力的。宗教在中国对外战略中的这种积极作用，我们已经关注到，但其运用仍远远不够，尚大有潜力可挖。我们正在谈论文化"软实力"和"走出去"的问题，而其真正发挥作用和扩大影响，则离不开宗教的积极参与。

　　关注宗教文化战略的运用，在当前国际交往和国力展示中很有必要。人类的85%信仰各种不同的宗教，宗教在不同民族、国家以及文明的形成和发展中起着非常关键的作用。宗教作为传统文化力量和精神传承，已经成为相关民族之魂和国家核心价值。人类不同地域的所谓文化圈都由相关的宗教构成其核心价值体系和主流文化系统，并且形成其广泛而深入的辐射与扩散。相关国家政治势力或思想意识的对外扩张或渗透，也会采取宗教的形式或得到宗教的重要帮助。而这种宗教的扩展和渗入则往往是潜移默化、润物无声的，在看似无意中达到了往往刻意也实现不了的效果。由于宗教的文化性，使其存在、发展、扩散都有着独特的"颜色"，而不少"颜色革命"的成功也理应带给我们警醒和思考。这种宗教的奇特颜色及其正负功能，提醒我们不能对宗教置之不理弃之不用。我们既可防范宗教可能带来的政治、文化"色变"，也应该能够使宗教让我们的社会文化在世界文明之园中更加赏心悦目、魅力四射。

在当前国际关系中，一些大国极为注意宗教在对外关系中的意义与价值，了解相关国家和民族的宗教情况，已成为其外交工作的基本功课。例如，其外交人员在派出之前，会有相关的民族宗教问题培训，亦会对突出、独特的宗教情况给予特别关注和观照。在解决国际宗教冲突中，对国家政治外交的一个重要补充，就是在民间外交中充分发挥相关宗教界及其宗教领袖的独特作用，一些问题往往在国家政治层面上得不到解决，而靠宗教的力量或办法却可迎刃而解。同样，一些小国在外交上也会向其宗教借力，用宗教的软实力来巩固其社会及其政权，靠宗教来完成其文化"走出去"的发展战略。不少大国在其政治、经济、军事实力之后亦有其宗教力量的炫耀，鼓吹其宗教价值、标榜其信仰自由，输出其宗教精神。而一些小国则以同一宗教联盟结盟的方式来形成其政治及文化合力，在国际较量中不甘落后，在面对关键问题时也要一争高下。虽然中国自改革开放以来拨乱反正，积极倡导宗教信仰自由，保障公民的宗教信仰权利，并且先后以国际会议、论坛、展览、朝觐等形式让中国宗教走出去，如参加世界宗教领袖会议、世界宗教和平会议、世界佛教论坛、国际道教和《道德经》论坛，组织"《圣经》事工展"，多版本、多语种翻译《道德经》展，等等，但在涉及宗教问题的总体国际政治、文化关系中却仍然处于相对独立，甚至被人孤立的境况中。除了社

第十五章 必须重视宗教在中国对外战略中的积极作用　109

会制度的不同和意识形态上的分歧之外，境外排华势力的一个重要攻击缺口，就是针对中国的宗教信仰自由状况。中国社会主流"无宗教"的这种无意识或潜意识，中国媒体报道论及宗教问题时负面新闻多于正面弘扬的状况，无意中也给了境外敌对势力攻击中国"没有宗教信仰""排斥宗教信仰""不敬神""不信神"的口实。而他们对中国宗教状况的攻击实际上会带来对整个中国社会及其各方面的负面影响，从而导致我们文化"软实力"在走出去时其作用被削减、其影响被排拒。目前，宗教在中国官方对外发展战略中几乎不占份额，与西方、俄罗斯、印度等大国官方政治外交中宗教的存在与参与形成明显反差。而在民间及公共外交中，中国的宗教开始有积极的参与，但其持续性、连续性、经常性则仍有问题。其宗教民间外交多有政府的身影，而宗教的大型对外展出活动也往往有政府的参与或直接乃官方主办，这使宗教外交的魅力及其影响自然就打了折扣，也受到境外某些势力以"官办"为借口的阻挠或抵制。因此，这种宗教文化的走出去，还要靠随意性、随时性、自发性的纯民间宗教文化对外交流活动来补充完善。

　　在中国历史上，宗教在对外战略发展中曾发挥过重要作用。例如，中国佛教对周边东南亚国家的巨大影响，尤其是对日本、朝鲜、越南等国宗教文化的影响迄今仍能体悟得到。而在"丝绸之路"上中国与中亚、西方等国家的交往中，基督教、伊斯兰教、佛教、道教等也发挥了重要的文化交流作用。"郑和下西洋"等海上"丝绸之路"的国际交往，更有伊斯兰教等宗教的积极参与。历史上中国宗教的"走出去"实际上是将中国文化"带出去"，形成其国际传播及发展。甚至在相关国家或地区政治关系紧张时，宗教可以起到非官方的、间接的、民间的沟通与交流作用。当20世纪50年代中美关系、中国与西欧关系恶化后，中国基督教一方面以"三自爱国"运动获得其在中华人民共和国的生存与发展，另一方面则仍然以宗教的形式断断续续、隐隐约约地保持了中国与西方社会的一定交往。20世纪70年代，美国恢复与中国的交往，在中美建交前基督教在双方沟通上就起了一定的桥梁作用，特别是中国实行改革开放以来，基督教构成了中美沟通的一个重要方面。美国前总统老布什因其在北京担任美国驻华联络办主任的特别经历而与中国基督教人士建立起良好关系。此后，美国政府也支持了至少三次美国宗教领袖代表团访华，其对中国的客观评价在美国也起到了促进中美关系良性发展的积极作用。一些美国宗教界人士对中国的支持，如美国福音派领袖葛培里等人呼吁美国政府给中国最惠国待遇和支持中国加入世界贸易组织（WTO）等举动，曾在一定程度上促成了中美政治经济关系的改善。同样，当中国海峡两岸四地政治沟通尚有障碍时，宗教的沟通也曾起到其政治关系改善的催化剂作用。

由于这种宗教外交意义在国际政治中所得到的充分体现，所以我们不能忽视国际关系中的相关宗教文化战略举措。特别是在当前中国社会转型时期，我国文化"走出去"战略必须有宗教的参与。目前，中国社会已经注意到宗教文化的政治意义和文化影响，尝试以宗教文化等公共外交、大众外交形式来走出去、请进来，扩大中国的国际影响。这在佛教、道教、基督教、伊斯兰教等宗教中都有所作为，而且也取得了明显成果，如自2006年以来中国召开了多次世界佛教论坛，人们把"和谐世界，从心开始""和谐世界，众缘和合""和谐世界，同愿同行"的主题理解为中国向全世界倡导的佛教精神。道教界组织的世界《道德经》论坛和国际道教论坛，也使道教这一土生土长的中国传统宗教扩大了其世界影响。中国《圣经》在欧美等地的展出以及中文《圣经》的世界性输出，实际上也为文化上的中国制造及中国影响加了分、添了彩。宗教文化"软实力"的"亮相"和"巧用"，在国际社会能够达到其意想不到的极佳效果。

不过，我们在总体上对宗教在中国对外战略发展中的意义仍然存在着认识不够、思考不细的问题，没能使宗教的这种对外作用得到充分有效的发挥，结果在宗教信仰、公民权利等所谓热门问题上使我们失去了一些顺利走向世界融入国际社会的机遇。从更好发挥宗教在对外发展战略中的作用上来看，其基本立足就是不要再把宗教仅仅视为外来"渗透""演变"的异己力量，而应该睿智地看到全世界绝大多数国家的宗教与其文化、价值观及意识形态的协调一致、有机结合、统一和谐、整体共构；由此从文化战略上调整我们对宗教的审视及评价，让宗教"脱敏"，还原其在中国社会的正常生存。这样，我们就可以充分发挥宗教在中国对外发展战略中的积极作用。例如，我们可以发挥儒佛道在中国传统文化中的主体作用，通过这"三教"的正常文化输出和传播而让世界认识、体悟真正的中国文化及其宗教信仰精神，使世界上具有精神情感和文化志趣的人们形成一种"中国情结"，并对之有着宗教情感。我们可以发挥中国基督教对西方文化，伊斯兰教对阿拉伯、波斯文化的联结联谊作用，使之能在复杂的国际矛盾冲突中起化解沟通的桥梁作用，消解在意识形态文化心态上的双方抗衡和对峙，或至少能留下斡旋的余地。我们还可以充分发挥中国民间宗教及民间信仰在海外华人中对中国文化的向心作用和亲和作用，这些民间宗教信仰历史悠久、源远流长、根深蒂固，属于国际上"文化中国"理念中的核心价值及精神灵魂，我们决不可轻视或小看。它们能够在世界上起到对中国文化传统体系的基础维系作用、培土固根作用和水土保护作用，是中国文化成长发展的生态基地及其草根植被。对待宗教与中国对外发展战略的关系，我们在看待宗教上应去除其不必要的政治敏感性，但在运用宗教文化战略上则应充分发挥我们的政治敏锐性。所以，我们一方面必须确保宗教文化在我国的健全发展、打牢基础、稳固根基，使宗教成为我们社会文化的有机构成、内在因素。另一方面，我们则要推动具有中国特色的宗教文化主动、积极地"走出去"，发挥其文化影响潜移默化"四两拨千斤"的效用。宗教在中国对外发展战略中积极"走出去"，既能展示今天中国宗教全面发展的新姿，又会极其自然地在国际舆论中为我们在"宗教信仰自由""人权"等方面所取得的进展成就加分。应该说，充分发挥宗教在中国对外发展战略中的积极主动作用，条件已经成熟，时机已经来临。我们应该审时度势、抓住机遇，以宗教文化的积极参与来开创当代中国对外交往的全新局面。

第十六章

中国宗教:"走出去"文化战略的先行者

中国宗教是中华文化的重要精神资源,在世界文化中亦具有独特的地位。综观全球,没有哪个国家没有宗教存在,也没有任何民族没有宗教传承。宗教在不同国家之间、不同民族之间、不同社会之间可以起到非常有效的交流和沟通作用,中国宗教于此乃为中外文化交流通达顺畅不可替代的桥梁。

由于当今中国社会舆论仍然缺失普遍性的对宗教的正确理解,不少人仍会谈"宗"色变,回避宗教、不碰宗教,无视宗教潜在的正能量,在论及宗教时亦习惯于一种否定、负面性审视的眼神和语调,把认识论层面的分歧异化到社会层面,因而对中国宗教这一独特精神文化资源视而不见、见而不解、解而不言,使这一资源并没有得到充分的发掘很好的运用,错失了不少让世界改变对中国的印象,让中国影响世界发展趋势的难得机会。在对待宗教的问题上,今天中国社会仍然处于一种犹豫徘徊之状,客观对待宗教认知的文化气场尚有待营造。中国宗教不能很好地走出去,这种对宗教怀疑的心态、姿态实际上起了很大的作用。中国知识界有一些人强调自己是凸显哲理智慧的民族,但在过去百年来对待宗教上却似乎缺少一种本来应有的睿智,其封闭性的见解还自以为世界皆醉唯我独醒。作为起着"智库"作用的人文学者,我们不得不仍然要疾呼让宗教在中国脱敏回归其正常状态,不要再以轻蔑宗教的态度让世界他族见笑、起疑,与我们形成隔阂和距离。如果较好解决了宗教脱敏问题，中国宗教走出去才可能真正畅通无阻。在此前成都召开的道教文化会议上，笔者在总结自己在首场高端论坛上的讲话时曾说，"中华文化走出去，我们的'大道'须先行"。这一"大道"实际上就是中国精神之道，就是中国的宗教信仰传统。我们今天谈中国的文化软实力，谈我们的文化"走出去"战略，殊不知最为经典地表达这种文化软实力的正是中国宗教文化。而文化"走出去"最易迈步、最好实施、最可能成功的，则正是中国宗教的"走出去"。在目前多元发展的世界中，中国宗教乃是我们"走出去"文化战略的最佳先行者。

其实，我们早已发现，以中国宗教文化为引领，我们中华文化走出去会一顺百顺自然流畅。相比之下，并非我们本有之"国粹"的意识形态话语在争夺当今世界话语权上却会处处受阻步履维艰。在国难当头社会危机之时，我们曾是善于"引进来"的民族，由此而摆脱了困境。但今天中国国运畅通，我们的文化已经到了"走出去"的最好时机。而境外世界在抵制我们的主流宣传时，其率先接受且最容易吸纳的却是我们的宗教文化。为什么中国宗教在中华文化走出去的战略实施中可以成为最佳先行者呢？我们至少可以论及如下三大理由。

一　中国宗教的文化底蕴

最能代表中华文化深厚久远之本体的是中国宗教。中国宗教有着深刻的文化蕴涵，反映出中国人精神生活的核心之所在。我们谈论中华文化，如果离开了其宗教传统，则会显得单薄、贫乏、空虚。所以说，中国改革开放以来在宗教问题上思想解放所迈出的一大步，就是回到承认宗教是文化这一常识。于是，我们今天谈论中国宗教走出去，亦主要基于中国宗教乃中华文化的重要表征、典型体现这一立足点。真正能充分代表比较典型的中华传统先进文化的，应该就是儒佛道三教。今天中国大陆宗教中没有儒教之位，但儒家思想的表达方式在世界主流观点看来则正是一种宗教的表达。或许我们中国人自己身在庐山之中而不识庐山真面目，而值得庆幸的是世界人民却懂得儒家的宗教蕴涵，不再纠缠于利玛窦留给中国的"儒教不是宗教"之假命题。

当孔子学院最初走出去时是以教汉语为主,国际上曾因为这种语言教学性质的学院有体无魂而对之批评,从而使改进了的孔子学院增加了中华文化意识,注重了对孔子精神的体现。孔子及其学派以"四书五经"而贯通中华文明上下五千多年,认识到大千世界有变易亦有和谐,其"敬天法祖"认知之维主要是显现出宗教的境界。孔子的形象在中国迄今仍处于争辩、博弈之中(前不久孔子塑像经历了在天安门东侧树立仅百天就被"移走"之尴尬),但最近却又受到近千人进入人民大会堂隆重纪念孔子诞辰 2565 周年,习近平主席亲自出席纪念大会并作重要讲话之殊荣!孔子地位的不定折射出我们体认、承认中华传统文化上的困境和窘境。但无论是哲学之孔子还是宗教之孔子,都是中华民族文化精神之魂的经典表述。

道教追求中华之道的超然境界,凸显"道"的价值与意义,执着于"道统"的传承,则正是以行道的实践和言道的理论来反映出问道、悟道和修道的宗教意境及情趣,道之言为哲、道之行为德、道之敬为教,在中国历史已经是"道通千古"。如果我们民族的这种精神执着能够一以贯之地以丰富的道文化支撑,则可实现"道行天下"的"中国梦"。

佛教则展示了中华文化的海纳百川和改革创新,使我们看到外来宗教可在中华文化中获得凤凰涅槃般的新生,同时也极大地丰富了中华文化的蕴藏和内涵。佛教以其"禅意""禅境"等中国元素而在中华文化发展中焕然一新,且脱颖而出,得到中华文化的承认及彰显。中国宗教的这种深厚文化底蕴可以让我们如此表述:谁不懂宗教,也就没有文化。

二 中国宗教的国际关联

中国宗教的历史发展并非一种封闭之道,而是不断开放、不断吸纳的文化进程。今天存在的中国宗教大多有着各种国际关联,与世界宗教有机共构。在今天所言的中国"五大宗教"中，除道教之外其余都是由外传进，在华适应构成今天的中国形象。这些宗教融入了中国宗教，亦丰富了中华文化。

回顾历史，正是这些宗教的传入使世界有了繁忙、热闹的丝绸之路和海上丝绸之路，有了中国"自然宗教"的西传和欧美世界的"中国热"以及国际汉学的兴盛。在这一历史大道上，可以说中国宗教主要是和平的使者、沟通的桥梁，是使中国与世界得以交往连接的重要纽带。具体而言，我们可以清晰地梳理出基督教、天主教与西方文化的关联，伊斯兰教对阿拉伯、波斯文化和东南亚文化的联结共构作用，以及佛教在中国与东方各国如印度、尼泊尔、缅甸、斯里兰卡、日本、朝鲜、韩国、越南、老挝、柬埔寨等东南亚国家之间的合作所起到的促进及和谐作用。甚至中国的道教在漫长的发展岁月中亦形成了其独特的国际性，起到了中华弘道、道育世界的积极作用。海外许多宗教人士是抱着虔敬、崇拜的心境来华为其宗教寻根问祖、朝觐思源。正是在这一意义上，中国宗教可以超越国与国之间的政治界限或思想意识形态界限，达到相应的文化共存和精神共识，并因这些国际关联而使之能够更好地展开国际沟通，实现国际关系的良性共构和国际社会的共同发展、共同富裕。今天人类"生存共同体"需要精神纽带来维系，中国宗教可以其"精神共同体"的方式来帮助这种"生存共同体"得以延续保持鲜活。尤其在"全球化""地球村"的处境中，中国宗教因其广泛的国际关联而既是中国的，也属于全世界。

三 中国宗教的世界影响

中国文化在世界舞台上有着独特的魅力，闪现出异样的光彩，令世人羡慕和向往。而其中的奥秘及奥妙，则正是在于中国宗教之魂，在于中国信仰的灵性精神境界。在中外交通史上，儒教曾为西方世界所神往，西方传教士东来传教，却带回更多的儒教思想；耶稣会士正因为与儒教的沟通和对儒教的认识才成就了其中西文化的拓展，奠立了其开创国际汉学的地位。今天全世界对儒家思想的景仰，恰是这历史之音的久远回声。

道教亦曾以中华之道来启迪世界、吸引世界。18世纪的法国索隐派开始从《易经》《道德经》上悟道，20世纪以来的李约瑟、汤川秀树等人曾惊讶"道"所表达的超越性和浪漫潇洒，海德格尔则将"道"与"在"相对比，并以几十年的经历从"老子的诗化思想"中体认这"湍急的"和"几微畅然"之道，以其存在主义本体论的方式来"开道""论道"。以"道"对世界的影响，实可"道通世界""道化全球"，让"天下有道"。

佛教则以其在印度、中华之间的行走、串联而不断创新、不断超越，给世人带来感慨和敬佩。佛教在传入中国得到新生后又回报世界，让世界有禅修、得宁静，使人心远离浮躁和焦虑。我们当今主办的世界佛教论坛，更使这种互动达到高潮。

同理，由外传入的基督教、伊斯兰教则通过在华的"中国化"而得以华丽转身，让世界在其全新面貌前折服。在今天充满动乱的国际社会中，人们对这两大世界宗教的敬羡已经转向中国，意识到其作为"和平之教""和谐之教"的真正所属。

在步入改革开放以来的新时代之后，中国宗教非常活跃，如中国佛教组织的世界佛教论坛尝试推动"从心开始"的"和谐世界"之"众缘和合""同愿同行""利乐有情"。道教组织的道教论坛和道德经论坛则使"道不远人""理无分殊"。中国民间宗教使海峡两岸得以"三通"未通"妈祖"先通，让世界华人三教合一、五教有德。此外，尼山世界文明论坛、太湖世界文化论坛等，也有着基督教、伊斯兰教等活跃能动的身影。中国宗教在国际舞台的参与及相关表演活动，使"文化中国""信仰中国"的印象在世界上得以鲜活起来，让世界各国人民真正体会到了中华文化的精华及精髓所在，令世界掀起了"中国风"，形成了"中国热"，给不少人留下了"中国情结"。

从上述三个层面来看，中国宗教已为中华文化"走出去"的文化战略做好了充分准备，蓄积了巨大能量。中国宗教的"走出去"没有社会政治制度、价值观念及意识形态等方面的障碍和束缚，主要体现的是文化使者的形象，因此更容易走向世界融入国际社会，共建"全球化"的文化。其实，当国际社会基本上已经达到宗教与其文化价值观和政治意识形态协调之际，我们没有必要过分强调宗教与我们主流意识形态的不同或分歧，而应该看到中国宗教在社会主义制度下的存在与发展，以及对社会主义核心价值观的自觉接受和践行，因此完全可以积极引导其与我们的价值观和意识形态形成可协调性、可包容性的发展，在彼此关系上着力于团结合作、相互尊重。我们不应该仅仅消极被动地防守境外宗教的传入或对我们的政治"渗透"，而是已经到了正视我们自己的宗教正常存在，有效、有序、有规律地让中国宗教作为我们的文化软实力全面走出去的时代。我们应该以中国宗教文化走出去的积极攻势来取代对境外渗透的被动防范，与其消极地防止"中华归主"的可能发生，远不如积极地促进"世界行道"。中国宗教如今已经在自发地率先走出去影响世界、感动世界，但这仍然过于零散、不成气势。新一代中国领导人已经吹响了中华文化进军世界的"集结号"，我们中国宗教应以中华优秀传统文化的身姿来向全世界证道、弘道，让"中国梦"早日实现，让天下真实体认"中华之道"。

（原载《中国宗教》2014 年第 10 期）

第十七章

基督教与中美关系的
文化战略思考

中美关系对我们而言是最重要的大国关系，并会影响到整个世界的发展进程。而基督教在中美关系发展中的意义与作用，则是宗教、政治、外交等领域人士及相关研究者所特别关注的问题。因此，客观地回溯20世纪以来基督教在当代中美关系发展中的定位及影响，分析中美双方对基督教的精神价值和社会作用之思考及表态，指出中美基督教会在发展中美关系上的可能作为和仍存在的问题，具有非常重要的现实意义。基督教作为一种信徒人数最多、传播范围最广的世界性宗教，自然会与政治有着复杂的关联，而美国则是世界上第一基督教大国，更加大了基督教政治意义的权重。在20世纪以来的中美关系发展中，基督教的卷入亦极为明显，涉及政治、文化各个方面。自19世纪上半叶以来，美国基督教入华传教，从此形成其在中国政治中的复杂定位和与美国对华政策的深度交织，这种格局仍在一定程度上影响到当今基督教在中国的存在与发展，并且成为中美外交关系中碰撞与摩擦、对话与沟通的一个重要因素。因此，探究基督教与中美关系的关联及其在这一关系中所起的作用，既有历史价值，也有现实必要。这里，可以从文化学术的角度，尝试对基督教在中美双方文化战略上的地位及其所能发挥的正负作用加以分析界说。

一 基督教与中美关系的历史回顾

1830年2月,美国美部会传教士裨治文(Elijah C. Bridgeman)和雅裨理(Daviol Abeet)来到澳门和广州,标志着美国对华传教的开始。裨治文自1832年5月在广州编辑出版英文月刊《中国丛报》(The Chinese Repository),通过这份新教传教士在华创办的最早期刊而表达出对中国社会、政治、经济、法律、商务、历史、文化、风俗及其发展动态的高度重视。1834年,美部会派传教医生伯驾(Peter Parker)来华,在广州开办了新教在华的第一所医院。1839年,美国长老会传教士布朗(Samuel Robbins Brown)来华传教、办学。当他于1847年返回美国时,将其学生容闳、黄宽和黄胜带到美国留学,使他们成为中国近代第一批留学生。

鸦片战争期间,中美之间于1844年亦签订了不平等条约《望厦条约》,规定外国人可在华五口通商之地传教和建造教堂,从此使基督教卷入中美外交关系和政治之中。第二次鸦片战争时,中美之间又于1858年6月18日签订了不平等的《天津条约》,规定对基督教的传习者和奉教者"毋得骚扰",再次使基督教在华受到美国政治的支持和保护。第一次鸦片战争后,美国来华传教士亦开始担当美国驻华外交官的角色,由此使基督教与美国对华外交关系直接相连。例如,伯驾于1847年担任美国驻华代办,1855年被任命为美国驻华全权委员,从而成为第一位受美国政府任命为驻华高级外交官的传教士,由此亦开了传教与美国对华外交相关联的先河。此后,1833年来华的美国公理会传教士卫三畏(Samuel Wells Williams)也于1855年至1876年担任了美国驻华公使馆参赞和代办,并直接参与策划了中美《天津条约》的订立。

1883年,美国美部会传教士喜嘉理(Charles Robert Hager)来广州行医布道、建立教会。通过中国信徒区凤墀的介绍,从檀香山回到香港不久的孙中山认识了喜嘉理,并由喜嘉理施洗入教。孙中山后来成为国民党的创始人和中华民国的缔造者，基督教遂与国民党及其民国政府结下了直接缘分。20世纪初至1949年，基督教在中国有较明显的发展。此间国民党的负责人蒋介石在宋美龄的要求下于1930年受洗入基督教，由此"在蒋介石政府里头，乃至宋美龄生活圈子里，到处是和基督教有关的人，基督教不仅深深制约着蒋介石和宋美龄，也对国民党政府的决策起着一定的作用"。① 此间美国基督教传教士也继续介入美国对华政策和中国政治，在中美关系的发展走向上起到了重要作用。例如，出生于中国杭州的美国传教士之子司徒雷登（John Leighton Stuart）在此期间就经历了其在中国从传教、经办学而走向外交生涯的三阶段，他于1946年成为美国驻华大使，在中美关系、国共合作的斡旋中发挥了独特的作用。因此可以说，基督教在1949年之前的中国乃是联结美国与国民党政府的重要纽带。当然也不可否认，其中个别美国传教士也与中国共产党建立了友好关系，但对比之下仅为凤毛麟角。

在上述氛围中，美国传教士绝大多数表示了对蒋介石及国民党政府的支持，公开谴责中国共产党及其社会主义革命，同情并支持中国共产党及其革命的美国传教士则寥若晨星。而中国基督教会亦与美国等西方资本主义国家及其差会有着密切的联系，在不同程度上表现出对中国共产党及中国革命的反感和抵触。1949年中华人民共和国成立，基督教在中美关系中的位置发生逆转。尽管在此之前中国教会中有人提出"我们的道路就是在这夹缝中"的第三条路线之说，希望能以回归"宗教"来在共产党与国民党之间、社会主义与资本主义之间求生存，而且在华多年的美国传教士毕范宇（Frank Wilson Price）也认为，"如果我们是聪明的话，我们却不能单纯地把共产主义当成一个敌人或是一个对手来看待"②。但其主要思想仍是对抗共产主义、对付"共产革命"，

---

① 何虎生主编：《蒋介石宋美龄在台湾的日子》（下卷），华文出版社1999年版，第529页。
② 毕范宇：《共产主义对于民主及基督教的挑战》，《天风》第139号，1948年9月25日，第1页。

将中国共产党领导的革命看成一个强有力的"挑战"。为此,毕范宇主张,"共产主义的思想和热情只有以更高的思想和更大的热情来答复……我们必须以基督教的革新来对付共产革命,必须以基督教的共同来对付马克思的共产"①。这样,当时的基督教会和美国来华传教士在主流上对正在诞生的中华人民共和国持一种抵制和反抗的态度,这种"泾渭分明"的态度势必在新社会中给基督教会带来负面影响,也必然使教会发生重大转变。而随着1949年8月司徒雷登离开中国,毛泽东发表《别了,司徒雷登》一文②,中美关系亦陷入低谷。

二 20世纪50年代初中国教会的转变与中美关系的恶化

中华人民共和国的成立,使中国教会站在了十字路口,面临着何去何从的选择。由于美国政府采取的是"扶蒋反共"的政策,新生的共产党政权自然会清除被其视为"帝国主义"的美国等西方势力的影响,包括其文化、教育等领域的影响;当然也就不会允许一个站在西方帝国主义一边的基督教会在中华人民共和国存在。这样,对中华人民共和国及共产党政权抱有抵触情结的基督教会面临着其生存困境,其社会文化处境发生剧变。正如当时中国基督教教会领袖吴耀宗所言,"基督教同帝国主义的关系问题,是目前基督教对外关系的最主要的问题,也是基督教在解放后所以遭遇困难的最重要的因素"③。为了摆脱困境,以吴耀宗为首的中国基督教代表团从上海来到北京寻求中央政府的支持。周恩来总理在1950年先后三次接见该代表团,指出基督教的最大问题就是与帝国主义的关系及关联,因此要想得到中国人民的同情和中央政府的支持,就必须肃清教会内部的帝国主义影响,彻底摆脱西方帝国主义

---

① 毕范宇:《共产主义对于民主及基督教的挑战》,《天风》第139号,1948年9月25日,第7页。
② 1949年8月2日司徒雷登离开中国,毛泽东于8月18日发表了此文,见《毛泽东选集》(一卷本),人民出版社1964年版,第1380—1387页。
③ 吴耀宗:《展开基督教革新运动的旗帜》,《天风》第234号,1951年1月30日。

及其差会的控制，提高民族自觉和自立意识。周总理还肯定并鼓励中国教会走"三自"（自治、自养、自传）爱国道路。这样，吴耀宗等40名中国教会领袖于1950年7月28日发表题为"中国基督教在新中国建设中努力的途径"之"三自宣言"，号召中国教徒割断教会与帝国主义的关系，真正实行中国教会自治、自传、自养的原则。1950年9月23日，《人民日报》全文刊载这一"宣言"，并公布了在宣言上签名的1527位基督徒名单。1950年10月，中国基督教协进会召开了第14届年会，这是其首次没有任何外国传教士参加的年会。

朝鲜战争爆发后，中国掀起了抗美援朝运动。1950年7月，世界基督教协进会中央委员会在加拿大多伦多召开会议，发表声明谴责中朝两国，要求联合国支持美国对朝战争。对此，中国基督教团体也发表联合宣言，向世界基督教协进会提出抗议。当时作为世界基督教协进会六主席之一的中国教会领袖赵紫宸获悉此声明后亦于1951年4月28日致函世界基督教协进会表示抗议，并辞去其协进会主席之职。赵紫宸此间还积极敦促其子女和学生从美国返回，参加中华人民共和国的建设。在其影响下，他的女儿赵萝蕤、长子赵景心、三子赵景伦相继回国，他的学生蔡咏春也携全家回到中国。

1950年12月16日，美国政府宣布冻结中国在美国的财产，使依靠美国差会津贴的一些中国教会团体和教会学校、医院等陷入经济困境。这样，各教会组织及团体在中国政府帮助下制订教会自立计划，迅速走向"三自"发展。1951年1月22日，中华基督教全国总会召开常务委员会，率先作出"完全拒绝任何外国的任何项目之各种捐款"的决议，从而宣布中国教会团体由此不仅不再接受美国的津贴，也不再接受任何外国任何形式的津贴。1951年1月29日，中华基督教信义会全国总部举行扩大会议，作出断绝和16个外国差会关系的决议。1951年2月，中华基督教卫理公会中央议会执行部也举行会议，决定组织三自运动办事处和不接受外国津贴。到1951年4月，各派新教徒联合成立了"中华基督教抗美援朝三自革新运动委员会筹备委员会"。与此相对应，中国政府为帮助中国教会解决其面临的现实困难，于1951年4月召开了"处理接受美国津贴的基督教团体会议",宣布免收城市中教会的房地产税,以支持教会走"三自爱国"道路,帮助其摆脱困境。这次会议还通过了《中国基督教各团体代表联合宣言》,呼吁中国基督徒彻底割断与西方差会的联系,真正实现"三自爱国"发展。在这一形势下,中国教会随之发起了控诉美帝国主义和美国传教士的运动,由此结束了1949年之前中国基督教与美国曾有的独特密切关系,亦积极清除美国基督教的文化影响。1954年8月,中国基督教会代表在北京召开全国会议,正式成立"中国基督教三自爱国运动委员会",选举吴耀宗为委员会第一届主席。

在1949年以前,基督教会先后在中国建立起十多所教会大学,这些大学大多与美国教会相关联并得到其财政支持,形成浓厚的美国基督教文化教育氛围。为此,美国教会曾成立"基督教高等教育联合董事会",以便为这些教会大学提供财政保障。1949年中华人民共和国成立后,这些教会大学相继被收归国有,成为国立大学。但在1952年之前,仍有一部分教会大学保持其私立大学性质,并有上百名西方教师在大学任教或任职。起初,中国政府曾"承认基督教大学在过去作出的贡献并希望它们将继续这些贡献",而"来自国外的基金只要是为了教育目的且不附有政治条件的自由捐赠,将可以进入(中国)"。为此,在这一董事会1950年6月的年度报告中曾称中国"仍然敞开着大门"。但随着朝鲜战争的爆发和美国政府冻结中国在美财产,实行对华经济封锁,禁止任何对中国的汇款、援助,中国教会大学与美国的这种联系亦被切断。在这种对抗中,曾被美方视为"美国对华友谊"之举的教会大学,在中国则被称为"美国文化帝国主义"的组成部分。1951年,中国教会大学国有化的步伐加快,外国传教士和教师也基本离开中国,美国基督教高等教育联合董事会在华的使命此时亦画上了句号。在其1950—1951年度报告中,它以"场景改变"为题,提出"这一年目睹了在中国基督教高等教育的历史中一个时代的结束"①。

---

① William P. Fenn, *Ever New Horizons: The Story of the United Board for Christian Higher Education in Asia* 1922—1975, New York, 1980, pp. 64-65.

应该承认,在中美关系乃至中国与西方世界关系恶化的20世纪50年代,中国教会在发生向拥护新中国共产党政府、走"三自爱国"道路之巨大转变的同时,其内部亦出现了一定程度的分化,一些教会牧职人员及信徒因不了解新政权而逃往国外或中国港澳台地区,还有一些教会成员因组织反抗新生政权而违法被捕。这些嬗变加深了中美之间的隔阂,亦成为20世纪70年代以来中美恢复关系后美国指责中国人权、宗教信仰自由等问题的借口和所谓依据。

三 20世纪70年代以来基督教在中美关系坚冰融解中的作用

1972年,美国总统尼克松访华,中美关系全新发展的一个新时代来临。随着中美关系坚冰的融解,基督教被置于这一关系中重新审视和认知。在这一新的发展过程中,基督教在中美关系中的作用和意义亦更趋多元化和复杂化。

经过十年"文化大革命"的劫难,中国教会劫后余生,在20世纪70年代末重新恢复其公开的宗教活动。在美国前总统老布什担任美国驻中国联络办主任时,他曾参加了北京教会尤其是崇文门教堂的宗教活动,其女儿亦在该教会领受宗教仪礼。由此,美国政教要员来华访问时亦都去崇文门教堂参加宗教仪式,使这一教堂在中美当代关系中颇具知名度。在第一次海湾战争期间,时任总统的老布什还抽出时间专门接见了来美国访问的中国基督教代表团,表示了其对自己在华经历的珍视和对中国教会的友好。

在中美恢复外交关系的谈判中,双方提出了解冻彼此被冻结的财产问题。在1978年12月中美恢复外交关系后,双方政府于1979年3月达成协议,美国在华约8000万美元的财产得以解冻,其中基督教高等教育联合董事会(已改名为亚洲基督教高等教育联合董事会,简称"亚联董")获得中国政府退回的约900万美元,作为对1949年前其9所教会大学校产的补偿。随后,该董事会派代表参加了1979年由19人组成的肯尼迪伦理学研究所和乔治顿大学学术代表团访华，出席在北京由中国社会科学院举行的"东西方当代伦理问题"研讨会。会议期间，亚联董代表与中国教育部接触，与主管相关事务的副部长交谈，探讨恢复学术交流合作的可能性。在这一交谈的基础上，中国教育部于1980年正式邀请亚联董代表团访华。由亚联董主席普西（Nathan Pusey）带队的亚联董代表团一行23人在北京与中国教育部签署了合作协议，随之代表团全体成员在人民大会堂受到中共中央政治局委员、书记处书记、中国社会科学院院长胡乔木的接见并合影留念。从此，亚联董将这笔补偿基金部分用在与中国的交流上，重返中国开展起各个层面的与华合作。[1]

随着中美关系的恢复和正常化，不少人开始对基督教重新"定位"。在1949年以前，教会因其"洋教"色彩而受到许多中国人的批评；而1978年以后，中国教会却因其"三自爱国"特色而受到海外不同势力包括部分美国教会的指责，认为其乃"官办教会"。中国教会在这种指责中再次面临是坚持"三自"还是恢复与海外差会的隶属关系之选择。其答案当然是很清楚的：作为已进入"后教派发展"时期的中国教会强调独立自主、自办教会、坚持"三自"爱国原则，同时亦以独立教会身份参加普世教会运动，重新成为世界基督教协进会的正式成员。但在中国对外开放的情况下，基督教在中国的当代发展亦出现颇为复杂的局面。在"三自"教会建构体制之外的"地下教会""家庭教会"等相继出现，"后教派"的格局受到冲击。中美关系正常化后，双方在政治、经济甚至文化领域的沟通、合作取得颇大进程，但意识形态的张势仍存，"文明冲突"的阴影不散。这样，在宗教、民族、人权方面双方的不同与冲突遂得以凸显。美国政府和一些民间团体以"人权保障""宗教自由"为口实来攻击、指责中国，默许或支持基督教各派以各种渠道再次传入中国，而中国方面则既对这些攻击予以坚决回击，

---

[1] Paul T. Lauby, *Sailing on Winds of Change, Two Decades in the Life of the United Board for Christian Higher Education in Asia 1969–1990*, New York, 1996, pp. 83–87.

又强调在宗教领域注意抵制"境外渗透"。围绕基督教诸问题,当代中美关系中也出现了一些不和谐的插曲。于此,多元文化的碰撞更趋复杂。

在美国,基督教会对华态度亦呈现多元、复杂之状。一些教会人士继续采取与中国对抗的方式,他们不是想以"仆人"的姿态为重建中美良好关系服务,而想用"先知"的身份来对中国指手画脚、颐指气使、批评指责,要求美国政府在人权、宗教等问题上对华施加压力,起到"国际警察"的作用。这种干涉自然只能引起中方的坚决抗议和抵制,无补于双方的平等对话与沟通。为了缓和这一领域的紧张态势,中美双方自克林顿任美国总统时期以来加强了彼此的沟通与交流,以期望美方放弃在日内瓦国际人权会议上针对中国的"人权"提案,改为坦诚的、说理的中美人权对话。例如,自1998年以来,美国各种宗教背景的宗教领袖代表团多次访华,其中以基督教会的代表为多,包括美国全国福音教派协会前主席唐·阿格(Don Argue)、美国天主教纽瓦克教区大主教麦卡里克(Theodore E. Mc Carrick,现为枢机主教)①、美国基督教广播网董事会主席罗伯逊(Pat Robinson)② 等。他们与中国政府领导人、有关部门负责人、中国教会领袖、学者等展开了广泛的交流与座谈。此外,美国政府机构、国会等也派出相应的代表团来华访问,如美国总统克林顿和小布什任期的美国"国际宗教自由无任所大使"和"国务卿国际宗教自由特别代表"③、美国宗教自由委员会代表团等。这些人士来华后对中国社会的发展变化感触很深,不少人回美国后对中国宗教情况亦有比较客观、公正的报道。但亦有人回美后不顾事实继续对中国进行攻击,其中有些人对中国的真实情况并不熟悉且不感兴趣,而是为了美国国内政治的需要来批评指责中国。对此,中方对他们的态

---

① 其代表团团长为美国良知基金会主席、犹太教拉比亚瑟·施奈尔(Arthur Schneier),代表团来北京后的第一场座谈在中国社会科学院世界宗教研究所举行。

② 其在北京时亦与中国社会科学院世界宗教研究所举行了座谈。

③ 1998年走马上任的美国国际宗教自由无任所大使赛普尔(Robert Seiple)当年访华时也曾来中国社会科学院世界宗教研究所座谈。

度一方面表示遗憾，另一方面也对之据理加以反驳。中国国家宗教局原局长叶小文为此曾出版了其相关座谈的"答问实录"，并以"把中国宗教的真实情况告诉美国人民"为标题。①

同样，为了消除误解、缓和气氛，中国基督教亦多次组团访美，其教会领袖还参加了2000年8月在美国纽约联合国总部召开的"宗教与精神领袖世界和平千年大会"②。2006年4月至5月，中国基督教又组织了"圣经在中国"在美国各地的巡回展览，当时其《圣经》印刷在当代中国已逾4000千万册这一惊人事实，使不少美国人感到很有必要重新认识当代中国的发展和基督教在中国社会的存在及作用。

美国基督教的对华态度在近年来亦有积极的改善。除了主流教会在不断扩大对华友好态度之外，美国基督教福音派、宗教右翼等近年来对华态度也出现了戏剧性演变。这些发展无疑有利于中美关系朝着良好方向发展。本来，美国基督教福音派和宗教右翼在政治上乃持反共态度，在社会问题上持保守态度，而在宗教上持特为狂热的宣教态度，因而在中美关系上会容易利用宗教问题攻击中国，影响中美关系的健康发展。但近些年来美国基督教福音派、宗教右翼领袖人物对华态度的改变，已为促进中美关系提供了有利因素和良好氛围，从而亦使中国政府及教会重新观察、研究和评价美国基督教福音派和宗教右翼，对之有了积极、主动的回应姿态。例如，美国福音派领袖，著名全球布道家葛培理（Billy Graham）主动与中国政府、教会接触，他在美国积极呼唤美国政府给中国最惠国待遇，要求美国政府支持中国加入世界贸易组织（WTO）。为此，江泽民主席于1997年访美时曾专门会见葛培理父子，希望他们继续多做有助于中美人民友好的工作。另外，罗伯逊对中国人口政策等态度的转变，亦使双方有了更好的接触与沟通。尤其是近几年

---

① 叶小文：《把中国宗教的真实情况告诉美国人民——叶小文答问实录》，宗教文化出版社1999年版。

② 会议于2000年8月28日至31日召开，中国代表团为出席此会专门编辑出版了《宗教：关切世界和平》一书（王作安、卓新平主编，宗教文化出版社2000年版）。

来，这些宗教领袖频频访华，并与中国政府要员多有接触，他们与中国外宣办原主任赵启正、国家宗教局原局长叶小文等人展开了深层次的交谈，并以电视采访、出版对话录的方式广泛宣传这些对谈，在一定程度上消除了中美双方存在的一些误解，缓和了彼此的矛盾和对抗情绪。如美国福音派曾邀请叶小文到洛杉矶著名的水晶大教堂作演讲并对之加以电视转播，一时在美国教会和社会中引起了轰动和强烈反响。这样，基督教在改善中美关系上起到了一定的桥梁和沟通作用。

四 结语

综上所述，随着中美复交，中国实行改革开放，基督教在中国重新活跃，其在中美关系中的作用与意义亦重新凸显。在这一新的发展时期，基督教与中美关系显然有着辩证、能动的呼应，形成了一种颇为奇特且值得玩味的关系互移。在此，我们可以概括如下几点：

第一，基督教在中美文化战略考虑中已成为一种重要的因素。美国希望基督教在中国影响的扩大和其信徒的增多，以缩减中美双方意识形态和文化理念上的距离，使中国不再成为对美国构成威胁的力量。例如，撰写《耶稣在北京：基督教如何在使中国转型并改变全球权力平衡》一书的美国作者艾克曼（David Aikman）就认为，如果将来中国新教的基督徒接近7000万，中国新教就会成为世界最大的新教团体，而"中国龙"一旦被"基督教羔羊"所"驯服"，中国将不再构成对美国和其余世界的威胁，而会有更多的信仰、文化亲和力，给世界其余地方也带来好处。[①] 这乃美国希望中国将能出现的"和平演变"或"文化演变"而尚无"文明冲突"之虑。而中国则希望基督教不要保持"洋教"或恢复"洋教"之态，从而避免西方尤其是美国对中国的"渗透""演变"和"威胁"。"洋教化"的基督教在华发展，正是中国所担心之处。

---

① David Aikman, *Jesus in Beijing, How Christianity Is Transforming China and Changing the Global Balance of Power*, Regnery Publishing, Inc., Washington, D. c., 2003, pp. 290 - 292.

这样，基督教在中国天平上的不同倾斜，被视为带来了相应关系之互移。保持西方"原色"之基督教在中国的扩大，被美国视为中国当代一种对之有利的演变和转变，其寄希望于这种文化影响及改变。而基督教在中国的"本土化"和"处境化"，则是中国社会及其文化真正接受基督教的前提和条件，如果基督教不向中国文化低下其"高昂的头"，发生如佛教在古代中国历史中的那种转变，中国则总会将基督教视为"异己"和"洋教"，缺乏对它的信任和信心，在心理上对之持"排斥""警惕"之态。这也是基督教在华必须"中国化"的政治、文化原因。因此，基督教在中国迄今仍处于两种文化的张力之中，由此亦对中美关系带来意味深长的影响。

第二，对基督教在当代中国发展状况的真实了解和如何理解，已成为美国决定其对华政策中的一个重要因素。中国基督教的存在现状已影响到许多美国人对当代中国的认识及表态。因此，美国对中国宗教问题的关注和评价，既被视为其对外关系、对外政策的组成部分，也被看作其国内政策、回应国内舆论的相关内容。自改革开放以来，中国基督教恢复了与美国基督教界直接或间接、公开或暗地、"官方"或民间、社团或私人等途径的联系及交往，故而也形成了"你中有我、我中有你"的复杂交织局面。其直接后果就是美国对于中国基督教情况变化的消息非常灵通、及时，而中国抵制美国宗教渗透、影响的难度也越来越大。

第三，美国基督教会及其教会领袖的对华态度，也会在一定程度上影响或制约中美关系的发展方向及冷暖阴晴。美国基督教人士对中国的态度仍为捉摸不透的变数，存在有巨大的工作空间。他们对中国的具体认知，并不一定与其整体政治态度、意识形态评判和宗教取向必然关联。如美国福音派、宗教右翼领袖对华态度的转变和朝积极对话方向的发展，就能给我们有用的警示和启迪。因此，中美关系既是国与国之间的关系，也依赖于人与人之间的交往，故有着较大弹性和各种潜在可能。随着葛培理 2018 年 2 月 21 日的去世，美国福音派对华态度可能就会出现变数。自中美贸易战展开以来，美国基督教会的态度就颇为微妙，亦不曾公开出现如葛培理那样对中国的支持和力挺。这种变化值得我们深思、细辨。

由此而论，如何引导基督教在当代中国的现实存在与发展，分析其存在意义、价值及作用，如何使美国基督教客观、正确、中肯地认识、评价当代中国及中国教会，在当代中美关系的发展上都是颇值得关注的重要因素。这是一种文化战略意义上的思考和展望，也必须关注中美双方文化心态上的变化、动向。基督教在中国所起到的中西文化之相遇的作用并没有结束，中国基督教在中国乃至整个世界如何定位亦尚未彻底完成。所以，我们正处于十字路口，基督教问题既有可能成为进一步改善中美关系促进两国人民友好沟通的桥梁，也有可能成为引起中美争议、造成冲突的起因。中美双方如何看待并对待彼此及本国的基督教，故需三思而后行。对中国基督教会而言，坚持基督教的"中国化"方向，是其唯一正确的选择。

[原载《宗教与美国社会》第四辑（下），时事出版社2007年版，本文有修改、补充。]

第十八章

基督教在促进中美关系改善及中华文化发展上的作用

宗教是各民族文化软实力的重要构成，在相关国家的发展中也曾起到非常关键的作用。美国文化在其"WASP"（白人盎格鲁－撒克逊新教徒）根源上有着基督教文化的基调，这一宗教为之提供了信仰追求、精神支撑、核心价值以及文化特色，在"美国梦"中有其丰富蕴涵。回溯历史，中美外交关系从一开始就有基督教的复杂参与，形成美国基督教文化影响。因此，我们不可忽略中美交往中宗教作为文化软实力的相互关联和彼此影响。在鸦片战争前后，中美关系进入实质性发展。当时美国基督教传教士来华传教，随之即与美国对华外交联系起来。尽管美国作为列强之一有着政治、经济、军事等硬实力上的优势，但博大精深的中华文化仍能表现出以柔克刚的潜力，因此两大文化进入长期博弈的历程。而中华传统文化的基本构建乃儒释道等宗教文化，故而宗教文化的对话色彩极为明显。这样，中美相遇既有政治上的较量，亦有文化上的关注。例如，1833年来华的美国传教士卫三畏（Samuel Wells Williams，1812—1884）对中国有着政治、宗教、文化三个层面的关注，政治上他曾在1855—1876年之间担任过美国驻华公使馆参赞和代办，宗教上他作为新教公理会传教士代表着基督教信仰对华的"输入者"，而文化上他则成为著名汉学家，并作为中华文化的"输出者"担任过耶鲁大学中文教授。而20世纪最为著名的美国驻华外交官司徒雷登（John Leighton Stuart，1876—1962）在1946—1949年担任美国驻华大使之前也是在华传教士和中国文化专家，并担任过燕京大学校长，其在华人生也有着传教士、教育家和外交官这三个层面。这一历史形成中美之间政治与文化不断的关联，其中宗教发挥着重要作用。在今天中美新型大国关系的构建中，这些历史经验教训已成为我们必须认真思考的基本元素。尽管各自政治上表现出不可回避的利益诉求，其文化交流及理解则有可能成为中美关系畅通发展的催化剂或润滑剂，而其中的宗教认知及其沟通则极为关键。否则也可能起到反向的阻碍作用。因此，中美宗教及在双方交往中所能发挥的文化软实力作用，值得进行深入探讨。

按照普遍理解，宗教体现出人类文明的发展，是人类精神生活的典型反映，也是各民族文化软实力的重要构成，在相关国家的发展中曾起到非常关键的作用。而美国文化就是一种典型的基督教文化，尤其是基督教新教的特色在其发展史上极为突出。从总体来看，这一宗教为美国的建立及其文化价值观的形成起到了关键作用，并在"美国梦"得到典型体现。在美国对外影响中，其基督教也发挥了重要作用，基督教文化成为美国政治输出的重要补充。这同样也影响到中美关系的百年变迁。回溯历史，中美外交关系从一开始就有着基督教的复杂参与。美国对中国的了解，最初是通过美国来华传教士而得以推动，不少传教士因而成为美国最早的汉学家或中国通，被美国政府视为中国问题专家。同样，中国最初对美国的了解也是通过来华的美国传教士而获知，中国近代最早的留学生乃是被美国传教士布朗（Samuel Robbins Brown，1810—1880）带往美国，他们学成归国后不仅带回了美国的科学技术知识，同样也造成了美国文化包括其宗教信仰文化对中国的影响。因此，我们不可忽略中美交往中宗教作为文化软实力的相互关联和彼此影响。

在鸦片战争前后，中美关系进入实质性发展。1830年，美国新教传教士裨治文（Elijah Coleman Bridgman，1801—1861年）、雅裨理（David Abeel，1804—1846）到澳门、广州传教，拉开了美国对华交往的序幕。当时美国基督教传教士来华传教，随之即与美国对华外交联系起来。如裨治文就曾于1843年担任美国专使顾盛（Caleb Cushing，1800—1879）的译员兼秘书，参与订立《望厦条约》《天津条约》等。美国传教士来华不久就体现出其政教结合的趋向，其中一个突出特点就是这些新教传教士成为最早的美国驻华外交官，而且他们中有一些人当时在美国对华外交中还起着举足轻重的作用，并直接影响到美国对华政策。例如，1834年来华的美国新教传教士伯驾（Peter Parker，1804—1888）于1847年任美国驻华代办，1855年为美国驻华公使，成为首位被美国政府任命为驻华首席外交官的传教士，在中美关系的早期有着举足轻重的地位。不过，这种影响也是双向的。美国基督教文化影响到中国，而以儒释道等宗教文化为基本构建的中华传统文化同样也对美国产生了影响。这样，中美相遇既有政治上的较量，亦有文化上的关注。美国来华传教士对中国文化有着系统而深入的研究，其中国文化知识介绍在美国形成了最早的"中国印象"，出现了"中国学问"。这些人由此乃有着三重身份，即传教士、外交官、汉学家。在众多美国来华传教士中，最为典型地体现出这三者密切关联的乃是卫三畏（Samuel Wells Williams，1812—1884）和司徒雷登（John Leighton Stuart，1876—1962）。

1833年来华的美国传教士卫三畏对中国有着政治、宗教、文化三个层面的关注，政治上他曾在1855—1876年之间担任过美国驻华公使馆参赞和代办，非常了解近代中国经历两次鸦片战争、太平天国运动后发生的巨变；宗教上他作为新教公理会传教士代表着基督教信仰对华的"输入者"，触及中美文化在精神深层面的相遇和碰撞；而文化上他则成为著名汉学家，并作为中华文化的"输出者"成为美国历史上最早的汉学家。他回国后于1877年担任过耶鲁大学中文教授，即美国历史上最早的汉学教授，由此使汉学在美国学术界成为一门专业。卫三畏曾利用其政治身份于1858年在签订中美《天津条约》中促成添加了允许西方传教士在中国传播基督教的第二十九款，他认为1858年的条约中允许在华传播基督教的条款关系到每个在华传教士的利益，因此在中美政治交往中有着主动的卷入。而在中美文化交流上，他则积极参与编辑了美国最早的汉学刊物《中华丛报》（Chinese Repository，1832—1851），1848年出版了《中国总论》（The Middle Kingdom），从一个美国人的视角"简明细致地描述了中国社会生活和历史的方方面面"；而其1874年出版的《汉英韵府》（A Syllabic Dictionary of the Chinese Language in the Court Dialect）则成为最早沟通中美语言障碍的桥梁。卫三畏借政治之便使基督教成为美国影响中国的重要文化软实力，却因其对中华文化的渴求而使汉学成为美国学术界的一门重要专业。

而20世纪最为著名的美国驻华外交官司徒雷登在1946—1949年担任美国驻华大使之前也是在华传教士和中国文化专家，并担任过燕京大学校长，其在华人生也有着传教士、教育家和外交官这三个层面。他出生在杭州，自称"籍贯浙江，生长杭州，祖墓在西湖"，对中国文化有着浓厚的兴趣。但当他经历南京金陵神学院教授、燕京大学校长这种文化身份之后而成为美国驻华大使时，却主动或被动地成为美国当时"扶蒋反共"政策的代表，这一象征使他的形象在中国蒙上了政治阴影，其文化身份则黯然失色。据传他在当时曾想改变这种窘境，为此而在解放军解放南京后仍然留下，并通过燕京大学校友黄华先生的联络而准备北上面见毛泽东和周恩来。但因美国政府反对，失去了这一重要机会，他回国后也遭到被边缘化的冷遇，否则中美关系、朝鲜战争、台湾问题等现代历史或许是全然不同的另一种场景。

这一中美宗教交往历史及其复杂的政治关联，形成中美之间政治与文化不断的交流和冲突，其中宗教文化也发挥了非常重要的作用。在今天中美新型大国关系的构建中，以及目前所面临的中美贸易战如何化解中，这些历史经验教训已成为我们必须认真思考的基本元素，也使我们有必要关注中美宗教关系问题和寻找彼此交往的最佳之途。尽管中美在各自政治上表现出不可回避的利益诉求，当前的冲突危险远远大于和谈的希望，我们仍需冷静思考、审时度势。其实，双方的文化交流及理解很有可能成为中美关系畅通发展的积极因素，而其中的宗教认知及其沟通则极为关键。为此，我们必须慎重且建设性地开展中美宗教对话、寻求宗教理解，尝试以信仰沟通和宗教和谐来走出窘境，借助于文化软实力来重塑建设性、互利双赢性的中美新型大国关系。

（原载2014年第6期《国学与西学》，汉英双语国际学刊，芬兰，赫尔辛基。）

第三编　整体思维与宗教文明

第十九章

以整体思维来审视人类文明

一 整体思维的形成

"人类文明与整体思维"是一个宏大的课题,必须从大文化的角度来阐述,涉及人类文化、文明、思维、语言、方法论等方面的问题,其基本精神就是要对人类文明加以整体审视。而对宗教文化的认识,也需要在这种整体思维的框架中来展开。因此,这一审视需要古今中外思想认知的全面汇聚及有机结合,形成在人类精神意蕴上的综合与总结。结合复杂的实际境况,这里尝试对这一认知加以简单描述与梳理。

从学术理解来看,人类自古就有一种模糊整体论或朴素整体论的思维。中西哲学在认识宇宙及人类自我上经历了"客体"、"主体"和"整体"这三个阶段的认识。一般会涉及"整体观""终极观",即对物质世界的"本质""本原""本体"的认识或体悟,表现出在宏观及微观上一种时空"整体审视"的包罗万象涵盖一切,由此而达到对"物体"之"后"、对"自然"之"形而上"的根本性或整全性把握。而今天重论这一思维,则是基于当今世界全球化的发展背景。

(一)全球化:对人类栖息地的认知

全球化(Globalization)是20世纪末21世纪初最引人注目的表述,描绘了人类社会当前发展的全景。全球化意指世界因为科技发展、交通便利而在人们的感觉中变小,从而使全球联系明显增强,人们及其国家之间的政治、经济贸易关系越来越密切,思想文化交流越来越频繁,大家互相依存的可能加大。人类由此发展出全球意识。于是,人们必须把全球作为一个整体来看待,社团、民族、国家之间的关系犹如同一个"地球村"的村民那样彼此相邻、唇齿相依。对于"全球化"的评价目前仍然非常复杂,难说是好是坏,各自乃见仁见智、众说纷纭。例如,全球化使人际关系密切、彼此之间的空间变小,但这种贴近并非带来亲近,反而令人恐惧,比较典型的是在城市高峰时刻挤地铁、公交的人们大概可以用一德文词"Angst"(恐惧、害怕、忧虑不安)来描述,但此词原本意义就是指"拥挤""密集"。如果没了距离感,反而减少了安全感。因此全球化给人类带来的贴近是一把双刃剑。

全球化以"技术全球化""信息全球化"为条件,以"经济全球化"为主要特征,其特点是以"开放经济""开放社会"为基础形成全球统一市场,由此而出现了世界银行、世界贸易组织、国际货币基金组织等全球性经济组织。其在文化上则回应"世界大同"(这在中、西方文化传统中都曾有对想象的"黄金时代"之怀旧描述)、"欧洲统一"(中世纪欧洲天主教的一统,当代欧共体、欧盟的统一)、"国际化"(国际共运的努力,国际歌"英特纳雄奈尔"将实现的愿景)、"地球村"(社会、生态的共同命运与责任)等观念。帕斯卡尔·卡萨诺瓦为此指出:全球化"意指世界政治及经济制度可以被想象为一种单一而能普遍应用模式的普及化"[1]。这充分说明,全球化处境中的人们正在以"整体""统一""共同"(大同)来全方位地观察和界说当代世界。此即一种地域整体观的现代表述。

但世界并非单一而是多元的,虽然全球化可以推进本土文化的创新,但也会使其内涵与自我更新能力消解。全球化在面对公共道义、共同利益、社会趋同或异化、国际主义与民族主义等问题上都会有艰难的

---

[1] [法]帕斯卡尔·卡萨诺瓦:《文学世界共和国》,陈新丽、赵妮等译,北京大学出版社2015年版,第40页。

选择。为此，对于是否会出现政治全球化、文化全球化的局面，大家争议很大。为了强调地域意义，找到审视全球化的一个立足点或观察者的自我定位，因而也有着针锋相对的"全球地域化"（Glocalization）之说，并进而出现了逆全球化的退缩。甚至最初主张全球化发展，在其进程中曾起主导作用的西方大国也表露出这种退缩，如英国提出退出欧盟、美国退出一些国际条约，包括退出联合国教科文等组织之举。于是，人们开始感到全球化发展前景不再明朗，有着扑朔迷离的未来。不同定位则态度各异，这也说明对全球化加以整体审视有其审视者的立点或定位。如 GPS 导航首先要有一个自我定位来确定其观察点。从"建群""合群"到"退群"，反映出观察者立足处境的变化。

在全球化处境中什么是公共道义和利益？国际与民族之间如何协调？弱小国家与大国之间如何趋同？目前并没有理想答案。少数人或个别民族会以全人类、整个国际社会的名义而获得其自我利益的最大化，而个我自私自利和弱肉强食的本性是否会无限扩大，并宣称是代表"最大多数人的最大幸福"？例如，国际社会是开放了，但大国却为防范小国的难民而设立隔离墙，远古乡村的夜不闭户已变为现代都市的铁门防盗，"本国利益"被作为"普世（希腊文 Oikoumene：整个有人居住的世界）价值"来推广，少数人的偏见误判以"国际法"的维权来包装，对稳定、安全和秩序的最可靠维系只剩下了用武力来以暴抗暴。这种整体审视的不同立点出现张力。其结果，地球村的共居只能是同床异梦，而且往往还是噩梦。全球化既带来了前所未有的便利，也导致了闻所未闻的尴尬。在最后摊牌的"核战争"威胁下，人类是否会从"全球"重返"丛林"或遭灭顶之灾？

回溯历史，在地域政治之全球视域发展中，古埃及人认为其世界如盘子，古代中国有"天圆地方"之说，公元前 6 世纪毕达哥拉斯认为万物皆数，宇宙起源于一，并从球形是最完美几何体的观点认为世界是球形的，故有"地球"之说。他还提出太阳、月亮、行星之天体圆周运动，形成初期宇宙观。而托勒密后来写有《地理学指南》，形成了西方古代影响广远的世界观。此后从城镇国家发展到帝国，古罗马诗人奥维德曾将"罗马"（Urbs，城墙环绕之城）与"世界"（Orbis，地球）并论：宣称"罗马即世界"（urbi et orbi）。从地中海范围的罗马帝国到中世纪"大航海时期"的"地理大发现"，世界即地球的观念基本形成，由此而有人类在地域空间的整体观。这也是西方哲学"在"（Sein，Being）论的历史地理基础。此后有哥白尼的"太阳中心论"取代"地球中心论"，而欧洲从中世纪到近代转型时期的一张木刻画更是描述了极为奇特而壮丽的景观：一个人的头钻出太阳系而遥望到硕大无朋、繁星满天的无限宇宙！

中华民族自古就有"中国"和"天下"的区别与关联，由此使其不断扩大文化视域，吸纳他族的文明精华。孟子曾指出，"当尧之时，天下犹未平，洪水横流，泛滥于天下……兽蹄鸟迹之道，交于中国，尧独忧之，举舜而敷治焉"①。当时人们虽把尧舜居住及统领之地视为"中国"，却已经有了更为宽广的"天下"视野及思考。据传"中国"之"中"的原初意义是指"插于筒内的书策"，由此演绎为中国即"有文字的国家"的本义，强调其"文明之邦"的蕴涵。秦统一"中国"，出现了"中央之国"或"中心之国"的解读。古代曾有"普天之下，莫非王土，率土之滨，莫非王臣"之意。而对"中国"之"中"的所谓"中心""中央"之理解，也是在不断自我突破和自我超越。与之对应，"天下"则为涵括更广的世界体系。但其认知局限仍很明显。

"秦"后"汉"朝继续发展，故此中文为"汉语"、中华主流民族为"汉族"显然乃与之相关联。当时中国对外贸易往来最为闻名的即瓷器和丝绸。西方的"中国"一词在英文中为 China，其小写即"瓷器"（china），其关联词 Chin 亦使人联想到"秦"的译音；而西方古代对中国也称为"赛里斯"（Seres），意即"丝绸"之国。直到西方与中国近距离深入接触以后，才出现了将"中国"直译为"中央帝国"的现象；明清天主教来华传教士带来的世界地图打破了中国古代"天圆地方"的世界观，天下之中的地域国家观逐渐退隐。但近代以来，西

---

① 《孟子·滕文公章句上》4：7。

方以其"船坚炮利"在中国横冲直撞、摧枯拉朽,加速了"中央帝国"的衰落。而在对"西方"的认识上,中国起初因佛教东传而有对"西方"的向往,故有"西天""西方净土""西方极乐世界"之说,但其"西天"实为"天竺"即古代印度。中国对西欧意义上的"西方"之认识始于对罗马帝国的认识,曾以"大秦"相称,可见知晓罗马帝国的强盛,这自汉朝就已有记载,如公元97年(汉和帝永元九年)班超遣甘英出使大秦,166年(桓帝延熹九年)大秦皇帝安敦遣使来中国等。罗马帝国分裂为东西两部之后,"大秦"一名才被用来指离中国更近一点的东罗马帝国(《魏书·高宗纪》等称其为拂菻国)。

随着佛教的传入,"世界"从地球之意扩展为对整个宇宙的理解,世指时间,为其流变;界指空间,指其方位。"宇宙"则指整个时间和空间,宇指无限空间,宙指无限时间。《淮南子》:"往古来今谓之宙,四方上下谓之宇。"《庄子·庚桑楚》:"有实而无乎处者,宇也;有长而无本剽者,宙也。"张衡则说:"宇之表无极,宙之端无穷。"公元前7世纪的巴比伦人视天地乃拱形的;古埃及人以天地为盒,天为盖,地为底,而尼罗河则居其中;古犹太人以耶路撒冷为地球中心,以地球为宇宙中心,周围绕着星球,此乃"地心说"之另一种雏形。由此可见,古代中外都有对人类所居之所的可能窥测及整体把握。

进入21世纪以来,文明全球观发展出美国学者亨廷顿的"文明冲突"论,即以一种全球性的描述来对这种不同于政治的可能冲突加以预测和论证,这也使人们以一种整体意识来重新看待人类文明的起源及发展,其江河奔涌相互撞击的各路文明最终会汇入浩瀚的大海。但大浪淘沙,汇入时的汹涌,会否归于平静?汤因比以其《历史研究》而曾把世界各种文明的兴衰以涨潮、落潮来描述,并强调局部文明在潮起潮落的碰撞中命运不一,大多被淘汰,而少数则以一种精神形式由多归一成为影响全球的当代文明类型(如西方基督教文明,东方儒教文明、伊斯兰文明、印度教文明、神道教文明等),并出现"无问西东"之混杂。其交错共在难以局部说明,但这些共在主体同样有其定位问题。

显然,世界在全球化时代已不再是分块单独存在,其地域特点与以往相比仅有相对性。因此全球化社会中的一个突出问题即如何彼此相待，世界政治、经济甚至民族、宗教的划分也只是相对而言。不同文化圈的发展都有全球性扩散的趋势。因此，无论是全球化的共识还是逆全球化的意向，基于任何角度都必须有其全球性的整体思考。

当美国、英国在全球化趋势中思考退缩时，中国却因其经济发展的崛起而处于必须或不得不急流勇进的处境。"大国崛起"之梦、世界责任的担当，使中国要有自己的全球化思考，故需重视整体思维，并以全球性审视来给自己定位。中国从被世界孤立而走到了世界的中心，其命运与世界的发展休戚相关。为此，中国在坚持全球化愿景中历史性地走到了前台，而这种努力则在其传统整体思维中获得了灵感和思路。这样，全球化时代中国文化的重建及对世界的引领需要回到我们的文化之源，找回我们的整体思维及思考立点。我们的文化自信需从我们的文明之源开始。初始元素与整体归总，成为这一思考的基点，构建起其基本范畴。

（二）西方传统中的整体思维

在西方文明传统中，从古希腊时期就已经从"形象化想象"上升到"抽象化思维"，这种思维或是找寻世界的"整体"，或是论说世界的"源端"。其对"神"的宇宙论抽象思考触及关于"太初""太一""无限"等"万物之源"、世界的"第一性"问题，即原初之一或整体之在，故希腊人曾把"水""空气""火"作为物质原初的本体、本原、始基，从"火""光"之"流溢"，"空气"之流荡四散来解释万物的生存与发展、来源与归宿。"自然"神论从一"源端""始因"或"第一性"作为"不动之推动者"来说明"创世"之后宇宙永不止息的运动变化。找寻本有、本原、始基，对无限之大及无限之小的宇宙世界加以根本性解释，这是西方文明最原初的整体思维。但在后来的发展中，西方思维把形而上与现实世界相分离，结果导致了"二元分殊"的发展，整体被分割，从此形成"神界"与"人世"的隔绝、"形上"与"形下"的对立。实际上，这种全在"神"即其整体审视的宗教表述,也就是说,西方"形而上"之"神"观反映出人在精神哲学意蕴中的整体观,故此而有库萨的尼古拉(Nicolaus Cusanus)之言:上帝是绝对的无限,宇宙乃作为上帝缩影的相对无限。

古代整体思想对基督教的"上帝观"产生了巨大影响。若仔细剖析基督教的"神论",基本上涵括古希腊传统的宇宙神论(外延整体)和古希伯来传统的人格神论(道德整体)。古希腊哲学对"气""光"的理解形成了一种"场"论,为今天西方天文、物理学突破"原子"观念达到"量子""场论"提供了天才预设。当基本粒子化解而无存时,物质还存在吗?这种疑问其实早已发出了对反物质或暗物质之存在的询问,同时也在思考:精神是什么?精神有其物质的表现形式或仅是物质的一种功能?所以说,人类在其思考的元端就已经发出了永恒之问。古希腊哲学创始人泰勒斯作为"科学与哲学之祖"首先提出万物本原是什么的问题,并且作出万物源于水之"水"本原说的解答,认为:水生万物,万物复归于水(故有"人是由鱼发展而来的"之猜想!),因此水是最好的。如此而论,水哲学是西方最早的哲学。"水"被人类理解为万物之母、生命之源。基于这一思路,不少河流被视为文明的摇篮,如中国的黄河,埃及的尼罗河,印度的恒河等。当代西方神学家孔汉思提出了宗教河系理论,使河流上升到了母亲河的地位:他认为世界宗教之源就始自三大河系,且各为两河流域,即西亚的底格里斯河、幼发拉底河乃绝对一神教兴起的摇篮,恒河、印度河乃南亚神秘宗教的摇篮,而黄河、长江则为东亚人文宗教的摇篮。除了文明之论,对水还有哲学之论,甚至政治之解!水最为典型地表现出物质世界存在的三种形态:水为液体,其结冰之态则为固体,而水之蒸发则为气体,随之引申出空气、天、光、场等气态;此态之水处天地之间,成为生命的象征。恰如中国古代哲人老子感言:"上善若水"!此后,赫拉克利特进而提出世界本原乃"活火"之说,以"火"来涵括世界的存在及发展,这也都反映出对世界元素的整体构想。基于这一思路,亚里士多德提出了"整体大于部分之和"的思想观念,启迪人们更深入地思考。

（三）中国及东方传统中的整体思维

在中国文化传统中，西周思想家史伯（西周末期人，生卒不详，西周处于公元前11世纪—前771年，故史伯要早于泰勒斯）提出了"和实生物，同则不继"的思想，形成"大道和生"的基本观念。他强调"中和""整合"，此乃中国"和合哲学""和谐思想"的萌芽，体悟到这种矛盾对立之共在。事实上，矛盾不一定能被彻底克服，却可在包容中相对共存。不同而和即达至"玄同"，这种"玄之又玄"乃"众妙之门"。中国古代的《易经》和《道德经》等都有着"道生一"即世界原初状态就是一种整体构建的思想，万物始于道、归于道，太极之道阴阳合一、涵容万变，这就构成了中国文化一以贯之的整体存在观及其和谐观，中国智慧承认矛盾冲突，但更致力于实现那种消解张力而达其整体和谐的愿景，即通过各种矛盾对抗之过程而得以实现其综合平衡、和谐共存、和平共处，其结局并非一分为二、二元分殊，从而走向对抗，而更强调合二为一、突出阴阳共构。这种和谐共构乃中国智慧，对其理解使冯友兰称《易经》为"宇宙代数学"（由此则可参照毕达哥拉斯的数学观）。佛教亦讲"一即一切""此有故彼有，此无故彼无"的整体关联。中国古代整体思维智慧或许能为解决世界这些纠结问题提供出路或思路。但东方思想的模糊整体观也让人深感语焉不详、神秘莫测。

中国"天""道"观与印度"梵"（Brahma）、"我"（Atman）观等都体现出这种绝对精神和整体观念的存在。中华文明强调"天人合一"，这种"天地"境界为典型的空间整体观，即天人感应，天、地、人一体，替天行道，敬天法祖等反映出天人共构。儒家修行养性独善其身的"内在超越"是与其"超越自我""洞观天地"之"外在超越"有机一体的。这种超越外观、敬天信命，亦多有宗教的意蕴。中华文明讲究阴阳合一、张弛有度、刚柔兼济、和而不同、美美与共、整体圆融，给世界提供了平和的社会气象和谐的整体景观。在亚洲文明中，亦多有这种会通性整体观照，如印度文明提出"梵我一如""神我合一"

(Oneness of Brahma and Atman)的思想，强调"梵天""湿婆"（Siva）和"毗湿奴"（Visnu）这"三神一体"（Trimurti），以及"真"（存在，sat）、"知"（知识，sit）和"乐"（圆满，ananda）的三位一体，尤其是其"永恒轮回"的思想则为典型的时间整体观，使西方思想家尼采等人不禁惊呼。因此，只有各美其美，方能美美与共。

东方整体观在现代科学审视中也得到了延续。在当代科学意义上，著名科学家钱学森提出"要从整体上考虑并解决问题"，其倡导的社会系统工程方法、综合集成方法等，都是主张从自然系统、地理系统、物理系统、人体系统、社会系统等综合研究的基础上提炼、概括、归纳、总结出一套整全、综合的认知体系和研究方法。实际上，这就是对系统整体论的充分肯定，为此他也曾尝试构建一种统括自然科学、社会科学、精神科学的"大科学"体系，可惜这一"大成"智慧所预设的宏愿尚未完成。钱学森离世前曾表露过遗憾和惋惜。不过，随着这一思路的进一步发展而有了当代的辩证整体论，即强调要辩证地看待、综合性分析这种系统整体中的矛盾、对立、统一、共构、系统、过程。这是钱学森思想的承续和发扬。于是，解决全球化过程中的棘手问题，中国古智慧与现代大科学的结合，则可形成中国全球化的独特思路，即以一种整体思维来考虑人类命运共同体的构建。所以，当前人们担心的整体安全问题也自然成为一种全球考量，这种既有个我主体思维，亦有他者换位思维，形成综合思维优势。从经济、政治、生态、民族、信仰等方面来看，全球化的整体观有着一种倒逼功能：要么大家一起共在，要么大家一起灭亡！

（四）当代整体思维的理论发展

当然，中国思维也与世界思想发展相呼应。当代世界的综合认知也导致了整体论的学派发展，英籍学者斯穆茨（Jan C. Smuts）于1926年发表《整体论与进化》，代表着这一理论体系的诞生。其基本构想乃基于生物学的整体论，特别强调系统的整体性，从而对西方近代传统所形成的机械论、还原论等观点加以清算，指出只有整体才是自然的本质，这种整体观统摄其时空把握，宣称进化即整体的创造过程，而且整体各部分乃能动的，存有普遍全局性的相互联系起着互动作用。而且其思想还呼应亚里士多德的构想，重申整体大于各部分的总和，并指出整体并非各部分的简单相加，而会呈现出新的性质。因此，离开整体则不可能对其组成部分形成完整理解，对其功能也只能达到有限的认知。斯穆茨的整体观还有着其通盘考虑，他认为在生物进化过程中所达到的每一层次都是一个整体构建，它作为亚整体而最终与万流归宗全面统摄的整体相关联，而且其所达到的每一高级层次都不可再还原为低级层次。斯穆茨在其体系中将这一整体加以抽象，视为宇宙的最终精神原则、进化的关键因子。这样，其整体论在精神意义上则也蒙有浓厚的神秘色彩，让人有着更多的遐想和推演。

此后，玻姆（David Joseph Bohm）创立了现代物理学上作为实体整体论的新整体论，倡导整体生成的系统理论。法国年鉴学派《经济与社会史年鉴》的早期代表人物费弗尔（Lucien Febvre）、布洛赫（Marc Bloch）等则提出了历史整体观，凸显有机整体之历史性，从而使整体论从自然科学扩大到社会科学领域，传统的历史学也拓展为历史人类学，这一发展进而形成了全新的整体社会科学方法论。

当然，现代整体论并非凭空而来，从其创立之际的神秘色彩说明这种整体思维有着其历史的积淀和传承。除了前述古代朴素、模糊整体观所具有的神秘性之外，这种整体把握被基督教的神学所采用，从原始神话的整体把握发展为宗教神学的整体把握。由于其整体把握的难度，使中世纪神学家发展出转换视角的"否定神学"，既对这种整全之神不能从"是什么"来描述，只能从"不是什么"来说明，即以"不能说明"来反证其整全。这与中国老子"可道"之"道"非"恒道"的感悟神似！特别是欧洲中世纪后期被称为"中世纪最后一位哲学家、近代最初一位哲学家"的库萨的尼古拉就基于神学来开启其整体把握，由此开始了其宗教意义上神性整体论与宇宙整体论相结合的尝试，其"神在万物中，万物在神中"的泛神论观点实质上就是这种整体观，他以此把绝对无限之神与相对无限之宇宙对比共论。而且，他还强调

"对立统一"（coincidentia oppositorum），明显与西方"二元分殊"的构想分道，却与东方"二元合一"的整合贴近。这种整体观在现实中所带来的则是宗教包容、宗教宽容的思想，库萨的尼古拉在实践中曾奔走于东西方基督教的和解，他还主张基督教与犹太教、伊斯兰教的三教和谐共在，为此他宣称这三教实质上乃"一种信仰的三种崇拜方式"。此后，近代欧洲莱辛（Gotthold Ephraim Lessing）也在其启蒙思想中主张三教相似、互相包容。

中国学术界对现代世界发展的整体论有着密切关注，并且参与到这种局部与整体的关联性讨论之中。其最新发展就包括宗教研究领域对希克（John Hick）关于"终极实在"（Ultimate Reality）的讨论，对比较性"经文辩读"（Scriptural Reasoning）的研究，对孔汉思（Hans Küng）"全球伦理"的参与，特别是在最近中央民族大学宗教高等研究院邀请德国学者佩瑞·施密特—洛伊克尔（Perry Schmidt‐Leukel）作其2015年吉福德讲座，报告《宗教多元论与宗教间神学》（Religious Pluralism & Interreligious Theology, Orbis, 2017）中的核心思想"分形理论"（fractal theory）时达到高潮。

"分形理论"（fractal theory）源自美籍数学家曼德博（Benoit B. Mandelbrot）1967年在《科学》杂志上发表的著名文章《英国的海岸线有多长？统计自相似和分数维度》（How Long Is the Coast of Britain? Statistical Self‐Similarity and Fractional Dimension），其基本观点认为"海岸线作为曲线，其特征是极不规则、极不光滑的，呈现极其蜿蜒复杂的变化。我们不能从形状和结构上区分这部分海岸与那部分海岸有什么本质的不同，这种几乎同样程度的不规则性和复杂性，说明海岸线在形貌上是自相似的，也就是局部形态和整体态的相似。"（百度百科）他在这里提出了自然界"自相似性"和"递归"的本质，而其"部分与整体以某种方式相似的形体称为分形"的理论遂得以流传，并被引入宗教学的理论探究。

佩瑞·施密特—洛伊克尔以这种"分形理论"来解释世界多元宗教现象及其局部形态与人类宗教整体态的相似，从而倡导各宗教放弃其优越感而走相互学习、共同合作之路。局部与整体的关联，以及一种整体相似的统摄，使人们更能看清人类世界、世界宗教的整体关联及其共构。对此，前教宗本笃十六世、著名神学家拉辛格曾感叹说，"有多少道路通往上帝？有多少民众就有多少道路！"但"条条道路通罗马"，这种多元共存多元共识反映出时代的潮流人类的需求。政治学、社会学、国际关系学同样可以对之联想。所以，中国全球化的思路反映出这种趋势顺应了这种共识。以整体的关联来看局部问题并加以稳妥解决，这就是构建人类命运共同体的意义，是整个世界的幸福之所依。从思想发展史来看，则意味着人类从客体思维经主体思维而进入了整体思维的时代。

这种整体思维与全球化认知相关联，而对全球化宗教的研究最早则由美国学者史密斯（Wilfred Cantwell Smith）和斯马特（Ninian Smart）提出，其特点是从全球视域关注宗教，如宗教跨国度、跨民族的发展，宗教与全球性社会及社团的关联，各宗教的全球性分散交织等。史密斯为此还提出了一种"世界神学"的构设，以求宗教认知理论的整合。世界学术界对全球化的宗教发展高度重视，继史密斯、斯马特之后，美国宗教研究院（AAR）时任主席尤根斯·迈耶尔（Mark Juergensmeyer）等人组织了对全球化宗教的系统研究，先后于 2003 年主编出版《全球化宗教》，2006 年主编出版《牛津全球化宗教手册》和在 2012 年主编出版两卷本《全球化宗教百科全书》以及多卷本《全球化研究》。为了呼应这一学术发展，中国上海大学率先成立了全球学研究中心，浙江大学也成立了全球化文明研究中心，而以研究全球化文化发展为重点的态势还在不断扩大。现在离开全球化的氛围，已经说不透当代世界发展。同理，剖析世界宗教，我们对全球化的现实景观亦会有更清晰和清醒的认识。对全球化时代的人类未来是会选择对抗还是对话，我们也可以从当今世界宗教的发展趋势来预测和说明。

二 整体思维的关联

整体思维不仅是哲学认知中的理论体系和方法构设，而且也是人类社会实践中的现实智慧和行动策略,与当代世界发展有着密切关联。由于思维者的立点局限,有人质疑其思之可能,故也需审视整体思维本身。这里,对老子"道可道,非常道"(或者:"道可,道非,常道",亦解释为"恒道")与西方的"否定神学"(否定性思维)联系起来。绝对真实乃"物自体",不可彻底把握;而相对真理为"人之言",总有商榷余地。人必须意识到其思有其必要性及局限性。这就是不可能的可能性,虽不可道却仍然要道,此即人言的本质。西方思维追求"明明白白我的心",信终极实在,行终极关怀,故以"人言"揣摩"神言",以相对之在体悟终极超越,其基督教信仰理解中的德文 Ereignis 故在此并非"缘构"(西方哲学理解的中译),而乃"事件"(神学术语),即"道成肉身"的耶稣降世事件,把启示作为历史(这是潘内伯格的构思发明),即历史或时间整体观,讲清其为奥迹,因为耶稣救世的过程预示着历史终末的结局在历史过程之中的"预演"。其指归在彼岸的清晰整体,故为"神言":上帝作为整体乃既超然又内在,包摄时空(过去、现在、未来对于上帝皆为同时)。而人只能祈祷、仰望、期盼,其意义在回应事件的过程,把结局交给命运。于是,基尔凯格尔有"信仰的投身",即认定目的专注投身。

与西方看似不可能却仍然尝试清晰求知的思维习惯不同,东方智慧的模糊整体观则乃"稀里糊涂玄之言"(中西医之别曾被治疗者比喻为"西医是让人明明白白地死",可以讲清其局部细节;而"中医可让人稀里糊涂地活",即以其整体模糊把握来综合性治病救人),看似回答了一切,却一切都没有回答,而听者似懂非懂却难再细问,故需主观揣摩自悟。这也是人们当下存在的悖论:无终极意义则无存在意义,迷终极意义却也有眼前的迷失。故也往往会化存在危机为语言危机。思辨语义转为玄想猜谜,同有主体的真理性与求证的悲剧性。美国神学家尼布尔(Reinhold Niebuhr)在论及人的本性与命运时曾比喻说,"人的自我意识乃是一个纵览大千世界的眺楼,而人却妄以为那眺楼即是世界,而不是一个建立在不安稳的流沙中的狭窄眺楼。"① 于是，人生过程恰如爬在船的桅杆上的水手，上有远眺塔台，下临万丈波涛。所以，整体审视与其立点既密切关联，亦形成张力。其思乃辩证之思，用以构设思考宇宙的自然科学、体悟人生的社会科学、揭示意识的精神科学；其在为相对之在，随时都有存在的危机和灾难。人生的每一个局点都处于成功与失败的整体之中。因此，有必要协调宏观整体审视与微观局部关注的关系，弄清其对立统一，从混元模糊整体之一走向关系协调共构之一，达到其思想之觉悟和精神圆融之极致。

欧洲宗教神学家瓜尔蒂尼（Romano Guardini）曾以其"对比学说"而提供了存在关系之清晰的整体系统图，并以之而构设出各种关系整全共在的对立统一之圆。②

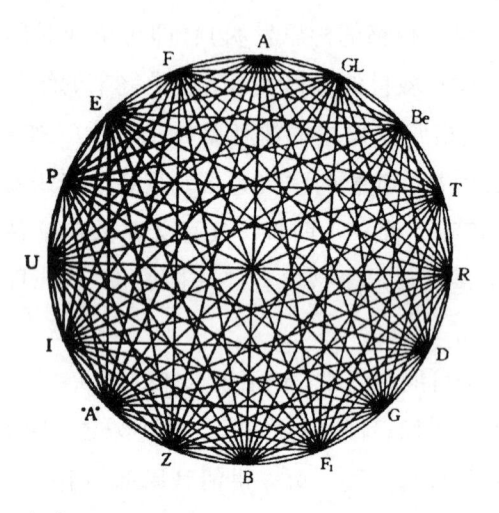

为此，我们应该通过这种包容矛盾且协调关系的整体思维来洞观世界透视社会，展望未来，选择道路。

下文将分为五个层面来对之加以分析，包括对人类命运共同体的思考，对人类文明的审视，对"一带一路"发展建设的构思，对宗教信

---

① ［美］尼布尔：《人的本质与命运》，谢秉德译，香港，基督教辅侨出版社 1959 年版，第 183 页。

② 参见卓新平《当代西方天主教神学》，上海三联书店 2006 年版，第 83 页。

仰等精神对话的展开，以及对推动世界和平的实现等。这一切都需要整体思维的审视。

（一）对人类命运共同体的思考，源自整体思维

中国近年来关于"人类命运共同体"理念的提出，将过去关于"共同体"的各种讨论推向了高潮，并达到了高度集中。这种发展不仅是一种观察视域的开拓，而且也是其整体认知的深化。其实，"共同体"的理念很早以来就是人类可持续发展之"梦"，因为对人类社会本质的真正理解，只能基于对人之群在的"共同体"现象来解说。自人类形成以来，"人类社会是以共同体的形式出现的"，其间经历了不同的共同体形式，并与不同的历史发展阶段相适应，有其历史逻辑的吻合。"在农业社会的历史阶段，人类的共同体形式属于家元共同体的范畴；在工业化的过程，人类建构起了族阈共同体；全球化和后工业化将预示着合作共同体的生成。"[①] 人类存在共同体的演进发展是不断扩展扩大的，颇似波纹的辐射弥散：如在社会结构上从最初家庭共同体发展为原始部落共同体和古代民族共同体；在其经济变动上由农业共同体演变为工业共同体、金融共同体、信息共同体和互联网共同体；在政治发展上则从阶级共同体扩展为社团共同体、政党共同体和国家共同体；在思想精神的共聚上则有宗教共同体、信仰共同体、文化共同体等精神共同体；而在国际关系上则由区域共同体、联盟共同体、洲际共同体而最终走向人类共同体或全球共同体的时代。在这种共同体的逐渐形成及不断完善中，中西等文明所走道路不一定相同，却都有其历史贡献。显然，共同体的发展表明人的视域不断扩展，人的合作不断扩大，其本身乃离不开人与人之间、阶级与阶级之间、社会与社会之间、民族与民族之间、国家与国家之间的接触、互鉴及合作。双方你死我活的争斗曾使两败俱伤，赢者亦有惨痛代价。在局部性共同体之间的争斗或有输赢之分，那个时代的彼此接触与合作抑或并不那么迫切，而在今天这种合力

---

① 参见张康之、张乾友《共同体的进化》，中国社会科学出版社2012年版，第1页。

共建人类共同体的需要则乃共同命运所系、共同未来所盼，其共同渴求前所未有特别突出。其根本原因，就是人类共同生存的需求在全球化的时代凸显出来，人们明显感到有了一种共命运、同生存的紧迫感和强烈的共识。

共建人类命运共同体乃时代的呼唤共存的必要。当今世界出现了各种危机，包括政治、经济、民族、资源、生态等危机，其面对必须是全局性的，需要全世界人民的共同努力。目前地球在"变小"、人口在增加、气温在上升、资源在减少，世界人口的生存需要已经远远超出当下这一个地球的承载可能，而新球体的移民依然乃天方夜谭毫不现实，不再会有大航海时期的"新大陆"之发现。人类的全球性共在已经毫无疑问地展现在人们的眼前，而这种无法回避的全球危机或人类整体需求，就需要我们的观念改变、需要我们思想思维方式的改进，才有可能对之有效应对。人类思想的与时俱进同其社会的不断发展应是同步的、共时的，这里就有着对以往精神文化传统的吸纳改进、扬弃创新。只有整体共构，方能共渡时艰。由此可见，共建人类命运共同体的基本思路，就是源自这种对世界危机之整体思维的考虑。

（二）对人类文明的审视，需要整体思维

无论是雅思贝斯（K. Jaspers）的"轴心时代"所触及的远古文明还是孔汉思（Hans Küng）所论"三大宗教河系"中的宗教文明，以及众所周知的古代历史上的"四大文明"，都需要以全球眼光来整体审视。远古文明在不同的地区呈现，在历史的流变中发生了起伏兴衰，并带来了人类的迁徙流动，其碰撞及汇合曾形成波澜壮阔的文明之流，给"世界观""全球化"的出现埋下了伏笔，奠定了基础。人类文明除了古代文明的灿烂辉煌之外，亦先后出现了多种具有地域及民族特点的文化形态，包括中华文化、中亚文化、中东文化、东南亚文化、北非文化、欧洲文化、北美文化以及拉美文化等，最终才可言世界文化，形成其人类命运的整体关联。这些文明形态不只是给人类带来其沉重的历史回忆，而且也留下了不朽的历史痕迹，传承着影响至今的古代遗产。可

以说，各种文明都有其骄傲之处，但也充满遗憾之点，既然都有优长和不足，那么其存在及进步故都需要以"扬弃"为常态。每一种局部文明都有其存在价值甚至辉煌的时刻，却不可根本取代其他文明或涵括其他文明。近代法国天主教来华传教士曾有中华文明源自"圣经传统"的"索隐派"之论，近段中国却也出现了西方文明乃至整个世界文化都是来源于中华"人种"或"语言"之说，其实这两种极端见解都是偏颇、幼稚甚至荒唐的。文明理解的整体审视，就是要走出"坐井观天"的狭隘视界。各美其美固然重要，美美与共却更必要。

亨廷顿以其"文化圈"理论来支撑其"文明冲突"之说，预言不同文明之边际交接之处通常会发生文明冲突，导致文化对抗。其以文明对抗来取代政治对抗，这种眼光虽然深刻却仍只是一种局部的思维而缺少整体观念。从整体思维来看，世界历史也曾见证过不同文化圈之间的友好对话。其实，在历史的经验中，所谓文明冲突或对话，恰如一个硬币的两面，共同存在，轮流显现，贯穿于人类文明发展的全部历史之中。按照中国的融贯思考，此乃白中有黑、黑中有白，因而方可构成阴阳互渗的太极景观。纵观人类历史的发展，我们会发现社会冲突的历史可能会多于社会对话的处境，战争的回忆比任何反观都要触目惊心。历史之途虽有人类的进步，却也留下后患；潮起潮落、大浪淘沙，其中有自然选择或淘汰，却也存在丛林规则的弱肉强食！人类文明是波浪式发展的，文化进步乃整体而论，其局部的倒退也是有目共睹的。所以了解人类文明保持文化对话至关重要，必须努力争取。尤其在今天，和平共存是世界文明发展至今的大势，我们理应积极维系这一来之不易的局面。这是整体思考之后的必然结论。

(三) 对"一带一路"发展建设的构思，立于整体思维

"一带一路"地区的文明寻踪，是我们随着"一带一路"倡议不断深入而必须跟进的文化之旅。文化是社会政治经济发展的精神反映，也为其和谐共构提供了温床。虽然其文明形态各异、文化特色突出，各种文化却不会孤立存在独立发展，而是形成普遍交织和千丝万缕的联系。

虽然"一带一路"看似聚焦亚非欧,所涉及的国家主要是在亚洲、欧洲和非洲各国,但这是具有整体关联的局部,其关注及发展的相似性也会产生递归现象,随着其理念的扩展嬗变而逐渐潜移默化地影响到美洲、大洋洲等更多地区的发展。全世界140多个国家的代表参加中国"一带一路"会议,就是以整体思维来观察理解"一带一路"的最好说明。尽管如此,但是毕竟也还有别的合作及选择,因此对之加以科学了解和冷静分析,权衡利弊、未雨绸缪,也仍是整体思维之策。

最初,关于中外交通曾有各种说法,物质交流除了丝绸之外还涉及瓷器、茶叶、黄金、香料、珠宝、玉石等,较为流行的有瓷器之路、香茶之路、黄金之路、玉石之路等描述,国内还有茶马古道之说,德国学者李希霍芬(F. von Richthofen, 1833—1905)自19世纪70年代始用"丝绸之路"来表达古代中国通往西欧之路,这一表述从此成为定式并有更为宽泛的海陆之应用。其陆上丝绸之路与绿洲的关联,以及海上丝绸之路与碧波的相伴,都给人带来广阔而深远的联想与遐思,随而扩展到草原之路、沙漠之路等经贸、政治、文化之交通。而其所涉及的地域范围及人口比重自古以来也都是非常大的。不过,在"丝绸之路"之前或之外,人类依然存在有其他交通交流形式。我们当前倡导"一带一路"国际合作,就是要表达一种和平合作、共同发展的理念。因此,今天对"一带一路"的注目则不可只是局限于政治、经济的视域,而更要有思想文化等精神层面的思考。尤其是在这一合作的纵深发展中,其文化交流及对话共存的意义会更加凸显。

因此,人类各族各地的文明发展绝不是孤立现象,而有其整体联系,故在今天"全球化"氛围中推进"一带一路"建设合作,就更需要我们做好文化功课,必须以世界文化的全景洞观来熟知相关地区博大精深的文化传统、文明传承,透彻体悟其留存的文化气质、文明特色,把"一带一路"建设也作为文化工程来展开,有着足够的文明意识和文化知识储备,打好其可持续发展的基础。我们必须意识到,"一带一路"地区曾孕育的文明为整个世界文明的发展提供了最初的摇篮,带来了许多迄今仍广有影响的文化元素和文明积淀,这在宗教文化方面尤其典型。所以，在推动"一带一路"国际合作时对之加以必要的文化战略之整体审视和深入发掘，会对其特质有更深刻的认知，对文明的价值及意义亦有更贴切的领悟。

（四）展开宗教信仰等精神对话，基于整体思维

必须看到，迄今人类绝大多数居民仍信奉宗教，其宗教的多样性有着悠久的历史传统和民族特征，因此不能把宗教现象孤立起来仅作为意识形态的分析评价，而必须注意到各种宗教与相关社会、经济、政治、民族、文化传承的整体关联。宗教与相关国家或地区构成了复杂的政教、宗社关系，许多社会风俗习惯及社会矛盾冲突也多与宗教相关联。尽管现代社会世俗化发展迅猛，宗教"祛魅"颇为明显，人们宗教性的普遍存在并没根本消减。我们承认这种多样性存在是共建人类命运共同体的基础，故需对之加以整体把握。中国自以为乃宗教信仰者比例最少的国度，并且有人认为中华文化本乃"无宗教"的文化，却仍需对世界范围内各种宗教及其宗教性加以整体审视，其透露的灵性即精神性、超越性和神圣性维度，在中国有或无、多或少，不可武断或简单而论，只有通过这种整体审视及对中华文明自我反思之后，才能有客观准确的答案。

在现实世界，政教关系复杂交织没有消失，其中政教合一或以某种宗教为其国教的政体依然存在，其宗教在其国内政治中仍旧起着关键作用；有的国家或地区虽已废除国教，却仍以某一宗教为其绝大多数人的信仰，形成其民族团结及社会凝聚力，或乃其主体民族的文化标志及象征。还有的地区则经历过多种宗教的发展变迁，如古代两河流域的宗教已荡然无存，伊斯兰教已成为其风行的最主要宗教；希罗文明的宗教仅留下蛛丝马迹，而基督宗教则成为其主流意识和文化精神的表达。波斯帝国流传的琐罗亚斯德教至今仍存，但其社会政治影响已经边缘化；而古老的祆教和伊斯兰教却在新兴宗教巴哈伊信仰中留下了某些印痕。印度教虽然为印度第一大宗教，却教派林立、特征各异，乃一种模糊的多元一体；这一形成印度大多数人口比例的宗教也不能平稳地独占鳌头，而是与伊斯兰教、锡克教等冲突不断。但这种印度教的整体涵容或许也可启迪我们对什么是"中国宗教"或"中华信仰"有进一步的理解，以能找出中国人宗教信仰的共性与特色。

作为亚洲最为流行的佛教在东南亚国家广为传播，却在历史上消失在其发源地尼泊尔及曾起到佛教流传主要作用的印度，而现在则出现了印度对佛教信仰的呼唤和某种意义上的回归。目前有小乘、大乘，或南传、北传及藏传佛教，最近又涌现出新乘。佛教发展的跌宕起伏在中国亦是常态，已在海纳百川的中华文化中如鱼得水、舒展自如。在一些已经比较世俗化的国家中，宗教影响虽然已经不可能左右其政治决策，但其对民众的传统感染及心理引导依然非常强大，故而并无绝对世俗化的社会。若不以整体共在、多元包容的思考来统摄全局，考虑到宗教文化影响的普遍及复杂存在，则难以建成人类命运共同体。目前中国在构建人类命运共同体努力中的一大重要使命，就是需要增进对世界宗教文明及中华宗教文化传统的理解，这种意识则促使人们在政治、文化等方面都需要在一定程度上放下身段、消除自傲，真诚地看待宗教、尊重宗教。中华文明不可能超越世界文明的进程，不可能彻底免除宗教的久远影响。与宗教共舞不是为敌，而是必须交友。

（五）推动世界和平的实现，依靠整体思维

根据大多数人们的期盼，世界和平是大势所趋，因此对待局部动乱必须客观冷静地审视，其解决乃系统工程，需要整体关联和整体观念，不可仅局部处理而达到根本解决。例如，应对世界今天的暴恐活动现象，其治理不仅要应急治表，更需要全面透彻地审视，找出其内在原因，形成对其根治的全球关联及国际合作。同理，对影响中国和平发展的政治、经济、民族、宗教问题，也需要具有全球整体意识的通盘考虑，结合必要的时空维度，这里即包括对中国西部民族宗教问题的稳妥解决、对台湾趋"独"的有效防范、对香港治乱止暴的正确处置以及对"一国两制"的积极维护等举措。中国对之的整体审视，则看到了"发展是硬道理"的上线和"稳定压倒一切"的底线。其实，总结历史

的经验教训，会发现战争可以一触即发，而维系和平则极为不易，防患于未然、制止社会变乱于萌芽之状极为重要，因而对战争与和平的科学评估及预测，只能基于整体思维。

当前维护世界和平的一个重要举措和有效方法，就是推动世界宗教之间的和平对话、包容共存。孔汉思曾断言，"没有宗教和平就没有世界和平"，同时亦强调"没有宗教对话则不可能实现宗教和平"；若不稳妥解决宗教问题，人类命运共同体亦无法实现。因此，我们必须对相关宗教情况有深入的调查研究，有充分的风险评估，综合性审视宗教在世界各个国家和地区的社会地位、政治影响和民族关联，把宗教因素从国际合作、国内政治的不利因素转化为积极因素。这也是当下中国所必须做的功课。简单、粗暴地处理宗教问题表面上似乎可以马上"见效"，却不知矛盾会隐藏而可能导致其未来的激化，在不知不觉潜移默化中减少社会的向心力、凝聚力，而扩大其离心力和社会的分化。如果我们不了解宗教的信仰传统和民俗基础，则很难深入了解民意、把握民情、获得民心。以局部利己思维在交往中一旦触及宗教问题，就可能造成不必要的麻烦，带来起着破坏性影响的矛盾冲突，从而使国际合作也举步维艰。如果没有整体审视，则会掉进陷阱。这种审视必须结合眼前与未来、表面与内在、治表与治本。

其实，"民心相通"是人类命运共同体发展及可持续下去的社会根基。如果不了解或不尊重其宗教传统，不意识到相关宗教与相关民族的密切关联，就不可能达到民心相通，也很难奠立这一共同发展的社会基础。我们必须基于整体思维的视角，以一种开放和包容的心态来看待世界各个地区的民族、宗教问题，并依次扩展到对全世界民族宗教问题的思考研究，找到并实行其正确政策及对策，而不要人为地挑起民族宗教事端，造成不必要的矛盾和冲突。因此，在这一问题上决不可走封闭和排斥之路，而必须牢牢记住，"文明在开放中发展，民族在融合中共存"。对宗教的文化审视乃多层面、全方位的，而其基调则正是一种辩证发展的整体观。

总之，要真正建设起人类命运共同体，就必须熟知和考虑好如何应对其复杂的国际关系和民族、宗教问题，做到有预案、有对策。中国全球化的思路，首先就应该关注世界范围的民族宗教现状及其发展前景，其中特别重要的就是应该及时处理好中国自己的民族宗教问题，协调好"中国与世界"的辩证关系。我们只有首先搞好中华民族精神共同体和命运共同体的建设，确保中国社会稳定、民族团结、宗教和谐，形成我们和睦共融的社会存在及精神家园，这样才能在世界上起到积极示范作用和引领作用，为共建人类命运共同体的国际合作提供持久可信的民意共识和精神保障。为此，我们需要这种与时俱进的整体思维。这种适应全球化发展的整体思维是对时代呼召的积极响应和人类可持续发展的思想保障。所以，其势在必行，时不我待，为了对其理论及体系加以创新性建构，让我们大家来共同努力。

（本文为 2019 年 8 月 16 日在"人类文明与整体思维"挈雅研修班第一期上的报告。其中部分参考引用了作者之前撰写的《人类命运共同体与整体思维》一文，特此说明。）

第二十章

人类命运共同体与整体思维

"人类命运共同体"的提出,将近些年来关于"共同体"的讨论推向了高潮。这种发展不仅是一种视域的开拓,而且也是认知的深化。记得在几年前有人提出"宗教共同体"这一表述时,就遇到了学界的一些质疑和反对,其理由即认为这种想法过于虚幻,缺乏现实基础和发展条件。其实,"共同体"的理念本来就是人类之"梦",但人们并没有仅仅满足于这种梦境,而是在不断努力来尝试使其美梦成真。实际上,对人类社会的理解,只能基于对这种"共同体"的理解。"人类社会是以共同体的形式出现的",但在不同的历史时期,人们对于这种共同体的理解和构建是并不相同的。"在农业社会的历史阶段,人类的共同体形式属于家元共同体的范畴;在工业化的过程中,人类建构起了族阈共同体;全球化和后工业化将预示着合作共同体的生成。"[①] 这里,不同的共同体形式有着不同的历史蕴涵。在社会秩序意义上,"家元共同体所拥有的是一种'自然秩序',族阈共同体在社会治理上所追求的是一种'创制秩序',而合作共同体将呈现给我们的是一种'合作秩序'"[②]。在社会制度意义上,"家元共同体是一个集权的社会,族阈共同体则建构起了民主制度和民主的治理方式,……但是,族阈共同体中

[①] 张康之、张乾友:《共同体的进化》,中国社会科学出版社2012年版,第1页。
[②] 张康之、张乾友:《共同体的进化》,第1页。

的民主处于差异与共识不可调和的矛盾之中，从而造成了民主的困境。随着合作共同体对族阈共同体的替代，民主将在蜕变中得到提升，从而成为合乎人类民主理想的真正的实质性民主。"① 在社会存在意义上，家元共同体的人缺乏自我意识，乃一种集体意识（或集体无意识）的存在；族域共同体的人虽然获得了其个我的意识，却是一种个我"碎片化"的存在；"只有当人类建构起了一种合作共同体，才会使人拥有作为个人的完整的生活，从而成为真正独立的、完整的和自由自觉的个人。"② 由此可见，人类社会理想意义的共同体既需要人与人之间的"合作"，而这种"合作"乃是"共同体"理念及其实现的核心和关键，但同样也必须于此促进人的真正"自由"和"解放"。对此，我们仍然是处于任重而道远之境。

从共同体的演进发展来看，人类已经经历了社会进化上的家庭共同体、部落共同体、民族共同体，经济变动上的农业共同体、工业共同体、金融共同体、互联网共同体，政治发展上的阶级共同体、社团共同体、政党共同体、国家共同体，思想共聚上的宗教共同体、信仰共同体、文化共同体、精神共同体，而在国际关系上则由区域共同体、联盟共同体、洲际共同体而达致人类共同体或全球共同体的时代。而在这种共同体的逐渐形成及不断完善中，中西文明都有其历史贡献。对此，美国学者麦克尼尔（William H. McNeill）在其描述"西方的兴起"之历史进程中曾宏观展示了"人类共同体史"，围绕欧亚大陆生存圈而叙说各大文明的共存及兴衰。他特别强调不同社会、不同文化之间的关联，认为"所有人类社会在不同程度上都是相互关联的。当然，这一认识在当今时代比在此前的数千年里更显真实，但在部分关联这一点上却是恒久真实的……社会变革常常是与其他社会接触后的产物，采取的方式

---

① 张康之、张乾友：《共同体的进化》，中国社会科学出版社2012年版，第1页。
② 张康之、张乾友：《共同体的进化》，第1页。

要么是模仿，要么是应对"①。这一历史事实也说明共同体的发展本身就离不开人与人之间、社会与社会之间、民族与民族之间、国家与国家之间的接触、互鉴及合作。如果说，在局部性共同体时代这种接触与合作尚不那么迫切的话，那么今天这种合力共建人类共同体的需要则前所未有特别突出。其根本原因，就是共同生存的需求凸显出来，人们有了一种共命运、同生存的紧迫感和强烈的共识。正是这一原因，所以我们才会称今天所需要的共同体为人类命运共同体，才会呼吁大家一起努力来合作共建。

为什么要共建人类命运共同体呢？这是因为过去的共同体仅有局部意义，只是一种人们较小范围的共在，而当今时代的共同体则必须是全局性的，需要一种全球观念的审视。人类的这种全球性共在已经毫无疑问地展现在人们的眼前，其生态、经济、政治乃至思想文化性的生存都是共同的，相互影响的，在这张全球化的大网之中，谁也不可能逃脱，谁也不会幸免，要么共同存在，要么一起毁亡，愿意者会主动走，不愿意者也将被拖着走。于是，合作、共建、同存，已不再只是某种理想之梦，而乃必须坚定迈进的现实之路。国际社会的共同合作正是人类的"圆梦"之旅。

在生态上，人类正面临着空前困难的全球性生态危机，环境污染、资源匮乏、气候变化等问题都不是举一国之力就能根本改变的。而这种生态灾难之扩散蔓延也使大家都难以自保，故而不可置之度外。在经济上，生产、投资、商贸、金融都已呈现全球流动之势，尤其是网络时代的云计算、大数据、"互联网＋"等具有全球性运势的经济发展使地域化的反抗及自我保护已软弱无力。在政治上，国际合作前所未有，国际组织正在发挥其越来越大的作用，而政治危机带来的灾难也是全球性的，20世纪以来爆发的两次大战被称为"世界大战"，其对世界带来的损失亦极为巨大、耸人听闻。在思想文化上，政治的冲突被"文明的

---

① ［美］威廉·麦克尼尔：《西方的兴起：人类共同体史》，孙岳等译，中信出版社2015年版，第2页。

冲突"所改写，凸显出文化、文明的意义，而对其冲突的避免防范也需要全球努力，故此才会兴起"世界伦理"或"全球伦理"运动，才有"世界宗教和平"运动以及"世界宗教及精神领袖"大会。我们所面对的这一切，如果没有全球努力则是不可能根本解决的。

这种全球危机或人类整体需求，在人类有效应对时就需要我们的观念改变，需要我们思想思维方式的改进。其思想的与时俱进同社会的不断发展应是同步的、共时的，这里就有着对以往精神文化传统的吸纳改进、扬弃创新。在人们缺乏自我意识的觉醒时，人类乃以"客体"思维方式来统摄我们的认识，在"自然秩序"中没有超拔，人的主体性难以凸显。而当人类进入其近代发展的"主体"时代时，其为之骄傲的"主体"意识及主体思维方式却有着走向"个我英雄主义"之误，"大写的我"过于任性，"人定胜天"的思想使之不管不顾为所欲为，其过度的"个人主义"倾向和"自我中心主义"的膨胀结果使社会分化加剧，人在"碎片化"中并没有找到真正的自我，而生态、经济、政治等在发展及取得成就中也开始恶化、变质。这就是我们当前所接受的人类社会遗产，光荣与遗憾共在，成功与失败同存。而要跳出这种窘境、摆脱这种被动，则需要我们在社会革新的同时也要推进思维的革命、思想的更新，这中间的关键之处就是以整体思维来取得客体及主体思维。可以说，整体思维乃是对客体、主体思维的扬弃和超越，是合作建设人类命运共同体所需要的一种全新思维方式，一种综合性审视世界的周全视域。

从社会存在与思维方式的逻辑关联来看，整体思维是人类命运共同体建构所需要的基本思维方式和重要精神支撑，其思维特点是有关联性的参照、通盘审视，强调多元共构、有机一体，在和而不同中争取求同存异，在各美其美中达到美美与共。整体思维要求的是沟通、交流、关照、兼顾，力争在视域、认知、理解上能有叠合、汇聚、通融。这种思维基于一种包容性、涵括性，有着"天容万物、海纳百川"之有容乃大的胸襟和气魄。而且，整体思维不是一种杂烩、混合，其作为整体共构就理应有着内在的秩序和规律，基于系统的梳理而达整合，即形成有机共在、和谐同构、理想结合。所以，整体思维应有其系统论、协同论的成熟理论体系。

从学术理解来看，人类自古就有一种模糊整体论或朴素整体论的思维。在西方思想传统上可以追溯到古希腊哲学家赫拉克利特关于世界本原乃"活火"之说，由此触及世界元素的整体构建之论。此后亚里士多德关于"整体大于部分之和"的思想观念，亦让人耳目一新。中国古代的《易经》《道德经》等也有着世界原初乃一整体的构想，而且万物归道、阴阳合一构成了中国文化的整体和谐观，中国的智慧在于从该思想之源就意识到这种整体和谐是其张力的消解而致，即由各种矛盾对抗之过程中得以实现的平衡所造成，由此才会合二为一、阴阳共构。这种理解使冯友兰曾称《易经》为"宇宙代数学"。但后来西方"二元分殊"的思维形成这种古代朴素整体观的隳沉，直至近代以降才出现机械整体论的思索，在物理学、哲学上对机器的整体性多有表述，从而出现笛卡儿"动物是机器"、拉美特利"人是机器"等论；这一思路意识到机械整体的完美有序，但还缺乏一种具有生命力、具有内在生机或精神的整体审视。19世纪中叶开始萌生有机整体论，并导致其向系统整体论的发展，也正是在这一意义上著名科学家钱学森提出"要从整体上考虑并解决问题"，其倡导的社会系统工程方法、综合集成方法，主张从自然系统、地理系统、物理系统、人体系统、社会系统等综合研究的基础上提炼、概括、归纳、总结出一套整全、综合的认知体系和研究方法，实际上这就是对系统整体论的肯定，为此他也曾尝试构建一种统括自然科学、社会科学、精神科学的"大科学"体系，可惜这一宏愿尚未完成。随着这一思路的进一步发展而有了当代的辩证整体论，即强调要辩证地看待这种系统整体中的矛盾、统一、系统、过程。

就整体论的学派发展而言，其创立以英籍学者斯穆茨（Jan C. Smuts）于1926年发表《整体论与进化》为标志。这种基于生物学的整体论强调系统的整体性，其一反传统的机械论还原论观点，认为整体才是自然的本质，进化是整体的创造过程，整体各部分之间存有相互联系、相互作用，而且整体大于各部分的总和，呈现新的性质，离开整体则不可能对其组成部分形成完整理解。此外，在其进化过程中每一层次也都是一个整体，它作为亚整体而与整体相关联，其所达到的高级层次不可还原为低级层次。斯穆茨进而将整体视为宇宙的最终精神原则、进化的关键因子，所以使其整体论蒙上了耐人寻味的神秘色彩。受其启发，在现代物理学上则由玻姆（David Joseph Bohm）创立了作为实体整体论的新整体论，提出其整体生成的系统理论。紧跟着自然科学的发展，在社会科学领域也出现了整体论的学派。自1929年以来，法国年鉴学派以《经济与社会史年鉴》的问世而亮相，其早期代表人物费弗尔（Lucien Febvre）、布洛赫（Marc Bloch）提出了历史的整体观，这种整体史观凸显有机整体之历史性，以此统摄历史中过去、现在与未来的关联，将历史学拓展为历史人类学。其整体史书写的史学观主张要研究作为整体存在的社会历史，并发展出整体社会科学的方法论。于是，整体思维扩展到对人类社会的关注和应用。

人类命运共同体的形成基于不同民族不同人群的对话、协商，而整体思维所需要的最基本元素就是对话与开放。世界宗教的共在观念就萌生于彼此的对话与理解，基于相互宽容和包容。现代整体论从一创立时的神秘特色亦使我们反思这种整体思维神秘意义之所在。除了古代朴素、模糊整体观的神秘性之外，欧洲中世纪后期库萨的尼古拉（Nicolaus Cusanus）开始了宗教意义上神性整体论的尝试，他不仅倡导一种"神在万物中，万物在神中"的泛神论意义上的整体观，而且强调"对立统一"（coincidentia oppositorum），与西方"二元分殊"的传统思维相抗衡，其在现实中所期待的则是基督宗教与犹太教、伊斯兰教的三教和谐共在，此即其认为三教乃"一种信仰的三种崇拜方式"之表达的真实蕴涵。这实际上已构成了与中国古代智慧中"阴阳"共构、"天人"合一之基的"太极""大道"之整体观的对话基础。近代欧洲的莱辛（Gotthold Ephraim Lessing）也在其启蒙思想中以"智者纳旦"的寓意阐发了三教相似、互相包容的思想。当然，因时代和区域的局限，这些思想还只是一种模糊整体的观念，仅表达出对未来发展的天才预见。而到了"全球化"的时代和"地球村"的存在，人类整体共在的命运使

第二十章 人类命运共同体与整体思维 167

整体思维的系统性则可以应运而生了。不仅在自然科学和社会科学领域有着整体论的上述发展，同样，宗教思想在此也发挥着积极的作用。在世界宗教的理解中，这种整体思维不再执意于各教之殊，而意在殊途同归，即通过各宗教核心信仰观念理解上的升华、体悟来达到一种共识，各教在神性理解达到极致时则可以相同相通，恰如当代宗教哲学家希克（John Hick）所言，各宗教信仰观念其实都是对一种"终极实在"（Ultimate Reality）所达到的理解。而"神名"如"神""道""梵""天主""上帝""安拉"等则是有着不同民族、地域、文化、语言熏染的多元解读或处境化表达，实际上可以"情同此心""心系此理"的。其多元的神明观念反映出对同一种"终极实在"的领悟，这里"同"是绝对的，"异"乃相对而言，由此使各宗教最为本真的神明理解达到了整体意识上的共识，也使丰富多彩的宗教现象在整体思维之框架中获得思想表述、逻辑结构上的关联与整合。同样，在人类共在的实践层面，基督宗教神学家孔汉思（Hans Küng）等人也从宗教伦理的底线要求而推出了"全球伦理"或"世界伦理"之可能存在，其实质即这种整体思维意向的表达。可以说，在当代世界宗教的发展中，在保留各自传统（包括文化、地域）之异时，也已经萌发出一种整体思维的理解方式和观念整合的建设性努力。这对于我们所期待的整体思维建构确实颇有启迪意义、先知作用，值得我们进一步发掘和推动。除了宗教理解之整体思维的构想之外，关涉人类命运共同体的整体论还可以在全新意识之宇宙论、世界论、生态论、社会论、政治论、思想论、文化论等方面加以展开，其需要超越学科、学派意义上整体论视域的局限，进而升华为统领各个范畴、各门学科的思维方式，由此而推动当代发展中的认知革命、思想创新。

总之，随着今天社会的革新和思维的革命，我们将迎来一个人类发展的新时代，我们会努力共建与人类命运共同体相吻合的新文明。这是当下我们防范人类走向自我毁灭、避免全球性灾难的必要选择和必由之路。在中国今天和谐社会的构建中，我们同样需要这种服务于这一社会系统工程的整体思维，即找到化解冲突、消除矛盾，实现社会和谐、平衡发展的路径与方法。目前的形势仍很严峻，不少人仍然沉溺于传统分裂、分殊、分道的思维模式，过于强调并夸大各自之异，宣称只能对立下去而不可能出现任何和合、和好及和谐。这显然不符合时代精神，有悖于整体思维，与合力建设人类命运共同体的创意会背道而驰、渐行渐远。虽然对立之统一是辩证的，但朝向对立还是朝向统一去努力，其结果却是截然不同的。在这一意义上，社会的转型和更新需要思想的先行，而这种整体认知就是当前所迫切需要的。人们在界说"世界是平的"或者说"世界是圆的"，但无论何种说法都不应该也不可能否认"世界是整体的"，在这种整体存在中万物都有千丝万缕、极为复杂微妙的关联，这种存在共同体乃是我们所意识到的命运共同体之本源，所以我们无法回避大家乃整体共在这一事实。这样我们就应该更多地从普遍联系、相互关联、彼此共构的视角来观察我们的世界及人类今天的发展，思考我们如何可能共同存在、怎样才会更好共同存在。人类命运共同体的创建更多乃是一种政治话语，而其精神底蕴、逻辑关联却与思想、哲学话语密不可分。为此，我们思想界、学术界的首要任务及当下历史使命，就是致力于形成一种整体思维方式，创立一种具有统摄、涵括意义的整体哲学体系，从而使我们共建人类命运共同体的努力有着充分的思想理论依据，获得强大持久的精神动力。

（原载张志刚、谷雪主编《美美与共——人类文明交流互鉴的回顾与展望》，宗教文化出版社2016年版。）

第二十一章

从整体思维看西方"新时代"运动

20世纪以来,人们对"新时代"有各种猜测和憧憬,西方舆论界或是危言耸听,提醒西方社会发展的危机即将来临,或是要求西方文化革新转型、以迎时变而未雨绸缪,或是号召人们重新觉醒、拯救"基督教文明时代",或是让人注意到"东方时代"将对"西方时代"加以取代,世界将会出现大变。这些众说纷纭亦曾成为西方学界的主旋律,在20世纪下半叶达到高潮。其中,最引人注目的,就是20世纪70年代以来北美基督教文化社会中兴起的一场影响广远的"新时代"(New Age)运动。这一运动理论性和群众性兼备、传统与反传统兼容、本土文化和外来文化兼有,因此能够形成巨大的感染力和吸引力,很快波及北美文化的各个方面、各个阶层,并于20世纪80年代传入欧洲,在欧洲思想文化圈和宗教团体中造成极大的反响,引起激烈的讨论。其学术界亦开始了方兴未艾的对"新时代"运动寻根溯源、分析评述等研究活动。到20世纪80年代末90年代初,"新时代"运动已成为西方文化界,尤其是宗教界人士津津乐道且争论不休的热门话题,其思想影响在许多方面也开始引起东方世界的关注和研讨。不过,"新时代"运动的基本思想并不为西方主流思想界、学术界和舆论界所认可,虽来势凶猛,却日趋式微,并没有成为西方社会舆论所普遍接受的话语体系。这一发展颇值玩味,其思想意蕴也值得深究。对此,需要一种整体思维的审视。

所谓"新时代"运动，是西方当代文化危机和社会开放所导致的一种精神产物，它尝试超越西方科学、思想与宗教的悠久传统和固定模式，给过去的发展打上一个句号，而寻求人们在观念、灵性和宗教上的革新，以便能开创一个告别传统、走出习俗的"新时代"。具体而言，它标志着对以伽利略、牛顿为代表的西方科学传统的扬弃、超越，与以亚里士多德、阿奎那和笛卡尔为代表的西方哲学传统的分道扬镳以及对强调上帝启示、基督救赎的西方宗教传统的疏远、异化。然而，"新时代"思潮中的科学与宗教互补及人的灵性创新等精神主旨并没有催化或促进西方工业化社会中早已出现的世俗化趋向，而是迎来了一种带有群众性、普遍性和反传统性的宗教信仰复兴。至于这种宗教复兴与发展对西方基督教会究竟是一种危险还是一种机遇，人们看法不同、臧否不一，而人们的各种态度则在很大程度上决定了其对整个"新时代"运动的界定和评价。但不论人们是褒是贬，却一致承认这一新的灵性思潮的理论意义和广远影响。我国学术界主要从自然科学理论角度来对"新时代"运动的某些学说和著述加以探究和译介，特别是把其主要代表人物卡普拉（Fritjof Capra）的几部著作都翻译成中文出版，却没有根本意识到这是一场全新的精神运动，故未及时展开深入、全面的讨论。这种基于翻译而仅具局部意义的探讨也并没审视这一运动的整个理论框架和历史背景，不曾专门涉足人的社会文化和宗教领域，甚至连"新时代"这一已经风靡全球的基本概念本身也未曾提及或阐述，故而错过了对其追踪研究，也罕有相关研究成果的及时问世。为了弥补上述不足，引起中国学界的更多兴趣和相应重视，在此尝试从对文明发展的整体思维出发来探究、评说"新时代"运动，并对其导致的西方宗教灵性复兴现象加以分析。

一　思想渊源

关于"新时代"作为这一新兴思想运动之表述的来源，西方学者有着不同的看法和不同的解释，迄今尚无定论。大体而言，这一概念可以追溯到18世纪瑞典自然科学家和宗教复兴运动领袖施韦登堡（Emanuel Swedenborg，1688—1772）根据《圣经》传统尤其是《新约·启示录》（21章1—2节）的思想而提出的宗教改革或复兴主张。他为此曾在其用拉丁文撰写的著述中多次提到"新天新地""新耶路撒冷"等术语，让人们创立"新的教会"，以迎接"新的时代"。施韦登堡受宗教神秘主义和冥思修道之影响而倡导建立一种普世性、宇宙性的宗教，他反对传统基督教中关于肉体复活之说，认为三位一体教义并不指上帝的三个位格，而乃神性的三种本质规定。他还坚持世人在救赎过程中不只是被动之体而可以积极参与。在其《真正的基督宗教》（1771）等著述中，他提出一种具有神秘色彩、强调通灵感应的神智论或通神论，而且在其自然科学研究中也试图按此精神来创立一种神学生理学。此外，他还以见异象的方式来展示其关于灵性世界的设想和希望，寻求一种超越传统的灵性新生活。受其影响，不少基督徒自1782年以来开始建立各种脱离传统的"新教会"团体，从而形成一种以神智论为理论基础的地域性宗教复兴运动。此后，这些"新教会"从欧洲本土的瑞典、英国和德国又发展到北美大陆各地，常被人们称为"施韦登堡教派"。

施韦登堡的"新教会"理论逐渐促成了19世纪西方通神学思潮的兴起和流传，它以强调神智、秘传和灵修为特征，并成为当代"新时代"运动的思想渊源之一。1870年，俄裔女通神论者布拉娃茨卡娅（Е. Л. Блаватская，1831—1891）在美国芝加哥开始其组建通神社团的活动。1875年11月17日，她与美国通神论者奥尔科特（Henry Steel Olcott，1832—1902）在纽约创建其通神学会，由奥尔科特担任首任会长。此后，另一女通神论者英国人贝利（Alice Ann Bailey，1880—1949）开始以其神智及通灵理论来解释"新时代"。在其著作《新时代的门徒》中，她以一位藏人说教的口吻宣称，"新时代"是以一位"新的世界救主"即"光明之主"的出现而开始的；而在其《基督复临》和《秘传占星术》中，她更系统地展示了自己的"新时代"观念，认为在"新时代"中会出现一种"新的世界宗教"。为了推行其思想及主张，她曾提出"世界仆人的新团体"这一创派立说之见，并据此于

1923年创立了自己的秘传学派。由于这种"通神"说教的流行，所以有不少人称此种"新时代"实为"通神论的新时代"。

除了布拉娃茨卡娅和贝利等人对"神智"的强调，这一流派还包括强调"人智"的著名奥地利人智论者施泰纳（Rudolf Steiner, 1861—1925）和在北美广有影响的范得霍恩灵性社团创始人特里维廉（George Trevelyan）等人。施泰纳于1913年创立其人智学会，并建有以人类通灵训练及疗养之实践为目的的心灵治疗和教育培训中心。而特里维廉奠定的范得霍恩湾社区则更被视为"新时代运动的罗马和麦加"。在斯彭格勒（David Spangler）领导下，该社区于20世纪70年代已被发展成为"新时代"思想和旅游的著名中心，不少人将之称为世外桃源和纯洁乐土。此后，斯彭格勒又在加州创立了主旨相同的"洛里安团体"，而其1977年发表的《新时代的诞生》一书，亦在理论上阐述这种社区生活乃是无限之爱及真理的生动启示，是对新时代、新世界的共同创造和参与之壮举。

强调神智或人智的通神通灵论者在其宗教中虽然仍保留着基督教关于"基督复临""上帝救世"和"新天新地"等传统观念，但更多的是倾心于神秘主义，尤其是东方神秘主义以及超常的心灵体验和心理治疗等实践活动。他们相信人之轮回转世、通灵交感之说，注重人体特异功能的发挥和灵修训练所达到的奇效，对于印度古代宗教、中国儒佛道思想和西藏密教传统都极为倾慕、神往。他们甚至提倡其信徒应去印度和喜马拉雅山地区修行，以便在那儿获得纯正的宗教灵气和神秘体验，如奥尔科特、贝利等人都曾亲自到印度阿迪亚尔等地考察、实践，或创宗立派。这种发展趋势最终导致了今日西方新兴宗教中神秘主义思想及秘密结社风气的复兴和盛行。因此，有人亦将各种属于或接近于这类思潮的新兴宗教派别统称为"新时代宗教"。

"新时代"运动的另一思想渊源则可追溯到英国诗人兼艺术家布莱克（William Blake, 1757—1827）的反传统意向和文化创新思想。他不仅在艺术上标新立异，成为19世纪英国艺术领域中一度风行的拉斐尔前派和青年派风格的先驱，而且在思想上亦力主与传统文化决裂，不再与之合流共存。布莱克的创作中充满非理性、非传统以及重神话、重象征的意趣。此外，英语中的"新时代"一词也因他多次运用而开始作为一种固定概念或特定表述而逐渐流行到西方各国。以布莱克为代表的这种思想倾向最终也在 20 世纪引发了以反传统文化为普遍特色的青年运动，其中大多表现为一种对西方现存社会结构及其文化形态的不满和反感情绪，并形成各种在行为上追求奇异怪诞、在精神上流露消极颓废的思潮或流派。如 20 世纪 60 年代开始在西方引起普遍注意的"嬉皮士"运动，就是这一思想氛围的产物。这种趋势的精神表述和处世情趣后来在罗萨克（Theodore Roszak）等人那儿找到了理想代表。罗萨克在其《反文化的形成》（1968—1969）、《尚未完善的动物》（1975）、《工业社会的创造性解体》（1978）和《对信息的崇拜》（1986）等著述中阐明了这种反传统文化的倾向和情绪。所以说，反西方文化传统及其思想主流，就成为这一"新时代"运动的另一种重要萌芽和另一种典型特色。显然，"新时代"运动是对西方传统的反叛，而有更多认同东方智慧及其思维的倾向，故有其为"寻找智慧的时代"之说，而且还特别突出对生态主义、女权主义、神秘主义的关注，从而指向一种与西方文化主流迥异的发展。

二 理论代表

在当今世界，已有几位"新时代思想家"获得了全球性影响，他们被视为"新时代"运动世界观及理论体系的建构者和代表者。然而，从严格意义上来讲，这些"新时代"思想家的阐述乃基于各自不同的研究领域和观察角度，因此往往会体现出异质性和多相性，显得比较含混和零散，很难达到体态完备的程度，也不易构成彼此之间的有机统一。由于"新时代"运动涵盖较广，涉及自然科学和精神科学众多领域的探究思路、结构设想、范式规则和实践方法等问题，所以甚至其代表人物也缺乏具有强烈"自我意识"的横向联系和通盘考虑。此外，有些人"身在庐山"但不识其真面目，而有些人虽没摸清其脉络神髓，却已自称为"新时代"运动的参与者或隶属者。这种多元甚至混乱的局面使人感到扑朔迷离，很难对之加以简单把握和清晰勾勒。不过，作为一种影响广远的思想灵性运动，它在这种纷繁复杂的理论现象中也表现出一些类似或相同的精神意趣及本质特色，其中以卡普拉（Fritjof Capra）、弗格森（Marilyn Ferguson）、格罗夫（Stanislav Grof）和贝特逊（Gregory Bateson）的理论最具典型意义。

卡普拉本是美国加州大学伯克利分校的理论物理学教授，但在物理学领域影响甚微，后因其专访海森伯等物理学诺贝尔奖得主并于1975年出版了《物理学之道》[①]一书而一举成名，并被视为当今"新时代"运动最著名的理论代表之一。卡普拉与"新时代"运动相关的重要著作还有《转折点——科学、社会和正在兴起的文化》（1982年）[②]和《非凡的智慧——与名流谈话录》（1987）等。在这些著述中，卡普拉不仅向人们展示了当代的"社会危机"和"专家失效"现象，而且指出这场危机的本质乃是人们认知观念上的深刻危机，是运用传统"还原论"方法而导致的失灵和碰壁。为此，他认为20世纪六七十年代以来迅速发展的这场"新时代"社会运动正是代表着一个充满生机与活力、正在勃勃兴起的全新文化，其特点是扬弃以笛卡尔——牛顿科学体系之传统力学世界图景这一过时的世界观与方法论，并迎来人们认知方法和价值观念的巨大转变。与此同时，卡普拉坚持这一新的社会运动不仅会摧毁一个旧世界，而且也能创立一个新世界。他根据著名科学史家库恩（Thomas S. Kuhn）1962年在其著作《科学革命的结构》中提出的"范式转换"这一重大思想来建构其新的理论体系。在此，卡普拉基于世界文化内在的"统一"精神而倡导其"趋同现象之道"，主张用新的系统观范式来取代旧的还原论范式，强调东、西智慧，阴、阳模式之"互补"的原则，展示"宇宙之舞"，从而提出了一个新的实在观。

[①] 其中译本最初有灌耕编译的《现代物理学与东方神秘主义》，四川人民出版社1983年版；朱润生译《物理学之"道"》，北京出版社1999年版。

[②] 中译本由卫飒英、李四南译，四川科学技术出版社1988年版。

"这个新的实在观要求我们的思想、观念和价值观都进行根本的改变。这个新实在观包括：在亚原子物理学中发展起来的新的有关时间、空间和物质的概念；正在形成的有关生命、精神、意识和进化的系统观；应用于健康和康复的整体论方法；应用于心理学和心理治疗的东西方结合的方法；新的经济学与技术的概念框架以及生态的和女权主义的观点。"[①] 卡普拉认为世界的发展已经到达了一个意义非凡的"转折点"，其典型特点就是预言着西方传统文化的衰落。他说：

> 这些预言看来是过于理想主义，尤其是按照目前美国政治右翼的观点和基督教原教旨主义鼓吹的中世纪的实在论来看。但是，当我们以一个广义的进化观来看待这种形势时，这些现象作为文化转变的必然因素则是可以理解的。按照兴起、鼎盛、衰落和解体的有规律的模式（这些看来是文化进化的特征），当一种文化变得过分僵化——在其技术、思想或社会组织中——从而无法迎接条件变化带来的挑战时，衰落便发生了。这种灵活性的丧失伴随着和谐的普遍丧失，因此导致社会失调与混乱的发生。在这一衰落和解体过程中，尽管占统治地位的社会组织仍然强行推行其过时的思想，但是它们却逐渐濒于解体，而新生的、具有创造力的少数正以其独特的才能和不断增强的自信心面对着这些新的挑战。在我们目前社会中所观察到的正是这一文化转变的过程。民主党与共和党、大多数欧洲国家的传统右派和左派、克莱斯勒公司、道德多数派以及大多数学术机构，所有这些都是这一正在衰落的文化的组成部分，它们正处于解体过程之中。60 年代和 70 年代的社会运动代表了一个正在兴起的文化，这个文化现已准备就绪向太阳能时代过渡。当转变正在发生时，衰落中的文化是拒绝变革的，甚至会更加僵化地固守过时的思想，占统治地位的社会组织机构也不愿意把它们的领导地位

---

① ［美］弗里乔夫·卡普拉：《转折点——科学、社会和正在兴起的文化》，卫飒英、李四南译，四川科学技术出版社 1988 年版，第 2 页。

让给新生的文化力量。但是，它们都将不可避免地继续走向衰落和解体，而正在兴起的文化却将继续生长，并且最终必将获得领导地位。当这个转折点临近时，认识到这一重大的进化性变革不可能被短期政治活动所阻挡，将使我们对未来充满希望。①

卡普拉的看法可谓一针见血，深刻犀利。他实际上是在向整个西方体制宣战，当然很明显也有着要"打击一大片"的意向。正因为如此，其观念遇到西方思想界和学术界的强烈抵制和批判。但他预言到一个完全不同的未来，其洞见及胆识还是令人刮目相看的。

综合而论，卡普拉之"范式转换"与"趋同""互补"的精神体现在如下四个方面。

其一，他认为无论是传统的还是现代的物理学关于物质的基本理论竟会与古代尤其是东方神秘主义的精神观念有着惊人的相似。物理学的理性洞见与神秘论的直觉智慧之间这种异曲同工及趋同巧合之效，遂使"新时代"成为一个"寻找智慧的时代"，尤其是西方人寻找东方人神秘智慧的时代。这种寻找涉及东方的印度教、佛教，中国阴阳变易哲学，道家和道教以及中、日禅宗等，所接触的经典包括《吠陀》《奥义书》《摩诃婆罗多》《华严经》等佛经及《易经》《道德经》和《论语》等，而其求同意趣也在世界观念、认识思路、理论方法等方面深入展开。

其二，他坚持当代乃是自然、人文和社会科学领域中新旧范式转换的时代，在物理学、生物学、医学、心理学、生态学、经济学、社会学和哲学等领域都出现了巨大的历史性转折。为此，人们必须检查和清理过去的旧观念和旧理论，了解并掌握现在的新观念和新理论。这种思想使人们对理性认知的"确定性"产生动摇和怀疑，因为各科学分支既然是在某种范式内发展，那么就会受其支配和影响，但科学发展到一定

---

① [美]弗里乔夫·卡普拉：《转折点——科学、社会和正在兴起的文化》，卫飒英、李四南译，四川科学技术出版社1988年版，第412—413页。

阶段时亦会突破原有的范式而采取一种全新的范式。所以，肯定理性"确定性"之有效程度，必须以对这种范式转换的认真考虑为前提。

其三，他把宏观世界和微观世界、科学世界和人生世界作为一个统一的整体来看待，现实存在乃一个极为复杂、运动多变、交织难分、无限发展的关系网络，其中既有着差异距离、对立对照，却又都相互依存、相互作用。因此，主要基于客观观察的牛顿古典力学观和物理观与笛卡尔哲学实体静态思维和单向思维方法在认识这个关系网上已经失败、无能为力，它的发现和描述要靠主观客观的协同共进，其概念的展示与勾勒也不再是摄影、临摹式的反映，而更多是人之心智的积极参与和天才创造。这样，"新时代"精神推出一种"互补"原则，正如孔汉思在谈到卡普拉时所言，人们"都在强调分析和综合互补，理性知识和直觉智慧互补，科研和伦理互补，也就是科学和宗教互补"[①]。根据这一世界整体的图景，卡普拉力主放弃二元对立而走向趋同融合。具体而言，他基于文化动力学的律动观而断定偏重于阳的西方文化已因阳盛阴衰，平衡失调而患上"文化病"，强调其发展既然已到阳极而阴的转折点，就应该用偏重于阴的东方神秘主义精神来加以解救，将其侧重自我、排斥异己的阳型行动范式转换为听其自然、兼收并蓄的阴型行动范式，并从传统的静态社会结构观转向现代变化的动态模式观。

其四，他根据上述趋同现象而提出建立一种包罗万象的系统论体系，以捕捉、认清现实存在这一奥妙无穷的关系网络。这种系统观基于新的自然与社会结构范式，强调综合与实用，并且从灵性意义上来重构其精神观，即摈弃过去宇宙精神与上帝精神的对立，而坚持二者的等同。在他看来，上帝不是创世主，而是宇宙精神。这就突破了传统人格神、造物神的观念，而与强调上帝乃宇宙的和谐及秩序之宇宙论和强调上帝乃存在及其规律的存在神论不谋而合。卡普拉的系统论体系不仅促

---

① 秦家懿、孔汉思：《中国宗教与基督教》，吴华译，生活·读书·新知三联书店1990年版，第244页。

进了西方系统范畴、系统学科及系统工程的繁荣发展,而且也深化了自然科学的理性与人文科学乃至宗教精神(尤其是东方神秘主义)的灵性或灵气之融合。他为此特别勾勒了自己对"宇宙之舞"的感受:"一位舞蹈着的湿婆像被叠印在气泡室中碰撞粒子的径迹上!"① 在他看来,近代物理学与东方神秘主义所持守的宇宙观其实有着惊人的相似性,这说明科学的理性能力与宗教的直觉能力是可以互补的,在认识宇宙的奥秘时甚至可能殊途同归。于此,他认为在认识东方神秘主义上科学与哲学可以走到一起来,因而他希望"那些从未接触过东方宗教哲学的物理学家们,能够对物理学的哲学观点感兴趣。他们将发现,东方神秘主义提供了一个协调一致和尽善尽美的哲学框架,它能容纳物理学领域最先进的理论"②。20世纪末,不少著名的科学家对东方宗教哲学和神秘主义曾产生浓厚的兴趣,并且开展过相应的研究。或许他们领悟到了某些全新的领域、范畴和思路,但也有可能在还没有找到时就已失去,与某种颠覆性的变革擦肩而过。所以,卡普拉对"新时代"充满期盼,但人们对之也充满困惑。

总之,卡普拉所倡导的不破不立之创举和气魄,是西方20世纪以来"危机意识"的必然产物。他在为弗格森的代表作撰写前言时曾说,"当我们继续迈入80年代时,我们会越来越意识到,我们正面临着一场极为深刻、波及世界的文化危机。这是一场错综复杂、层次多元的危机,它触及我们生活的每一领域——我们的生计与幸福、我们生存环境的质量与我们的社会关系,以及我们的经济,技术和政治。"③ 但卡普拉心有灵犀一点通,他利用中国智慧对"危机"的理解而看到其包含的"危险"与"机会"这两层意思,充分认识到"危机"与"变化"之间的深刻联系和辩证发展。他相信,正是这种

---

① [美]卡普拉:《物理学之"道":近代物理学与东方神秘主义》,朱润生译,北京出版社1999年版,第310页。
② [美]卡普拉:《物理学之"道":近代物理学与东方神秘主义》,第2—3页。
③ 参见 Marilyn Ferguson, *The Aquarian Conspiracy. Personal and Social Transformation in Our Time*, Los Angeles: J. P. Tarcher, 1980, (弗格森《阿奎亚协同作用》)英文版前言。

危机得以产生的社会文化背景才真正迎接到"新时代"的来临。

美国人弗格森也力主"新时代"的精神乃在于"统一"与"协同"。在其代表作《阿奎亚协同作用》（1980年）中，她同样认为，西方从现代到后现代的范式变化，就应该是从男性化的刚烈似火，即进取、分解、理性的阳之时代转向女性化的柔情似水，即接受、综合、顺应的阴之时代。所谓"阿奎亚"（Aquarius）的中文译意为"宝瓶宫"，即黄道12宫的第11宫。古人为表示太阳在黄道上的运行位置而将黄道分为白羊、金牛、双子、巨蟹、狮子、室女、天秤、天蝎、人马、摩羯、宝瓶和双鱼这12宫。按照西方占星术的说法，太阳每2100年在其中一宫范围内运行，然后到达下一宫；在过去的两千多年中，太阳一直在"双鱼宫"中运行，所以这一时代以"鱼"为象征。而在古希腊文中，"耶稣、基督、上帝、之子、救世主"这5个词的首字母拼在一起正好是希腊语的"鱼"字。《圣经》中亦有耶稣收渔夫彼得为其第一门徒，让他"得人如得鱼一样"之说。[①] 因此，基督教曾以"鱼"为其象征符号，已过去的这两千多年即基督教时代。而现在太阳将进入"宝瓶宫"运行，它标志着基督教时代的结束和一个新时代的来临。这个新时代即"阿奎亚新时代"（"宝瓶宫"时代）。"阿奎亚"在古希腊语源中与"水"相关，意指"水精""运水者""监管水者"等，而宝瓶宫的象征符号亦为两道并行协同的水波纹（≈）。从"水"属"阴"之推论，故有"新时代"为阴型范式或东方阴性时代即神秘主义复兴时代之说。

弗格森在其著述中亦探究了客观科学与主观经验的趋同现象，并强调二者必须紧密结合。从其思想的社会文化背景上考察，她一方面深受20世纪60年代外向型"政治革命"的影响，如抗议对越战争、主张黑人权利运动等，另一方面也受到20世纪70年代内向型"意识革命"的感染，如嬉皮士运动、超越冥想派、自我经验派等反传统文化思潮。在她看来，科学与经验同属于一种对自我及自我实现的新兴趣。她认识

[①] 参见《圣经·新约·马太福音》4章19节。

到社会矛盾冲突和精神悖谬现象之间的趋同性及统一性。正如德日进（P. T. de Chardin）发现了"爱之协同作用"那样，她也相信在经历过"黑暗、暴力的双鱼时代之后将进入一个爱与光明的时代"。[1] 但弗格森在"新时代"之特征中比较强调个人自我的改变，她认为社会的改变首先要从单独个人的改变开始，这种自我意识观念之改变自然会对集体与社会产生熏陶、感染作用，使之最终获得一种认识实在的新视野、新思路。此外，对自我身体及意识结构的更多了解还能改变人们科学研究中的方法，从而达到主客观的合作、主客体的统一。这种协同作用因而能将自然与人生、个体与集体、理性思辨与神秘智慧、精确界定与模糊把握、科学与宗教等包摄整合，形成一种纵横交叉、错落有致的关系网络。

格罗夫是所谓"超人格心理学"的创建者之一，其兴趣在于人的潜意识领域和对各种心理治疗的探究，主要著作为《自我发现的探险》(1987)。他认为，人的精神恍惚状态有利于心理治疗，因为它反映出人的潜意识活动及其特性，是人之意识的一种扩展现象。他断定人的意识结构包括三个层面，即自我记忆层、出生构成层和超越人格层，而这第三个层面就使人的自我意识能够超越自我及时空之限，由此便出现了轮回转世的经历，物我合一、天人感应的体验，化入宇宙整体的感受以及与神鬼灵交的意会。根据这种超人格意识，格罗夫认为其研究不仅仅是继承了弗洛伊德精神分析及治疗的方法，而且已窥探到人之内蕴的整体世界观或宗教世界观。从这一意义上来说，他声称人按其传统原本是宗教的、灵性的、具有神秘感的和醉心秘术的。人的意识中超人格现象这一层面的发现，便揭开了人与宇宙内在关联的奥秘；也就是说，人具有一种"宇宙意识"或"超意识"。在格罗夫看来，超人格意识的发现对"新时代"的意义，就在于它扬弃了笛卡尔哲学范式和牛顿物理学范式中物质与精神的截然区分，重新肯定了二者的整合与统一。

---

[1] Marilyn Ferguson, *Die sanfte Verschwörung, Persönliche und gesellschaftliche Transformation im Zeitalter des Wassermanns*, Basel: Sphinx, 1982, S. 22.

贝特逊（1904—1980年）是英籍美国文化人类学家，被尊为当代"控制论大师"，著有《精神生态学进程》（1972）、《精神与自然》（1979）和《精神生态学》（1981）等。他曾用精神作为"系统现象"来表述其观点，认为"精神即那些起着共同作用的各组成部分或其成分的一种集合"①。这些部分本身并不是精神性的，精神乃是它们中存有的某种内在组织，精神过程即指各部分之间的相互作用。这些部分所内在的有机组织及其和谐作用遂构成了贝特逊关于精神的"生态学概念"。他用这种概念来对人类学、心理学、生物学和认识论等认知领域重加解释，并倡导一种整体的世界观念和系统论、控制论的研究方法。

上述四位理论代表的共同特点，是企图建构"新时代"的一种"新思想"体系，但在很大程度上却又表现出对古老神秘主义直观把握和模糊界说的浓厚兴趣及倾慕之心。他们在理论上对东方神秘主义表示关注，在实践上对传统占星术、灵智学、精神治疗术亦加以仿效，而且重视印度瑜伽、中国气功及人体特异功能的探究。不过，由于他们的论述涉及面太广，在许多研究领域及专业中也暴露出其生疏与外行等弱点，给人一种捉襟见肘之感。因此，不少西方思想家认为"新时代"理论家的理论乃是依附于某一固定学科而成立，并未形成关涉"新时代"理论的独特内容及体系。持此观点者迄今仍对"新时代"运动抱观望或怀疑态度，并告诫人们不要被之领入认知理解的误区。在其探索中，有两点值得注意：一是这些学者都提及整体论或整体思维，希望可以克服以往西方思想及其思维方式的片面性或单一性，从而能有一种综合的、统摄一切的认知；但他们并没能展开这一思路，故给人留下语焉不详的印象。二是他们都非常关注东方思想，尤其是东方神秘主义传统，涉及印度宗教文化和中国古代宗教思想，而且也论及颇有争议的人体特异功能问题。这种出自西方学者的兴趣，也应该引起我们的高度重视，以能科学地、客观地重新反思东方宗教思想传统及其独特实践。在

---

① Gregory Bateson, *Geist und Natur. Eine notwendige Einheit*, Frankfurt: Suhrkamp, 1982, S. 113.

进行东西方思想文化比较研究时，我们也应该考虑到与之关联的整体性、开放性思路，从而使对宇宙、对生命以及对精神等现象之科学的探索可以畅通无阻。

三　发展趋势

自20世纪70年代以来，"新时代"运动在西方各国迅速发展，与之相随的便是形形色色、各种各样的宗教复兴或灵性复兴活动。在北美，各种"新时代"运动团体和社区组织如雨后春笋般兴起，仅据1983年的统计，在美国和加拿大就已有一万多与之相关的团体组织、2500多种关于"新时代"运动的出版物问世。在欧洲，除了意大利、西班牙少数几个保持天主教传统的国家外，"新时代"运动的影响也迅速蔓延。20世纪80年代初，德国开始出版关于这一运动的书籍，当弗格森的代表作于1982年被德译出版后，马上成为德国的畅销书。在其影响下，德国不久就有30多个相关组织宣告成立，并有12种杂志问世。卡普拉在出版其《物理学之"道"》时，本来其期望值是能发行5万册，而他在伦敦的朋友告诉他如果能售出1万册就是巨大的成功了，但没想到此书在全世界的销售已超过了上百万册，还被译成了12种以上的语言文字。[①] 随着"新时代"运动书籍文献的出版越来越多，在欧洲各大书店也都设置了名为"奥秘学"的专柜来销售这类著述。在东欧，波兰等国亦开始受到"新时代"运动的影响。其全球蔓延之势，可能也间接地影响到中国，如20世纪末中国社会一度出现的气功热以及对人体特异功能的关注等，是否与之有所关联，也值得我们研究、反思。

综合而言，当代"新时代"运动的发展有着如下一些特色。

第一，"新时代"运动宣称"现代"已经结束，"后现代"时期已

---

① ［美］卡普拉：《物理学之"道"：近代物理学与东方神秘主义》，朱润生译，北京出版社1999年版，第311页。

经开始。这与西方兴起的"后现代"思潮相呼应，它代表着对工业化社会的一种清算和反思，以及对现代文明进程所带来的自然损害与破坏的不满和抗议。

第二，"新时代"运动表现为一种神秘主义、唯灵主义的复兴。其对东方神秘主义的赞誉和推崇，归根结底不是寻求其理性智慧而是对其神秘智慧的憧憬与渴求。与此同时，基于西方神秘主义传统的神智学人智学也有较快的发展。在这种意义上，人们亦将之称为"新诺斯派"或"新神秘主义"。

第三，"新时代"运动追求一种综合或折中主义，其对趋同现象的强调就是要实现外在宏观宇宙的统一和内在自我世界的和谐。这种精神倡导"互补""协同""系统"等原则，并把综合东、西方智慧的阴阳系统论作为其理论框架。

第四，"新时代"运动推崇绿色和平、生态平衡观念，将之视为人与自然世界的正常关系和协调状况。在看到现代社会的危机和工业化生产的破坏之后，它反对人对自然的无限占有和滥用，而希望人类能够返璞归真，重建自然原初本有的和谐秩序。

第五，"新时代"运动重新运用古代占星术、星象学理论，并试图从东方天人感应、宇宙一元观来解释人与宇宙的关系。其对"后现代"时期的解释，如"宝瓶宫"时代取代"双鱼宫"时代、阴取代阳、水取代火、东方取代西方等理论，并没有脱离传统星占学的窠臼。

第六，"新时代"运动亦与对人体的神秘理解及秘术修行实践相关。一方面，它从观念上对传统中的道成肉身，轮回转世等说教重加诠释。另一方面，它注意对瑜伽、气功、打坐、禅定、悟道等东方修行方法加以研究和采用，以求东、西方秘术的交流互渗和融会贯通。这种意趣在当代导致了西方灵学的复活、对人体特异功能的觅求，以及东方传统练功与修行方法在西方社会的流传。

第七，"新时代"运动力求与西方文化传统和基督教信仰分道扬镳。这种反传统文化运动孕育出各种精神的颓废与自然的清新复杂交织的新文化运动，而其反基督教信仰倾向则给传统教会带来危险和警告。"新时代"运动称"行将过去"的"鱼的时代"为"基督教时代",表明其与基督教传统决裂的态度。但正是这一意向遭遇到西方主流社会及其意识形态的强烈反对和抵制,其对东方的倾向和偏爱受到西方社会舆论的尖锐批评,在西方亦导致捍卫西方基督教文明之风的盛行,从而对这一运动形成了有效的抵制和遏制。正因为这种西方文化舆论的反弹,使"新时代"运动没能得到更大的发展,并给人一种戛然而止的感觉。不过,也应该看到,与"新时代"运动兴起的同时,在其时代氛围中又滋生发展出各种新兴宗教。但这种意义上的宗教复兴却使传统基督教会更加感到忧虑和担心。西方宗教正统派认为,新兴宗教运动会带来宗教的退化,引起人们宗教信仰观念和实践上的混乱与茫然。所以,它们不承认这些包括由基督教嬗变而来的新兴宗教为其传统延续意义上的正常教派,而称其为一种"新异教"现象。其实这种"新异教"现象也曾在当代中国浮现,并导致了极为负面和复杂的后果。

从以上概述来看,"新时代"运动的内涵并不十分明确,它作为一种方兴未艾的思想灵性运动,尚未形成其确切的意义概念。正是这种内涵的不清,才使人感到它有着极广的外延。许多新兴宗教也都将自己的组织形式及思想内容冠之以"新时代"运动之名,以便扩大其影响和作用。为此,曾有人将"新时代"运动所引入的时代称为新兴宗教辈出的时代,认为其特点就是各种宗教形态、各种灵性运动、各种神秘思潮的涌现流行。但"新时代"运动并不专指某一具体的新宗教,而是代表着目前精神走向的一股新思潮。在这种意义上,"新时代"运动几乎可以等同于某种宣传性概念。不过,这一运动的普遍存在和迅猛发展却是人们有目共睹的铁一般事实。它不仅席卷西方,而且影响东方,其观念和实践近几年甚至在中国也时有所闻、偶有所见。对于"新时代"运动的价值定性可能尚为时过早,但我们应该加强对这种全球性精神现象的观察与研究。而事实上,我国学术界对于这样一场波及全世界的精神灵性运动,似乎不太注意,没有清晰的察觉,也缺乏相应的思想及学术敏感,所以几乎错过了对之观察和研究。因此,从一种整体思维的视角来从全球范围的发展审视这一"新时代"运动,应该是中国学术界、思想界应尽的义务。

(原载《世界宗教资料》1992年第1期,此处有修改补充。)

第四编　宗教与"一带一路"

第二十二章

对"一带一路"文化的整体审视

"一带一路"经济发展看似是局部性发展，实际上却影响全局，具有全球性意义。因此，研究"一带一路"经济发展必须具有整体思考，多层次、全方位地加以设计和推进。这种整体思考关涉如下三个方面：一是全球政治经济对"一带一路"发展的影响，其中既有大国博弈，亦有多国参与，而这些国家的政治取向及经济状况等将决定其对"一带一路"的关注和参与，并直接影响到"一带一路"相关国家的态度及其参与程度，所以，推动"一带一路"国际合作需要有全球眼光和整体审视。二是必须研究"一带一路"各国的文化传统及其现状，这是世界各大文明发源和会聚之处，包括中华文化、中亚文化、中东文化、东南亚文化、北非文化以及欧洲文化等，古代历史上"四大文明"的崛起就在此地，因此文明的对话、交流及冲突都非常频繁。各种文化并非独立、孤立的存在，而是有着密切关联和复杂交错，如果不了解这一深厚的文化底蕴，"一带一路"国际合作亦难以展开。三是应该高度重视"一带一路"沿途各国的民族、宗教问题，从分析其民族、宗教的历史渊源及发展现实来审视、评估其可能的风险和机遇。"一带一路"周边的宗教既涉及世界三大宗教如基督教、伊斯兰教和佛教，也包括具有地域、民族特色的各种宗教如印度教、锡克教、犹太教、巴哈伊教以及琐罗亚斯德教等，这些宗教的广泛存在势必影响到参与"一带一路"建设人群的精神世界及灵性生活，会对"一带一路"国际合作在政治、经济、文化等领域的推动产生重要影响。所以，只有综合性、超越自我地来审视"一带一路"相关国家的这些政治、经济、文化、宗教诸要素，才能充分准备好对"一带一路"各国的综合性推动及发展。由此而论，对看似局部性发展的"一带一路"国际合作，必须要有整体思维的审视，必须关注各种综合因素对其成功与否的影响。因此应对"一带一路"文化展开整体审视，同时也将关注的重点放在其宗教文化上来具体探究。

随着"一带一路"国际合作发展的深入推动，人们对海陆丝绸之路及其文化关联越来越重视。"一带一路"经济发展以亚洲为中心，却牵一发而动全局，形成了全球性关联。"一带一路"沿途国家多为相关文明的发源地，历史悠久，文化底蕴深厚。特别是在当代国际环境的复杂变化中，其多元文化呈现出错综交织之状，而其宗教因素亦非常典型，值得我们高度关注。实际上，"一带一路"涵括极广，虽然其具体涉及的国家主要是亚洲、欧洲和非洲各国，而同样也会触及并影响到美洲及大洋洲等地的政治、经济及文化发展，因而实质上具有全球意义，远远超出"一带一路"的原初地域蕴涵，已经具有全球范围的世界政治经济之意蕴。这样，"一带一路"不只是具有局部意义，且影响到全球，需要我们对之加以整体审视。而且，这种关注还不能仅仅限于政治与经济，而必须考虑其包括宗教在内的精神文化诸方面。

一 "一带一路"对全球政治经济的影响

"丝绸之路"是古代中外交通重要路线的习称，其相关路线有着"瓷器之路""香料之路""玉石之路""黄金之路""茶马古道"等说法。1877年，德国地理学者李希霍芬对其中的陆上通道以"丝绸之路"冠名，从此得到公认，形成习用。大致而言，陆上"丝绸之路"最初指中国西汉时期张骞出使西域所行路段，古都长安为起点，经河西走廊、塔里木盆地、中亚、西亚而达欧洲，全长7000余公里。而"海上丝绸之路"则是这种表述的延续使用，指古代中外交通的海上通道。

2013年9月7日，习近平主席在哈萨克斯坦纳扎尔巴耶夫大学演讲中率先提出以创新合作模式共建"丝绸之路经济带"的倡议，引起世界舆论的积极反应。据粗略统计，陆上丝绸之路与中国相关联的亚欧国家大约有35个国家和地区，并以此为核心形成更广远的扩展和辐射。2013年10月3日，习近平主席访问印度尼西亚期间，在国会发表演讲中提出了共同建设"21世纪海上丝绸之路"的倡议，随之而有了"一带一路"之说。"海上丝绸之路"至少包括位于亚洲、非洲、大洋洲和欧洲的38个国家或地区。通过海陆丝绸之路，这些国家和地区自古以来就与中国有着各种交往，现在以复兴"丝绸之路"为方式，这一领域的经济发展被激活，随之开始人们对其政经发展及文化恢复的广泛兴趣。在习近平主席的积极倡导下，中国多部委于2015年3月28日在海南博鳌论坛上发表《推动共建丝绸之路经济带和21世纪海上丝绸之路的愿景与行动》的合作倡议，由此开始"一带一路"国际合作的系统工程。习近平主席在详细描述了世界多极化、经济全球化、文化多样化、社会信息化这一复杂图景之后，明确提出了"迈向命运共同体、开创亚洲新未来"的建议。令人兴奋而鼓舞的是，对这一"亚洲"合作发展新构想的积极回应马上就超出了亚洲范围，而形成了对全球共建人类命运共同体的共同关注。所以说，"一带一路"国际合作发展计划并不是中国一家的"独唱"或一相情愿，而不仅有着沿线国家积极回应的"唱和"，更是形成了全球共同参与的国际"交响乐"。

西方舆论曾把"一带一路"国际合作称为中国版的"马歇尔计划"，意味着在中国引领下这一地区将实施其经济复苏和复兴，但西方一些国家也对之持怀疑和观望态度。围绕着"一带一路"议题，世界各国对华态度直接或间接地得以表态。一种类型是对"一带一路"国际合作的积极参与，在上述60多个国家和地区中，绝大多数是采取了与中国合作、积极参与的态度，他们乃实现"一带一路"宏伟计划的骨干力量。而其中少数国家按其地理位置虽然属于"一带一路"的核心地位，却因政治考虑及其分殊而成为这一发展的近距离观察者。第二种类型则是"一带一路"地区外围的国家或地区，他们大都同情"一带一路"的发展，并有着相应的参与，如与之联系密切的、中国所倡导成立的"亚投行"就得到了这些国家和地区的大力支持，随着本属西方联盟的一些国家加入"亚投行"，西方的对华态度出现分裂，而在其政治与经济选项下也有着明显的不相协调或矛盾呈现。第三种类型在地理位置上远离"一带一路"核心地区，与其发展并无直接的关联，但这些国家在"一带一路"域内地区直接或间接有着其政治、经济利益，故而很难超脱。这样，大家仍然会聚焦"一带一路"，寻找各种机会。其社会政治经济的共同利益与中国所倡导的共同建设"人类命运共同体"显然有着吻合，形成共鸣。由此而论，"一带一路"合作发展带来了一种全球意识的整体聚焦，编织成一张谁也很难彻底逃脱的关系大网，国与国之间必须彼此面对，有着交织或换位思考。

虽然"一带一路"周边主要国家只占世界国家总数的四分之一稍多一点，但其全球关联却根深蒂固、枝繁叶茂，不可小觑。反之而论，世界的政治经济格局也因"一带一路"国际合作的新型发展而带来了变化，需要一种全球审视和评估。当人们考虑、设计、规划或实施其政治经济布局时，也不得不考虑由"一带一路"构想所带来的变化，必须因势利导，巧妙构思，避免风险，抓住商机。随着"一带一路"重大项目得以实施或完成，其经济形势影响并带动了整个世界经济的发展及社会结构的变化。这种运势正促进全球范围的经济新格局之形成，正在启动具有全球关联的新项目，也正在改变世界金融的流动方向和国际经济发展的走向。所以说，"一带一路"并非当代世界的局部发展，而是反映出世界经济的基本格局和整体态势。考虑其经济与政治，必须从世界全局出发，必须善于把握和驾驭其整体局面，有着其通盘审视。

2017年5月14日，"一带一路国际合作高峰论坛"在北京召开，来自世界各地100多个国家和地区的代表出席论坛，包括许多拉美国家和非洲国家的代表。习近平主席在论坛上发表了"携手推进一带一路建设"的主旨发言，引起全球关注。习近平主席讲话的基本精神就体现出全球意识、整体思考，旨在当代世界的共同发展。"一带一路"构思的推出，其基本意向就是"互学互鉴，合作共赢"，即以"一带一路"沿线地区为起点，使之成为全球整体合作的"和平之路、繁荣之路、开放之路、创新之路、文明之路"。与亨廷顿等西方理论家所思考的全然不同，"一带一路"精神则是要突破局部或有限合作以某种"文化圈"或利益共同体来应对社会变迁和世界危机的思路，以克服和超越文明隔阂、文明冲突或某种文明优越等传统认知来走出一条共建人类命运共同体的全新文明之路。在文化多样化更为凸显的当前国际形势下，面对这种文化大发展、大变革和大调整的时局，中国基于整体审视的考量而表明其"对话不对抗，结伴不结盟"的态度，谋求一种全球同发展、共进步、齐参与的"整体"共融。所以，其国际经济合作从最初的"一带一路"核心地区向外积极辐射，目前已远远超出了"一带一路"之界成为新的世界范围的大合作，而其政治影响的全球性也已不言而喻。

二 "一带一路"是世界各大文明发源和会聚之处，应整体审视其文明形态

无论是雅思贝斯（K. Jaspers）的"轴心时代"所触及的远古文明，还是孔汉思（Hans Küng）所论"三大宗教河系"中的宗教文明，以及众所周知的古代历史上的"四大文明"，大都在我们所谈及的"一带一路"地域范围之内。远古文明的兴衰，带来了人类的迁徙流动，曾形成波澜壮阔的文明之流，给"丝绸之路"的出现埋下了伏笔，奠定了基础。此后，在上述文明发展的关联地带，先后出现了多种文化形态，包括中华文化、中亚文化、中东文化、东南亚文化、北非文化以及欧洲文化等，给人斑斓多彩之感。这些文明形态不只是给人类带来其沉重的历史回忆，而且留下了不朽的历史痕迹，传承着影响至今的古代遗产。亨廷顿在其"文化圈"理论中谈到不同文明之边际交接之处会发生文明冲突，导致文化对抗。而"丝绸之路"的延伸也曾不断越过这些文明边际，见证过不同文化圈之间的友好对话。其实，在历史的经验中，所谓文明冲突或对话，恰如一个硬币的两面，共同存在，轮流显

现。纵观人类历史的发展，我们会发现社会冲突的历史可能会多于社会对话的处境，所以，了解人类文明、保持文化对话乃难能可贵至关重要，必须努力争取。

"一带一路"地区的文明寻踪，是我们随着"一带一路"国际合作不断深入而必须跟进的文化之旅。文化是社会政治经济发展的精神反映，也为其和谐共构提供了温床。虽然其文明形态各异、文化特色突出，各种文化却不会孤立存在、独立发展，而是形成普遍关联和千丝万缕的联系。例如，两河流域的文化就与古希伯来文化有着复杂交织，而古代印度文化对中华文化发展亦产生过广泛影响。虽然这些古代文明具体所涉及的国家主要是在亚洲、欧洲和非洲各国，但随着其文明的扩展、嬗变而逐渐潜移默化地影响到美洲、大洋洲等地的文化发展。因此，推进"一带一路"国际合作就必须做好文化功课，熟知相关地区博大精深的文化传统、文明传承，体悟其留存的文化气质、文明特色，把"一带一路"经济工程也作为文化工程来展开，打好其可持续发展的基础。我们必须意识到，"一带一路"地区曾孕育的文明为整个世界文明的发展提供了摇篮，带来了许多迄今仍广有影响的文化元素和文明积淀。在推动"一带一路"国际合作时对之加以文化战略意义上的审视和发掘，会对其文化特质有更深刻的认知，对文明的价值及意义有更贴切的领悟。

当然，这些远古文明的确乃"俱往矣"的过去，我们发思古之幽情并不是要陷于古代而难以自拔，不能拘泥于这种文化矫情，而必须走出远古迈进现代，洞察历史变迁的风云，找出历史发展的规律，以古观今，明察时局，吸取教训，理性作为。我们必须看到，这些文明地带的发展也跌宕起伏、曲折复杂，以往的"流奶与蜜"这一景观经常被"狼烟四起"所取代，不少远古文明已经荡然无存，冲突战争却成为常态。可以说，"一带一路"地区的文化变化既持久又惨烈，其历史的痕迹被多次抹刷，其文化的形态亦不断变换，时至今日已面目全非，只能找到其依稀模糊的连线。了解、研究这些文化变迁，使我们在"一带一路"地区走得更稳健，其事业的发展也能够更持续。从以往文明的发展变迁各种经验教训中，我们应该深知，"一带一路"首先必须向"和平之路"的发展方向来努力，没有和平、繁荣、开放、创新等则根本无法实现。而走和平之路，实现并确保宗教和平则至关重要。

三 "一带一路"地区的宗教全貌

"一带一路"相关国家大多有着复杂的政教关系问题，如果不能稳妥处理好则会带来推动"一带一路"发展时的风险，使之成本增加事倍功半。在陆上丝绸之路与中国相关联的上述35个亚欧国家和地区中，多数居民信奉各种宗教，有着悠久的宗教历史传统和民族特征，其中大多信奉伊斯兰教的包括阿尔巴尼亚、阿富汗、阿塞拜疆、巴基斯坦、哈萨克斯坦、吉尔吉斯斯坦、孟加拉国、塔吉克斯坦、土耳其、土库曼斯坦、乌兹别克斯坦、伊朗等12个国家或地区；大多信奉基督教（以东正教或天主教为主）的包括爱沙尼亚、白俄罗斯、保加利亚、波兰、俄罗斯、格鲁吉亚、捷克、克罗地亚、拉脱维亚、立陶宛、罗马尼亚、马其顿、摩尔多瓦、黑山、塞尔维亚、斯洛伐克、斯洛文尼亚、乌克兰、匈牙利、亚美尼亚等20个国家或地区。而波斯尼亚和黑塞哥维那则有着伊斯兰教、东正教和天主教信仰的复杂交织，此外缅甸以信奉佛教为主，而印度以信奉印度教为主，但穆斯林也有1亿以上信众，所占比重较大。这些国家或地区政教关系复杂，社会风俗习惯及社会矛盾冲突也多与宗教相关联。其中政教合一或以某种宗教为其国教的政体依然存在，其宗教在国内政治中起着关键作用。有的虽已废除国教，却仍以某一宗教为其绝大多数人的信仰，形成其民族团结及社会凝聚力。还有的则经历过多种宗教的发展变迁，如古代两河流域的宗教已荡然无存，昔日的辉煌与当下的败落对比鲜明，令人感叹，而伊斯兰教则已成为其风行的最主要宗教。古代波斯帝国流传的琐罗亚斯德教至今仍存，但其社会政治影响已经边缘化，主要作为文化记忆而留存。印度教虽然为印度第一大宗教，在其社会却不能平稳地、毫无争议地独占鳌头，而是与伊斯兰教、锡克教等冲突不断、磨合反复。佛教在"一带一路"周边国家广为传播，却在历史上消失在其发源地及曾起到佛教流传主要作用的印度，而现在则重新出现了印度对佛教信仰的呼唤，浮现出新乘之肇端。在这些国家中，宗教影响可能会影响到其政治决策，而政教合一的宗教权威则明显高过其社会的政治权威。

在海上丝绸之路与中国相关联的38个国家或地区中，宗教存在的形势同样错综复杂，其民众宗教信仰虔诚、宗教传统久远，并已形成以宗教为表述的民族特色。其中大多信奉伊斯兰教的包括阿联酋、阿曼、埃及、巴林、卡塔尔、科威特、黎巴嫩、马尔代夫、马来西亚、沙特阿拉伯、文莱、也门、伊拉克、印度尼西亚等14个国家或地区，印度尼西亚已成为世界穆斯林第一人口大国，超过2亿多人信仰伊斯兰教。而大多信奉基督教各派的包括埃塞俄比亚（其中人口的45%信奉东正教，40%以上为穆斯林）、澳大利亚、比利时、德国、东帝汶、法国、菲律宾、荷兰、瑞士、西班牙、新西兰、意大利、英国等13个国家或地区。大多信奉佛教的包括柬埔寨、老挝、蒙古国、斯里兰卡、泰国、新加坡（40%信佛教，为其第一大宗教）、越南（占50%左右）等7个国家或地区。而大多信奉印度教的包括毛里求斯、尼泊尔2个国家，此外马达加斯加约有一半人以上仍然坚持信奉其传统非洲宗教，而以色列大多信奉犹太教，视其为民族之魂。其政教合一或以某种宗教为国教的现象依然存在，宗教也仍为绝大多数人的信仰。

"一带一路"地区涉及的宗教有世界三大宗教伊斯兰教、基督教（包括其三大教派及地方教派）和佛教，有具有典型民族特征的宗教如印度教、锡克教、犹太教、传统非洲宗教以及历史较短但影响迅猛增长的巴哈伊教等新兴宗教。实际上，"一带一路"地区就是世界三大宗教的发源地，是人类宗教最为丰富、最为多元也最具挑战性的地区。而这些国家或地区又正是我们建立"丝绸之路经济带"的立足之地。因此，必须稳妥、及时地处理好与这些国家或地区的宗教关系问题，否则"丝绸之路"很难畅通，围绕"一带一路"经济发展所进行的国际合作亦很难持久。

孔汉思曾断言，"没有宗教和平就没有世界和平"，而不稳妥解决宗教问题，"一带一路"的国际合作亦无法实现。因此，我们必须对"一带一路"相关国家的民族宗教情况有深入的调查研究，有充分的风险评估，综合性审视宗教在这些国家和地区的社会地位、政治影响和民族关联，把宗教因素从国际合作国内政治的不利因素转化为积极因素。例如，由于没有宗教的信仰传统和民俗基础，我们在"一带一路"地区往往很难深入了解民意，在交往中一旦触及宗教问题，就可能造成不必要的麻烦，甚至带来起着破坏性影响的矛盾冲突，从而使"一带一路"的国际合作举步维艰。我们在"一带一路"国际合作中看到了"五通"之基本构设，即政策沟通、设施联通、贸易畅通、资金融通、民心相通，其中"民心相通"是"一带一路"发展及可持续发展的社会根基。如果不了解或不尊重其宗教传统，不意识到相关宗教与相关民族的密切关联，就不可能达到民心相通，也很难奠立这一共同发展的社会基础。我们必须以一种开放和包容的心态来看待"一带一路"地区的民族、宗教问题，并依次扩展到对全世界民族宗教问题的思考研究，找到并实行其正确政策及对策，而不要人为地挑起民族宗教事端，造成不必要的矛盾和冲突。因此，在这一问题上决不可走封闭和排斥之路，而必须牢牢记住，"文明在开放中发展，民族在融合中共存"。

此外，这些"一带一路"国家和地区也会因为宗教问题而有着自身的不稳和动荡，对此我们必须事先知晓，以便未雨绸缪，早作准备。如中亚各国处于与我国西部接壤的关键部位，也是我们"一带一路"国际合作最直接、最方便之地，因此，这一地区的社会稳定问题，包括其与恐怖主义、分裂主义、极端主义这三股势力斗争的问题，则是我们必须密切关注的。进而言之，从全球整体审视来看，西方大国对我们"一带一路"国际合作肯定不只是观望，而势必会在与我们争取在这些地区影响力的博弈中打"宗教"牌，而我们切忌不可丢掉这一底牌，失去主动。最近美国总统在美国国家祷告日签署行政命令，废除1954年出台的限制宗教自由之约翰逊修正案，就是一个重要信号，值得我们高度重视。相关宗教对相关跨境民族会有着共同影响，我们不可对之无视或听之任之，而理应作积极转化工作。各个国家都留有各自民族、宗教、领土纷争及历史遗留问题，如当前颇为敏感的乌克兰危机、克里米亚归属问题，伊朗与阿拉伯国家关系问题以及受西方制裁封锁而造成的问题，叙利亚内战涉及的教派冲突，伊拉克和阿富汗社会稳定问题以及所谓"伊斯兰国"问题等，其中都有明显的民族宗教因素。所以，当我们在推动"一带一路"国际合作而进入这一领域时，必须慎之又慎，对之要有综合分析和全面思考。我们要有效避免"一带一路"发展的风险，就必须熟知和考虑好如何应对其复杂的民族、宗教问题，做到有预案、有对策。其中特别重要的就是应该及时处理好我们国家自己的民族、宗教问题，协调好"发展是硬道理，稳定压倒一切"的辩证关系，首先搞好中华民族精神共同体和命运共同体的建设，确保中国社会稳定、民族团结、宗教和谐，形成我们和睦共融的社会存在及精神家园，在世界上起到积极示范作用，为"一带一路"国际合作提供持久可信的民心和精神保障。

"一带一路"国际合作已经形成当前世界发展之全新文化现象，这种合作是广泛而深刻的，其意义深远而充满启迪。从经济意义上，"一带一路"国际合作首要考虑的是经济上的利益共同体问题，让世人意识到全球共同发展这是硬道理；从文化意义上，则必须有对人类命运共同体维系及发展上的文化战略之通盘思考，形成全人类应该努力实现其共同存在、一起发展的观念，因为"一带一路"的当下实践正是其是否可行及如何实施的试金石，会起到对整个人类命运共同体大厦建设的奠基作用。总之，我们有效推进"一带一路"国际合作必须要有文化战略意识，要以一种整体思维来对之全面考虑、综合分析，这样才能使"一带一路"走得更持久，其发展亦会更有成效。

（本文为在2017年上海论坛上的发言）

第二十三章

对话宗教与"一带一路"发展

对于延续约两千年之久的古丝绸之路历史，我们一定要特别关注宗教的传播和交流，这在中外交通史上占有很大比重，形成了其文明对话、融汇的隽永史话。外域宗教的相继入华、中国儒教等中华信仰传统的西渐，通过丝绸之路而全面展开，从而使经贸、外交之内在要素即精神信仰的交流得以实现。由此，宗教的双向流传与相互交往，促进了地域广泛、人员众多的中外民众信仰生活多层面的相遇和较深入的融通，使富有动感、充满活力的丝绸之路获得了其久远持续的精神动力。

陆上丝绸之路的开拓至少可以追溯到张骞西游大月氏的时期，由此中国人始知印度之名，随之亦"始闻浮屠之教"。而随着丝绸之路的西向开拓，佛教得以从印度经西域而传入中国。历史记载西汉哀帝元寿元年（公元前2年）时佛教传入中土，揭开了中印文化交流的序幕，也开始了中国人对"西方"的认识，即从被中国人所视为"西天"的古代印度，逐渐向西域扩展到真正"西方"意义的欧洲。在东汉永平七年（公元64年），蔡愔、秦景等中国人赴天竺求佛法，于东汉永平十年（公元67年）迎来印度人摄摩腾、竺法兰至洛阳，并因"时白马负经而来"之说而建有此后极为著名的白马寺。最早时期的佛教东传中国乃经过西域，不少佛教高僧不惧艰难险阻经由穿行西域的丝绸之路而到中国内地传教，使佛教成为对于中华文化意义最为深远的外来宗教，而其得以在中土流行更迎来了佛教"中国化"的华丽转身，新生为深入中国民心的中国传统宗教。此后，中印文化交流的海上丝绸之路亦得以建立，有了不少穿梭于中印之间以宗教传播为使命的文化使者。这些始创中印文化交流通道、有着筚路蓝缕之功的先驱者包括不少印度及西域高僧，如祖籍印度的鸠摩罗什（公元344—409年）从龟兹（今新疆库车）被迎到长安，尊为国师；印度高僧真谛得梁武帝之邀经海上丝绸之路于中大同元年（公元546年）来到南海（广州）弘法；此外，来自西域的僧人还包括安息人安清、安玄，大月氏人支娄迦谶，龟兹人佛图澄，北天竺人觉贤，南天竺人菩提达摩等。这些人学识渊博、精通经典，来华后大多成为译经论法的著名翻译家和宗教理论家。

　　中国人的"西行漫记"也与丝绸之路密切相关。佛教传入中国后，不少中国人先后踏上西行求法之路，这样就与西域僧人的东行传法相呼应，使中华文化与印度文化得以积极互动。最早到印度的中国人是汉献帝建安十年（公元205年）从鸟鼠山（甘肃渭源）出发的成光子，此后在曹魏甘露五年（公元260年）西渡流沙的朱士行则成为最早沿丝绸之路西行的中国僧人。特别值得一提的是沿着陆上丝绸之路西游、后经海上丝绸之路东归的东晋僧人法显（公元344—420年），他是实际上中国历史上的第一个"海归"，将其游学获得的他国文化知识带回中国，以充实中华文化。此外，中国僧人竺法护、智猛等人，尤其是后经《西游记》加工而闻名遐迩的玄奘（公元602—664年）以及稍后的义净（公元635—713年）等人，都是西行东归、译经传法的名僧。丝绸之路的开通使佛教传入中国，中国人在通过佛教文化认识印度的同时，也因为早期印度文明与古希腊文明的复杂关联而得以间接地了解西方尤其是古希腊的精神文化要素。所以，佛教经丝绸之路的传播，有着极为广远而深刻的文化交流意义。

　　早期曾活跃在丝绸之路的宗教还有琐罗亚斯德教，其作为古代波斯萨珊王朝的国教在传入中国后也被称为"祆教""火祆教""火教""拜火教"等容易为中国人所理解的教名，而其蕴含光明至善之意的神名在华则"始谓之天神"。这一关注光明与黑暗、善与恶相对抗的二元神论，及其表达的对世界之二元理解和分析，在宗教史上有着重大意义。琐罗亚斯德教经丝绸之路东传，于6世纪南北朝时期传入中国，曾在西域特别盛行，其流传包括焉耆、康国、疏勒、于阗等地，一度被古代王朝的一些统治者所推崇，如北魏灵太后（公元516—527年）曾使该教获得独尊之位，让统治者带头奉祀，并废止了其他祭祀崇拜。陈垣认为，"火祆之名闻中国，自北魏南梁始"[①]。而北齐、北周时流行的"事胡天""拜胡天"，则使"胡天"成为该教的专称，"胡天神"还被用来区别"中国恒言之天"。隋唐时期该教曾达兴盛，社会广建祆祠，统治者为此也设立了萨宝府和祀官，包括唐朝长安的布政坊、醴泉坊、普宁坊、靖恭坊和崇化坊，洛阳的会节坊、玄德坊、南市西坊以及凉州的祆神祠等，呈现其当年在华之辉煌。陈垣认为，"祆字起于隋末唐初"，揭示出人们对该教理解的中国化。"祆字之意义，以表其为外国天神，故从示从天。同时周书亦有祆字，并谓之曰火祆神；火祆二字之相连，亦始于此。"[②] 中国宗教文化以"示"表敬"天"的信仰蕴涵在此得以透彻体现。

　　犹太教因其民族发展的跌宕起伏而使其历史充满着谜一般的经历，其流散和迁徙在丝绸之路上也能找到一些蛛丝马迹。犹太人在唐代甚至更早就已来到中国，对之有着不少传说和猜测。他们多从中亚经丝绸之路来华经商，亦有从海上丝绸之路经西亚、北非或印度等地转道来华者。犹太人走到哪里，也将其宗教带到那里。所以，犹太民族和犹太教的发展流变踪迹基本上是一致的。早在公元2世纪，犹太教拉比文献中就已经有了关于丝绸的相关记载，在丝绸之路则发现了7世纪至14世纪之间许多犹太教的遗迹、遗物等，这说明犹太教与丝绸之路的关联至少有千年之久，其与中国的交往自隋唐以来更显频仍。隋朝裴矩在《西域图记》中记载了当时从中国出发西行的路线，"发自敦煌，至于西海，凡为三道，各有襻带。北道从伊吾，经蒲类海铁勒部，突厥可汗

---

① 陈垣：《陈垣学术论文集》第一集，中华书局1980年版，第305页。
② 陈垣：《陈垣学术论文集》第一集，第308页。

庭，度北流河水，至拂菻国，达于西海"①。这反之也说明了东进来华的相应路径。到了宋代，则已经有确切史料证明大批犹太人来华侨居，如开封等地犹太人在此时的存在及与中国人的同化留下了令世界极为惊讶的一段历史。关于犹太教在华"一赐乐业"之教名，一种解释为今"以色列"的同音异译，另一种解释则认为此名乃根据明太祖旨意而来，表明其"抚绥天下军民，凡归其化者，皆赐地以安居乐业之乡，诚一视同仁之心"②的宽容和包容。犹太教的丝绸之路之旅使两个博大精深的文化得以相遇，并有着融合会通的佳话。

基督教最初以景教的身份传入中国，而景教之名本身就打下了丝绸之路的深深烙印。《大秦景教流行中国碑》描述了唐贞观九年（公元635年）波斯主教阿罗本沿丝绸之路而来中国传教的经历。其初来唐时被称为"波斯教""波斯经教"或"经教"，使之与联通中国与波斯的丝绸之路紧密相关。其后所取"景教"之名的本意也是指"光明之教"，而"景"字本身就与"火""日"之意有着内在关联，由此可以回溯到古代波斯的拜火信仰，故而也曾被误传为火祆教。陈垣谈到了景教由海上丝绸之路初来的可能，"彼时中华与波斯大食交通频繁，伊大约由海路来也，景教碑有'望风律以驰艰险'句"③。而朱谦之则认为也不能排除景教亦由陆路传入中国，"在中国与波斯之间，密布着交通网，以与中国之重要国际贸易都市相连接"，"景教徒自叙利亚、波斯以至中国，一路上凡是景教徒所聚集的地方，大概都是东西往来贸易的通路，例如安都（Antioch）、泰锡封（Seleucia-Ctesiphon）、驴分城（Edessa 伊得萨）、木鹿（Merv）都是。这些地方或驻有景教的大主教或主教（如安都、驴分城），或即为景教之据点（如泰锡封、木鹿）"④。由此看来，景教在古代丝绸之路乃活动频繁，在横贯西域、中

---

① 《隋书》卷六十七《裴矩传》，中华书局1973年版，第1597页。
② 孔宪易：《开封一赐乐业教钩沉》，《世界宗教资料》1986年第2期。
③ 陈垣：《陈垣学术论文集》第一集，中华书局1980年版，第84页。
④ 朱谦之：《中国景教》，人民出版社1993年版，第61—62页。

亚、沟通中西上有着独特贡献。唐朝景教达到过"法流十道""寺满百城"的鼎盛,而在唐会昌五年(公元845年)受武宗毁佛灭教牵连遭打压后也没有在中国完全消失,仍然沿着丝绸之路继续发展,在西北一些边疆少数民族地区中成为其主要宗教,如居住在土拉河和鄂尔浑河流域的克烈部落、阿尔泰山附近的乃蛮部落、色楞格河流域的蔑里乞、阴山以北地区的汪古部落以及西部地区的畏兀儿和吉利吉思等民族都以景教为其信仰,这为元时景教重返中原地区留下了重要伏笔。

摩尼教在华则是古代波斯宗教与中华草根文化的奇特结合。摩尼教最迟于唐朝沿丝绸之路传入中国,在中国宗教史和农民战争史上都留下了深深的印痕。早在4世纪初,中国人已经获知摩尼教的存在,而"据中亚发现的文书残卷记载,摩尼教于675年传入中国"[①]。其传入中国后曾被称为明教、明尊教、末尼教、牟尼教等,在民间亦有菜教、食菜教之称。在丝绸之路发达地区,如西北、东南沿海、中原等地,尤其在吐鲁番一带,摩尼教在古代曾颇为兴盛,成为在当时外来宗教中仅次于佛教的第二大宗教。当代发现的摩尼教遗址、遗物分布很广,西到新疆东抵福建等地,这充分揭示出古代陆海丝绸之路影响广远,而相关地区的宗教活动亦非常活跃。公元731年前摩尼教在华可以自由传道译经,因而在基层发展迅速,但此后遭唐玄宗禁止,其在内地的发展势头受阻。但在西部丝绸之路地区,摩尼教仍保持住其发展强势,如回鹘人于8世纪曾在吐鲁番地区建立高昌王国,以摩尼教为国教。当回鹘人帮助唐朝平定安史之乱之后,移居中原的回鹘人自公元768年也被允许建寺传教,摩尼寺院一度遍布各地。公元840年回鹘亡国后,摩尼教再度遭禁,此后其流入民间,成为中国历史上著名的民间宗教,明朝对之持高压禁止的态度,摩尼教才最终从人们的视野中消失。

伊斯兰教于唐朝沿丝绸之路来华,最初由海上丝绸之路到中国广州、泉州、扬州、杭州等地,由来华经商的阿拉伯与波斯商人传入。他们带来香料、象牙、药材、珠宝等,带回丝绸、瓷器、茶叶等,故使其

---

① 沈济时:《丝绸之路》,中华书局2010年版,第111页。

海路亦有香料之路、香茶之路等称呼。这些人后来在华侨寓"住唐",形成以伊斯兰教为其信仰的中国少数民族。"元时回回遍天下",伊斯兰教在华获得较大发展,并延续到明朝。明朝时信奉伊斯兰教的回族将领郑和(1371—1435年)曾率领船队七下西洋,极大开拓了海上丝绸之路的疆域,而且促进了亚非众多国家及地区的政治、经济和文化交流,而这些区域的宗教,特别是伊斯兰教也获得明显的发展。当年郑和所到之处,如今仍有着佛教、伊斯兰教等丰富信仰精神资源。

天主教是历史上依托丝绸之路来华传教中最为典型的宗教之一。自元朝以来,其传教士活跃在陆上及海上丝绸之路,时时显现其在丝绸之路长途跋涉的身影,促成了中西文化及宗教精神的直接碰面和深度交流。当时元朝的强大及蒙古人的西征,使欧洲人震惊而不解,而当时东方有一位长老约翰王信奉天主教异端景教的传闻,又让西方天主教颇为不安。公元1245年教宗英诺森四世在法国里昂召开欧洲主教会议,决定派传教士作为使者东行来华,以争取蒙古大汗信仰正统天主教,此即蒙古与罗马教廷开始通使来往的政治及文化原因。1245年方济各会修士柏朗嘉宾(Giovanni de Piano Carpini)沿丝绸之路从西往东行进,为西方天主教东行来华之始。1247年,多明我会修士安山伦(Anselme de Lombardie)亦受遣东来。此间来华的还有1249年启程的多明我会修士龙如模(Andre de Longjumean)、1253年出发的方济各会修士鲁布鲁克(Guillaume de Rubrouck)等人。他们对丝绸之路沿途风土人情的精彩描述让西方人感到惊讶和羡慕,为当时将要展开的中西交流提供了极好的文化氛围。此后于1271年随家人来华的意大利人马可·波罗久居中国,直至1291年才回返欧洲,其口述的《马可·波罗游记》成为深度了解古代丝绸之路和元时中国的阅读范本。1289年方济各会修士孟德高维诺(Giovanni Montecorvino)沿丝绸之路穿越亚美尼亚、波斯和印度东来,最终于1294年从印度由海上丝绸之路抵达中国,开创了基督宗教来华传教的新时代,他本人亦成为天主教来华开教第一人。天主教的东传成功代表着中西开始直接的精神文化接触,这不仅丰富了中国的宗教生活,而且使中国有了更多的机会观察和了解西方。

以丝绸之路为点线来扩散开的中西文化及宗教精神交流，在明末清初耶稣会的东传中国之实践中达其高峰。意大利耶稣会传教士利玛窦（Matteo Ricci）沿丝绸之路边学习边前行，因为掌握了中国语言、积淀了中国知识而真正实现了这种文化交流的重大突破。中国人经耶稣会的媒介而开始对西方科学、哲学、宗教、语言等的系统研究，欧洲人也因此而获知中华传统的儒教、道教等宗教精神，受到中国哲学、文学、艺术、风俗、传统等影响。明清传教士在丝绸之路的远东之旅中还创建了一门新的学科，这就是欧洲汉学的奠立。利玛窦等耶稣会士将中国学问回传西方，开启了17、18世纪欧洲的中国学研究，并一度形成欧洲的"中国热"。这门学问经法国耶稣会士而进一步达其体系化，涵括政治、经济、历史、文化、哲学、宗教等领域，成为迄今仍然影响广远的中国研究。我们今天对丝绸之路意义的回味和对"一带一路"国际合作的思考，同样也不能离开目前已达中西携手并进的这门中国学问。

（原载《世界宗教文化》2015年第2期）

第二十四章

"一带一路"与宗教文化关系的
历史反思及未来展望

"一带一路"国际合作所带来的当代发展，使海陆丝绸之路与宗教的关联重新被人们所关注。由于在当前国际环境的复杂变化中宗教因素的凸显，对"一带一路"的重视不可能仅仅局限于其政治、经济因素的思考，而必须有精神文化方面的审视。无论从以往的历史来反思古代丝绸之路给我们带来的经验和启迪，还是基于当今处境来展望"一带一路"的发展前景，都必须将其宗教文化因素作为重要的、独特的方面来深入分析、充分前瞻。丝绸之路两千年之久的交流历史与宗教文化交流有着密切的交织，留下了大量珍贵文献史料，也给我们带来了对其复杂性的深刻思考和对其经验教训的吸纳注重。沿着丝绸之路的轨迹，各种宗教传播交流的痕迹亦十分醒目，特别是佛教、基督教、伊斯兰教的发展变迁，构成了丝绸之路历史的重要内容。而其他宗教在丝绸之路的隐现，也各自有着其作用及影响。这种发展乃古今关联，延续至今，给丝绸之路沿途的民族或相关地区发展留下了深深的烙印，形成了其生活形态和文化习惯，并具有巨大的政治影响。所以，如果不去认真思考、仔细评估其宗教的因素及其留存的作用，那么我们在"一带一路"的国际合作发展上就可能走弯路，甚至在政治、经济上付出惨痛的代价。众所周知，连接东西丝绸之路的一个重要标志就是敦煌，敦煌是丝绸之路上的一个重镇，留下了丰富的历史积淀和引人遐思的传说故事,因此敦煌魂是丝路之魂极为真实的写照。敦煌研究也因而具有深刻的学术意义、重要的战略价值和对未来发展的巨大影响。敦煌的历史可被视为丝绸之路历史的一个生动形象的缩影,正是在这一意义上,我们可以理解为什么"敦煌学"能够成为世界的显学,其研究实质上就是对丝绸之路政治、经济、民族、文化、精神、信仰等方面的全方位研究。作为宗教研究者,笔者更注意各种宗教在丝绸之路沿线的传播交流,对其地域特色及文化传统中宗教的彰显有着特别的关切。由此笔者亦认为,"一带一路"国际合作能否成功,不只是靠政治上的把关和经济上的努力,更应该在精神文化方面有着相应的跟进,尤其是对沿线地区宗教问题加以特别关注和研究,使"一带一路"合作构想能作为一个贯通古今的系统文化工程来得以推动。

一 丝绸之路的宗教文化传播

(一) 佛教的丝路之旅和中国"西方"观念的拓展

通常认为,张骞出使西域,打通西行之途,标志着丝绸之路历史的开端,其发展则与宗教的文化传播有着直接关联。佛教的东传和中国人"西天"取经,使两千多年前的中外交通开始活跃起来,这也正是后来人们所回顾的丝绸之路文明传播史之基本内容。其实人类相关民族的迁徙、交通已在不同地域展开,开始了其历史的流变。而西域丝路则标志着中国人对这种国际性迁徙、交流的积极参与和贡献。但中国人所持有的"天圆地方"之古老观念,随着丝绸之路带来的视域开放也出现根本性拓展。中国人因为这一丝绸之路的向往延伸而开阔了自己的眼界,所谓"中西"之别即当时的中国人把与西域关联的古代天竺称为"西方",故而有着"西出阳关"的开拓、探索,往"西天"而取佛教之经。相关记载使丝绸之路充满了动人故事和神秘色彩,由此亦使中华文化与印度文化有了深层次的交汇,并在佛教随后的中国化过程中得以奇特的融合。在中印丝绸之路的交往中,留下了摄摩腾、竺法兰、鸠摩罗什、安清、安玄、支娄迦谶、佛图澄、觉贤、菩提达摩从西往东的足迹，也记载了蔡愔、秦景、成光子、朱士行、法显、竺法护、智猛、玄奘、义净等人由东至西的史话，中国人从此有了"西方"的概念，也吸纳了外来宗教与华不同的文化元素。于是，中国文化的开放性、包容性、发展性特点得以形成，中西之别、中西交流、中西融贯的思想亦始见端倪。对于这段中西交通的历史，人们更加关注的是思想文化的交流，信仰精神的相遇，彼此差异的识别，双方之长的互补。此间宗教经典的译者使他们经历过艰难跋涉的丝绸之路升华为思想沟通的精神之路，在不同文化之间构筑起可以自由往来交通的桥梁。因此，昔日丝绸之路上的旅行家，成为我们今天仍值得纪念的文化名人。在陆上丝绸之路得以开拓后不久，海上丝绸之路也随之开通，人们在劈波斩浪、扬帆远航之中传播了知识、交流了思想、比较了宗教、会通了智慧，其中宗教经海上丝绸之路而传播亦成为这一历史上的亮点。

丝绸之路与宗教文化的关联不仅涉及中印文化、传播了佛教，而且还通过印度宗教文化间接认识了古希腊文化，这一开放之路使中国人接触到当时世界文明发展的状况及相关路径，看到各文明之间的相遇与沟通，而中国人的"西方"观念也由此不断往前开拓、延伸，由"天竺"进而认识到"大食""大秦"，并最终确定了东西方的界限，有了超越东西方的精神境界。

（二）琐罗亚斯德教的东传与二元神论之突破

丝绸之路文明之旅的历程不断在充实其蕴涵，由此亦扩大了对更多宗教的认知。如中国人对古代波斯文明及其琐罗亚斯德教的认识和吸纳也是通过丝绸之路而得以实现的。琐罗亚斯德教作为古代波斯萨珊王朝的国教而展示了波斯文明的信仰特色，这就是在人类文明史和宗教史上独树一帜的二元神教体系的传播，特别是突出"光明"与"黑暗"的争战、"善"与"恶"观念的对应，与西方的神统世界观和东方的整体世界观迥异，扩大了人们思想想象和信仰追求的空间，丰富了人们的认知思路及其逻辑探求。中国古代历史上与波斯文明也通过丝绸之路而结缘，在神州大地还出现了称为"祆教""火祆教"或"拜火教"的这一古老波斯宗教等，中国人对其神明加以归纳，使之在华有"始谓之天神"的发展变化，随之且以"胡天神"来区别"中国恒言之天"。北魏灵太后时（516—527年）祆教获得独尊，其他祭祀崇拜一度被废。而北齐、北周时所谓"胡天"也是该教之专指。按陈垣考据，"祆字起于隋末唐初"，"祆"字之意指外国天神，"故从示从天"。祆教徒沿丝绸之路使波斯文化得以东传，其信徒主要来自粟特、波斯以及今属撒马尔罕的安国、曹国、史国、石螺国、米国、康国等，故有"此六国总事火祆，不识佛法"（慧超：《往五天竺国传》），"王及百姓不信佛法，以事火为道"（《大慈恩寺三藏法师传》）的记载。随着"西域诸胡受其法，以祠祆"（《新唐书·西域传》），其影响逐渐扩散到中土其他民族，在中原、蒙古、西藏、西北等地，甚至江南都有其传播。在沿丝绸之路的中国古代少数民族聚集区，信祆教者包括鲜卑人、突厥人、蒙古人、吐蕃人等，因而影响到丝绸之路精神文化的流变，除了其崇尚光明、拜火等信仰特色仍被人重视之外，如今天西北等地作为其文化元素而留存的穆护歌、胡腾舞、胡旋舞、泼胡乞寒戏、拓壁舞筵等，即属于这一传统的文化遗产。而琐罗亚斯德教的宗教哲学思想则有着更广远的扩散，其表述甚至还有着沟通东西方的潜在蕴涵，如中国的"新文化运动"在翻译、介绍尼采等西方哲人著作时也多论及琐罗亚斯德教的思想，比较典型的有楚图南所译《查拉斯图拉如是说》、徐梵澄所译《苏鲁支语录》等，其译名所指其实都为琐罗亚斯德。在今天"一带一路"的西域拓展中，我们还应该注意到琐罗亚斯德教这一代表波斯文化的古老宗教在伊朗仍然还存在并保持了一定的活动空间，从中折射出的中伊宗教文化交往之光，也会为今天双方精神文化的相遇和悠久友谊历史的重提带来亮点。

（三）摩尼教沿丝绸之路传入中国且深入民间

与琐罗亚斯德教有着历史渊源关系且代表着其此后革新发展的摩尼教，在古代中国历史上也非常活跃，尤其在中国民间宗教史上留下了深深的印痕。摩尼教是由琐罗亚斯德教改革发展而成，即波斯人摩尼在3

世纪结合基督教等宗教内容而创教，当他 277 年遇害后其门徒遂积极往东传播，约唐朝前后沿丝绸之路大量入华，并在北非、印度等丝路扩展地带形成其影响。摩尼教初传中国约于 4 世纪之际，7 世纪末则已形成相对明显的规模，不仅在民间影响较大，而且也为历朝官方所高度重视。摩尼教在 731 年前曾被允许自由传教，但因其形成民间势力特别是反对官府的强大抵抗力量而随后被唐玄宗等封建统治者所禁。其在华有明教、明尊教、末尼教、牟尼教、菜教、食菜教等称，其传播范围从西北扩大到东南沿海、中原等地，尤其是 8 世纪时在吐鲁番一带一度鼎盛，建立过以摩尼教为国教的高昌王国。在摩尼教经卷、文书的翻译中，回鹘语、中古波斯语、帕提亚语和粟特语等得以运用，并形成其独特的摩尼文，故而代表着丝路文化的另一特色。摩尼教在中国古代历史上曾是外来宗教中仅次于佛教的第二大宗教，深入到许多相关民族的文化生活之中，且卷入中国古代的政治冲突、政权更迭的斗争之中。其广泛的传播发展曾见证了古代陆海丝绸之路的通畅、活跃，这种大面积的宗教传播也留下不少历史的记载和广布的文物，迄今在新疆、甘肃、福建等地，仍不断有摩尼教的遗址、遗物之发现，如吐鲁番摩尼教残片、敦煌摩尼教残卷，特别是福建泉州晋江摩尼教寺院遗址草庵和摩尼教霞浦文书的发现等，引起了世界的轰动和联合国教科文组织的高度关注。今天在西部新疆、甘肃的摩尼教考古发现与东部福建摩尼教遗址的发掘与修缮，使西部陆上丝绸之路和东部海上丝绸之路摩尼教文化交流的史实鲜活地呈现在人们眼前，给我们"一带一路"的建设提供了重要历史元素及其当代启示。

（四）丝绸之路与犹太教在华的奇特经历

犹太人是强调一种信仰、一个民族、一块土地的古老民族，其与中国也早有来往，而丝绸之路则正是这种交往的见证。由于其国于公元 70 年被古罗马帝国所灭，亡国的犹太人随后流散在世界各地，曾经成为"没有国度的民族"，而其东行则与丝绸之路相衔接。犹太商人在唐代或更早时期就已经沿着丝绸之路来中国经商，留下了其来华足迹及相关文物。犹太人所到之处，也是犹太教所至之地，这种民族与宗教的密不可分使其宗教随人而行。精于商业的犹太人当然知道丝绸的价值，在公元2世纪犹太教拉比的文献记载中，就有中国丝绸之论。此后在7世纪至14世纪之间，中国境内的丝绸之路沿线留下了不少犹太教遗迹遗物。关于犹太人来华有种种猜测，如其周朝、汉朝进入中国等说法把中国人与犹太人的交往提早了很多，但至少在宋代，犹太人在河南开封及江南等地的活动则有着确凿的历史明证。特别是犹太人在开封被同化的奇特经历使犹太人不得不佩服中华文化海纳百川的涵容能力，也使人们感受到丝绸之路文化交往所具有的无限魅力。

犹太教在华曾有"一赐乐业"教之称，一般认为此即"以色列"的同音异译，不过也有人认为此名源自明太祖"抚绥天下军民，凡归其化者，皆赐地以安居乐业之乡，诚一视同仁之心"的说法。[①] 河南民间曾习称其为"挑筋教"，犹太会堂则为"挑筋教礼拜寺"。此外，与"犹太"相关的说法还有"术忽""珠赫""斡脱"等，散见于中国元朝以来的各朝史料。

毫无疑问，到达开封的犹太人已经有着在丝绸之路上的跋涉及生存经历，且与沿途各民族有着对话、交往和沟通。犹太人来华或是从古波斯多经陆上丝绸之路而东进，途中经过西夏等"西域"国家，与之广有商贸活动和信仰碰撞，或是选择海上丝绸之路经印度等地来华，即经"天竺"而来华，其实在今天印度沿海地区仍有一些犹太人定居点，可以回溯其经海上丝绸之路东来这一久远历史，故而开封犹太教说其"出自天竺，奉命而来""本出天竺西域"。犹太教随其民族的迁徙而流动，在陆海丝绸之路的游历丰富复杂，跌宕起伏，与沿线中亚各国、印度等都有交往，最终到达中国，居于开封、杭州、广州、洛阳、敦煌、宁波、泉州、宁夏、扬州、南京、北京等地，其在近现代还有留住在哈尔滨、天津、上海等地的经历，使中华民族与犹太民族的交往悠久而丰

---

① 孔宪易：《开封一赐乐业教钩沉》，《世界宗教资料》1986年第2期。

富。这种丝路经历和当代奇遇使犹太民族对中国有着特殊的感情，成为今天中以友好关系的历史基础和文化纽带。以色列在今天"一带一路"发展中的重要政治经济地位，使我们对其民族及宗教特性必须有着清醒认识。

（五）基督教沿丝绸之路的扩散与中西交通史

基督教各派传入中国，海陆丝绸之路乃其必经之路，而沿途的多民族宗教现象也熏染了传到中国的基督教本身。如最初传入中华的基督教聂斯脱利派就首先受到琐罗亚斯德教的影响之后才来华立足，故而曾被中国人误以为它是来自波斯的宗教，其初期教名"波斯教""波斯胡教"或"波斯经教"就可见一斑。而琐罗亚斯德教对光明、火的崇拜也影响到经波斯而传至中国的基督教，其在华"景教"之称就有着"日"、"火"、光明之涵盖，"景教"之名实际上就是指"光明之教"。景教沿丝绸之路的传播与西域、中亚等地的文化有着交互影响，在引入西方思想的同时也接受了中国的文化。唐朝景教就已经在沟通、汇聚中西方思想文化，与佛教、道教甚至儒教都有相应的对话和互渗，其一大特点就是引进了儒教的孝道等习俗，而其至高无上的上帝则有了具体创世造物的"匠帝"蕴涵。景教文献则成为敦煌文献的重要构成，且与佛教道教文献相混。景教虽然受武宗毁佛灭教的牵连而在中原遭禁，却沿丝绸之路扩展区域的广袤地带而得以保存，并一度发展成为西北部分边疆少数民族如克烈部落、阿尔泰山附近的乃蛮部落、色楞格河流域的蔑里乞、阴山以北地区的汪古部落以及西部地区的畏兀儿和吉利吉思等民族所信奉的主要宗教。由此亦可看出丝绸之路在民族宗教留存上的强大活力，也是这种留存而为元时景教复兴并重返中原奠定了基础，引起西欧对遥远东方之中国的传说、遐想和期望。此后马可·波罗家族东游、西欧天主教传教士沿丝绸之路东进，遂掀开了天主教来华的篇章。传教士在丝绸之路沿途的见识使之有了比较文化和比较宗教的观念，他们故此认定"摩尼教、基督教，尤其是基督教的聂斯托里派与大乘佛教或西藏的某些宗教在历史上有联系"①。其传统习见今天仍在西方社会及其民众中发酵，并直接影响到中国与西欧、中亚的关系，引导着西方舆论对涉藏问题的态度，所以我们只有借助这一丝路史实才能洞若观火。

天主教的东传使丝绸之路作为文化交流之路的功能更为明显，从此西方开始对中国的深层次了解，中国也才真正放眼看世界。所谓"西学东传、东学西渐"，就是这一时代文化交往活跃、双方获益提升的生动写照。但我们也必须冷静地意识到，此间的丝绸之路也见证了文化的差异及文明的冲突，由此而清醒地审视丝绸之路所反映的历史"双刃剑"作用。当时的"中国礼仪之争"就是沿着丝绸之路的通途而在中西展开，中国人及耶稣会沿丝绸之路西行去申诉、罗马教廷使者由丝绸之路东来宣布教宗之裁决等，曾使丝绸之路行人匆匆、异常热闹。今天我们推动"一带一路"国际合作，显然会联通欧洲、面对西方，过往丝绸之路的经验教训因而对我们当代决策也非常重要。

（六）海陆丝绸之路上的伊斯兰教传播

自唐以降，伊斯兰教经陆上和海上丝绸之路传入中国，其经西域而在新疆、宁夏、甘肃等地扎根，游南海而在广州、泉州等地建寺，并形成以之为信仰的在华民族，故曾有回教、回回教、回回教门、清真教、天方教等称谓，并使"回回"之族在中国崛起。中国历史文献记载称古代阿拉伯帝国为"大食"（波斯语 Tazi 或 Taziks 的音译，后有 Tayyi 或 Tai 之民族部落名，此"塔伊"也使"大食"可读为 Dayi，因中国最早是从波斯而得知阿拉伯人的，故以"大食"称阿拉伯），最早由阿拉伯及波斯商贾因商业之需而沿丝绸之路来华，经海上丝路在西亚、中亚、南亚和东亚等地来往，其中一些人留居中国，带来伊斯兰教在华的发展。这些蕃客、商胡、胡贾成为长期侨寓的"住唐"，在华娶妻生子，发展出新的混血民族，并坚持以伊斯兰教为其民族信仰，故有回族、回教之混用。当"元时回回遍天下"之时，其在中国的地位基本

---

① 伍昆明：《早期传教士进藏活动史》，中国藏学出版社1992年版，第65—66页。

稳固。今天东南亚各国伊斯兰教的兴盛，主要源自伊斯兰教在海上丝绸之路沿岸地区的传播。明朝回族将领郑和（公元1371—1435年）七下西洋的壮举曾威震海上丝绸之路，使中国与东南亚、北非的许多国家形成传统交往，建立起外交联系。

中国西北地区的伊斯兰教则主要源自其沿陆上丝绸之路的传播，其历史遗产构成今天中亚各国及中国西北地区伊斯兰教的分布图。公元7世纪以后，伊斯兰教崛起为西域丝绸之路上最主要的宗教，丝路故为典型的宗教"信仰之路"。随着蒙古人以陆地丝绸之路西进，带来了沿途穆斯林民族的东迁，使中国西部的民族成分发生嬗变，并逐渐形成以伊斯兰教为西域最主要宗教的特色。应该看到，西部地区伊斯兰教的东进并非简单的和平之旅，而是以战争、流血、征服相伴随，由此才使伊斯兰教逐渐取代当地其他宗教，成为其最主要或唯一合法的宗教。自10世纪中叶以来，伊斯兰教在新疆的传播有过两次高潮，先后在喀喇汗朝和东察合台汗国时期，喀喇汗朝统治者采取强制手段推行伊斯兰教，使之成为当地几乎全民信仰的宗教。察合台汗国也以武力东扩来强行推动伊斯兰教在中国西北的传播，以往当地民众信奉佛教、摩尼教的景观从此不复存在，至16世纪时新疆全境的居民已基本皈依伊斯兰教。因此，西部地区这种"古代丝绸之路的伊斯兰化"，是我们今天认识中国西部和中亚各国的一个最基本常识，若不能妥善处理好这些地区的伊斯兰教问题、认识到其民族宗教的独特性，其"一带一路"政治、经济的发展则会因宗教文化问题而受到掣肘。

二 对"一带一路"未来发展的展望

历史的经验教训值得注意，了解丝绸之路的宗教交流与现实影响是我们今天实施"一带一路"国际合作的基本文化准备之一。这提醒我们，"一带一路"构想所推动的对外合作是一个整体战略、系统工程，牵一发而动全身。"一带一路"沿线国家和地区的宗教现状及真实处境，会对这一合作计划的实施产生影响，发生相关变化。因此，我们既要注意到这些国家悠久的宗教文化传统和浓厚的宗教信仰氛围，在"走出去"时有充分的文化准备和相关宗教知识的积累，学会理解其信仰传统、"随顺"其宗教习俗；也要高度警惕这种境外影响因双向交流而可能"倒灌"入境、朝我"流入"，通过相关政治经济合作而渗入并影响到我国的相关地区和民族，加大实施"一带一路"战略时的民族宗教成本。这就需要我们在精神文化层面未雨绸缪，早做准备。

（一）"丝绸之路经济带"与陆上丝路诸国宗教

陆上丝绸之路以中国西汉时期张骞出使西域为开端，始于古都长安，经河西走廊、塔里木盆地、中亚、西亚而终于欧洲，长达7000余公里，1877年被德国地理学者李希霍芬冠以"丝绸之路"之名，从此得到公认、遐迩闻名。2013年9月7日，习近平主席在哈萨克斯坦纳扎尔巴耶夫大学演讲中提出以创新合作模式共建"丝绸之路经济带"的倡议，引起积极反响和共鸣。陆上丝路与中国相关联的至少有位于亚欧的35个国家和地区，这些国家或地区大多有着复杂的政教关系，宗教历史悠久。其中有的国家或地区是政教合一或以某种宗教为其国教，有的则是以某一宗教为其绝大多数人的信仰，有的在其历史变迁过程中形成过多种宗教的交替或流变，包括古代波斯流传至今的琐罗亚斯德教、印度教与伊斯兰教结合产生的锡克教，少数人信奉的耆那教、摩尼教等，情况极为复杂，在其国内政治中甚至会出现宗教影响大于政治影响、宗教权威高过政治权威的情势，如在伊朗等国。这些国家或地区是我们建立"丝绸之路经济带"所必须立足之地。因此，我们必须对其民族宗教情况有充分的风险评估，如中亚各国的稳定问题，特别是要注意与恐怖主义、分裂主义、极端主义这三股势力斗争的问题，大国在中亚博弈中打"宗教"牌的问题，各国之间民族、宗教、领土纷争及其历史遗留问题，乌克兰危机克里米亚归属问题，伊朗与阿拉伯国家关系及受西方制裁封锁问题，阿富汗社会稳定问题等①，其中都有或隐或现的民族宗教矛盾冲突诸因素。所以，当我们为推动"一带一路"战略而"走出去"时，就要熟知且密切关注境外复杂的民族、宗教状况，提前或及时作出应变预案及有效对策。这里，"一带一路"不再是单纯的经济战略，也是至关重要的文化战略。

（二）"海上丝绸之路"与相关国家或地区宗教

2013年10月3日，习近平主席访问印度尼西亚在其国会发表演讲中提出共同建设21世纪"海上丝绸之路"的倡议，由此奠立了"一带一路"之说，获得相关国家或地区的热烈响应和积极参与。海上丝绸之路始于历史上中国与阿拉伯国家之间的海上交往，航船从中国广州、泉州、宁波、扬州等港口扬帆出发南航，经马六甲海峡、斯里兰卡和印度半岛，抵达西海（波斯湾）或红海，并形成与欧洲的连接，史称海上"丝绸之路""香料之路""瓷器之路"或"丝瓷之路"等。海上丝绸之路与中国相关联的至少有位于亚洲、非洲、大洋洲和欧洲的38个国家或地区，这些国家或地区同样也有或政教合一或以某种宗教为其国教的现象，或以某一宗教为其绝大多数人的信仰，政教关系盘根错节，现实情况错综复杂。这里涉及的宗教有伊斯兰教、基督教（包括其三大教派及地方教派）、佛教、印度教、犹太教、传统非洲宗教以及巴哈伊教等新兴宗教。如果不能稳妥地解决好与这些国家或地区的宗教关系问题，海路亦很难畅通，和平与发展则无法实现。

（三）对"一带一路"国际合作的文化整体性思考

2015年3月28日，中国多部委在海南博鳌论坛上发表《推动共建丝绸之路经济带和21世纪海上丝绸之路的愿景与行动》的合作倡议，获得大家热烈响应，由此拉开"一带一路"国际合作的帷幕。习近平主席在论坛上分析了当代国际社会发生的深刻复杂变化，描述了世界多

---

① 参见李永全主编《丝路列国志》，社会科学文献出版社2015年版，第13—15页。

极化、经济全球化、文化多样化、社会信息化的复杂图景，提出了"迈向命运共同体、开创亚洲新未来"的建议，其积极回应乃超出了亚洲范围，形成了全球共建人类命运共同体的时代潮流。很显然，"一带一路"这种模式的国际合作已不是中国一家的"独唱"，而乃沿线国家的"合唱"，甚至为全球共同参与的"交响乐"。在这一系统、整体工程中，文化战略的思考则必须跟上，其中自然有宗教之音、信仰之彩。对宗教的认真思考是对人类社会共建努力的深层次研究，是值得深思熟虑的谋划。"一带一路"精神哲学的底蕴在于"整全""和合"，其亦被宗教信仰所倡导和坚持。人类命运共同体的建设在当代社会中还会旨在其信息共同体的形成，这种基于数字共同体的科学思考理应涵括人类精神信息，不可挂一漏万。人类命运共同体的有机构成，使之既是利益共同体，更是责任共同体，这种共享同担、同舟共济，当然需要信仰对话、精神回应、宗教和谐。中华文化是一种"和合"文化，其基本构思的精髓就在于其整合性、整全性、整体性思维。地球乃一个世界，人类命运共系，所以，我们在推动"一带一路"建设时，相应的反思需回溯其信仰传统，未来的展望更需考量其宗教因素。我们现在可立于丝绸之路古镇的敦煌来畅想、展望，而所祈愿的则是"一带一路"共建成功的辉煌。

（本文为2016年9月19日在"首届敦煌丝绸之路文博会院长论坛"上的发言）

第二十五章

"一带一路"与宗教文化交流及其现实意义

"一带一路"国际合作的构想使当代世界聚焦欧亚，重新关注历史悠久的丝绸之路。中外交通的路段以往曾有各种说法，在物质象征层面除了丝绸之外还涉及到瓷器、茶叶、黄金、香料、珠宝、玉石等，较为流行的如瓷器之路、黄金之路、玉石之路等描述，国内还有茶马古道之说，而当德国学者李希霍芬（F. von Richthofen）自19世纪70年代始用"丝绸之路"来表达古代中国通往西欧之路以来，这一表述因其形象、生动和较为准确而被普遍接受，从此成为定式并有更为宽泛的海陆之应用。其陆上丝绸之路进而拓展到与草原、绿洲、大漠的关联，而海上丝绸之路更是随碧波而扩大到印度洋、大西洋、太平洋诸海域，这一切都给人带来广阔而深远的联想与遐思。而其所涉及的地域范围及人口比重自古以来也都是非常大的，因此我们今天对"一带一路"的注目则不可只是局限于政治、经济的视域，而更要有民族、民俗、思想、信仰、文化等精神层面的思考。这里，探究古今丝绸之路的意义，显然离不开其沿途存在及发展传播的宗教信仰。

从丝绸之路与相关宗教的历史关系来看，悠久的丝绸之路充满了宗教之魂，呈现出复杂的精神世界之图景，而且其灵性生活的积淀亦穿越曾尘封的历史而形成了今天欧亚非巨大的现实影响。沿着丝绸之路的伸展，我们可以看到各种宗教在其沿线的传播交流，感受到具有浓厚宗教意蕴的民族风情和地域特色，体会到这种宗教生活、精神信仰、神圣结社和灵性思维的鲜活及强大。宗教与丝绸之路有着不解之缘，其中既有文化交流、交融的善缘，也不可回避民族矛盾、文明冲突的苦果。所以，对于过去这种具有信仰侧重的民族共同体及地域共同体的形成、对其历史向近现代的延伸及当下影响，我们必须正确面对、高度重视。要想取得今天"一带一路"国际合作的真正成功，不能仅靠政治经济方面的努力，还需要研究其思想文化处境，关注其精神信仰的发展，有着文化、文明的考量，而其中的重中之重就是对其宗教历史与现状的分析和研究。对这一久远而复杂的历程，我们要有客观、冷静的回溯，以确保我们今天积极、有为的展望。基于这一考虑，这里将专门探讨有着丝路掠影的世界三大宗教即佛教、基督教、伊斯兰教和与之密切相关的犹太教，描述其与丝绸之路的古今关联，并对其现实意义及影响加以分析评估。

一 丝绸之路与佛教传播

陆上丝绸之路的早期历史与西域丝绸之路的开通直接有关，而佛教则是在约两千多年前沿着丝绸之路从西域传入中国的。这种交流是中国与印度思想文化交流的真正开端，形成两大东方智慧的相遇及碰撞，中国于此才始知印度之名，并"始闻浮屠之教"。中国把与西域关联的古代天竺称为"西方"，佛教经丝绸之路从印度传入中国，乃中国最初了解的"西方宗教"，中国人去印度学习佛教故而也形成"西天取经"和向往"西方极乐世界"等表述。当然，最初佛教沿丝绸之路东来并非直接从印度传入，而是有着复杂、辗转的传播经历，故使佛教传入中原经历了自印度至月氏、安息、西域之曲折演进。佛教入华最早的信史记载是在西汉哀帝元寿元年（公元前 2 年）传入，陈寿《三国志》卷三十有"汉哀帝元寿元年博士弟子景卢受大月氏王使伊存口授《浮屠经》"之说。随后在东汉永平七年（公元 64 年）有蔡愔、秦景等人西行赴天竺，并于东汉永平十年（公元 67 年）迎来印度人摄摩腾、竺法兰至洛阳弘法，而洛阳白马寺之建即根据"时白马负经而来"的这一历史。在东汉永平年间，"来华之天竺译经师，对印度之天象、书数、灵异都有涉及"①。这样，中印文化交流才得以实质性开展。随后，有不少佛教高僧也经由西域丝绸之路来华传教，如祖籍印度的鸠摩罗什（344—409）从龟兹（今新疆库车）到长安被尊为国师。在此前后还有安息人安清、安玄、昙帝，大月氏人支娄迦谶，龟兹人佛图澄，北天竺人觉贤，南天竺人菩提达摩等通过丝绸之路来华传教，成为当时著名高僧或翻译家。此后，海上丝绸之路也相应开通，印度佛教从而也经海上丝绸之路传入中国和东南亚各国，如高僧真谛就是应梁武帝之邀而走海路于中大同元年（546）来到了南海（广州）。

陆海丝绸之路的开通，也使中国人得以走出去西求佛法。据传第一个到达印度的中国人是汉献帝建安十年（205）从鸟鼠山（甘肃渭源）出发的成光子，中国僧人沿丝绸之路西往则始于曹魏甘露五年（260）朱士行的西渡流沙，其"发自雍州至于阗"，取得梵文佛经正本带回。而东晋僧人法显（344—420）则从陆上丝绸之路西去，"发自西安、西度流沙"，后至中天竺，在外留学多年后沿海上丝绸之路东归，成为首位学成归国、循海而还的中国"海归"留学生。此间还有竺法护、智猛等人走出去学佛，而玄奘（602—664）和义净（635—713）则被视为西行东归、弘佛译经的典范，玄奘西天取经的故事更是成为文学名著《西游记》的原型，亦使人们对西天佛教耳熟能详。这种请进来、走出去的佛教交流，使海陆丝绸之路得以贯通，涵括北传、南传和藏传等佛教派系，并使其影响从与西域关联的印度扩大到其他许多东南亚国家，形成了古代丝绸之路与现代丝绸之路的过渡及连接。

通过佛教的传播，我们可以看到印度文化对中国社会广泛而深远的影响。中印文化交流乃中国人较为实质性接触或探究"西方"之始，在中西交往中印度实际上起到了二者之中转站的作用，中国通过陆上丝

---

① 李志夫编著：《中西丝路文化史》，宗教文化出版社2010年版，第169页。

绸之路而认识古代印度，并由此得以最终认识到具有"西方"意义的欧洲。古代东方以印度为较早接触西方文明的国度之一，早期印度文化中的雅利安人文明及犍陀罗文明间接地与古希腊文明相关联，亚历山大大帝的东征曾使欧洲文化与印度文化有过非常直接的接触，此后来自欧洲的西人也多经过陆海丝绸之路而先到达印度，将之作为其修整、学习之地，以此达到其向东方其他地区扩散其政治、经济和文化的目的。这样，古老的丝绸之路与大航海时期的西人东往有着奇特的呼应和共构，中古和近代西人的东来往往是经过在印度的穿行，其从南欧到印度果阿，再经日本终抵中国的航线乃依稀可辨。中国人不仅因佛教文化而认识了印度及其印度宗教传统，而且也因为通过这一认识又随着丝绸之路拓展到欧洲，中国人的古代西方观就是通过逐渐认识其沿途的"大食""大秦"等而最终真正了解到西方。所以说，最早的丝绸之路为中印宗教的交流提供了可能，也促进了中西文化的彼此认知。

虽然佛教后来在印度本土衰微，其沿海陆丝绸之路的外传却使佛教发展扩大而成为世界三大宗教之一，特别是在中国和东南亚等国扎下了深厚的根基，甚至还成为这些地区中一些国家的国教，如在南亚的泰国、缅甸、斯里兰卡、老挝、柬埔寨、尼泊尔等国就非常明显，形成了迄今仍有重要意义及影响的宗教文化与社会政治相交织的典型格局。可以说，佛教仍是今天在亚洲最有影响的宗教之一，其多元文化存在和复杂社会功能对"一带一路"的开拓有着直接的关系。目前这些国家或地区还因为佛教、印度教、伊斯兰教之共存或对立而使之很不平静，造成复杂的地缘政治生态，而这恰是我们推行"一带一路"国际合作所无法回避的现实。我们共建"一带一路"之际所面对的地缘安全之挑战，就包括这些宗教及其影响。因此，我们对这些地区佛教古今历史及其社会文化背景的了解研究、处理好与这些佛教国家或地区的关系，乃是我们确保"一带一路"国际合作成功实施的有效前提和必要准备，是我们必做的文化学术功课。

二 丝绸之路与犹太教传播

犹太人与中国早有联系，流传着犹太人周代或汉代就已来中国的传说，而且这种历史渊源与丝绸之路亦密不可分。在远古国破家亡的战乱中，犹太古代民族的十二支派被打乱、流散，迄今只有两支仍然清晰可辨，而对那些消散支派则留下了无限的想象空间，并由之与中华民族的古往历史复杂关联，出现了种种猜测和推想，包括有学者认为其与古代羌族或许亦有千丝万缕的关联。但比较可靠的说法是犹太商人在唐代已经沿丝绸之路来中国经商，这可以从丝绸之路沿线在新疆和敦煌所发现的6—8世纪的文物上得以印证。而中国较早关于中西交通的路线也有隋朝裴矩所作的《西域图记》，其中描述了当时从中国出发西行的路线"发自敦煌，至于西海，凡为三道，各有襟带。北道从伊吾，经蒲类海铁勒部，突厥可汗庭，度北流河水，至拂菻国，达于西海"。[1] 拂菻国就是中国人当时对东罗马帝国之称，其地理位置则跨越欧亚大陆连接东西世界。这一长途跋涉，使犹太人在古代陆上丝绸之路及海上丝绸之路都留下了其来华的印痕，他们使亚洲大陆东西两端都有了犹太人与中国人的经济和文化交往。一般认为犹太人来华经商的路线包括海上两条和陆路两条，"一条海路取道红海，这是一条最古老的东西通道；另一条海路取道波斯湾"。"两条陆路中第一条是经起儿漫、信德、印度来中国……另一条陆路经由可萨、河中而抵我国西北。"[2] 而全民信教的犹太人足迹所至也是犹太教所到达之处。犹太人最早因丝绸之路而与中国结缘，大约在公元2世纪的犹太教拉比文献中，已经有了关于丝绸的记载，由此而提供了犹太民族与中国交往之端的蛛丝马迹。犹太经典《塔木德》中有阿拉姆语词汇 shirajin 表达"丝绸"，有犹太学者推测可

---

[1] 《隋书》卷六十七《裴矩传》，中华书局1973年版，第1597页。
[2] 龚方震：《丝绸之路上的犹太商人》，转引自李景文等编校《古代开封犹太人 中文文献辑要与研究》，人民出版社2011年版，第232—233页。

能与汉语中"si"(丝)有关联。① 犹太人与中国的来往从古代一直延续到当今,形成中国与犹太民族的特殊关系。在中国境内丝绸之路上所发现的犹太教遗迹遗物,基本上是7世纪至14世纪之间的文物,这是犹太人在古代中国比较活跃的时期。而到了宋代,河南开封及江南等地犹太人的存在及同化则已经有了较为确切的史料证明,此乃中国与犹太人历史交流中的热门话题。

中国人研究犹太文化一般会触及三个关键词,即"犹太"(民族、宗教之名),"以色列"(国名)和"希伯来"(语言名)。犹太教在华始称"一赐乐业"教,通常被解释为"以色列"的同音异译,但有中国学者断定此名是根据明太祖的旨意而定,表明其"抚绥天下军民,凡归其化者,皆赐地以安居乐业之乡,诚一视同仁之心"的态度。② 中国古代民间则称其为"挑筋教",其寺为"挑筋教礼拜寺"。研究中西交通史的中国学者都比较关注中国犹太人问题,其佼佼者陈垣指出,"犹太族之见于汉文记载者,莫先于《元史》。《元史·文宗纪》天历二年诏僧、道、也里可温、术忽、答失蛮为商者,仍旧制纳税。术忽即犹太族也。《元史语解》易术忽为珠赫……术忽或称主吾,又称主鹘。""至于一赐乐业之名,则起于明中叶。如德亚之名,则见于明末清初。犹太之名,则见于清道光以后。术忽之名见于元。《元史译文证补》又谓元《经世大典》之斡脱,即犹太。"③ 根据陈垣等人的说法,至少自元代以来,关于犹太人之称就已经频频见诸中国文献,如相应于"犹太"的表述就有"术忽""珠赫""斡脱"等。在中外文化交流及融合历史上,犹太人及其宗教在中国有着颇为奇特的经历,充分体现出文化交流与沟通的积极意义。

如前所述,犹太人在华的早期历史乃"谜一般的历史",很难彻底寻根追踪,但开封的犹太人存在则是历史之明证,他们在宋代或是从古

---

① 参见张倩红等人未刊论文《丝绸之路视域下的犹太商人——开封犹太社团来历问题研究述评》。
② 孔宪易:《开封一赐乐业教钩沉》,《世界宗教资料》1986年第2期。
③ 吴泽主编:《陈垣史学论著选》,上海人民出版社1981年版,第84—85页。

波斯沿丝绸之路东进，经过了西夏等"西域"国家，即来自"西域"，或是从海上丝绸之路经印度来华即来自"天竺"，其海陆两路之踪迹仍然可辨。开封犹太教弘治碑刻《重建清真寺记》称其"出自天竺，奉命而来"；而正德碑刻《尊崇道经寺记》则说其"本出天竺西域"。潘光旦解释说，"西域说就是波斯说，天竺说就是印度说"①。这说明犹太教在陆上丝绸之路或海上丝绸之路有过漫长的跋涉，经在其沿线各国如中亚、印度等地的留存、居住之后才最终来到中国。所以说，其来华交往不只是与中国人交往，沿途已经受到众多民族文化的熏陶浸染，因而其丝绸之路的经历是文化交流和传播的史话，而古代犹太人及其犹太教通过融合同化在中国的消失也引起人们的感慨，并使犹太人自己有着深刻的反思。犹太教经丝绸之路而与中国文化相遇，并发展出犹太民族与中国的奇特经历和友好关系，由此使犹太民族对中国有着特殊的好感，这种古代的美好印象还因"二战"期间中国收留犹太难民而谱下现代新章，形成今天中以友好的历史基础。在2015年纪念反法西斯战争胜利七十周年之际，以色列总理还亲自出面参加感谢中国之宣传片的录制。以色列是中东地区在20世纪50年代初最早承认中华人民共和国的国家，这一经济、科技和文化大国对世界局势有着重要影响，其思想精神及宗教文化更是博大精深、流传广远，在中国亦打下了深深的烙印。自中国改革开放以来，中以交往频仍、合作密切，有着丰硕成果。因此，"一带一路"国际合作的开展，对犹太民族及犹太教的关注也是必不可少的。而从中东现状来看，犹太教在民族宗教冲突中也占据着重要位置，如何处理好中东现代丝绸之路上复杂的民族宗教矛盾，迄今尚未有理想的解决办法，所以需要我们认真回溯历史，谨慎面对现状。

三 丝绸之路与基督教传播

基督教是在古代丝绸之路上最为活跃的宗教之一，早在唐代就已传

---

① 潘光旦：《中国境内犹太人的若干历史问题》，北京大学出版社1983年版，第48页。

入中国。但其东来最初是以景教的身份，即已经是一种多元文化的集合体。因其由波斯主教阿罗本沿丝绸之路而来到中国，故而最初有"波斯教""波斯经教"或"经教"之称。此后固定下来的"景教"之名的意蕴也是指"光明之教"，"景"字在此与"火""日"等古代波斯宗教的核心含义有着内在关联，也蕴含着中国文化对"火"及"光明"的理解。景教在古代丝绸之路的流传影响到西域、中亚等地的历史文化，在沟通中西思想上也有着特别的意义。可以说，唐朝景教是古代丝绸之路上典型的多元宗教文化的共同体，它既代表着基督教与中亚琐罗亚斯德教及摩尼教的混合，也标志着基督教在华与佛教、道教的最早对话和沟通，并在文献留存上成为敦煌文献的重要构成。

景教在经历"法流十道""寺满百城"的鼎盛后在唐会昌五年（公元845年）受武宗毁佛灭教牵连而遭禁止，但在丝绸之路的扩展地带仍然顽强地存在着，其影响甚至传到了西欧，它还一度成为西北部分边疆少数民族所信奉的主要宗教，如克烈部落、阿尔泰山附近的乃蛮部落、色楞格河流域的蔑里乞、阴山以北地区的汪古部落以及西部地区的畏兀儿和吉利吉思等民族，他们都曾以景教为其信仰。这种留存既为元时景教重返中原打下了基础，也使中古欧洲对远在东方的中国有着特别的期盼和关注。当西方"十字军东征"受挫之际，西欧曾流传东方有信奉景教的"长老约翰王"率军西征与穆斯林军队交战之说，这种传说成为西欧天主教派传教士沿丝绸之路东来的重要动因之一，相关记载散见于当时的《马可·波罗游记》、传教士《柏朗嘉宾蒙古行记·鲁布鲁克东行记》等札记中，其历史记载也导致了西方学者关于景教当时与丝绸之路其他相关宗教的接触、交融等猜想，认定"摩尼教、基督教，尤其是基督教的聂斯托里派与大乘佛教或西藏的某些宗教在历史上有联系"[①]。因此，自元代以来，西欧因关注景教在中国沿丝绸之路的发展而开始与其对藏族及藏传佛教的探索相关联，这种历史积淀及学术习见迄今仍对西方社会及其民众有着

---

① 伍昆明：《早期传教士进藏活动史》，中国藏学出版社1992年版，第65—66页。

深刻影响，对外关涉到中国与西欧、中亚的关系，对内则与涉藏问题关联，这充分说明了丝绸之路宗教文化的丰富与复杂，因此应该值得我们重视和研究。

　　天主教沿丝绸之路的东来标志着西方对中国的全面、系统了解，实质性地推动了中西文化交流，因而具有划时代的突破意义。其元朝的东来代表着天主教真正传入中国之始，而在明末清初耶稣会等天主教传教修会沿丝绸之路东传中国的实践则开始了"西学东传、东学西渐"的时代。意大利耶稣会传教士罗明坚、利玛窦等人成为西方深入探究中国文化的翘楚、开创西方汉学的先驱，其所达到的深度和广度迄今让人叹为观止，因而不能否定其在中西文化交流上的筚路蓝缕之功。当时的中国知识界也受耶稣会的启发而达到一种思想启蒙和精神解放，开始放眼世界、反思自我，并对西方历史、科学、哲学、宗教、文学、语言等展开了全面研究。这种丝绸之路的连接及交合使西方文化及其宗教进入中国，也让欧洲人获得了中国的儒教、道教等知识，被中国思想文化所吸引，出现过欧洲的"中国热"。丝绸之路历史上的基督教东传曾促成了中西文化的交流及互补，有着辉煌一时的"双赢"。但其文化差异及冲突而导致的"中国礼仪之争"也为此后的中西关系留下了阴影，由于丝绸之路从通途到阻隔，中西双方的关系陷入低谷，并形成了种种流传至今的误解和偏见，使中西文化与政治有了复杂的交织。今天丝绸之路的沿线虽然主要在亚洲，但其终端却已延至西欧，而欧洲思想文化又扩展为整个西方的基本思想文化底色，并影响到亚非众多地区及其文化，因此其历史的经验教训给我们带来了如何智慧地与西方打交道的警醒，也是我们当前推动"一带一路"国际合作的通透之镜和扬长避短、求同存异以达"各美其美、美美与共"的宝贵资源。这里，丝绸之路上基督教来华的历史应使我们有所叹息和感慨，值得今天认真回溯和反思，由此亦可提醒当今基督教世界尊重中国的发展，并理应理解和支持今日华夏大地基督教的"中国化"革新进程。

四 丝绸之路与伊斯兰教传播

伊斯兰教也是在唐朝经陆上即"安西入西域道"和海上即"广州通海夷道"这两条丝绸之路而传入中国，在华曾有回教、回回教、回回教门、清真教、天方教等称谓。古代阿拉伯帝国在中国历史文献记载中为大食，在永徽二年（公元651年）随着第三任哈里发奥斯曼遣使来唐到达长安，中国古代与大食交往之幕遂正式打开。当时因商业往来而使不少阿拉伯及波斯商贾沿丝绸之路在西亚、中亚、南亚和东亚穿行，不少人亦留居中国，从而使伊斯兰教得以在华生存和发展。这些来华的商人被称为蕃客、商胡、胡贾，但因各种原因尤其是与中国相关民族的融合而后来演变为长期侨寓的"住唐"，他们大多在华娶妻生子，从此发展出新的混血民族，并使这些民族以伊斯兰教作为其民族的基本信仰。至元朝时，蒙古西征曾将所占之地的大批穆斯林带回中国，形成"回回"的发展，并达"元时回回遍天下"之景观。

历史上伊斯兰教沿海陆丝绸之路的东传在华留下了深深的印痕，如中国西北地区的伊斯兰教主要是其沿陆上丝绸之路传播的结果，而在东南沿海地带的穆斯林则是源自海上丝绸之路传入的伊斯兰教。这在今天也形成了鲜明的伊斯兰教地域地貌特色。陆上丝绸之路的历史遗产即今天中亚各国及中国西北地区伊斯兰教的真实写照，在公元7世纪以后，伊斯兰教逐渐发展成为西域丝绸之路上最主要的宗教，并使之成为一条重要的宗教"信仰之路"，为今天中东、中亚的伊斯兰教化奠定了其早期基础。当然也不可否认，"中亚地区的伊斯兰化是一个复杂的历史进程，除了贸易和通婚的原因之外，首要的原因即是政治权力和军事征服的扩张"[①]。而东南亚各国伊斯兰教的兴盛及延至今天的巨大影响则要归功于伊斯兰教沿海上丝绸之路的迅猛传播，由此已使这一地区成为当

[①] 邹磊：《中国"一带一路"战略的政治经济学》，上海人民出版社2015年版，第43页。

今世界上穆斯林最为集中的区域。此外，明朝时信奉伊斯兰教的回族将领郑和（1371—1435）在率领船队七下西洋时也开拓了海上丝绸之路的疆域，促进了中国与亚非北非众多国家及地区的交往，也曾使相关地区的伊斯兰教获得明显发展。

随着西方中世纪"十字军东征"的失败（1291），伊斯兰教在其发展尤其是东扩中先后建立起伊斯兰教的三大帝国，达到其鼎盛时期。其中奥斯曼帝国（1290—1922）的建立是以逊尼派伊斯兰教为正统，于1453年灭掉了原来东罗马的拜占庭帝国，于16世纪占领了伊拉克地区。此前13世纪蒙古人西征，曾于1258年攻陷巴格达，使当地长期处于分裂割据之状。但西征时留在当地的蒙古人也有许多皈依了伊斯兰教，如今在中亚东北高加索地区、车臣等地的鞑靼人，即源自这一历史传统。而在与奥斯曼帝国的争斗中，波斯的萨非帝国于1502年建立，以什叶派为国教，并将此信仰延续下来，成为今天伊朗的最主要宗教教派；但其在19世纪中叶爆发的巴布教派运动又从其内部分化出了巴哈伊教，该教因在波斯遭排斥而向外发展，形成遍布全球的当代新兴宗教。此外，1526年在印度北部建立的莫卧儿帝国，也是以逊尼派伊斯兰教为正统。这样，在16世纪已完全形成伊斯兰世界奥斯曼、萨非和莫卧儿这三大帝国并存的地域"板块"，虽然这些"帝国"因近代西方的强势崛起和自身的分裂而已随历史的烟云消散，退出世界政治的舞台，但其伊斯兰教的影响犹存，并形成了这些国家及地区的宗教文化积淀和民众习俗。伊斯兰教因其发展中的多民族性、多教派性而形成极为复杂的局面，在中东、中亚、东南亚等地沉淀发酵，使今天的政治、经济和文化格局复杂而敏感，这是我们今天思考"一带一路"之地缘安全时必须要认真考虑的。如果不了解伊斯兰教沿丝绸之路的复杂发展及其现状，则很难使我们具备风险管控和应对的能力。

从中国国内来看，与唐朝时早期穆斯林主要沿海上丝绸之路来华不同，蒙古人的西进是以陆地丝绸之路为主，这就使得中国人与伊斯兰教有了深入的交往和复杂的融合，特别是沿途穆斯林民族的东迁和融入中华文化带来了中国境内民族、宗教更为多元的发展变化，并逐渐形成了西域宗教的特色。伊斯兰教约于10世纪中叶前经中亚传入中国新疆地区。其传播在新疆达到过两次高潮，先是在喀喇汗朝时期，然后是在东察合台汗国时期，这一过程使伊斯兰教逐渐取代了当地历史上曾经流传的其他宗教而成为其最主要的宗教。而且，在喀喇汗朝时期的统治者采取了强制手段来全面推行伊斯兰教，从此把伊斯兰教变成当地几乎全民信仰的宗教。元朝后期活跃在西域的察合台汗国也以武力东扩，强力推动了伊斯兰教在中国西北边陲的发展，这使当地民众以往信奉佛教、摩尼教的情形发生了根本变化，从此也改变了新疆原有的宗教生态。16世纪时，新疆全境的居民大多已改宗伊斯兰教，这是其今天宗教现状的历史缘由。所以，我们一定要对这段历史加以深入研究，看到这种"古代丝绸之路的伊斯兰化"所带来的巨变，尤其在我国西北地区所打下的独特烙印。由此我们方可认识到其给今天丝绸之路经济带的发展可能会造成的深层次影响，并准备好科学的应对预案。

当然，伊斯兰教沿丝绸之路的发展绝非单向性的，其与中国文化的双向互动也颇为明显，而且卓有成效。例如，中国传统哲学的"中庸之道"启发了穆斯林"中道"思想的弘扬，而明清中国伊斯兰教也曾在其宗教"中国化"上取得过可贵的进展，涌现出一批如王岱舆、刘智那样融贯中阿宗教文化的思想家、经学家，从而增强了中国穆斯林的文化向心力和凝聚力。所以，在今天"一带一路"建设的推进中，这些宝贵的历史经验也理应得到传承和发扬。我们在与丝绸之路沿线的穆斯林世界交往时也要注意并重视中国文化"走出去"的这种亲和力、感染力，使"一带一路"不只是经济合作，同样也是为亚洲命运共同体乃至整个人类命运共同体的共建而推动的文化共建。

综上所述，"一带一路"与宗教文化交流密切有关，其现实意义及影响不可低估。我们今天在推动"一带一路"国际合作时必须要注意和加强研究宗教在其中所起的作用，把丝绸之路与宗教作为我们的重要课题和关注重点。我们要看到"一带一路"沿线国家和地区的宗教现状及真实处境，在这一战略实施时必须要有相应的风险评估、应对及管控举措和机制。我们不可回避这些国家悠久的宗教文化传统和浓厚的宗教信仰氛围通过政治经济合作也会渗入并影响到我国相关地区和民族这一现实。如东南亚各国的佛教和伊斯兰教影响，中亚北非各国的伊斯兰教信仰传统，以及有些国家所保持着的一定程度的基督教信仰，这都会使"一带一路"成为开放的平台，有八面来风各种影响，甚至包括来自西方的影响。此外，这些国家或地区大多有着复杂的政教关系，有的是政教合一或以某种宗教为其国教，有的是以某一宗教为其绝大多数人的信仰，从而会出现宗教主导社会走向，宗教影响甚至大过政治影响、宗教权威高过政治权威的情形。因此，当我们随"一带一路"国际合作而"走出去"时，不仅要关注境外复杂的民族、宗教状况，而且还要高度警惕这种境外影响的"倒灌"和朝我"流入"，从而做到未雨绸缪，早有准备和应变预案及对策。我们既要把"一带一路"视为经济战略，更要明白其也是文化战略，在处理宗教问题上正确有方、游刃有余，以我为主，防范并减少宗教的负面影响，发挥宗教的正能量和积极作用。

（原载卓新平、蒋坚永主编《"一带一路"战略与宗教对外交流》，社会科学文献出版社2016年版。）

第二十六章

"一带一路"建设中的民族宗教问题探究

"一带一路"国际合作发展建设的提出，使甘肃再次进入人们的眼帘，获得特别关注。甘肃文化最为形象地反映出中华文明的古老历史，而且折射出中国与西域的悠远连接。"西出阳关无故人"，丝绸之路把人们带入异域他乡，同时也迎来了与多种文化的接触、碰撞与交流。其中民族宗教因素则得以凸显。由于独特的地理环境，悠久的历史传承，甘肃与"一带一路"的关联极为明显，留有厚重的文化积淀，其中民族宗教的鲜明色彩，正是这一文化历史的醒目标志及深深印痕。记得笔者30多年前在北京上研究生时曾经看过甘肃艺术家演出的《丝路花雨》，当时感到非常震撼，为其丰富的文化光亮所折服。听说《丝路花雨》成为具有标志性的重要保留节目而反复上演，有着广远的影响和不减的魅力。而这正是丝绸之路的文化魅力，其给我们留下的宝贵文化遗产值得我们珍惜并弘扬。因此，甘肃文化战略的构思及推动，其文化标志及品牌的推出，应不离丝绸之路的文化要素，由此亦可彰显其与众不同之处，发挥其特有优势。

世界文化的绚丽不是孤立而抽象的，靠的是各民族文化的多彩来汇聚。在这种文化景观中，有着交织、重叠，彼此吸纳，融合共构，因而很难彼此分出区别，更不可各行其是、求异斥同。文化分殊的绝对化、没有宽容包容而分道扬镳，带来的只可能是动荡、分裂和灾难。当文化共融的和声小了，文明冲突的时刻也就临近了。正因为如此，人类文化史往往会被世界战争史所掩盖，赏心悦目的鲜花似锦则会被惊心动魄的刀光剑影所取代。丝绸之路也见证了这种复杂的历史变迁，给后人展示了刻骨铭心的经验教训。所以，我们今天从丝绸之路的过去走向"一带一路"建设的未来，就需要在这种历史之光的映照下观古洞今，明察秋毫，规避风险，行于坦道。这里我们所强调、应凸显的，即丝绸之路就是文化交流、融汇之路，其中尤其是各民族文化、各宗教文化特点鲜明，极为醒目。这也是我们今天甘肃文化建设所需求的，让我们走过历史文化留下的烙印，沿着民族宗教文化这道亮丽的风景线，去创建"一带一路"的新天新地。

　　如果说发掘历史文化资源来用于当今建设是主旋律，那么我们同时也必须持有风险意识。在"一带一路"建设中，其时空变幻的民族宗教存在也是需要我们妥善驾驭的关键要素。民族宗教因素既可作为我们"彩练当空舞"的加分，也是稍不注意就会剑锋失控的"双刃剑"。特别是在当前国际形势极为复杂、民族宗教问题变数极大的处境中，我们对"一带一路"的重视不能只是"莺歌燕舞"的期盼，而必须有政治、经济因素的思考，必须关注相关民族的宗教精神文化在其发展方向上可能起到的作用。在丝绸之路沿线地区，无论是过去还是现在，都有着民族宗教存在及发展的复杂影响，"一带一路"建设于此根本不可能绕过民族宗教问题来展开。我国西北地区对外接近中亚及西北亚国家，与其民族宗教存在有着明显的贴近，其中有些民族在我国属于少数民族，而在境外一些国家却为其主体民族，有着建国设政的不争现实，因此我们不能无视"跨境"民族的存在，而应借助"一带一路"合作共建的机遇来练好内功、搞好外联。不可否认，"一带一路"沿线国家和地区的民族宗教情况极为复杂，其内部本身也因历史变迁及丝绸之路带来的交流融合而形成多民族共在、多宗教共存的格局，而其不同民族和宗教之大、小、强、弱变化，也与其社会建构及变化密切相关。有着这种历史"走廊"之称的甘肃当然不能例外，反而有可能会首当其冲。对此我们应该早有准备、未雨绸缪。反思古代丝绸之路给我们的启迪，静观国外民族宗教问题爆发而导致的乱局，我们都必须高度重视民族宗教问题，从其历史、环境、政治、经济、文化、民族、社会等因素来综合考虑，系统布局，整体应对。相关民族宗教在这些地区早已形成了其与众不同的生活形态和文化习惯，并影响到其社会政治经济等层面。我们必须面对、正视其客观存在，包容、尊重其民族宗教习俗，在一种对话、共融的氛围中来对之积极引导，使之得以融入并共构中华民族的社会主义大家庭。所以，认真思考、仔细评估、正确对待、有效处理其民族宗教问题，充分发挥其积极作用，是我们执政能力和政治智慧的体现。

在"一带一路"建设中对民族宗教问题的正确处理，应该从国际大局着眼，具有全局性、前瞻性的战略眼光；同时也需从国内具体情况入手，实事求是、稳妥谨慎，审时度势，正确判断，积极作为。这两个关注也应相互关照，有机相连，使我们的判断准确，决策科学。如果我们在民族宗教问题上有重大失误和本不应该的闪失，我们的社会发展就可能走弯路，在国家的统一、民族的团结上付出惨痛的代价，留下影响后世的未知变数。为此，在民族地区推动"一带一路"建设，不仅需要我们走出去"冷眼向洋看世界"，更要求我们满腔热情建中华。这就要求我们对丝绸之路政治、经济、民族、文化、精神、信仰等方面有全方位研究，在此基础上作出民族团结、宗教和顺、社会稳定、经济发展的正确决策。作为民族宗教问题研究者，我们认为对待民族宗教只能是全力将之拉至我们党和政府一方，在民族及宗教信仰文化上积极引导，尊重差异和不同，使之自觉融入中华民族之中，成为我们民族及文化的有机构建和发展元素。与推出去不管或由此无法真正管理的构想不同，我们对民族宗教问题则应该依法进行管理，加强内部沟通，形成有效掌控，达成春风化雨、润物无声的共融渐变。而这种有效、可持续的科学管理则只能基于对其民族特性及宗教信仰的尊重，"攻心为上"，走对话交流之路。如果没有对其核心精神观念和宗教信仰的尊重，则无法开展与之关联的通心、同心、齐心工作，并难以形成社会和谐和睦的共处共融氛围，妨碍到在政治上的共同团结合作。所以说，万丈高楼平地起，千里大堤却毁于蚁穴。如何营造这种和谐共在、积极而有效沟通的氛围是关键。有些人破坏这种氛围的形成，强调民族之生分，凸显宗教之另类，其实质却是在挖我们民族团结的墙角，在毁坏我们社会主义大厦的根基，留下大堤崩塌的隐患。中国的社会发展及其民族宗教问题的处理已经到了非常关键的时刻，我们努力呼唤并迫切需要这种科学对待、正确处理的大手笔、大智慧。

在习近平总书记发出共建"一带一路"的倡导之后，中国多部委在2015年3月28日海南博鳌论坛上发表了《推动共建丝绸之路经济带和21世纪海上丝绸之路的愿景与行动》的合作倡议，由此，"一带一路"建设的集结号已经吹响。我国西北部地区为传统丝绸之路的核心地区，与"一带一路"沿线比较活跃的国度也离得较近，关系甚密，故有首当其冲之感。为此，我们必须毫不犹豫、义无反顾地整装出发，在积极拓展"一带一路"中"迈向命运共同体"的人类未来。

（本文为2017年8月25日在甘肃省临夏回族自治州举行的"'一带一路'建设与文化遗产研究论坛"上的发言）

第二十七章

海上丝绸之路与宗教传播

海上丝绸之路是丝绸之路的重要构成，其涉及和辐射的地域海域面积、社会文化影响也更大，海上丝绸之路与宗教的传播关系密切，在中外交通史上也有着重要的意义。世界上不少宗教基本上是在丝绸之路沿线及周围地域形成其传播及发展态势的，而且多与海上丝绸之路密切相关，成为这些区域政治、经济、文化、思想等特色。为了有效落实"一带一路"国际合作，回顾梳理海上丝绸之路与宗教传播的历史与现状极为必要。

一　历史上宗教沿海上丝绸之路的传播与发展

佛教的东传和中国人"西天"取经，使丝绸之路两千多年的历史得以展开。沿海陆丝绸之路的佛教东传和中国人往"西天"取经，留下了不少动人故事，使中华文化与印度文化等相关文化有了多层面的交往，留下了摄摩腾、竺法兰、鸠摩罗什、菩提达摩等人从西往东的印记，也有着法显、玄奘、义净等人由东至西的传奇故事。佛教的对华传播在陆上丝绸之路得以开拓后不久，海上丝绸之路也随之开通，其中法显经海上丝绸之路回到青岛，成为中华海外留学史上的第一个"海归"，其奇特经历脍炙人口，迄今仍被人们所津津乐道。而鉴真多次不畏艰险东渡日本，也是海上丝绸之路留下的文化交流之佳话。

琐罗亚斯德教与其后革新发展的摩尼教，在传入古代中国时也与海上丝绸之路有一定关联，尤其是摩尼教在3世纪结合基督教等宗教内容而创教之后，其信徒也积极往东传播，约唐朝前后沿海陆丝绸之路大量入华，并在北非、印度等海上丝路扩展地带形成其较大影响。摩尼教初传中国约于4世纪之际，7世纪末则已形成相对明显的规模，不仅在民间影响较大，而且也为历朝官方所高度重视。摩尼教在公元731年前曾被允许自由传教，但因其形成民间势力特别是反对官府的强大抵抗力量而随后被唐玄宗等封建统治者所禁。其在华有明教、明尊教、末尼教、牟尼教、菜教、食菜教等称。摩尼教在中国古代历史上曾是外来宗教中仅次于佛教的第二大宗教，深入许多相关民族的文化生活之中，且卷入中国古代的政治冲突、政权更迭的斗争之中。其广泛的传播发展曾见证了古代陆海丝绸之路的通畅、活跃，这种大面积的宗教传播也留下不少历史的记载和广布的文物，迄今在新疆、甘肃、福建等地，仍不断有摩尼教的遗址、遗物之发现，如吐鲁番摩尼教残片、敦煌摩尼教残卷，特别是福建泉州晋江摩尼教寺院遗址草庵和摩尼教霞浦文书的发现等，引起了世界的轰动和联合国教科文组织的高度关注，使海上丝绸之路的宗教传播获得许多珍贵史料和历史印证。今天福建摩尼教遗址的发掘与修缮，使东部海上丝绸之路摩尼教文化交流的史实鲜活地呈现在人们眼前，给我们"一带一路"的建设提供了重要历史元素及其当代启示。

公元70年，亡国后的犹太人四处逃难时将其犹太教传播到世界各地，其东行则与丝绸之路包括海上丝绸之路相衔接。犹太商人在唐代或更早时期就已经沿海陆丝绸之路来中国经商，留下了其来华足迹及相关文物。精于商业的犹太人当然知道丝绸的价值，在公元2世纪犹太教拉比的文献记载中，就有中国丝绸之论。此后在7世纪至14世纪之间，中国境内的丝绸之路沿线留下了不少犹太教遗迹遗物。关于犹太人来华有种种猜测，如其周朝、汉朝进入中国等说法把中国人与犹太人的交往提早了很多，但至少在宋代，犹太人在河南开封及江南等地的活动则有着确凿的历史明证。特别是犹太人在开封被同化的奇特经历使犹太人不得不佩服中华文化海纳百川的涵容能力，也使人们感受到丝绸之路文化交往所具有的无限魅力。犹太人来华或是从古波斯多经陆上丝绸之路而东进，途中经过西夏等"西域"国家，与之广有商贸活动和信仰碰撞，或是选择海上丝绸之路经印度等地来华，即经"天竺"而来华，其实在今天印度沿海地区仍有一些犹太人定居点，可以回溯其经海上丝绸之路东来这一久远历史，故而开封犹太教说其"出自天竺，奉命而来""本出天竺西域"。犹太教随其民族的迁徙而流动，在陆海丝绸之路的游历丰富复杂，跌宕起伏，与沿线中亚各国、印度等都有交往，最终到达中国，居于开封、杭州、广州、洛阳、敦煌、宁波、泉州、宁夏、扬州、南京、北京等地。这种丝路经历和当代奇遇使犹太民族对中国有着特殊的感情，成为今天中以友好关系的历史基础和文化纽带。

自唐代以来，伊斯兰教经陆上和海上丝绸之路传入中国，其经西域而在新疆、宁夏、甘肃等地扎根，游南海而在广州、泉州等地建寺。一般认为伊斯兰教在唐朝最早是经海上丝绸之路而传入中国南方，今广州怀圣寺则为中国最早的清真寺。伊斯兰教传入后形成以之为信仰的在华民族，故曾有回教、回回教、回回教门、清真教、天方教等称谓，并使"回回"之族在中国崛起。而"回族"与"回教"之关联，则正是在于这一民族的形成与伊斯兰教在中国的传播直接相关。中国历史文献记载称古代阿拉伯帝国为"大食"，"大食与中国正式通使，确自唐永徽二年（西六五一）始。广州北门外有斡歌思墓，回教人认为始至中国之人，……此墓当亦为永徽三年所建"[①]。由此而论，中国与"大食"的交往多经海域来展开，因而在我国东南沿海各地留下许多历史痕迹和史料记载。这种交往最早由阿拉伯及波斯商贾因商业之需而沿丝绸之路来华，经海上丝路在西亚、中亚、南亚和东亚等地来往，其中一些人留居中国，带来伊斯兰教在华的发展。这些蕃客、商胡、胡贾成为长期侨寓的"住唐"，在华娶妻生子，发展出新的混血民族，并坚持以伊斯兰教为其民族信仰，故后来有回族、回教之混用。当"元时回回遍天下"之际，其在中国的地位已基本稳固。今天东南亚各国伊斯兰教的兴盛，

[①] 陈垣：《陈垣学术论文集》第一集，中华书局1980年版，第545页。

也主要源自伊斯兰教在海上丝绸之路沿岸地区的传播。明朝回族将领郑和（公元1371—1435年）七下西洋的壮举曾威震海上丝绸之路，使中国与东南亚、北非的许多国家形成传统交往，建立起外交联系。这在海上丝绸之路的历史上占有非常重要的地位。公元7世纪伊斯兰教崛起以后，很快就成为西域丝绸之路上最主要的宗教，海陆丝绸之路故为其典型的宗教"信仰之路"。伊斯兰教在海上丝绸之路沿线这一重要战略地位，使我们对其民族及宗教特性必须有着清醒认识。

在约1500年的历史进程中，基督教的东来和中华文化的西传，也与海上丝绸之路有着不解之缘。基督教东传中国可以追溯到景教，"景教"是典型的中国术语，但其作为宗教之称则曲折反映出古代波斯宗教信仰的痕迹和特点。传统上认为，景教所称源自对古代基督教聂斯脱利派的理解。按照天主教的传统认知，叙利亚人聂斯脱利（Nestorius，公元380？—451年）因为在基督论上坚持"二性二位"说而被视为神学上的异端。但实际上这一教派向东传至叙利亚和美索不达米亚一带，在今天属于叙利亚、伊拉克、伊朗和印度的一些地区扎根，形成其独特的活动区域和信仰文化，与西方天主教已经有着较大的差距。此间景教亦与古代伊朗的琐罗亚斯德教产生联系，有着交互影响，故有着某些拜火教的色彩。因此当地民众当时把从西方传来的基督教各派都习惯称为聂斯脱利派，由此演变为后来的叙利亚教会或东方教会的一部分，并非都有异端教派之意，故而只是叙利亚教会或东方教会的习称，并不一定都为异端。景教在华初被误传为火祆教。从汉字语义来理解，"景"字本身亦与"火"字有着某种内在关联，"日""京"之合乃有"日大""光明"的蕴涵。最初基督教在华名为"波斯教"，其寺则为"波斯寺"。这种混合本身就充分说明，景教的传入与当时丝绸之路的开通和各族的往来直接相关。在沿丝绸之路行进的人流中，宗教人士颇多，而基督教传教士也留下了他们不可抹去的印痕。

景教文献《大秦景教流行中国碑》描述了唐贞观九年（公元635年）波斯主教阿罗本沿丝绸之路来中国传教的经历。中国史学家陈垣认为，其初传乃由海上丝绸之路而来，"彼时中华与波斯大食交通频繁，伊大约由海路来也，景教碑有'望风律以驰艰险'句"。① 这种描述似乎强调了景教沿海上丝绸之路来华的更大可能性。当然，古代丝绸之路情况极为复杂，因而也不能排除景教由陆路传入中国的可能性。朱谦之等人就指出"在中国与波斯之间，密布着交通网，以与中国之重要国际贸易都市相连接"。② 景教徒自叙利亚、波斯等地以至中国，途径乃海陆丝路并举。总之，古代亚欧大陆的国际贸易、政治外交、文化交流、宗教传播都因丝路而汇聚，景教的传播恰好与这种时代氛围相吻合，故而得以在当时贯穿东西的丝绸之路上活跃数百年，并在中国获得"法流十道""寺满百城"的发展。

宋元之际景教的发展不离与丝绸之路的关联，景教在中国的存在与发展曾给远在欧洲的基督教国家带来种种传闻和希望，如 12 世纪的欧洲曾流传东方有一位"长老约翰王"（或称"祭司王约翰"）信奉景教，曾率军远征波斯和米底等地与穆斯林交战，并攻克爱克巴塔那，只因底格里斯河涨水才阻止了其收复圣地耶路撒冷的行动。这一传说是欧洲天主教在 12 至 14 世纪派传教士沿海陆丝绸之路东来中国传教的重要动因之一，由此也使中世纪的西欧通过丝绸之路而与中国有了更多的来往及关联。而元时中国景教徒也有了"走出去"的发展，如其景教名士列班扫马和雅八·阿罗诃就沿海陆丝绸之路西行至巴格达和耶路撒冷等地，随后列班扫马还以景教使臣身份经海陆丝绸之路到过君士坦丁堡、那不勒斯、罗马、巴黎等地。

天主教自元朝传入中国，其传教士的足迹覆盖了陆地及海上丝绸之路，他们海陆结合长途跋涉，促成了中西文化及宗教精神的深度交流。与经波斯来华传教的景教不同，天主教入华始于 13 世纪的东西文化碰撞与交流，而这基本上也是围绕着丝绸之路才生动地展开了其波澜壮阔的历史画卷。公元 1245 年方济各会修士柏朗嘉宾拉开了西方天主教东行的序幕，其在蒙都和林向定宗贵由呈交教宗致蒙古大汗书信，并得贵

---

① 陈垣：《陈垣学术论文集》第一集，中华书局 1980 年版，第 84 页。
② 朱谦之：《中国景教》，人民出版社 1993 年版，第 61—62 页。

由复函而返。此后，多明我会修士安山伦、多明我会修士龙如模、方济各会修士鲁布鲁克先后东行来华。他们虽然没有达到其沟通和传教的目的，其对海陆丝绸之路沿途风土人情的精彩描述却让西方人看到一个神奇而迷人的东方。公元1255年威尼斯商人波罗兄弟东来经商，公元1266年在蒙古上都觐见蒙古大汗忽必烈，并受其之托回欧洲请教宗派学者东来，随之于公元1271年带着年轻的马可·波罗沿海陆丝绸之路来华复命。波罗一家久居中国，颇受元朝统治者的重视，直至公元1291年才由海上丝绸之路回返欧洲。马可·波罗后来口述《马可·波罗游记》，传为古代丝绸之路的佳话。公元1289年方济各会修士孟德高维诺取道亚美尼亚、波斯和印度东来，于公元1294年从印度由海上丝绸之路抵达中国，随后于公元1299年在大都建成教堂，遂为天主教来华开教第一人。其书信披露了其沿途的艰辛经历，也是对丝绸之路旅途的真实描述。天主教的东传成功丰富了中国的宗教生活，亦使中国有更多机会了解西方。

丝绸之路经历的中西文化及宗教精神交流之鼎盛乃明末清初以耶稣会为代表的天主教东传，其成就可圈可点、脍炙人口。意大利耶稣会传教士利玛窦（Matteo Ricci）真正实现了这种文化交流的突破，天主教传教士由此使中西文化了解得以深化，中国人亦开始对西方科学、哲学、宗教、语言的系统研究，而欧洲人也因此而获知中华传统的儒教、道教等宗教精神，受到中国哲学、文学、艺术等影响。在天主教经海上丝绸之路来华传播的历史上，澳门曾起过非常关键的作用。耶稣会创始人之一的沙勿略（Francisco Xavier，1506—1552）在"大航海"时代积极推动天主教的东来，以其航海东来之举而使海上丝绸之路与"大航海"时代形成密切交织。他在日本传教时受日本人描述中国文化之说而产生了对中国社会文化的浓厚兴趣，曾两次乘船登广东上川岛，最终虽魂归岛上而未能如愿，却开了西方传教士沿海上丝绸之路来东方的先河，其后继者则最终成功地进入中国。在这一过程中，澳门起了连接海上丝绸之路与天主教入华传教极为重要的作用，曾勾勒出从印度果阿经日本到澳门的海上交通线，其后更是形成直接与西方的海上连线。在促进海上丝绸之路的同时,澳门的海上丝绸之路文化地位亦得以奠立。可以说,明末清初的澳门是海上丝绸之路与中国陆上丝绸之路的连接点,是从中国出行西方的海上丝绸之路的出发点。由此不仅带来了澳门的商贸繁荣、政治特色,而且使澳门在中西文化交流往深层次发展上有着不可取代的地位。澳门除了是明清海上丝绸之路之始之外,还是西方汉学之始,是基督教近代"中国化"进程之始,也是中国近代高等教育之始。所以,我们今天研究海上丝绸之路以及"一带一路"国际合作的文化发展战略,澳门有着举足轻重不可取代的地位,值得我们深入发掘、仔细研究。

二 海上丝绸之路沿途国家及地区的宗教现状

2013年10月3日,习近平主席访问印度尼西亚在其国会发表演讲中提出共同建设21世纪"海上丝绸之路"的倡议,由此奠立了"一带一路"之说,获得相关国家或地区的热烈响应和积极参与。海上丝绸之路始于历史上中国与阿拉伯国家之间的海上交往,在中国可从广州、泉州、宁波、扬州等多个港口扬帆出发远航,可经马六甲海峡、斯里兰卡和印度半岛,抵达西海(波斯湾)或红海,并形成与欧洲等地的广泛连接,海上"丝绸之路"在历史上也有"香料之路""瓷器之路"或"丝瓷之路"等表述。其得以强调、凸显则是当今世界的全新发展。沿海上丝绸之路而与中国相关联的至少有位于亚洲、非洲、大洋洲和欧洲的38个国家或地区,所在人口的宗教信仰极为多样、复杂,其中多数居民信奉伊斯兰教,包括阿联酋、阿曼、埃及、巴林、卡塔尔、科威特、黎巴嫩、马尔代夫、马来西亚、沙特阿拉伯、文莱、也门、伊拉克、印度尼西亚等14个国家或地区,既包括传统阿拉伯世界,也有超越中东伊斯兰教发展的穆斯林集中区域,其中印度尼西亚已经成为当今世界伊斯兰教的第一大国,有约2亿穆斯林。此外与海上丝绸之路有着关联的国家中印度有约1.7亿穆斯林,巴基斯坦有约1.6亿穆斯林,孟加拉国也有超过1亿的穆斯林,这样使今日海上丝绸之路沿线成为极为典型独特的伊斯兰教文化风景圈。而多数居民信奉基督教各派的包括埃塞俄比亚（45%信奉东正教，40%以上为穆斯林）、澳大利亚、比利时、德国、东帝汶、法国、菲律宾、荷兰、瑞士、西班牙、新西兰、意大利、英国等13个国家或地区，以西方传统国家为主，其中不少乃历史上的海上强国。菲律宾则属于在亚洲基督教发展较快的国度，以天主教信仰为主。目前多数居民仍然信奉佛教的包括柬埔寨、老挝、蒙古国、斯里兰卡、泰国、新加坡（40%信佛教，为其第一大宗教）、越南（占50%左右）等7个国家或地区。多数居民信奉印度教的包括毛里求斯、尼泊尔2个国家，此外马达加斯加一半人以上信奉传统非洲宗教以色列大多数人信奉犹太教。这些国家或地区政教关系各不相同，或政教合一，或以某种宗教为其国教，或以某一宗教为其绝大多数人的信仰，情况同样错综复杂。这里涉及的宗教有伊斯兰教、基督教（包括其三大教派及地方教派）、佛教、印度教、犹太教、传统非洲宗教，以及巴哈伊教等新兴宗教。其宗教现状与其国家或地区的政治、经济和文化处境有着直接关联，如果不能稳妥地解决好与这些国家或地区的宗教关系问题，海上丝绸之路亦很难畅通，和平与发展则无法实现。

在海上丝绸之路的中外文化交往及交流中，福建作为中国的沿海大省起到了举足轻重的作用，尤其自元代以来其宗教交往频仍，有着典型意义。从海上丝绸之路的文化交流全貌来看，其中宗教的传播在这种文化传播中占有很大比重和极为关键的地位。因此，专题研讨"海上丝绸之路中的潮汕、闽南宗教文化"，有着非常及时和极为独特的意义。其地域海洋文化发展中，涵括有许多宗教文化的内容，是值得我们在探究海上丝绸之路历史及现状上认真全面研究的。

（本文为2018年1月6—7日在福建省厦门市召开的"海上丝绸之路中的潮汕、闽南宗教文化"国际学术圆桌会议上的发言）

第五编　宗教与人类命运共同体

第二十八章

人类命运共同体建设与中华民族的参与

　　人类的群体存在本质上是一种共同体的存在方式。人类社会的历史就是各种共同体之间碰撞、冲突或融合共构的历史。在这一过程中这些共同体得到进化、改变和发展，并终于迎来了当今"全球化"时代人类共同体成为唇齿相依、存亡关联的命运共同体之局面。人类共同体从家庭共同体到民族共同体、从社会共同体到国家共同体，以及到今天"联合国""世界贸易组织""世界银行"等世界共同体模式的发展，代表着人类文明的进步和世界共存的希望。从这种人类社会结构、经济交往层面的共同体，自然会进而联想到其文化共同体的内在关联及可能存在。由此而论，共同体之理念不可以排拒思想、精神层面的交流、互渗和共构。所以说，人类的社会文化共同体、民族精神共同体、思想理念共同体、精神信仰共同体以及宗教共同体也是可能的，而当前的对话与沟通则正是这种共同体构建的初始形式。我们不应该忘记这种外在的共建乃基于其内在的文化精神之趋同性或求同性。既然思想、文化、信仰是人类现实存在的反映，那么各自之间的关系就不应该只是排拒、纷争、否定的关系，而必须承认它们彼此之间在相遇、碰撞时显然会冲突与调和共在，异曲与共鸣同存。人类发展的大方向及真正的希望所在则是尽量减少冲突与异见，尽可能增进融合与共鸣。我们因而要自觉地与"文明冲突"抗争，要以一种责任及使命感来推动今天文化多样性中的和平共聚，团结大众共同来描绘人类"文明共和"的胜景。

在理解人类命运共同体的本真时，我们会发现中华民族在其历史发展中就是非常典型的共同体存在。中华民族社会共聚及精神同存的典型特点即多元一统多族共和，在民族及其文化共在上体现出天容万物、海纳百川的性质。中华民族共存的智慧就在于求同存异聚同化异，清晰地彰显同，巧妙地模糊异，纵令不同也要守住和合的底线。正因为如此，中国历史发展中才会出现过多民族共同体，多区域共同体，多种政治制度共同体，多元经济形态共同体，多社会阶层共同体，多宗教或信仰共同体等。质言之，共同体并非都是其合并式混融，而主要为其合作之共在。中华民族"天人合一""知行合一"的"共同体"意识及其形成的禀赋，反映出中华民族精神、我们文化软实力的核心因素。以这种传统和睿智，中华民族正在坚持参与并积极推动人类命运共同体的建设，并努力使这一共同体不只是生存技巧之需，更乃文化升华之扬。

一 共同体的蕴涵及现实意义

人类发展到今天是一个不断告别过去、走向未来的进程。人作为具有社会性和文化性的生物，一个基本特点就在于其"类"的形成和维系，此即理解"共同体"的起点和基础。人类的群体存在本质上是一种共同体的存在方式。但必须承认，人类在一定程度上仍保留着动物所遵循的"丛林规则"，这就是弱肉强食、你死我活的竞争，物竞天择、适者生存的进化，个人如此、国家亦然，这在今天世界强权炫耀武力、恐怖分子付诸暴力的现象上清楚可见。国弱会受欺负、落后就会挨打，以船坚炮利、财大气粗之政治、经济、军事等优势来以强凌弱、以大欺小，灭绝异类或逼人就范，仍然是所谓"国际惯例"中常见的事实。这种小范围利益共同体结盟的现实，使人类在强势、强权的本质上没有公平、公正、正义、平等，而只有强暴、凶残，即"兽性"的存在。而为了适应、对付这种"丛林规则"，就必须强国、强族、强军，今天的军事联盟、军事演习、扩军备战，就折射出其存在的严峻形势。在这一意义上来说，人类仍然生活在其原初的"动物""兽性"的阴影中，面对着凶、野、暴、恐的威胁。但如果仅以这种"丛林规则"为标准，人类就会陷入暴力、战争、毁灭的恶性循环之中，共同走向灭亡。因此，人类的可持续发展及其共存需要我们作出另一种选择，人类决不可躁沉，而要努力升华。

　　人类社会的历史就是各种共同体之间碰撞、冲突或融合共构的历史。在这一过程中这些共同体由小到大、从局部到全面发展，甚至自我扬弃而归入更大的共同体存在，并最后走向"全球性"的命运共同体之鼎盛发展。人类文明的历史，基本上由各种共同体的历史所组成。而且，这些共同体也是不断进化、发展的，恰如人类共同体从局部、封闭的小型共同体而不断扩展，由家庭、家族、氏族、民族到国家、跨国和全球性共同体的发展，构成人类集体存在的典型方式。人类共同体不只是社会结构经济交往层面的，而更有深层面的共识和共构，这就触及文化、文明、思想、精神等领域的可能共构。共同体的巩固和可持续发展，需要我们在文化、思想、精神层面的坦诚交往，真诚对话，相互理解和求同共构。所以说，共同体是人类共在的生存方式，是人类社会得以保存的生活艺术。拯救人类及其社会的唯一可行之途，就是寻求并维护其全人类同享的"共同体"存在，而且这种共同体应该让人类和而不同、多元共在，绝不是走向小范围利益共同体之间的"文明冲突"。因此，人类政治、经济、文化共存的奥秘，就是这种潜隐的"共同体信仰"，它既是让大家共在且替代和摆脱"丛林规则"的重要"潜规则"，也是使人类可持续发展的唯一光明大道。目前人们容易在社会的政治、经济层面达成和约，形成必需、底线性质的共同体存在，但在文化、思想、精神、信仰方面，其共识的形成则更难，而其共同体的达成更会被人觉得不可思议。但正是这种深层面潜在性的文化共同体、精神共同体和信仰共同体，才构成人类和谐共在、携手共进的希望。总之，人类社会是以共同体的形式出现，而且其性质在不同的历史阶段也各不一样。共同体代表着人之群体的生存及其利益，由此形成了各种政治共同体、经济共同体、社会共同体、民族共同体等，但各共同体之间由此则会产生摩擦和冲突，所以只有找到一种理想的共同体，有着相关文化及精神的支撑，人类的整体利益及其社会完善才可能达到最大限度的实现。这种利益最大化的共享就是今天所言人类命运共同体的形成，这种命运即为了大家能够共享的未来，是人类整体的真正团结，而世界各族全力找寻这种性质的共同体既是人类的理想之梦，又是人类进化的真正动力。

二 中华民族对人类命运共同体建设的积极参与

中华民族在其历史发展中也是非常典型的共同体存在。中华文化之源即始于一种"和合"文化，具有一种"中庸"精神，形成我们社会的共聚及精神的同存，铸就了我们的民族意识、民族精神。其典型特点就是追求"大一统""大团结""大团圆"的理念，在人际关系上争取多元一统，在民族关联上力求多族共和，在文化气质上则体现海纳百川的包容、宽容、涵容精神。中华民族主张一种"中和"，有着"和实生物，同则不继"的体认。真正的共存不可能依赖那种难以企及的"绝对同"，而只能寄希望于求同、认同、聚同，善于智慧地表明同、彰显同，达到存异而"共和"的"玄同"，在各种复杂的情况下力争守住"和合"的底线，即在观念上"和"、在存在上"合"。纵观历史的风云变幻，中国社会为了"同存"而出现过各种联合或结盟形式，这就是我们今天所理解的多形式相聚的共同体，包括民族的、阶层的、区域的、政治的、制度的、社会的、经济的、宗教的或信仰的共同体。这种共同体正是我们民族集体意识中的"大我"，其存在方乃个体之"小我"的福缘。中华民族在现实及理想层面都倡导一种整体"合一"精神，反对二元"分殊"之分化，而这种"共同体"意识及其长期实践，也是给当今世界的共存提供了宝贵经验。于此可以说中国为世界的共存彰显其中国经验、提供其中国实践。

中华民族共同体有着东方文化的独特性，特别突出向心凝聚、整体共构的"大一统"思想。其"统""和"观念被不断得以强调，并已成为中华民族之魂、立国立民之本，成为中华民族的信仰原则。这种

"大一统"社会的持守为中国政治的真谛，其思想渊源则是中国远古的"大同"理想。虽然"大同""大一统"的观念在其他一些民族中也有显现，但其民众对这种"分分合合"相比而言看得较淡。而中华民族这种一统观念则自古至今一直流传，并形成其独有的象征符号、统一的信仰和"渊源共生"的"集体意识"。而且中华民族共同体突出的是求同存异、多元通和，强调维系"共同"要靠对异之理解、对多之包容，其中就包括对中国宗教古今发展的基本评估和积极引导。而对宗教的包容则反映出对于我们共有文明之魂、文化本原的态度。这种求和、求同、求统的理念在今天全球一体化的发展中就显现出了其先见睿智和迫切需要。结合这种基本价值定向，中华民族从对亚洲命运共同体的呼吁到主张世界命运共同体的共建，已将其生存与整个人类的存在紧密地绑在了一起。从理想层面，中华民族有对世界和谐的憧憬，并立足于中国和谐社会的构建；从务实方面，中华民族则在推动"一带一路"的建设，努力使古代"丝绸之路"再现辉煌，打造成和平之路、通商之路、协商之路、合作之路、团结之路。这样，人类命运共同体的建设绝不只是口号或愿景，更乃实实在在的投入和奉献。中华民族的这一现实努力不仅旨在振兴中华，更是希望感动世界、感召世界，为了世界的和平发展而共同携手、精诚合作。正是在各国各民族积极参与人类命运共同体的建设中，世界会更美好！人类未来会更有希望！

第二十九章

人类命运共同体与宗教价值

今天我们谈人类命运共同体，自然要涉及人类发展的历史以及人类群体共在的意义。人类作为人之类的存在，显然已经体现出其群体即共同体的特征，而人之集合、共聚则必然有着彼此的对话、沟通及磨合之经历。人是具有社会性和文化性的存在，而其社会性主要表现在其共在共存的共同体性质，其文化性则反映在不同民族、地域之不同文明的形成及相互熏染、融会变迁之发展上。人类共同体在社会层面即展示为其命运共同体，而在文化层面则体现在其精神共同体上，但这两个层面之双重意义的共同体，都与宗教信仰有着密切关联。因此，我们这里所讨论的文明对话及人类命运共同体问题，都必然会涉及宗教存在及其价值问题。

一 人类共同体从局部共在到整体共在

人类作为群体的存在是一种共同体的存在形式。人作为地球上不断进化且取得独特成就的生物，是从动物演进而来，并且构成其群体性共在的基本特点。由于这一本源及关联，人实际上即"一半野兽，一半天使"，"野兽"代表着其过去的存在，"天使"则预示着其未来的追求。基于这种"兽性"，人类并没有根本摆脱动物在自然竞争中优胜劣汰的"丛林规则"，自然进化的达尔文主义和社会进化的社会达尔文主义在此共构。人类历史上的各种战争、帝国的崛起及对弱小民族的侵占、吞并或灭绝,正是这种"丛林规则"的延续和扩展。而不少民族的消亡、国破家灭,包括中华民族在近现代历史上所受到的欺凌和侮辱、沦为亡国奴的危机也正是这一历史的生动写照。为了应对这一严酷的局面,人类共同体的最初形式往往会与军事结盟联系在一起,而此后这种军事联盟也在不断扩大,从局部到整体,从城邦到国家,从一国到跨国,并最终形成全球性的世界军事联盟。如20世纪两次世界大战中交战双方的军事结盟,以及此后的"冷战"时期东西方对峙的两大军事联盟等。人类政治史在这种意义上既有进步,同样也表现出人类的倒退甚至堕落。直到今天,军备竞争永无休止,剑拔弩张仍在僵持,你死我活似难解脱。也正是基于这种与生死存亡的命运攸关,故而才有"命运共同体"之典型表达。

然而,人类毕竟进化了,并且已经经历了约万年之久的进化、文化、升华的文明历程。人类不甘心并要彻底摆脱这种鸿蒙之初带来的"野性",不想仍归为"兽类"。所以,其"天使"的形象代表着这种"神化"和"神圣"。"天使"介乎神、兽之间,是人自我升华或寻求神恩的理想。人类始终在"走出丛林"的不断努力中。"没有人见过上帝","天使"被理解为神人中介的使者,其可以从天而降,给人带来救恩与希望;对于仰望天际展开"天问"者而言,这是奇迹、奥秘,很难加以理性、通透的解释。而注重个人修炼、相信循序演进、逐步升华的中国古人,则追求着成为社会"圣贤"、成为超脱死亡之"仙人"或"神仙"的梦幻。这天、地二维之间人的努力和向往,就是宗教、信仰的本真。既然要成"圣"、成"仙"和成"神",则必须摆脱"兽性",远离"野蛮"。这就是人在维系其共同存在时的担当和使命,而其传统则形成了人的义务和责任。

人类意识到无论是其个人还是群体之间的野蛮竞争都会两败俱伤,其恶化最终会把人类引向毁灭。而拯救人类及其社会的唯一可行之途,则是寻求并维护其"共同体"存在,这就是人类命运共同体最基本的蕴涵。而且这种共同体应该让人类和而不同、多元共在,绝不是走向共同体之间的"文明冲突"。因此,人类政治、经济、文化共存的奥秘,就是这种潜隐的"共同体信仰",它既是让大家共在且替代和摆脱"丛林规则"的重要"潜规则",也是使人类可持续发展的唯一光明大道。

　　人类文明的历史,基本上由各种共同体的历史所组成。而且,这些共同体也是不断进化、发展的,即从最初的局部共同体不断扩大,最终发展为今天人类整体的命运共同体意识。由此,我们则可理解从家庭共同体到民族共同体、从社会共同体到国家共同体,最后则有了"联合国"等世界共同体这种进化。"关于人类社会的解读,可以从共同体的视角出发。也就是说,人类社会是以共同体的形式出现的,在人类历史上的不同阶段,共同体的形式和性质都是不一样的。在农业社会的历史阶段,人类的共同体形式属于家元共同体的范畴;在工业化的过程,人类建构起了族阈共同体;全球化和后工业化将预示这合作共同体的生成。"① 所以,共同体有不同的范围属不同的范畴并形成不同的范式,其共构本身也是一种多元的契合,充满弹性和张力。"对共同体的把握,需要从社会整合机制、人的生活方式以及人的存在形态三个方面入手。"② 因此,共同体显然涉及政治及其不同模式,所维系的秩序不同,其社会管理模式也不同。"家元共同体所拥有的是一种'自然秩序',族阈共同体在社会治理上所追求的是一种'创制秩序',而合作共同体将呈现给我们的是一种'合作秩序'。家元共同体是一个集权的社会,族阈共同体则建构起了民主制度和民主的治理方式",但其民主"处于差异与共识不可调和的矛盾之中,从而造成了民主的困境……只有当人类建构起了一种合作共同体。才会使人拥有作为个人的完整的生活,从而成为真正独立的、完整的和自由自觉的人。"③ 由此可见,共同体实乃代表着个人的生存及其利益,但只有找到一种理想的共同体,人的完善才可能达到其最大程度的实现。找寻这种理想共同体既是人的理想之

---

① 张康之、张乾友:《共同体的进化》,中国社会科学出版社 2012 年版,第 1 页。
② 张康之、张乾友:《共同体的进化》,第 1 页。
③ 张康之、张乾友:《共同体的进化》,第 1 页。

梦，又是人类进化的真正动力。

从不同文明范式来看，它们之间既有区别，却更有关联。大的文明共同体总是在不同文明之间的碰撞、吸纳、交融才完成的。《西方的兴起——人类共同体史》一书作者威廉·麦克尼尔描述了远古中东文明共同体、古代及中世纪欧亚文明共同体对西方文明共同体最终崛起之历史的影响，指出"所有人类社会在不同程度上都是相互关联的"，"社会变革常常是与其他社会接触后的产物，采取的方式要么是模仿，要么是应对"。[1] 人类作为生存共同体势必体现出这种关联，包括国与国之间，民族与民族之间，区域与区域之间的复杂联系和交织，由此形成了各种政治共同体、经济共同体、社会共同体、民族共同体等，不同文明共同体的兴衰变迁、交汇融合共同编织出人类文明复杂共在的交互网络图。

这种社会结构、自然生存层面上的人类共同体，势必也有其作为文化共同体的关联，包括思想、精神层面的交流、互渗。为此，人类的社会文化共同体、民族精神共同体、精神信仰共同体以及宗教共同体也是可能的，其对话与沟通则正是这种共同体构建的初始阶段。我们既然承认自然、社会层面人类共同体的可能性，则不可忘记这种外在的共建乃基于其内在的文化精神之趋同性或求同性。思想、文化、信仰是人类现实存在的反映，彼此之间在相遇、碰撞时显然会冲突与调和共在，异调与共鸣同存。与"文明冲突"相对比，这种文化多样性的和平共聚及其彼此相容则形成了人类"文明共和"的图景。

二 人类共同体精神传统中的宗教蕴涵

无论是人类命运共同体还是人类精神共同体的存在，都明显具有宗教性。人类远古的共在形式多以一种民族或氏族的宗教共同体来呈现。迄今尚未发现哪个民族传统渊源中没有宗教因素，而且其精神文化的表

---

[1] ［美］威廉·麦克尼尔：《西方的兴起：人类共同体史》，孙岳等译，中信出版社2015年版，第2页。

现中更是典型地展示出其宗教的存在，如中国长江上游最近发现的三星堆遗址中，其文字记载的留存尚不十分明显，而其宗教的存在内容却有众多的明证。根据目前掌握的史料来看，亚洲是世界宗教文明的摇篮，迄今留存下来的人类主要宗教都以亚洲为其根源，如西方学者孔汉思关于"三大宗教河系"的论述，使我们看到最初兴起、后发展到全球的世界主要宗教即分别源自西亚、南亚和东亚这三大板块地域，导致今天仍然流行的犹太教、基督教、伊斯兰教、琐罗亚斯德教、印度教、佛教、耆那教、锡克教、儒教、道教、神道教以及大量民间宗教的发展。甚至有学者认为，已经成为西方思想奠基的古希腊哲学思想，最初也是活跃在属于亚洲的相关岛屿上。宗教、哲学的西迁乃为后来的发展。因此，东方西方之分，属于人类发展之潮较后的分流，我们没有必要将东西方的区分绝对化，而是可以找出双方的关系、连接和共同根源。

在人类宗教的形成之中，其最大的特点就是宗教乃代表着其原初的共同体社会以及其意识和精神。而随着人类共同体的不断扩大，宗教在其中的作用亦与日俱增，宗教成为这些共同体的精神支柱和希望依属。甚至在民族危难时期，宗教共同体的形式就会成为其民族共同体的生存和发展的表达方式，如古代以色列国被罗马帝国灭掉之后，犹太会堂或以其为核心的犹太社区就成为其民族共同体最主要的存在形式。这种宗教的核心价值作用，在当代诸多民族及国家的社会存在方式中仍然有着充分的保留。

中国社会共同体有无宗教的蕴涵？这是争论极为激烈的问题。其实，中华民族和人类各民族一样，在其精神生活中有着丰富的宗教信仰资源，其对中华民族共同体的有力支撑和积极贡献是不可否认的。对此，我们可以从如下一些方面来分析中华民族精神中的宗教蕴涵。

第一，中国宗教文化不只是外来文化，中国有着本土宗教资源，即存在着传统中华宗教。这从古代政权及社会之"敬天法祖"的精神传统以及民间和个人"举头三尺有神明"的民俗观念上，都清晰可见。

第二，中国历史上既存在建构性宗教，也有弥散性宗教，而且彼此是你中有我、我中有你，不可截然区分开来。例如，儒教、道教、民间宗教与民间信仰以及少数民族宗教等，都能看到其建构性或弥散性之共存，只是其潜隐、显现的方式和程度不同而已。

第三，外来宗教在华经历的主要是"中国化"，而不可能完全"外化""它化"或"西化"。我们对自己的文化传统和今天的文化实力应该有充分的自信。从外来宗教在中国的发展来看，佛教已经脱胎换骨而成为纯粹中国的宗教，这种感受在我们理解禅宗的意义上尤其强烈。犹太教是世界上抗外化能力最强的宗教之一，却在中国文化的"温情""涵容"中被中华文明同化而"消失"了，成为犹太教世界传播史中的特例。摩尼教亦在吸纳中国元素的过程中成为中国的民间信仰，并曾以中国民间宗教的身份活跃在中国历史上。甚至"外化力"较强，迄今仍被我们一些人称为"洋教"或"外教"的基督教、伊斯兰教、摩门教、巴哈伊教等，虽然显示出中外之间的宗教存在及其张力，却也非常明显地被中国文化所吸引和感染。

第四，中国本土宗教具有吸纳能力，并会给外来宗教的"中国化"提供模式和道路。中国本土宗教在其内涵式发展上乃维系着中华民族的共在，是中国社会共同体的重要精神支柱。可以说，儒佛道三教都在参与对中华民族精神的构建，都可孕育或滋润中华文化的核心价值观。而外来宗教入华则可给我们带来开放与革新的需求及动力，以其比较来形成我们的发展动力、前进中的鞭策。

第五，主流宗教信仰与民间宗教信仰虽有异同，但在提供中华文化精神资源和满足民众灵性需求上可以互补。其在神本与人本、彼岸与今世、神圣与世俗等问题的探讨上可以丰富中国哲学、精神思考的文化内容，有助于我们关于中华文化精神共同体之要点、本源及其如何诠释的探索与争鸣，充实我们文明中的灵性资源，提醒社会对信仰的关注和重视。

三　人类命运共同体建设中的宗教价值

在现代社会世俗化进程中，宗教的作用似乎在退隐，让人感到其不可能再是现代社会最主要的精神力量或精神支撑，在不少国度及民族中，宗教信仰让位给政治信仰也是显而易见的。但宗教的精神领引和价值定位作用在不少国家及民族中依然存在，甚至其影响不减过去。而在那些已经非常"世俗化"的国度和地区，宗教也在一定程度上作为"潜在的精神力量"发挥着其潜移默化的精神作用。

宗教给人类命运共同体所提供的精神支撑，至少表现在如下三个方面：一是构建了神与人的共同体世界，使其民族在体认自己的局限性之同时能够以一种超然的维度来超越自我，达到神人合一之境。二是构建了相关民族或人群人际之间的"神圣联盟"，使其以一种神圣之维来审视自我、共同团结。三是构建了外在自我与内在自我一致和谐的共同存在，使之能够"内圣外王"，达到其内在超越与外在超越的共鸣。因此，宗教为人类共同体所提供的价值作用，今天仍未根本减弱。

为此，在我们今天共同努力建设人类命运共同体及其精神共同体时，就有必要给宗教适当定位、科学评价、积极引导。这当然也就涉及我们今天社会对宗教的理解和态度：对之同化还是让其异化，加以认可还是根本排拒，视为自我还是斥为他者。这种态度的选择将直接影响到人类命运共同体的建设及其质量，关涉到不同民族及利益共同体之间的交往、理解及尊重。仅从中国当前的现状来看，我们必须要面对并解决如主流意识形态与宗教意识的关系、社会主义核心价值观与宗教价值观、宗教自身的革新与发展等问题。而从整个信仰范畴来看，我们还必须思考宗教信仰与社会主义核心价值观、宗教信仰与中国和谐社会建设、宗教信仰与"中国梦"的实现和中国文化"走出去"以及宗教信仰在"一带一路"发展中的作用等问题。

应该承认，目前我们社会关于信仰的定位仍然是模糊的，对宗教的认知依然分歧很大，这在一定程度上会影响到我们当前中华民族精神共同体的重建。但是，古老悠久的中华文化从一开始就已确立了其涵括阴阳两极、有着对立统一的"太极""太和"之信仰文化的圆融焦点，而在我们今天走向未来之"中国梦"的精神蕴涵中也势必会有宗教信仰元素，故此我们对中国当今社会走向充满信任，对中国的未来发展有足够的信心。我们坚信这一真理："人民有信仰，民族有希望，国家有力量。"这一信仰也有助于我们充分理解宗教在人类命运共同体建设中的价值及作用。

第三十章

文化交流与和平对于构建人类命运共同体的意义

人类各民族作为社会的群体存在，其和平共处至关重要。人类社会的历史经历了各种社会政治、民族团体之间的碰撞、冲突，使战争史成为人类历史的一大构成。然而，这种流血、破坏性的争斗也给人类带来灾难，使其发展曲折复杂。而真正使人类得到良性发展的，则是各民族之间沟通、协调、融合、共构的历史。由此，人类社会的共同体形式不断扩大，逐渐成熟。这在当今"全球化"时代彼此为邻的"地球村"表达上得到了典型体现。在其有限的空间和可以近距离接触的生存处境中，人类不可避免地构成了唇齿相依、存亡关联的命运共同体局面。全球化关涉科技、经济、政治、法律、文化等层面的全球化，而这种全球意识审视下的人类共同体也从原初的家族共同体、民族共同体、社会共同体和国家共同体发展到全球共同体。正如全球化的各层发展最终也会指向文化全球化那样，人类命运共同体也势必会从民族、政治的共同体发展到其文化、文明的共同体。我们当前社会需要的不是"文明的冲突"，而是"文化的共存"。因此，文化交流、文明对话就有着独特意义。

从这种人类社会结构、经济交往层面的共同体，自然会进而联想到其文化共同体的内在关联及可能存在。我们今天强调经济合作及政治协商，这种共同体构建的努力有着非常现实和急迫的需求，旨在解决当下彼此共存的核心问题，消除障碍、铺平道路。但仅从功利性、实用性甚或投机性的考量来构设的相关共同体并不可能持久，经不起历史进程风浪和政治风云突变的考验。如果共在只是算计而无贡献，这种共同体势必崩塌，难以持久。社会共在共存的理念因而就不能根本排拒不同思想、文化、精神层面的交流、互渗和对话。如果要想真正建成人类命运共同体，共同推动全球可持续发展，那么就必须从更深层面来思考人类社会文化共同体、民族精神共同体、思想理念共同体、精神信仰共同体以及宗教共同体的可能构建或存在方式。在步入"全球化"时代之前，人类曾经历了20世纪中叶以来的"对话"时代，尤其是东西方的全方位对话曾给人留下了非常深刻的印象，也给世界发展带来过希望。而在"冷战"终结之后曾一度流行的"文明冲突论"则曾冲淡了这种对话的氛围，使人际关系重新变得剑拔弩张似难调和。文化差异、观念分歧加深了精神的隔膜，宗教的对抗产生了。这个世界变得重新让人不安、烦躁、害怕。为此，人类的可持续发展就必须对此窘境加以破局，加以改观和重构。

综观当代世界的发展，不难看出政治、经济的合作之所以难以持久，其根本原因之一就是彼此有着文化、精神方面的差异，彼此共在故而只能维系在表层，一旦深入而触及文化、精神层面就会陷入窘境或危机之中。所以，人类共在的可持续发展必须依靠其文化、精神方面的交流、沟通与对话，必须通过求同存异而达到相应的共识。既然当下的障碍或冲突是在文化差异和对立方面，那么我们就应该直面难题来找寻其解决良方。针对世界当前的宗教纷争及信仰排拒，那么我们推动当前各宗教的对话与沟通，则正是面对最直接的当下的问题来入手争取解决。西方学者孔汉思（Hans Küng）曾经尖锐地指出，没有宗教间的和平，就没有世界的和平；没有宗教间的对话，就没有宗教的和平。由此而论，文化、精神各方面的对话交流是何等的重要，其中尤其是宗教、信仰的对话与交流首当其冲，刻不容缓。其实，这种当下的文化交流与对话，就是人类命运共同体构建的最直接、最关键形式。只有通过文化交流与对话，我们才可能真正走上和平之途，因为任何外在形态的共同体建设，都应基于其内在的文化精神之趋同性或求同性。人类有着悠久的文明历史，形成了丰富博大的文化体系，既然这些思想、文化、信仰都是人类现实存在的反映，是人类精神发展留下的轨迹，那么它们各自之间的关系就不应该只是排拒、斗争、否定的关系，而应该积极承认并不断鼓励其相遇、相交和相融。诚然，人类历史所呈现的是冲突与调和共在，异曲与共鸣同存，破裂与谈判并立，战争与和平皆有，但我们希望并争取的人类发展的大方向，则必须是尽可能减少冲突与异见，尽可能增进融合与共鸣。把"对抗"化解为"对话"，这才是国际合作的智慧。世界的现实需要我们保持和而不同的底线，而其理想未来的实现则要求我们去力争从求同存异到尽可能聚同化异。我们因而要自觉地与"文明冲突"抗争，而世界社会的和谐、人类"文明共和"之梦的实现，却不能坐等，只应去争取。所以，我们必须在当下为人类更加美好的未来而决志迈步。

在这种文化交流、社会和谐的努力中，中华民族积累了丰富经验，可以为当前世界的发展提供借鉴和参考。中华民族"多元通和"的传统使其在历史发展中就形成了非常典型的共同体存在。其社会共聚及精神同存的鲜明特点即多元一统、多族共和。在中华民族的发展及其文化共在上体现出了"有容乃大"的优势，具有突出的天容万物、海纳百川的文化融汇性质。虽然历经跌宕起伏的发展，有过风雨飘摇的危机，但中华民族仍顽强地保持住其文化共同性，而其共存的智慧就在于这种胸襟宽阔、境界高远的求同存异、聚同化异；为了民族的团结、社会的和谐、国家的一体，中华民族善于非常清晰地彰显同、非常巧妙地模糊异，纵令各自在语言、习俗、信仰等传统上根本不同，也会努力守住和合、和谈的底线。"和"乃中华大家庭共存的关键词，由此我们方可理解"和谐""和睦""和顺""和平""保和""中和""太和"等表达。此乃"大中华"得以延续至今的文化基础。正因为如此，中国历史发展中才会出现多种共同体形式，主张跨民族、跨区域、跨国度对话，而其"一国两制"的跨政治制度共同体，"世贸协议"的多元经济形态共同体，以及日常生活中多社会阶层共同体，多宗教或信仰共同体，等等，都会应运而生，也都可学会生存。共同体并非只有合并或混融等简单形式，而主要体现为合作之共在。中国学者此前在关于"宗教共同体"的辨析中，对之已有清晰的阐明。"共同体"的关键及奥妙，就在于"共""同""合"，中华民族"天人合一"的宇宙观、"知行合一"的实践观，就充分体现出这种"共同体"意识及其形成的禀赋，反映出中华民族精神、中国文化软实力的核心因素，这也是给陷于纷争、混乱的现实世界寻求共存提供的宝贵经验。今天，中华民族正以这种传统和睿智来坚持参与并积极推动人类命运共同体的建设，并通过文化交流、思想对话、精神沟通的努力来使这一共同体的共建成为人类文化的高扬，促进人类本性的升华。

如上所述，中华民族共同体特别突出向心凝聚、整体共构的"大一统"思想，故有"国家的统一，民族的团结"之表达。在至少两千多年的历史上，中国在走向"共""和"的道路上一直在奋力前进，其"统""和"观念被不断得以强调，形成全民的共识，并已成为中华民族之魂、立国立民之本。从其文化及民族信仰而言，这已是中华民族的信仰原则。这种"大一统"社会的持守也为中国政治的真谛，与其他民族或地域所运行的"分治"截然不同。所谓"一统"的思想渊源则是中国远古的"大同"理想，这激励着历代中国政治家们矢志于"一统天下"。当然，这种一统观念基于中国政治及文化的内涵式发展，具有相对的封闭性，但在中国却自古至今一直流传，未曾真正中断，并在其民族精神、心理积淀中形成了其独有的象征符号，如"神州""华夏""龙的传人""黄河""长城"等，建立起统一的精神信仰和"渊源共生"的"集体意识"。不过，随着疆域的拓展，视野的扩大，中华民族也逐渐有了更大的涵容，其自我意识也在不断扬弃、升华中得以成熟。其中，中华民族共同体突出的是"包容""涵容"，以求同存异、多元通和来达其新的整合。在此，强调维系"共同"要靠对异之理解、对多之包容就显得格外重要，特别是中国打开国门，走向全球化的世界舞台的今天，这种对"异"之"容"、对"他者"之接近，更是明显的突出。以这种观念来面对开放的当前世界，也是必需的，因为世界各族、各种文化、各种信仰精神更显多元，我们也更加需要包容、涵括、学习、吸纳的思想及实践，这其实就是文化交流的奥秘之所在。这种求和、求同、求统的理念以及其交流、对话、合作的实践，则势必成为走向人类和平的康庄大道。在今天全球一体化的时代，中华民族从积极主张中华民族命运共同体的建设，从对亚洲命运共同体的呼吁，一直到主张世界命运共同体的共建，已将其生存与整个人类的存在紧紧地绑在了一起。在其推动中，我们既有理想，也立足现实。从理想层面，中华民族有对世界和谐的憧憬，提出共建人类命运共同体，并立足于中国和谐社会的构建；从务实方面，中华民族则在推动"一带一路"的建设合作，努力使古代海陆"丝绸之路"再现辉煌，将之打造成我们当代的和平之路、对话之路、通商之路、协商之路、交流之路、合作之路、团结之路。这样，我们所倡导并推动的人类命运共同体的建设，就绝不可仅仅停留在口号或愿景上，更需要实实在在地投入和崇高无私的奉献。中华民族不仅努力构建自己的和谐社会，而且在积极呼吁并推动各民族文化的交流，坚决参与维护各地区的和谐及全世界的和平。而且，也只有在各国各民族都积极参与人类命运共同体的建设努力中，我们才会享有一个安宁的社会，拥有一个和平的世界。

第三十一章

"人类命运共同体"观念的中西比较

　　共同体存在是人类发展的基础，这在中西历史中都达成了共识。人类社会意识的基本特点就是共同体意识，共在而图存是社会团体得以构成的出发点。其共同体规模由小到大，逐渐得到扩展、共组和整合，而今天在"全球化"时代所需要的则是涵括最为广泛的人类命运共同体，世界的发展已经到了唇齿相依、彼此难分、存亡同构的时代。回顾这一发展历程，梳理中西有关"人类命运共同体"观念及实践的演进变迁，对于我们反思与前瞻都十分必要。人类共同体存在形式从最早的家庭共同体、氏族共同体而发展到民族共同体，从局部地区的社会共同体而发展到一民族及多民族的国家共同体，从小范围政治、经济利益共同体发展到今天"联合国""世界贸易组织""世界银行"等世界整体利益共同体，使我们看到了人类文明的进步、各族共存的希望，"地球村"的观念遂得以成熟。为此，笔者尝试对中西文化中关于"人类命运共同体"观念的形成及其实践的情况加以探究，并作出相应的解读。

　　共同体作为人类社会存在的普遍形式有着悠久而曲折的发展历史，表达了人类得以形成而必须具有的开放性、涵容性。这种共构既相互交织，又充满张力，从这种人类社会结构、经济交往层面的共同体，自然会进而联想到其文化共同体的内在关联及可能存在。由此而论，共同体之理念不可以排拒思想、精神层面的交流、互渗和共构。所以说，人类的社会文化共同体、民族精神共同体、思想理念共同体、精神信仰共同体以及宗教共同体也是可能的，而当前的对话与沟通则正是这种共同体构建的初始形式。我们不应该忘记这种外在的共建乃基于其内在的文化精神之趋同性或求同性。既然思想、文化、信仰是人类现实存在的反映，那么各自之间的关系就不应该只是排拒、斗争、否定的关系，而必须承认它们彼此之间在相遇、碰撞时显然也会出现对话、谈判、协商、沟通，人类政治历史经历了太多的谈谈打打、分分合合，所谓人间灾难甚至比自然灾害远为严重。今天各军事大国所储备的核武器已足够将人类毁灭无数次，人人都有"剑悬头顶"的危机感，这种不安全意识成为普遍情绪。不过，人类发展的大方向及真正的希望所在则还是想要尽量减少冲突与异见，尽可能增进融合与共在。这就要求我们尽可能地求同存异，并争取有更多化异达同的共识，通过和谈实现和平，让"地上有平安"。在全球化的当代世界，人类的共存需要从以往最大化的利益共同体走向共享未来的命运共同体。我们因而要自觉地与"文明冲突"抗争，要以一种责任及使命感来呼吁"文明对话"，推动今天文化多样性中的和平共聚，团结大众共同来描绘人类"文明共和"的胜景。

一　中华民族"共同体"观念的发展

和平共处、合作团结是中华文化的核心观念之一，有着久远的历史。中国最早的哲学家可以追溯到西周的思想家史伯（为西周末期人，生卒不详，但西周存在于公元前11世纪—前771年，故其思想要早于古希腊哲学之始），他从"和合"的观念上触及"共同体"的意蕴，提出了"和实生物，同则不继"的思想，由此形成"大道和生"的主张，以"和"为贵，因"和"而共存。实际上，"共同体"乃多元的共聚，而非无差别的同在，为此他指出了"和"与"同"的区别："以他平他谓之和，故能丰长而物归之，若以同裨同，尽乃弃矣"，"故先王以土与金木水火杂，以成百物"①。而西周之亡则祸自周王"去和而取同"。

---

① 《国语·郑语》，中华书局2016年版，第304页。

世上没有绝对"同"的存在，而世界"大同"是人类希望终末所能达到的理想，实乃形而上的期盼，而非形而下的实际，旨在激励人们为了人类共有之梦来锲而不舍、止于至善。在现实世界中，则只能以有差异性的共在来作为人之"共同体"得以生存的根本，而维系其"共同"之体的原理则为"和"。史伯的思想乃中国"和合哲学""和谐思想"的萌芽，也是孔子等人"和而不同"思想的来源。中华民族很早就已形成了赞成"和同"、反对"剬同"的社会共在智慧，由此开始了"多元一体""多元通和"的思想发展。在这种思想语境中，"求同"是一种理想境界，"存异"则乃必须面对的现实状况，只有尊重共在者各自之异，才可能实现大家联合的相对之同。

中华民族的历史发展就是不断地寻求并维系和扩大其共同体存在，由此形成其观念上多元一统、多族共和的典型特点，在其文化思想上故而具有天容万物的胸襟、海纳百川的气派。这种求同存异、聚同化异，清晰地彰显同、巧妙地模糊异，在中华民族的形成上极为明显。而这种"同"则为不同而和的"玄同"，是大家命运所系的"共同"。中华民族信仰以向心凝聚、整体共构的"大一统"思想作为其核心精神理念。这种"国家的统一，民族的团结"的一统观念正是中华民族的"共同体"意识，并以此而铸就了中华民族之魂，成为我们历久不衰、立国立民之本。而且，"大一统"的持守也成为中国政治的真谛，中国人把"统""和"视为中华民族的信仰原则。中国早在先秦文献中就已经出现了"大一统"的相关表述，而自"书同文、统一度量衡、车同轨"的秦朝统一中国以来，这种"统""和"则逐渐发展为社会共存的基本思路，特别是体现在政治、民族等问题的处理上。历史上的"大一统"信念和今天的"统战"理念乃一脉相承，形成中华民族命运共同体和文化共同体的信仰原则，也是中华民族的生存底线。纵令政治理念不同，也要守住民族和合的底线。

秦汉以来中华统一，"汉族"共同体的意识得以巩固；而到了隋文帝杨坚时期（公元581—604年在位），则更为积极地寻求建立多民族的共同体，摒弃以往"华夷之别"的观念，对少数民族实施招抚政策，化解民族矛盾和冲突，随后还出现了促进民族融合的"和亲"策略，形成涵容各少数民族的大中华民族共同的文化意识，使秦汉始立的中华民族政治共同体意识扩展为文化共同体意识。在此后的发展中，汉民族的这种"渊源共生"、同根同源的信仰观念又进一步扩展，从而形成其更具有文化特质的"海纳百川""和谐共融"的中华一家的"大民族"信仰，对"尊王攘夷""内中国，外夷狄"的信念有所放弃。正因为如此，中国历史发展中逐渐出现了多民族共同体、多区域共同体、民族共构、"协和万邦"的主张。这种多元共在的共同体观念为当代中国尝试"一国两制"等多种政治制度共同体、计划与市场并重的多元经济形态共同体以及多社会阶层共同体，多宗教或信仰共同体等等的推行奠立了基础。质言之，中国对共同体的理解并非都是其绝对合并式的混融，所追求的也不是毫无差别的一律，而更主要为其合作式的共在、团结性的同存。这种"合"以"和"为贵，具有"柔"性和弹性，追求各方面的和谐、和睦，这就是中华民族"天人合一""知行合一"的"共同体"意识及其形成的"和天下"之民族共在的禀赋，有着"上善若水"的"柔性"文化之特质，这反映出中华民族的基本精神，也是我们今天文化软实力的重要构成。

与"共同体"观念密切相关的，则还有中华民族的"大同"思想。以"天下"观来追求"大同"是一种更高境界的共同体意识，旨在"天下一家，世界大同"这种理想的人类命运共同体，而追求这种愿景旨在保持对人类未来的希望。不过，这种"大同"意义上的共同体必须以"天下为公"为条件，是一种理想之中、现实之外的人类共同体存在。儒家经典《礼记》如此描述说："大道之行也，天下为公，选贤与能，讲信修睦，故人不独亲其亲，不独子其子，使老有所终，壮有所用，幼有所长，矜寡孤独废疾者皆有所养，男有分，女有归。货恶其弃于地也，不必藏于己；力恶其不出于身也，不必为己，是故谋闭而不兴，盗窃乱贼而不作，故外户而不闭，是谓大同。"[①] 其实，在儒家看

---

① 《礼记·礼运》，《四书五经》中，中国书店1985年版，第120页。

来，古代曾有过这样的黄金时代，但已经失去，目前社会所能构建的共同体也不过是基于"小家"的"小康"景观而已，故而本家族、本民族、本国的利益是至上的，体现出一己之私，甚至以这种私作为合作共构的基本，由此逃不脱矛盾、纷争、冲突甚至战争。大家虽共聚却不和谐，计较、争论不断。正如《礼记》所言："今大道既隐，天下为家，各亲其亲，子其子，货力为己，大人世及以为礼，城郭沟池以为固，礼义以为纪，以正君臣，以笃父子，以睦兄弟，以和夫妇，以设制度，以立田里，以贤勇知，以功为己，故谋用是作，而兵由此起，禹汤文武成王周公，由此其选也，此六君子者，未有不谨于礼者也，以著其义，以考其信，著有过，刑仁讲让，示民有常，如有不由此者，在执者去，众以为殃，是谓小康。"① 基于各自之"家"的"小康"，虽然殷实有一定实力，却留有私欲而各自算计，使更大范围的共同体难以构建，即使以往已经构建的相关共同体也不巩固，一旦出现问题就会坍塌。这使我们联想到当今世界的纷争和愈演愈烈的中美贸易战。如果仅为一己或一国利益而不顾国际社会的整体需求，那么其强大、富庶之"小康"则仍很难走出"利益共同体"之"私"而转向"命运共同体"之"公"。因此，当前的国际现实给人们展现的仅为一种"小康"社会，民族、国家乃"各亲其亲"、以公共"天下"为"自家"，民族主义甚至民粹主义形成社会发展的主流，故而与"大同世界"仍相去甚远。

　　美国当下所强调的"美国第一"故而没有突破其"私己"之窠臼。如果基于"天下为公"的"大同"，以一种"天下"境界来审时度势，世界景观则可能大为改变。或许，这种理想仅为历史发展的彼岸，可望而不可即。但人类就是一种展望未来并不断走向未来的灵性动物，虽仍感遥遥无期，却坚信这种"共产主义"理想一定会实现。但若回到这种理想的传统观念来面对现实，以共建人类命运共同体的睿智来处理当下复杂的国际国内局面，则会有更多的柔性、更大的弹性。全球范围的共同体构建，需要的是协商精神，求得的是协和之境，为此这种共构显

---

① 《礼记·礼运》，《四书五经》中，中国书店1985年版，第121页。

然需要各自应有一定的让步或妥协，有彼此的理解和换位的思维，通过"沟"而达"通"。中华民族正在坚持参与并积极推动人类命运共同体的建设，并努力使这一共同体不只是生存技巧之需、作为政治谋略的权宜之计，而更乃文化升华之扬、为促进人类精神境界的提高。没有世界大众在共同理解基础上的共同奋斗，则只能是一种"精神乌托邦"的臆想。这种现实层面的合作努力，则对我们提出了更高的要求，也需要我们有克服困难、走出窘境的更大智慧。

中华民族在其历史发展中的共同体存在是曲折复杂、跌宕起伏的过程。在历经种种经验教训后得以形成其社会共聚及精神同存的特色，即多元一统、多族共和，在民族及其文化共在上体现出一种包容精神，有着"善下"而海纳百川的性质。在这种共同体存在的努力中，中华民族得以共存的智慧就在于求同存异、聚同化异，承认并尊重差异性存在，而且为达共在则非常善于彰显同、表达共同意愿，并非常巧妙地模糊异、留下私有空间。在意识到各自根本不同、难达共识之际也要尽量维持和平、守住和合的底线，争取"退一步海阔天空"的回旋余地。正因为如此，中国历史发展中才会有过多种合作、结盟，出现过多民族的共同体，建立过多区域的共同体，存在过多种政治制度对比共存的共同体，而在中国改革开放以来又推进了多元经济形态的共同体，包容了多个社会阶层的共同体存在，甚至在一定层面实现了多宗教或信仰的共同体发展等。这些共同体并非都是绝对的合并式混融，而体现出多样性、差异性的共存，即主要为协调、协商、联谊、合作之共在。回顾历史，当中华民族统一共构、社会繁荣之时，正乃这些元素得以充分体现并真正实现之时；而中国社会出现分裂、社会动荡之际，则也是这些原则被破坏而无法实施之际，人心散则天下乱。从整个中国历史发展的基本运势来看，中华民族精神理念上的"天人合一"、社会实践上的"知行合一"，其本质都有着"共同体"意识及其形成的禀赋，反映出中华民族团结、和生的精神，这是我们文化软实力的核心因素，也是给世界共存所能提供的宝贵"中国经验"。今天，中华民族正以这种传统和睿智来坚持参与并积极推动人类命运共同体的建设，在面对前所未有的挑战和对抗时,如何化解危机、冲出重围,维系世界全球化的共同合作态势,并促进人类命运共同体的继续发展前进,这对我们是最大的考验,也是对中国"和合"智慧之国际应用的检验。这样,中华民族所倡导的人类命运共同体建设就绝不只是口号或愿景,更乃实实在在的投入和奉献。中华民族的这一现实努力需要胆识和睿智,要让国际社会更多的人看到,中国倡导共建人类命运共同体的意蕴不仅仅旨在振兴中华,更是希望要以其"天下"观来感动世界、感召世界。所以,我们为了世界的共存及和平发展而要开展全球范围的文明对话,与世界各民族有着丰富的精神沟通,在社会政治经济领域共同携手、精诚合作,以能共同走向人类更美好的未来。

二 西方"共同体"观念的发展演变

西方受犹太教影响、基于基督教信仰观念的共同体思想亦有着复杂的发展演变。西方思想传统强调人与神的共在,世人应与上帝形成神圣的共同体存在,故而有着一种超然、超越的维度。这种"神人关系"使之有着"二元分殊""对立统一"的辩证思维,承认并正视人的有限与"罪性"。不过,其宗教共同体虽乃一种"神圣的家族",却在更大范围的交往中分出"选民"与"他者",故而曾与其他宗教共同体发生过争夺、战争。因此,这种人类共同体的存在方式即"一半天使,一半野兽"。人类有过与神共在的"乐园",但是已经失去,而"失乐园"的人类却也在为"复乐园"而努力。所谓"野兽"则代表着其过去罪恶的存在,"野兽"的共同体只知道"丛林规则",这就是弱肉强食、你死我活的竞争,为了获取猎物,形成其军事联盟等共同体结构;为了物竞天择、适者生存的进化,则只顾个我利益、求得自己利益的最大化,推行的是赢者通吃、零和原则;所谓游戏规则为我所定、为我所用,亦可为我所改、为我而弃。显然,这是一种"强人"逻辑、"刚性"文化。而"天使"则预示着人类对未来的追求,但要悔罪、脱离罪恶才能达到人的升华,故此具有一种宗教的超越维度。这里,"天堂"不是为"进化者"所开，而是为"升华者"所设。因此信者的共同体即一种"神圣联盟"，需以其"神圣契约"来维系。

不过，在西方历史中，这种"神圣联盟"的信仰共同体只是少数人的持守。自然界的"弱肉强食"在人类社会不断再现，社会达尔文主义依然盛行。个人如此，国家亦然，世界仍为"强者"的世界，落后就可能挨打，就会遭遇灭顶之灾。这在今天世界强权炫耀武力、经济领域大鳄的金融掠夺、恐怖分子付诸暴力等现象上清楚可见。国弱会受欺负、弱国无外交乃是人们的共识。历史上西方列强以船坚炮利、财大气粗之政治、经济、军事等优势来以强凌弱、以大欺小，灭绝异类或逼人就范，这些血淋淋的事实历历在目，而迄今仍然是所谓"国际惯例"，是国际交往中不言而喻的"潜规则"。西方强国随意向他国动用武力、军事干涉，甚至灭其国、屠其王却不受任何制裁，难有道德谴责，其国家恐怖主义与利益集团的恐怖主义并无本质区别。这种现实使人类在强势、强权的本质上没有真正的公平、公正、正义、平等可言，而只有强暴、凶残，即"丛林""兽性"的存在。回顾历史，人类所经历的各种战争、帝国的崛起及对弱小民族的侵占、吞并或灭绝，就是这种"丛林规则"的生动写照，今天仍然在延续和扩展，且看不到其终止、终结的希望。历史上已有不少民族消亡，国破家灭的悲剧在不断重复上演，包括中华民族在近现代历史上所受到的欺凌和侮辱，其沦为亡国奴的危机，其遭受大屠杀下的生灵涂炭，也正是这一历史的生动写照。而颇具讽刺的"历史是胜利者写的"，使胜利、成功便意味着一切，"史记"难以真实揭露其残忍、罪恶。而得以存活延续的人类各种共同体即是这种实践中的胜利者，但并不一定就是理论上的合理者。可以说，人类政治史在这种意义上既有进步，同样也表现出人类的倒退甚至堕落。直到今天，各国各族仍陷于这种怪圈之中，不得不为了适应、对付这种"丛林规则"而去实现自己的强国强军梦，体认"发展是硬道理"。目前军备竞争仍无休止、武器买卖大有市场、剑拔弩张仍在僵持、你死我活似难解脱。仅这一意义，就反映人类仍然没能"走出丛林"，仍有原初"动物"的"兽性"，人类面对着凶、野、暴、恐的威胁而不平安，"兽性"的发作会给世界带来意想不到的灾祸与打击。因此，何为"共同体"，怎样去构建，在危机四伏、缺乏安全感的当今国际社会，仍然是巨大难题。

当然，西方文明的发展也是不甘心并要彻底摆脱这种鸿蒙之初带来的"野性"的努力使然，人不想仍旧归为"兽类"。所以，其"天使"的形象代表着这种"神化"和"神圣"共同体的憧憬。也就是说，"天使"介乎神、兽之间，是人自我升华或寻求神恩的理想群在。因此人类始终在"走出丛林"的不断努力中，处于走向"乐园"的天路历程之际。在"一半天使、一半野兽"的人类学理解中，"天使"则被理解为神人中介的使者，其可以从天而降，给人带来救恩与希望；亦可以由地升天，让人有着升华、超越的念想。故此，信仰共同体特别强调信、望、爱，坚持着真、善、美、圣的实践，尽管他们必须走"窄门"，只能是"小群"。既然要成"圣"、与"神"共在，则必须摆脱"兽性"，远离"野蛮"。这就是人在维系其共同存在时的担当和使命，而其传统则形成了人的义务和责任。这也就是康德所言，人类中"仰望星空"的那个共同体。

以这种超越的宗教维度，在神面前人人平等，人本身之间也只有原罪的平等，故以神人立约来维护这一神圣联盟。不过，人还有人与人之间的存在，其共同体的建立及维系则需要这种契约精神，保持其契约意义上的平等。于是，与神立约的关系，遂演化为人人之间的契约关系，遵守契约应该也是一种神圣之维。既然人类意识到无论是其个人还是群体之间的野蛮竞争都会两败俱伤，其恶化最终会把人类引向毁灭，那么拯救人类及其社会的唯一可行之途，则是寻求并维护其"共同体"的存在关系，这就是人类命运共同体最基本的蕴涵，也是西方契约精神的真谛所在。所以，西方文化中维系社会共同体的基本原则就是这种"契约精神"。当然，在理想意义上，这种共同体应该让人类和而不同、多元共在，不是走向共同体之间的"文明冲突"，而应该出现"文明对话"，争取"文明共存"。因此，人类政治、经济、文化共存的奥秘，就是这种潜隐的"共同体信仰"，这种"信仰之光"或许仍然是烛火微光,却让人们看到了可以共在且替代和摆脱"丛林规则"的另一"潜规则"之存有,也使人类感到如持之以恒、可持续发展,则会走到充满希望的光明大道。对此,人类走得非常艰难,因为实际希望不大而要靠精神信仰来支撑,而且迄今仍少为现实、多为理想。

西方学者也认为,人类文明的历史,基本上由各种共同体的历史所组成。而且,这些共同体也是不断进化、发展的,即从最初的局部共同体不断扩大,最终发展为今天人类整体的命运共同体意识。由此,我们则可理解从家庭共同体到民族共同体、从社会共同体到国家共同体,最后则有了"联合国"等世界共同体这种进化。"关于人类社会的解读,可以从共同体的视角出发。也就是说,人类社会是以共同体的形式出现的,在人类历史上的不同阶段,共同体的形式和性质都是不一样的。在农业社会的历史阶段,人类的共同体形式属于家元共同体的范畴;在工业化的过程,人类建构起了族阈共同体;全球化和后工业化将预示这合作共同体的生成。"① 所以,共同体有不同的范围、属不同的范畴、并形成不同的范式,其共构本身也是一种多元的契合,充满弹性和张力。"对共同体的把握,需要从社会整合机制、人的生活方式以及人的存在形态三个方面入手。"因此,共同体显然涉及政治及其不同模式,所维系的秩序不同,其社会管理模式也不同。"家元共同体所拥有的是一种'自然秩序',族阈共同体在社会治理上所追求的是一种'创制秩序',而合作共同体将呈现给我们的是一种'合作秩序'。家元共同体是一个集权的社会,族阈共同体则建构起了民主制度和民主的治理方式"。但其民主"处于差异与共识不可调和的矛盾之中,从而造成了民主的困境……只有当人类建构起了一种合作共同体。才会使人拥有作为个人的完整的生活,从而成为真正独立的、完整的和自由自觉的人。"② 由此可见,共同体实乃代表着个人的生存及其利益,但只有找到一种理想的共同体,体现大家共同的生存和共有的利益,人的完善才可能达到其最

---

① 张康之、张乾友:《共同体的进化》,中国社会科学出版社2012年版,第1页。
② 张康之、张乾友:《共同体的进化》,第1页。

大程度的实现。找寻这种理想共同体既是人的理想之梦，又是人类进化的真正动力。

从不同文明范式来看，它们之间既有区别，却更有关联。大的文明共同体总是在不同文明之间的碰撞、吸纳、交融才完成的。为此，撰写《西方的兴起——人类共同体史》一书的威廉·麦克尼尔进行了各种文明共同体的比较研究，分别描述了远古中东文明共同体、古代及中世纪欧亚文明共同体对西方文明共同体最终崛起这一历史进程的影响，指出"所有人类社会在不同程度上都是相互关联的"，"社会变革常常是与其他社会接触后的产物，采取的方式要么是模仿，要么是应对"。[①] 随着全球化的发展，人类作为生存共同体势必会体现出这种关联，包括社区与社区之间，国家与国家之间，民族与民族之间，区域与区域之间的复杂联系和交织，由此形成了各种政治共同体、军事共同体、经济共同体、社会共同体、民族共同体、信仰共同体等。不同文明共同体的兴衰变迁、交会融合共同编织出人类文明复杂、共在的交互、共组、互渗、同构之图。

这种社会结构、自然生存层面上的人类共同体，势必也有其作为文化共同体的关联，包括思想、精神层面的交流、互渗。为此，我们看到人类历史上亦多有这一领域的发展，如中世纪欧洲不仅有"神圣罗马帝国"的联盟，而且还有天主教信仰的宗教联盟。这类社会文化共同体、民族精神共同体、精神信仰共同体以及宗教共同体也以各种形式出现，充实了人们的文化、精神生活。这种共同体的构建，其对话与沟通则更为重要。这样，我们可以看到人类历史上共同体形式的多元图景。我们既然承认自然结盟、社会结盟这种人类共同体的可能性，当然就应该洞察其外在的共建乃基于其内在的文化精神之趋同或求同，通过思想、文化、信仰等方面的沟通磨合，才可能在碰撞之后得以相识，突破摩擦、冲突而走到一起，形成共构。显然，这种共在和共鸣的达成，需

[①] [美] 威廉·麦克尼尔：《西方的兴起：人类共同体史》，孙岳等译，中信出版社 2015年版，第2页。

要相关方面的调和、让步甚至妥协。因此，共同体不一定要靠"强强联合"的硬实力，有时通过柔性、弹性的软实力也能达成。与"文明冲突"相对比，"文明对话"有着更多促成文明共同体的可能。这种文化多样性的和平共聚及其彼此相容，才能够真正形成人类"文明共和"的图景。"共同体"必须要有"共"与"和"才能达成"同体"，故也反映出文明的进程。

在西方崇尚宗教的传统中，一般认为人类最大的特点就是宗教乃代表着其原初的共同体社会以及其意识和精神；而且，随着人类共同体的不断扩大，宗教在其中的作用亦与日俱增，宗教成为这些共同体的精神支柱和希望依属。甚至在民族危难时期，宗教共同体的形式就会成为其民族共同体的生存和发展的表达方式，如古代以色列国被罗马帝国灭掉之后，正是依靠犹太教的强大凝聚力和向心力才把犹太人汇聚起来，以犹太会堂或以其为核心的犹太社区来构成其社会家园及精神家园，所以犹太教信仰也就成为使其民族共同体得以存在的最基本精神力量和支撑。这种宗教的核心价值作用，在当代诸多民族及国家的社会存在方式中仍然有着充分的保留，以"神性"原则来支撑世俗国度的基本运转，如美国总统等政要会按着《圣经》宣誓就职，美元上会印有"我们信任上帝"的表达等。精神看似潜在，在相关社会共同体建构中却有着非常实在的作用。

宗教共同体与人类社会共同体的必然关联，这是西方社会在共同体理解上的共识。而对这一点，中国社会的主流是存疑的，中国传统的"柔性"文化主张"己所不欲、勿施于人"的保守、含蓄，认为这是可以探索的"共同价值"；而以"普世价值"冠名的西方价值则有着自我神化的强求，其"己之所欲、施之于人"的观念体现出其"刚性"文化的强迫、扩张，给人咄咄逼人之感，故此形成与西方社会在共同体认知上的巨大差异。西方认为可以从"神圣共同体"而达到"世俗共同体"的转换，从"神圣联盟"而走向"契约联盟"。但今天的"欧盟"在分裂，与全世界相关、波及更大的"联合国""世界贸易组织"等如今亦有解体的危机，其"神圣"之维出现隳沉、蜕化。只"保佑美国"

的"上帝"还是"上帝"吗？其实，讨论人类共同体中对神本与人本、彼岸与今世、神圣与世俗关系等问题，本来可以丰富中国哲学、精神思考的文化内容，也有助于我们关于中华文化精神共同体之要点、本源，及其如何诠释的探索。我们面临今天人类社会及其精神危机，故没有必要将之视为禁忌，或认为这些问题不能登上理论研究的大雅之堂。共同体的实现在更多的层面乃依靠思想、精神、文化的考量，所以它不仅有看得见之"形"，更有着看不见之"魂"。在中西共同体意识比较中，我们的对比、借鉴，可以充实我们文明中的灵性资源，提醒社会对信仰的关注和重视。

三 "人类命运共同体"观念共构的可能性

在我们今天共同努力建设人类命运共同体及其精神共同体时，我们应该反思人类命运共同体的漫长发展，应该反省曾走过的弯路和遭受到的挫败。逆水行舟不进则退，当前人类命运共同体发展已经又到了非常关键的时刻，正面临着前所未有的风险或危机。为此，我们理解并构建人类命运共同体，需要全球眼光，必须整体思维。而这一命运共同体观念共构的可能性，则在于沟通中西，交融互渗，通过必要的妥协或协调来达到共融。所以，对比中国的多元整合观和西方的社会契约观，其"和合精神"与"契约精神"需要对话，而"柔性文化"与"刚性文化"亦必然互补。

诚然，人类社会的历史就是各种共同体之间碰撞、冲突或融合，有着利益追逐与命运诉求的博弈。但人类发展的大方向及真正的希望所在则应该是尽量减少冲突与异见，尽可能增进融合与共鸣。如前所述，我们因而要自觉地与"文明冲突"抗争，要以一种责任及使命感来推动今天文化多样性中的和平共聚，团结社会大众共同来描绘人类"文明共和"的胜景。拯救人类及其社会的唯一可行之途，就是寻求并维护其全人类同享的"共同体"存在，而且这种共同体应该让人类和而不同、多元共在，利益共享、义务共担，而绝不是回头走向小范围利益共同体之间的"文明冲突"。因此，人类政治、经济、文化共存的奥秘，就是要弘扬这种潜隐的"共同体信仰"，以此来根本放弃"丛林规则"所推崇的弱肉强食原则，使人类走出彼此对抗、杀戮的黑暗，看到人类可持续发展的光明。

人类社会是以共同体的形式来出现，而且其性质在不同的历史阶段也各不一样。共同体代表着人之群体的生存及其利益，但各共同体之间由此则会产生摩擦和冲突，所以只有找到一种理想的共同体，人类的整体利益及其社会完善才可能达到最大限度的实现。这种利益最大化的共享就是今天所言人类命运共同体的形成，而世界各族全力找寻这种性质的共同体既是人类的理想之梦，又是人类进化的真正动力。因此，今天中西思想文化合璧的切入点就是要扬弃利益共同体而使之成为命运共同体，而对"命运"的理解也应根据不同文化语境来保留"各表"的弹性，如中文所理解的"命运"并不一定就是西文所言之共同"命运"（destiny），通常则会将之译为"共享之未来"（shared future），这样就比较容易达成共识。

在这种人类命运或共享未来之"共同体"的可能构建中，在其观念上却不能仅停留在"各表"的层面，而需要双向契合之努力。为此，"人类命运共同体"观念的共构既应有中华文化"整体圆融"、多元通和、包容协和的柔性智慧，也必须保留持守"契约"、遵从"规则"、信守"诺言"的刚性原则，即让这种人类命运共同体具有"神圣联盟"之维，使国际公认的"游戏规则"具有"神圣契约"的权威性和约束力，而决不可视这种国际契约为儿戏、随意违约毁约，或在遵守执行中歪曲走样、敷衍应付、草率而为。我们故而有必要超越"小康"追求的一己之私、一家之利，而以"天下"观念的神圣性来共同合力推动并实现"天下为公"的世界"大同"。"人类命运共同体"之基就在于尊重全人类的共同利益，追求可以获得普遍接受和长期持守的共同价值。只有这样，上述观念的形成才有可能，人类也才会有继续往前发展的希望。

人类一体、地球一家，我们有着共同的利益，必须维系共同的存在。在今天全球政治、全球经济、全球网络、全球生态的现实处境中，牵一发而动全身，人类面对着整体的生存还是毁灭，因而我们应该义无反顾地朝着共建人类命运共同体这个大目标前进。这也就需要我们为之共建"人类命运共同体"这种观念的全球文化，形成人类共存所必需的共有精神和全新文明。但令人遗憾的是，目前正出现"逆全球化"的局部利益优先、本国利益无条件地压倒一切的自我保护主义，以及与之相应的文化保守主义，使人类文明开放、发展的进程重受阻碍、困难重重。对此，我们应该清醒地认识到，倒退没有希望，而只有灾难。为追求本国利益的无限扩大和小范围利益共同体势力的无限膨胀，其冲突会不断扩大，最终会造成两败俱伤的损失。在这种利益追逐中，人类在过去20世纪的百余年中曾付出了两次世界大战的惨痛代价，各方都蒙受了巨大损失。为了吸取这一重大教训，世界各国经过艰难协商才建立起"联合国"等维护人类共同利益的国际组织、世界联盟，并由此意识到"人类命运共同体"的必要和价值所在。对于当代发展中突然重新出现的破坏人类共同利益的"狭隘民族主义"、局部利益至上、霸权主义、"弱肉强食"的社会达尔文主义以及与之关联的"新冷战"迹象，这种种反全球化逆流，现在是我们大家必须警惕的时刻了！

（原载《南国学术》2019年第1期）

第三十二章

宗教与人类命运共同体的可持续发展

宗教在人类社会中不仅是个人的灵性需求，更是人类社会共存的精神保障。宗教与人类社团有着密切的关联。我们今天谈宗教与可持续发展，这不仅是宗教自身如何可持续发展的问题，而乃宗教与人类社团可持续发展的关系，不同人类社团的命运则与人类命运共同体的构建及其发展密不可分。

回顾人类宗教的形成，它并非独立发展，而是与其社团的诞生及延续相交织，其基本特质就是宗教反映出人类各族其原初的共同体社会形态以及表达这一形态的独特意识和精神气质。宗教随相应的人类共在社群而生存发展，而这种共同体的扩大变迁，也折射出宗教在其中的身影。宗教的社会功能及其作用会随着其相关社团的扩展、发达而不断增强。当宗教与相关民族相融合时，宗教实际上就成为这些民族共同体的内在精神支柱，表达着其追求和希望。这是其民族精神得以持续的本质展现；在此，宗教本身不仅是一种社团存在，而且也是相关文明的载体或象征。特别是在相关民族处于危难之际，当其民族共同体的政治结构被摧毁时，其宗教共同体则会以民间或地下等特殊形式来表达其民族共同体的顽强生存，为其未来可能发展提供精神支撑和思想动力。这在古代以色列国被灭之后犹太教的作用上得以呈现，犹太圣殿虽毁，但犹太会堂的建立则弥补或取代了古代圣殿的作用，以犹太会堂为核心的犹太社区在世界各地顽强地生存下来，成为犹太民族可持续发展的经典表述。在现代以色列建国之前，犹太教及其犹太社区就是其民族共同体最主要的存在形式，而这一信仰则是犹太人的精神灵魂。同理，历史上许多民族国家被异族占领之后，这种宗教的核心价值作用使之亡国却没有亡魂，其民族共同体以宗教的形式得以保存，其宗教精神还为其民族的重新解放和独立提供了强大的精神动力和信仰支撑。如波兰天主教在其国家被异族统治而其政体不复存在之际就曾起到这种核心价值和民族精神的作用。在许多情况下，诸多民族及国家之魂是以宗教的形式得以表达，这种宗教价值在其现代社会存在及发展方式中仍然有着相应的保留，得到充分的尊重。

尽管人类社会发生了巨变，这种世俗化发展使宗教退隐或被遗忘，甚至一些革命性变革对宗教维系传统社会的功能给予负面评价和基本否定，宗教在其社会存在中既没有根本消失，其宗教精神作用也没有彻底消解。相反，其强大的精神力量依然存在，而相关的社会政体及社团也必须认真面对。其实，对待宗教不只是思想认知方面的问题，还有对待人类精神遗产的基本态度问题。以往并非永远翻过去之历史的"俱往矣"，而有着扬弃性继承、创新性弘扬之必要。仅中华文化而言，对中国宗教的历史也不可简单否定，我们今天强调弘扬中华优秀传统文化，其中就不可能根本排拒宗教文化，宗教文化之内涵式发展对维系中华民族的共在、中国社会的存留有着重要的参与及贡献，是中国古代社会共同体的重要精神支柱。今天宗教的这种社会作用是否能够历久弥新，对于中国宗教和中国社会都是一大问题和需经受的考验。儒佛道三教在中国历史上都参与了对中华民族精神的构建，曾是中华文化核心价值观的重要因素。而外来宗教特别是基督教和伊斯兰教的入华，则既有着冲突的教训，也有着融合的经验。这些宗教至少为中华民族提供了一种世界视野，展示了人类文明的丰富多彩。这种开放性、开拓性的审视及吸纳也完全可以给我们中国带来开放、开拓的启迪，提供革新、发展的动力。

宗教服务于人类命运共同体的可持续发展，在其精神支撑上至少可以表现在如下方面。一是宗教信奉之神所表达的是一种对终极实在及终极关系的理解，由此可以尝试从一种宇宙整体观来构建神与人的共同体世界，使人在体认自己相对存在之局限性的同时能够达到一种超然、超越的审视，以此超越自我、超越历史、超越时空。二是宗教为相关民族或人群提供了其人际之间的"神圣联盟"，使其以一种"神律"或"神治"来克服世俗之局限，以宗教的神圣之维来审视人及其社团的自我，实现共同团结。世俗社会虽然不再需要传统宗教的"神圣联盟"，但政治的、民族的或者文化的"神圣联盟"却仍然需要，现代人同样不可能脱离其"神圣"之维。三是宗教沟通内蕴与外延，关联人的主体性和世界的客体性，由此而可构建外在自我（社会自我）与内在自我（心灵自我）有机和谐的共同存在，如中国精神传统的"内圣外王"，以及所谓内在超越与外在超越的共同体现。宗教曾为人类共同体提供过价值作用，伴随人类社会走到今天，其途中虽有坎坷和失误，人类对之所求却未根本减弱。宗教作为人类多数人的信仰仍有其强大的生命力和影响力，而在宗教作为少数人之信仰的中国，同样必须客观、冷静地与宗教共存、与信仰共舞。为此，在今天中国号召在内共同努力建设中华民族命运共同体和精神共同体、同外而共建人类命运共同体的历史时机，我们仍需要正确对待宗教，对之客观定位、科学评价、真心团结、积极引导。

2016年4月全国宗教工作会议的召开，中国共产党和中国政府向世界传递出的重要信号，仍然是正面评价宗教、积极引导宗教，并提出这种引导还包括对宗教中一些教义、伦理适应中国当代社会及社会主义核心价值观的积极肯定，因而在其政治考量中亦增加了重要的文明元素。人类命运共同体的生命力中自然有着宗教的元素、信仰的智慧。我们尊重宗教、承认宗教文化蕴涵的价值及其现实运用的可能，积极发挥宗教的作用，是走可持续发展的和谐大道。而能否轻装走上这一和谐大道，对宗教整体的科学评价则至关重要。社会的积极引导和宗教的积极适应是双向互动的合力及双赢，而中国基督教在这种积极引导下的积极适应已经积累了不少宝贵经验可供分享。当前中国主流意识号召弘扬包括宗教文化在内的中华优秀传统文化，这同样是基督教与时俱进、在当代社会重新体现其自身价值和社会意义的难得机遇。

在历史上宗教服务于社会的可持续发展中,一个典型范例就是宗教的社会慈善服务工作,而这种社会工作正是基督教社会存在及社会发展的一个重要组成部分和典型特色。基督教强调其社会工作的主要目的是雪中送炭,即尽力开展社会服务和公共慈善事业,强调以自我廉洁、廉俭来访贫问苦,热心救助社会底层弱势人群,为之解决天灾人祸所带来的生活困难和精神压力问题。于此,宗教在无意中就构建起它与社会的共同体,形成信仰共同体与社会共同体的交织。而在这一方面,爱德基金会则是一个可以积极仿效的楷模。

当社会普遍认知尚不能理解宗教、吸纳宗教时,任何抱怨和抵制都无济于事,宗教唯一的积极态度就是放下身段、服务社会。这就是笔者一贯倡导的中国基督教生存之道,先做"仆人"缓为"先知","非以役人,乃役于人"。这也就是中国道家文化所倡导的"善下之"[①] 精神,以虚怀若谷或"虚己"精神来对待他者,体现自身"役于人"的低身段和下位置,做到"处下"而不争。回顾历史,中国近现代社会工作的系统开展,基督教曾起了先驱作用和引导作用,基督教率先将这一社会工作模式及体系引入中国。而中国教会大学也于 20 世纪初最早在高校开设社会工作专业,由此促进了中国现代知识体系中的社会学理论和实践以及社会工作专业教育的发展。这种服务社会是宗教进入社会、成为人间宗教的最佳路径。中国现代佛教正是受到基督教的启迪而推动了其"人间佛教""人生佛教"运动,使之放下身段接近普罗大众。尽管基督教自近代以来在中国的传教活动有着复杂的政治背景、受到种种诟病和批评,但其走"共同体"道路的社会服务活动却至少获得了正面评价和相对肯定。1949 年以来,中国基督教旗帜鲜明地强调"三自爱国",走其"中国化"道路,有了新的开拓和贡献。但从教会当时处境而言,其自我建设为主和内涵式发展使其社会服务方面有所减弱,或者说虽在尽力而为却也显示出某种力不从心。自中国实行改革开放以来,

---

[①] 《道德经》66 章:"江海之所以能为百谷王者,以其善下之,故能为百谷王。"

中国宗教状况极为改观，中国和谐社会的建设需要多种力量的积极参与，依赖于全社会的共同努力，其中宗教界的社会服务工作则可被视为我们今天社会和谐建设的有机构成和重要因素。而宗教在当代中国的可持续发展也与这种社会总体的可持续发展密切关联，宗教的社会服务工作则在其走向社会、融入社会中起了桥梁和纽带作用。传统基督教在社会服务及慈善工作上的经验、方法和理论今天重新得以运用和提升，特别是近几年中国政府以多部委联合颁布文件的方式支持宗教界有序投入社会服务、慈善工作，使基督教的社会工作如沐春风、顺利开展。爱德基金会的社会工作亦获得全社会的肯定和赞扬，成为中国宗教服务社会、促进社会可持续发展的一个标本、模范榜样。于此，我们完全可以认真研究中国宗教界的社会慈善事业及其发展历程，特别是应该对基督教在中国社会慈善、服务工作上的参与和贡献加以总结，作出积极评价。

对于当代中国宗教而言，其服务于人类命运共同体的可持续发展又面临着许多机遇和挑战。其关键词就包括中国宗教坚持中国化方向，参与人类命运共同体建设和服务于"一带一路"建设。

中国宗教坚持中国化方向，对于基督教而言乃重中之重。其中国化当然符合基督教入乡随俗、进入中国社会共同体及其文化共建的信仰传统，也是其可持续发展之必然途径。这种中国化除了政治、文化意义上的必要之外，也需要在社会上的积极参与投入，基督教如何服务中国社会，正是其中国化的一种重要体现。而在这种社会服务、社会工作上的基督教中国化之展示，也是其世界经验与中国特色的有机结合及融合。例如，基督教社会工作在城镇或农村的展开，基督教社会服务在少数民族和边远地区的进行等，都需要其中国实践、积累中国经验。

对于人类命运共同体的构建，中国有着积极的倡导，而其真正实施则要靠世界大家庭的共同努力。在一个多元复杂的世界中，人类命运共同体的建设是人类可持续发展的重要探索路径，而要实现这一目标，则需要走"多元求同""多元求和""多元一体""多元共构"的道路。但这种共在不是消除差异，而是兼容、包容的"共同体"之在，需在

"各美其美"的基础上争取"美人之美",达到"美美与共"。我们是处于"全球化"的共在之中,但现实仍乃"共"而"不和",差异、矛盾、冲突不是在减弱,反而在加强。对这种前景难以预测之世界的共同维系已到了关键时刻,宗教尤其是基督教在此刻需要发挥重要作用。如果人类不能朝共在共存的方向努力,那么人类的倒退及毁灭将会是全球性的,无人能够真正躲避这一厄运。所以,宗教必须积极参加多族多国多元文化的对话、寻找共识、共建互信。

"一带一路"国际合作发展战略的提出,关涉到其沿线国家的共同命运,其中民族宗教问题的恰当处理是其能否真正成功的关键所在。为此,我们有必要认识、研究陆海丝绸之路的宗教与历史文化,关注这一地带宗教与国际关系的现状。而这种回顾和观察,就有必要特别关注宗教与各国关系、与各民族及各种文化交流上的经验教训。宗教在丝绸之路的开创和保持上有过积极贡献,这是今天我们"一带一路"发展建设的宝贵财富。其实,所谓"一带一路"国际合作发展,在本质上就是"一带一路"共同体的构建。所以,我们在这种回溯、观察、前瞻中都要看到宗教的意义和作用,既要有积极开创的意识,也需有必要的风险评估。在"一带一路"国际合作这一发展谋略的推动中,为宗教参与妥善处理国际关系、投身区域建设、建立良好世界秩序提供了机遇。因此,基督教等宗教在其中发挥具有建设性的作用,正是对服务人类社会可持续发展的积极贡献。

总之,我们不能局限于人的精神层面来看待宗教,更要注意其鲜活、能动的社会存在,看到其与人类可持续发展的密切关联,意识到宗教对之具有主观能动作用,而不只是被动地反映。特别是在今天中国这一与宗教关系特殊、与众不同的国度中,宗教与中国社会的可持续发展、与人类命运共同体的可持续发展等交互关系,是有必要加以阐述和说明的。中国当代社会对宗教的认识和评价有其特殊性,而宗教在中国与其政治、经济、文化发展的关系也更为复杂,而积极稳妥地处理好这一认知及实践问题,则需要我们大家的共同智慧,需要我们参与对话沟通,需要我们在团结合作中建立互信,这一切也都需要我们在实践中的体验和见证。历史发展是具有开放性的，现实存在亦提供了种种机遇，宗教在这种选择中理应把握好时机，认清时局，积极有为，与时俱进，为人类命运共同体的可持续发展提供正能量，发挥积极作用，由此亦完成好自身的现代转型，实现其中国化的呈现。

（原载《中国民族报》2017年2月14日第6版）

第三十三章

宗教在人类命运共同体构建中的意义

宗教与人类命运共同体有什么关系？宗教如何参与人类命运共同体的构建？这是当下我们讨论人类命运共同体时比较关心的问题。其实，人类命运共同体作为人类社会和谐共在的一种存在形式，至少会涵括其政治共同体和精神共同体这两大层面，与其相应的民族共同体及文化共同体形成呼应，而二者显然都与宗教有着重要关联。因此，我们对人类命运共同体的积极构设和努力建设，都必须考虑到其中的宗教因素及相应参与。

一 共同体的整体构设观念与宗教整体观

人类自形成以来就采取了共同存在的形式，群体性、集体性和社会性是人之存在的本质所在，表达了一种整体共在的意蕴。其共同存在形式的不断扩大，则是这种整体共在形式在观念上及存在上的扩展，虽然其在政治上的整合采用了多种方式，包括和平涵容或战争征服，却都是旨在"一统"共在和整体涵括，由此构成了人类政治史的复杂及其褒贬臧否的不易，并在我们眼前仍然延续着这种政治上的博弈较量和外交上的纵横捭阖。从人类的过去来反思，以前达成的政治共同体基本上是一种帝国形式，有着强权、霸权、征服、掠夺；而文明的进步则使人类开始摸索除了吞并、占领之外的其他选择，包括通过谈判、媾和而达成联邦等结盟的共同体形式，以此来改善人类的生存命运及其共在形式；这看似比帝国一统显得松散，却明显要更加文明。而到了今天，人类命运共同体的构建在形式上会比联邦或邦联制度更为松散，或为共和之体的扩展，但其涵括更大、范围更广，因此其精神意义也更为深远。可以说，这种共在意识及其整体之存乃人类之梦，而其反映的则是人之存在意识上的整体性和共同性，此即人之本质诉求，也反映出人的精神特质和心灵旨归。

　　人之共同体的整体构设观念，说明人在其发展中不断有着克服其有限性的意欲及求得整体共构之强大的理想。这种存在方式反映在哲学思维上则是人类由客体、主体到整体认知的升华，以及在逻辑方法上从正题、反题至合题的统摄。但是浩瀚无垠的宇宙、命运莫测的人生、跌宕起伏的历史，则使人的哲学把握捉襟见肘、力不从心；与此同时，伴随着人的哲学理性思维的则还有另外一种人之思维方式，即宗教的灵性思维、神秘洞观和超越把握。于是，人间帝国的强大遂让位给彼岸世界的绝对天国，人之存在的有限则有着神之无限的弥补，人在其存在途中的局部性也被其想象中的整体性所取代和涵括；尽管会让人感到虚无缥缈、不可思议甚至不可理喻，却披露了人之整体诉求在精神上得到满足，其整体共在也以这种不可能的方式得以实现。所以，对应人类存在的共同体追求是对于人类自身命运的共同把握，宗教则以一种浪漫或者说虚幻的方式诉说着人类精神对这种整体共在的理解和追求。

　　由此而论，有着悠久宗教文化传统的人类，其生存共同体和精神共同体的存在，都明显有着宗教性之影，虽然这种宗教整体观在当前已经"世俗化"的时代好像被一些人认为匪夷所思，却仍能感觉到其顽强的存在和不可忽略的影响。如果不是以一种轻率或嘲笑的方式来对待人类自我的成长史及发展史的话，那么我们可以清晰地看到，这种人类存在的共同体意识与其精神上的整体观追求乃紧密交织的，很难完全、彻底地剥离开来。例如，人类远古社会的共在形式就是以一种民族或氏族的宗教共同体来呈现，其族群实际上也是一种宗教信仰的共聚人群，而其群体社会的整体共在则在其宗教的图腾、禁忌等原始崇拜中表现出来。

试问历史上哪个民族传统中根本就没有宗教因素呢？而古代民族崇拜的神明也并非虚无缥缈的"虚神"或者说子虚乌有的"无神"，民族神实际上即其民族"整体"意识的反映，是对其整个民族神圣性的崇拜，故有着非常具体的社会及民族元素。这种宗教整体观早在原始部落、古代民族那里就有了实实在在的现实内容，是其群体整体之真实性的反射或折射。此即宗教顽强的生命力之所在，以其"虚"而反映"实"，以其"假"而表达"真"，其实质即本质关联就是这种相互呼应的社会政治与精神意识之整体观。一滴水反射出太阳的光芒，一粒沙证明了世界的存在。在有限的表达中追求着无限，在局部的存在中体悟着整体，在瞬息的时间中见证了永恒。而这正是人类精神之美，是其思维意义之在。在人类精神文化之宗教表达中，最为突出的就是这种整体观，虽为追求想象整体，实则反映现实整体，在其思维中则已经整合了社会政治和思想信仰。可以说，宗教的这种整体之"化"，是一种人性境界，也是其超越自我的升华，宗教整体观统一了此岸与彼岸世界，克服了天人之际的分界，而其信仰意义上的灵性整合，则折射出人类世界在时间与空间上的整合、在客体与主体间的整合以及在涵摄正反、阴阳两极上的整合。

与人类整合历史发展相关联的，则是宗教的整合与共构之史实。人类群体从氏族部落、经民族国家而发展到地球村的联合国世界，其整合之势已初具规模，虽然民族之间、国家之间的冲突、战争呈现出分裂、碎片化的逆反方向，但全球化人类整合的大潮则不可阻挡。对比之下，最初的氏族部落宗教也经民族国家宗教而发展为全球扩散的世界宗教，尽管许多宗教尚未达到这种世界性发展的宏观图景，然其整合意识却毫不落后，甚至传统悠久、根深蒂固的民族宗教也反映出其所代表的民族已经是世界性发展或扩散的民族。我们今天所论及的全球范围发展的世界主要宗教，如基督教、伊斯兰教、佛教等如此，而保留民族特色的犹太教、琐罗亚斯德教、印度教、耆那教、锡克教、儒教、道教、神道教甚至大量民间宗教，所呈现的也是全球蔓延态势的发展。由此而论，宗教反映了人类、万物、世界、宇宙的整合之梦，是人之整体性追求的信仰、灵性、精神表达。在宗教的这种整体性中，我们得以超越时空、超越古今、超越中外、超越东西方。而这种整体观给我们的精神暗示，则是寻求人际、人世的关系、连接、共在、同有、包摄、汇聚和融通。

人类的宗教，就是人的精神共在之一种表述，是与其社会联合体相呼应的精神联合体，由此而与人类命运共同体及精神共同体形成相应关联。原始宗教在精神层面代表着最初的共同体意识，间接说明其社群的生存共同体状态。宗教在随后的人类社会发展中作用增大，甚至成为其相应社会共同体的精神支柱和信仰标识。宗教共同体形式在相关民族危难时期也会走向社会前台，担负起政治使命及民族生存或复兴的重任，这在亡国后的犹太教会堂、被异族征服后波兰天主教会的功能及实践上就会看得非常清楚，其宗教整体遂代表着其民族整体，成为其民族共同体生存和发展的独特方式。在此，其社会共同体与宗教共同体往往自觉地融为一体。这充分说明，即使在社会政治层面宗教整体观也并非纯为虚无缥缈的思想精神意识，而有着实在的现实内容。由此我们则可体悟马克思关于要在社会中找寻宗教的本真，而不要在宗教中寻觅社会的本真之洞见的深邃。

二 宗教在人类命运共同体构建中的意义

如前所述，宗教作为人类相关社群的精神共同体，其提供的整体观并非抽象之谈，而直接或间接地接着地气，呈现出人间烟火。这样，宗教一直在人类不同形式、不同规模的共同体发展中起着作用，有其影响。宗教的整体观以其超越、超脱的形式反映出人类的追求、向往、理想、憧憬甚至梦幻。因此其乃虚实结合、有虚有实，以无形的精神为有形的社会提供精神支撑和发展动力，起着独特的指导作用和引领作用，故被视为推动相关民族社会发展"看不见的手"或"潜在的精神力量"。现代社会因政治经济原因及其衍生的民族文化原因，使宗教的这种整体意识及其运用并没有退隐。在人类社会进程中，确有着国家的分崩离析、民族的沉沦升浮、社会的脆片肢解，但人类向往并走向共同生存的努力并没有彻底放弃，反而在不断加强。世界大战看似导致了人类最大的分裂，但战后重建的最重要标志则是联合国这样最强烈的世界共同体存在诉求。所以，我们当代人是这一最新遗产的继承者，共同存在、和谐发展乃成为我们这一代人的责任及使命。在这一人类命运共同体构建之使命的实施中，宗教的作用同样并没有根本退隐，"世界一家、人类一体"则乃当代宗教最响亮的口号，自然也是宗教的神圣职责。今天的时局被人们描述为世界"祛魅"之后的"复魅"，"世俗化"之后的回返"灵性"，这种"化"势及其"化"境非常值得我们研究思考，体悟玩味。应该说，宗教在人类命运共同体构建中的意义可以多样阐发，其中巴哈伊信仰的"世界大同"就极为经典。这种"大同教"的意蕴几乎表达了所有宗教整合社会甚至整个世界的底蕴。诚然，我们要清醒地认识到政治领域各自整合的方式不同、道路迥异，故此亦生出不少变故，引起复杂矛盾，甚至激发为动乱和战争。这与政治中以什么"主义"来统一国家、统一世界，几乎是异曲同工，因此这对于宗教信仰的整体观之恰当运用也是值得警醒的。我们必须尊重历史事实，必须看到人类发展的阶段性，意识到人仍未真正成熟，而反映人之真实状况的宗教及其精神也未臻完善。人仍在途中，宗教亦需发展。至于其究竟如何发展，才是我们应该关注的。在这一意义上，如何积极引导，选择正确的道路乃至关重要。这正是我们今天思考宗教在人类命运共同体构建中之意义时所必须要重视的。当今世界社会局势仍非常严峻，利益共同体之间的博弈或争斗异常尖锐，其与宗教之间的交互影响也错综复杂，宗教的相关卷入也是不争的事实。所以，我们谈宗教对人类命运共同体的意义绝不是鼓励这种对利益共同体的纵容，不可让宗教继续卷入这种纷争。我们所要努力的，只能是弘扬正气，减少分歧，克服冲突，美美与共，努力以和谐和合来争取世界大同。

　　宗教在发展过程中有着自我扬弃，故必须通过自我革新来与时俱进、不断开拓。但必须看到，宗教对世界的描述和未来希求的愿景表达了人类的积极进取，奋力朝前，从而在构建人类命运及精神共同体中完全可以体现出其积极意义，克服其不利因素。人类及其宗教都要不断进化和升华,这就是人的去伪存真、去粗取精,走出蛮荒、止于至善,而且在这一过程中促成并见证世界的进步,人类的完善,社会的发展。

宗教在人类命运共同体构建中的积极意义,可以从如下一些方面来发掘:一是宗教整体观代表着人对自身及对人之群体有限性、局限性的体认,有自知之明才能超越自我,实现升华。其实,世界宗教的神明观就是使自己从其民族神之中解脱出来,达到这种超越、整体神明观中人与人、民族与民族、国家与国家之间的平等互利、相互尊重。所以,这种"绝对一神"观应体现为对全世界的包容,对全人类的关爱,而不可曲解为"帝国之神",且只谋求某一民族、某一国度的私利。其绝对神明观是全球意识、世界意识的体现及其责任担待。二是宗教整体观应以其神圣之维来帮助构建当今人际间的"神圣联盟",让人看到其社会责任的神圣性,以一种神圣之维来监督自我、约束自我,克服人的私欲和私利,从而有着"头上的星空,心中的道德律"之敬畏和自律,恰如中国宗教传统给民规乡约、自我控制的那种"举头三尺有神明"之感,克己爱人,达致社会的共同团结及其民众的有机和谐。三是宗教整体观带来的是人类社会的责任感和义务感,在这种神圣整体之中,人需谦卑、自知、侍奉、服务;整体感需要的是共聚、共容的气场,为之努力的是共融、共构的共同存在。四是宗教整体观要意识到人与人、民族与民族、国家与国家之间的差异和差距,应尊重各自的差异,弥补彼此之间的差距。在这种整体观下,人类命运共同体不是靠"弱肉强食""丛林法则"来实现,而应有相关补充、彼此帮助,同情弱者,扶持后进,这样才能实现多样化的和谐。世界的多彩乃使其美得以体现,差异的和谐靠包容、互补,差异的存在则依于海纳百川、天容万物。这种整体是涵容差异的多元共在,而非纯而又纯的单调死板。中国宗教传统中的太极文化对之有着很好的启迪,太极整体乃阴中有阳、阳中有阴,阴阳互补,积极呼应,故而达成一种和谐共在、充分变化、富有弹性和勃勃生机的太极整体。在与世界宗教特别是包括巴哈伊信仰的对话中,中国宗教文化也可以积极奉献其大道精神、太极文化、圆融思维、整体哲学,由此共同努力带来世界发展的积极运势,形成其有益气场。

综上所述，人类命运共同体及其精神共同体的建设，既要开拓创新，也需返璞归真，由此形成波动、立体性发展。而这种共同体的生命力中自然也有宗教的元素，信仰的智慧。为此，我们就要尊重宗教、积极发挥宗教的作用，悟出宗教文化蕴含的价值及其现实运用的可能，从而穿透其神秘包装而对宗教整体观加以科学评价。除了在认识论意义上对宗教整体观加以公正评说之外，更应该在现实生活中看到其整体意识在社会中的实践、推进，让世界政治朝着正确的方向发展，使人类能够少走弯路、少有曲折，而迎来人类发展的光明前途、希望远景。宗教整体观与人类命运共同体的有机融合以及其整体意识的积极体现，就是以之实现巴哈伊教和中国信仰所追求的"大同社会"，就是让中外宗教精神和人文智慧来"协和万邦"。

（本文是为2016年澳门巴哈伊会议而准备的书面发言稿）

第三十四章

中华民族精神共同体与宗教信仰

人类发展到今天，是一个不断告别过去、走向未来的进程，其中有很多曲折反复和经验教训，值得认真总结和借鉴。作为具有社会性和文化性的生物，人类的基本特点就在于其"类"的形成和维系，此即对"共同体"之理解的起点或基础。但靠什么来支撑其生存与发展，显然就涉及其群体的内在动力即精神凝聚，这自然就与文化精神和宗教信仰联系起来。中华民族是世界上集体意识比较明显的民族，其生存与发展一直在以其独特的共同体形式来展现。但在超越社会层面的认知上，人们对于中华民族精神共同体是如何表达的，以及这种精神共同体与宗教信仰有无关联，则存在各种不同的看法。为此，笔者谈点粗浅看法。

一 中华民族共同体的特征

人类作为群体的存在是一种共同体的存在形式。不可否认，中华民族在人类文明共同体中也是非常典型的共同体存在。中华民族的基本特点就是多元一统、多族共和，在民族及其文化共在上都是江河汇聚，海纳百川。在中国历史发展中，曾出现过多民族共同体、多区域共同体、多种政治制度共同体、多元经济形态共同体、多社会阶层共同体、多宗教共同体等。这种共同体形式各异，有着时代和地域的烙印，而且并非都是其合并式混融，多为合作式共在。因此，这种共在并非中国人理想意义上的"社会大同",而为典型的"社会共同体"。应该说,我们的"共同体"意识也反映出中华民族精神,成为我们文化软实力的核心因素。在中华文化的整体构建中,有着宗教文化的参与,而且在其历史传统中还是其核心构建,在某种意义上曾是中国历史发展的"潜在精神力量"。

其实,中华文化的传统本质亦是宗教性的,这从我们通常所言"神州大地""天佑中华"等传统表述中就可悟出其宗教寓意。当然,在现代世俗社会中,这种宗教意趣不再被人认同和承认,但取代其的表述或是语焉不详或没被普遍承认,留下了不少思想空白。中华民族共同体有其东方文化的独特性,特别突出其向心凝聚、整体共构的"大一统"思想。这种"国家的统一,民族的团结"的一统观念得以强调,成为中华民族之魂、立国立民之本。"中华民族漫长的历史发展过程中,域内诸民族和政权经历了战争和更替、聚散分合、迁徙与融合,却从不曾割断共同的文化传统,文明认同始终如一。其中的根本原因就在于国家统一的理念不断渗透于中华民族的血液之中,成为人们一致的价值取向与理想追求。在统治阶级中的有识之士和广大民众看来,唯有实现'大一统',国家才能获得最大的安全,民族才有应有的尊严,天下乃可长治久安。从这一意义上说,数千年的中华文明史,就是统一观念深入人心的历史,是实现和维护中华民族大融合、大一统的历史。统一作为中国历史发展的主流,浩浩荡荡,气象万千,汹涌澎湃,一往无前。"[1]"大一统"社会的持守为中国政治的真谛,其思想观念可以追溯到先秦时期的"大同"理想。此后,"统""和"已成为中华民族的信仰原则。特别是在秦朝统一中国后实行"书同文、统一度量衡、车同轨"的制度以来,中国历史上的"大一统"信念和我们今天所倡导的"统战"理念在文化精神上应该是一脉相承的,且有其内在的逻辑一致性和外在的历史延续性。"统一"已经形成中华民族的信仰原则和生存底线。一旦这种"大一统"的观念动摇,不能在其社会政治中体现出

---

[1] 孙建民、黄朴民:《中华统一大略》,解放军出版社 2014 年版,"序言" i。

来，维系中国共在的精神纽带就会断裂，这也被视为中华民族"最危险的时刻"，所以必须尽一切努力、想一切办法来维护这一"统一"。

不可否认，"大一统"的观念在其他一些民族中也有显现，如西方古代"罗马帝国"的一统，今天"欧洲联盟"的共同体扩展等，尤其在东方各民族中这种"一统"观念乃根深蒂固。西方国家的"统"与"分"虽然有政治上的严肃性，却没有从民族存亡的角度来考虑，从而民众对其"分分合合"相比而言看得较淡，并无生死攸关之感。而中华民族这种一统观念则自古至今一直流传，并形成其独有的象征符号，如"炎黄子孙"表达了"统一祖先"的信仰，"龙的传人"折射了民族图腾之"集体意识"。当然这两种表示作为中华民族一统的信仰表征都有其局限性，因为其主要是汉民族社会文化传统的反映，故此需要扩充和完善。最初"中华一体"的思想乃凝聚于华夏之"汉民族"，但其局限性很快就被察觉。于是，汉民族在后来更多强调多民族之"渊源共生"、突出大家乃同根同源，从而更具包容性，且涵括亦更广，逐渐形成其更具有文化特质的"海纳百川""和谐共融"的中华大家庭之"大民族"信仰，即形成"中华民族多元一体"的观念，并对过去"尊王攘夷""内中国，外夷狄""贵中华，贱夷狄""夷夏之辨"的看法加以放弃。如较为典型的中华一统帝国即唐朝的皇帝唐太宗就表示，"自古皆贵中华，贱夷狄，朕独爱之如一。"通过这种包容与融汇，中国经历从"华夏"之核心文化到"中国共同体"这一天下帝国的发展。其统一的中华民族意识则具有了最为重要的位置。但也不得不承认，过去的历史积淀仍存，民族冲突留下的痕迹尚未彻底消除，"大汉族"思想的不时冒头也对今天处理民族、宗教等问题带来了不利因素。在当前共建中华民族命运共同体的进程中，这些问题必须得到及时、有效的解决。

中华民族共同体是求同存异、多元通和的结晶，其"共同"之维系要靠对异之理解、对多之包容。我们谈五千多年中华文明的自信与自尊，一定要历史唯物主义地来谈，而不能抽象肯定、具体否定，用历史虚无主义的态度把这五千多年文明的具体内容加以否定和批判，如对中国宗教文化的否定就是这种尴尬之一,结果导致我们的文化失语和精神虚化。试问,如果抽掉中华文化中宗教文化的具体因素,那么我们的文化还有多少核心内容能让我们自豪、能向世界宣示?如果否定儒家文化在传统中华文化中的引领地位并剥去其宗教蕴涵,我们在中外精神文明的比较中是否也可能失语、陷入被动境地!诚然,任何宗教都需不断革新和与时俱进,但这里有对中国宗教古今发展的一个基本评估,而其评价亦对我们整个中华文明史的评价相关联,涉及中华文明共同体的内在本质和传统继承,关涉到我们的文明之魂、文化本原问题。所以说,对中国宗教的评价不只是肯定或否定那么简单,而是与对整个中华文明史、整个中国社会构建中的精神因素之评估相交织,对之不可随心所欲,不能凭空而谈。

二 中华民族精神中的宗教蕴涵

一种观点认为,中国文化不具宗教性,中华民族是世界民族中唯一没有宗教信仰的民族,而且还以此引以为豪。殊不知,这样一来,中华民族在人类各民族中就被孤立起来,中国文化也就成为"另类"文化,这种"自我流放"实际上只能使我们自己在国际文化交流中被边缘化,甚至陷入"出局"的窘境。其实,这种观点也根本不符合事实。当持此观点的人在批评今天中国社会宗教"泛滥"时却不知道自己陷入了两难:如果中国文化传统上没有宗教,为什么会出现今天的这种兴盛或所谓"泛滥"?如果这是外来宗教"渗透"所致,为什么我们自己的文化这样没有"免疫力"或"抵抗力"?当对宗教存在及发展如此否定和担忧的人在大谈特谈中国境内"宗教"泛滥并要求全力抵制宗教时,外面的世界却在议论讽刺不少中国人在境外形成有钱无文化或缺修养之"土豪"泛滥!为什么我们这样有着五千多年文明的古国国民今天竟然会被世人视为"没文化""没信仰"?这确实值得我们好好反思和反省。我们不能在对外来文化采取"辩证客观"的吸纳时,却对我们自己的文化传统加以"形而上学"的否定。必须明白,否定中国宗教文化传统的存在、否定中国宗教价值的意义，不会给我们自己的文化添彩，而只会对之抹黑。

其实，中华民族精神中有着丰富的宗教信仰资源，传统中华文化亦是具有宗教性的文化，体现出宗教共同体的性质。所以说，宗教信仰对中华民族共同体的有力支撑和积极贡献是不可否认的。从总体来看，中华民族命运共同体的共构精神就集中于"神州大地"自古所风行的"天人合一"观念和"敬天法祖"实践，其中既有超越的维度，也有崇敬的行为，由此所显露出的"宗教性"是不言而喻的。如果否认这在认知和实践中都非常典型的两种维度之宗教性，那么在世界宗教中就很难找出其他更为典型的宗教性了。实际上，"天人合一"恰如其他宗教中的"神人合一"那样，乃是宗教中的最终追求和最高境界。

这里，我们还可以从如下一些方面来分析中华民族精神中的宗教蕴涵：

第一，中国宗教文化不只是外来文化，中国有着本土宗教资源，即存在着传统中华宗教。这从古代政权及社会之"敬天法祖"的精神传统以及民间和个人"举头三尺有神明"的民俗观念上，都清晰可见。

第二，中国历史上既存在建构性宗教，也有弥散性宗教，而且彼此交摄，是你中有我、我中有你，不可截然区分开来。例如，儒教、道教、民间宗教与民间信仰以及少数民族宗教等，都能看到其建构性或弥散性之共存，只是其潜隐、显现的方式和程度不同而已。

第三，外来宗教在华经历的主要是"中国化"，而不可能完全"外化""它化"或"西化"。我们对自己的文化传统和今天的文化实力应该有充分的自信。从外来宗教在中国的发展来看，佛教已经脱胎换骨而成为纯粹中国的宗教，这种感受在我们理解禅宗的意义上尤其强烈。犹太教是世界上抗外化能力最强的宗教之一，却在中国文化的"温情""涵容"中被中华文明同化而"消失"了，成为犹太教世界传播史中的特例。摩尼教亦在吸纳中国元素的过程中成为中国的民间信仰，并曾以中国民间宗教的身份活跃在中国历史上。甚至"外化力"较强、迄今仍被我们一些人称为"洋教"或"外教"的基督教、伊斯兰教、摩门教、巴哈伊教等，虽然显示出中外之间的宗教存在及其张力，却也非常明显地被中国文化所吸引和感染。

第四，中国本土宗教具有吸纳能力，并会给外来宗教的"中国化"提供模式和道路。中国本土宗教在其内涵式发展上乃维系着中华民族的共在，是中国社会共同体的重要精神支柱。可以说，儒佛道三教都在参与对中华民族精神的构建，都可孕育或滋润中华文化的核心价值观。而外来宗教入华则可给我们带来开放与革新的需求及动力，以其比较来形成我们的发展动力、前进中的鞭策。

第五，主流宗教信仰与民间宗教信仰虽有异同，但在提供中华文化精神资源和满足民众灵性需求上可以互补。其在神本与人本、彼岸与今世、神圣与世俗等问题的探讨上可以丰富中国哲学、精神思考的文化内容，有助于我们关于中华文化精神共同体之要点、本源及其如何诠释的探索与争鸣，充实我们文明中的灵性资源，提醒社会对信仰的关注和重视。

三 中华民族精神共同体重建中的信仰定位

在社会主义现代中国社会，宗教当然不可能是其主要精神力量或精神支撑，宗教信仰让位给政治信仰是近现代社会发展不争的事实。不过，政治信仰尽管非常重要，起着决定性作用，却仍不应该也不可能包打天下，其核心定位和关键作用是"引领""引导"。因此，我们的政治信仰还应该对其他层面的信仰尤其包括宗教信仰起包容联合、积极引导的作用。

为此，在我们今天中华民族精神共同体的重建中，就有必要给宗教适当定位、科学评价、积极引导。这当然也就涉及我们今天的社会对宗教的理解和态度：对之同化还是让其异化，加以认可还是根本排拒，视为自我还是斥为他者。这种态度的选择将直接影响到中华民族精神共同体的重建及其质量。仅从宗教信仰层面来看，我们必须面对并解决如主流意识形态与宗教意识的关系、社会主义核心价值观与宗教价值观、宗教自身的革新与发展等问题。而从整个信仰范畴来看，我们还必须思考信仰在中国共产党、在主流意识形态中的地位与意义，信仰与社会主义核心价值观、信仰与和谐社会建设、信仰与"中国梦"的实现和中国文化走出去以及信仰在"一带一路"发展中的作用等问题。现在大家讨论较多、分歧较大的问题就包括：当代中华民族的复兴是否需要宗教？需要什么样的宗教？信仰是否能作为我们中华民族重新共聚的引力，成为我们社会共同体的核心？

目前，我们社会关于信仰的定位仍然是模糊的，对宗教的认知仍然分歧很大，这在一定程度上会影响到我们当前中华民族精神共同体的重建。但是，古老悠久的中华文化从一开始就已确立了其涵括阴阳两极、有着对立统一的"太极""太和"之信仰文化的圆融焦点；中华文化经历了对之形形色色、各种各样的肯定或否定，非常淡定从容地接受这些批评的洗礼，在自我不断扬弃革新中焕发出青春。而在我们今天走向未来之"中国梦"的精神蕴涵中也势必会有信仰元素，故此我们对中国当今社会走向充满信任，对中国的未来发展有足够的信心。我们坚信这一真理："人民有信仰，民族有希望，国家有力量。"

第三十五章

海外华人信仰对中华民族文化共同体的意义

习近平主席提出，要坚持推动构建人类命运共同体，号召"同各国人民一道努力构建人类命运共同体，把世界建设得更加美好"①。这是习近平新时代中国特色社会主义思想的重要组成部分，也是对世界和平建设的重要贡献。而建设好中华民族命运共同体、中华民族文化共同体则是其前提及重要准备和条件。当前，我们有3000多万名港澳台同胞、近6000万名海外侨胞，遍布世界各地的海外华人已接近1个亿，据说中国自改革开放以来，移居海外的华人就有2000万名之多。这些海外华人对于我们中华民族命运共同体的构建至关重要，也是中华民族文化在海外得以充分展示的重要途径和标志。最近，习近平主席在视察广州暨南大学时特别指出，要关注海外5000多万华侨。栗战书委员长在十三届全国人大会议上也强调海外华人华侨是中华民族的有机组成部分。海外华人华侨遍布世界各地，是中华民族联系各国各族、增强世界人民友谊和团结的重要桥梁和纽带，在中华文化走出去及与世界各民族文化对话交流中也发挥着巨大作用。而关注海外华人的信仰表达，则有着重要的文化战略意义，故应引起我们的高度重视，使之在文明对话、

---

① 习近平：《在纪念马克思诞辰200周年大会上的讲话》（2018年5月4日），《人民日报》2018年5月7日。

精神沟通中体现其独特地位,在共建人类命运共同体中起到桥梁和纽带作用。为了有效建立起人类命运共同体,那么其倡导者我们中华民族自己首先就必须建设好中华民族命运共同体及文化共同体,这是情理之中的逻辑关联。人类命运共同体的建设,最为重要且最为复杂的,便是其文化及精神共同体的构建,而这是能否真正构建起人类命运共同体的极为关键之处。同理,中华民族命运共同体的建立,则也是基于中华民族精神文化体系的建设。在当下的中华文化重建中,我们必须充分认识到,当代中国人不可能仅仅满足于物质生活的充盈和科技水平的提高,而会更多地需要精神文化生活,向往一种提升自我、超越自我之境界的精神文明发展。建立起具有中华民族文化特色的精神信仰体系,这可能才是中华民族和谐共在、可持续发展的基本保障。在全球化的发展中,我们需要一种文化中国、信仰中国的共在,这也正是吸引、凝聚海外华人的中华之魂、中国之心。

一 海外华人的信仰需求

可以说,海外华人的信仰应该包括政治信仰、民族信仰、文化信仰和宗教信仰等,但总体来看,我们以往对这些信仰诉求关注、重视不够,缺少专门的研究。实际上,华人社区对其信仰的专注性、忠贞性使之与中国有着剪不断的文化关联,对持守中华传统信仰文化显得特别执着,但其复杂性似乎也让人困惑、很难看透。华人的政治信仰具有多元并存这一现实存在,过去一百年左右,我们就处在这种政治信仰的博弈争斗之中,使中国社会的历史发展充满动荡、冲突,乃至战争、破坏。政治信仰的不同,也是不少华人离开故土、浪迹天涯的一个重要原因。必须意识到,今天在政治信仰上,全世界的华人仍然很难达成共识。所以,在共建中华民族命运共同体上,有必要另辟蹊径,应该首先在文化信仰上寻找共同点、建设共同体,而这种文化信仰则关涉中国人的民族信仰和宗教信仰,这在团结海外华人、形成大统战格局上尤为重要。当今人类为了在一个共同地球上的生存和发展,正在不断努力实现多元一体或多元共存,特别是世界上的不同信仰也在"为了共同利益而寻找共同点"。其基本共识就在于承认每一种信仰都有自己的特征、传统和做法,所以应该承认和尊重那些能够彰显不同信仰传统所共有的价值,形成相关的共同原则,由"各美其美"达至"美美与共",使之成为人们得以在多样化基础上团结起来的"共同点"。这也就启迪我们应该在华人中寻找、树立并强调这种"共同点"。不过,我们迄今仍忽略了这种审视,在我们的文化战略制定中仍然缺少关注海外华人信仰需求的这种必要考量。

老子言,"上善若水"。我们寻求共同点的境界要高,应追求"上善""止于至善";但在文化包容中的海纳百川、有容乃大却需要身位之低,必须汇聚于"下","江海所以能为百谷王者,以其善下之"(《道德经》第66章)。特别是在信仰问题上,不可自视掌握有"绝对真理",居高临下、颐指气使,反而需要虚怀若谷,以一种"低""下"之姿态使江河汇于大海。仅就宗教而言,宗教信仰所指导、规范的社会实践标准和社会伦理规范显然与政治标准有所区别,但不一定就与社会政治层面的价值观、人生观和道德观必然矛盾、相悖;这是因为宗教信仰之思曲折地反映出人的现实需求和理想追求,因而其向往的真、善、美、圣也是属于这个世界的,当然可以与社会需要的真理、完美、和善及神圣求同、共在。我们在与海外华人交往中,应该大讲特讲这种认知,引发其共鸣、达成其共识。

应该说,信仰包容及共在虽然主要是在社会政治意义上而言的,因为我们的共同关注实际上应该立足于今生、此岸、这个世界及其现实需求,但其进路、入口并不一定只有政治这一或唯一通道,恰恰可能通过文化、精神甚至宗教信仰而可曲径通幽,让全世界华人走到一起,从而殊途同归,实现政治一统之效。其实,许多海外华人的故土情、中国心是通过其传统中国宗教信仰来表达、持守的,传统中国宗教是其思乡曲、华夏情。这些华人华侨虽然移居海外,却长期留存着其眷念故土之心,而最具吸引力、感染力和凝聚力的则往往是其一代一代相传的来自故乡的宗教信仰,这已经成为其中华精神认同的象征符号和文化品牌,是其文化生存和精神生命之依托，但我们今天仍有不少人尚不理解这一奥妙深意。例如，不少海外华人宗教界人士曾向笔者发问，希望能够解答其迷惑之处：当他们以企业家、投资者的身份踏上祖国故土时会受到热烈欢迎和高规格的接待，而当他们满腔热情以寻根认祖之态表现出其宗教身份，或在回到中国大陆后表明要寻踪其源自中华的本土精神信仰以获得其中华情感的支撑和充实时，却不被人理解，甚至会遭到误解或比较难堪的对待。当然，其中的重要原因之一就是他们从前辈那儿所接受、继承的一些传统中国宗教信仰在今天的中国大陆反而已经不复存在，许多人已不了解其历史、不知道其信仰特征及表达。在当前我们强调要弘扬中华优秀传统文化之际，对这些问题确实需要非常深刻的思考、科学全面的分析。实际上，这些海外华人中许多有其宗教身份，甚至还担任着相关宗教之中极其重要的角色，他们回返故里的一个重要需求或使命，就是对其在海外长期持守的中华宗教信仰加以寻根溯源，想找到在祖国故土之源，获得其精神充实和满足，故此一旦其寻觅不到或察觉到其故乡之人的茫然及迷惑时，则可能使自己陷入极为尴尬的局面。因此，对于海外华人的这种精神信仰的需求，我们本应以统战之姿来迎之，进行对话和沟通。至于其持有的信仰之源、信仰目的、信仰对象之非此岸性或超现实性，在今天我们的存在处境中也应该对之给予认知上的充分自由和政治上的理解包容，因为当我们完全关闭其宗教信仰之门时，也会凉了他们的思乡之情、爱国之心。

其实，我们在中国国内对宗教展开的商榷、讨论、争议或批评，应该在认识论层面上具有开放式探讨、研究的平台。纵令对其意识与存在、理论与实践、建构与基础、思想与社会等关系上的必要思考，也必须辩证地、整体地、相互关联性地来进行。对于这种宗教意识形态、价值观层面之争，应该有其相关的范围，而不必将之泛化。在迄今全世界绝大多数人仍然保持有宗教信仰的国际环境中，这种开放性、对话性的沟通乃非常必要的。从马克思主义政治经济学的意义上及其对宗教与社会存在关系的分析上，当我们的社会发展经改革开放而在经济上不再纠缠于"属于国有"还是"基于民营"之争论以后，我们的信仰认知在全球范围、国际舞台上也应该全面、辩证、客观、科学地看待"有信""无信","有神""非神"之辨。这在我们的华侨工作中尤应如此。我们不能把宗教信仰与其社会现实的生存相脱节,不可只是肤浅、表层地指责宗教信仰,而不去从深层上深刻、透彻地看到并反思其所反映和基于的社会现实存在。我们必须面对现实的是,这些源自中国本土的宗教虽然今天在中国已经处于"消失"之境,故而不再具有"合法"的存在,但在这些华人的所在国度或地区却仍然是合法宗教,而且其作为社区文化在当地社区建设中还作出了独特贡献,因此已被当地社会所认可和包容。对于这种境内外的反差,我们一定要认真思考和研究,体悟其处境化在海外的社会意义和其根源性在中国的文化价值,以便找出最佳适应或应对之策。当然,我们可以谈论其信仰本身乃说明了人的存在及认识之有限性。鉴于这种有限性,提醒其宗教信仰及其表述本身也应该是相对的、开放性的、调整性的,必须在空间上入乡随俗、在时间上与时俱进。如果各自平心静气,认真对话和交流沟通,则会找到未来交往的更佳途径,实现和平共处。同样,我们应该鼓励华侨所在国的领导人及其民众尊重中华文化传统、了解中国精神真谛,为华人的宗教信仰自由提供更好的条件。

二 海外华人信仰的文化战略意义

信仰包容是人类在全球化时代的精神及需求,这体现出人类的信仰如何承担文明共存的责任,有效完成其时代任务。我们对待海外华人的信仰尤其是宗教信仰就应该体现这种包容和宽容精神,将之放在我们全球文化战略的高度来思考、布局、决策。当前,我们必须看到,在历史的进程之中宗教信仰和其他任何层面的信仰都未达其根本完善或理想之境,但我们已看到其彼此沟通、和解和融会的希望。当今世界,人类在政治、经济、思想、文化、精神、信仰等方面都正处在是对话还是对抗、是和平还是冲突的十字路口,中外关系的形势亦十分严峻。所以,我们在全球化时代的精神反思中必须包括并积极推动人类信仰层面的深刻反思,并将这种反思转化为推动人类进步的重要力量,使世界和谐、和平,而不是战争、毁灭。而这种全球战略的推进则应该从尊重、引导、运用海外华人信仰的中华文化战略做起,积累经验,适时推广。实践是检验真理的唯一标准,我们文化战略的当务之急也是改革开放实践的需求,在世界危机浮现、国际矛盾激化的当下,我们要团结全世界人民,那么把这些海外华人首先拉进来就是重要决策,而仅因为信仰原因就将之推出去则为重大失策。

华人信仰在政治、文化、民族、宗教等层面本身的多样性,说明信仰在其共在上必须体现包容精神。中国远古哲人史伯早就指出,"和实生物,同则不继",故而不可"去和而取同"(《国语·郑语》),这实际意味着"共同体"的实现只能靠"求同存异",和平共处。诚然,信仰所要求的单一和专一使之具有信仰的排斥性,在同一层面的不同信仰认知很难达成共识或认同。不过,不同信仰却必须面对其共同存在,因此,相互之间的对话、谈判乃为常态,所以说在社会层面形成或构建其信仰的存在共同体却是可能的,这也就需要信仰之间的宽容和包容,在社会乃至政治层面的让步或妥协。在其多元社会生存中,信仰的绝对性诉求也仅有其相对性,不可能畅通无阻,而且其强行则欲速而不达,也不会走得太远。就此而论,政治信仰的社会底线或许较为明确,而宗教信仰的认知底线却并不十分清晰;政治信仰上的改变会被视为"背叛"或"弃暗投明",但宗教信仰则很容易出现皈依、转宗或兼信、共融现象。我们所提倡的,是应在多元信仰中求同,纵令仍会不同,也应是和而不同,这就是"务和同",而非"剗同"。海外华人处于多种信仰文化的交界、交接之境,对信仰意义上的多元通和会有更多的比较及鉴别。

其实,在信仰追求中,信仰的实现是未来学所憧憬的理想,在现实中只有过程才是一种真正的、真实的实现,所以我们必须重视、把握、欣赏或警惕这一过程,把研究、解决信仰问题的重点也放在这一现实过程之中,而不能过多、过度地放在说不清、纠缠不完的信仰之未来或彼岸上。信仰关于人的来源、归宿及人的本性与命运乃千古之问，亦为千古之谜。而人在来去之间的过程则可以知道和探询，因为过程即历史，这才是真正重要而且非常重要的；只有从其来与去之间的过程才能回答、解释"人是什么"的问题。宗教信仰关涉永恒与现实之间的"间"性，更多是侧重于现实即人的历史存在。对此，我们倡导历史唯物主义，而反对历史虚无主义。所以说，我们关注信仰、关注宗教信仰问题，关键就在于对信仰者的人生经历及社会参与的关注、研究、重视，是其今生今世而不是什么"彼岸"之"神"的无谓之争。而在海外华人的信仰生活中，还会增加其在不同国度、不同民族、不同文化之"间"、之"际"的冲突或融贯等体验及感悟。

应该承认，"神"之有无，何为"心""物"——我们应该将之主要视为是哲学认识论方面的问题，而并非社会存在论问题的最主要关注。"神"的有无之辨，或"心""物"之所"唯"，恰如一个硬币的两面都会同时存在，相辅相成，这从发展延续的观念来看在认识论上未解，在存在论上则无解，故而会长期为人类之问，且答案多元。当然从纯学术层面可以继续不断地探究这一问题，但在社会政治层面则可以对之扬弃、超越，不必过度纠缠；因为争论不休、让彼此生出异心反而会影响到社会的和谐发展、安定团结的大局。所以说，我们对信仰问题，有必要从哲学理性认知及社会政治效果这两个层面来认真研究和界说。哲理上可以持续存疑，社会政治上则时不我待，必须考虑及时达成共处共存。在对待海外华人信仰问题上，首先应该关注其社会政治效果，然后再去探究哲学理性的认知。这是一种全球范围统战审视的大视野，我们需要社会、政治、文化等多重领域的大统战。

综合信仰的哲学宗教理解和社会政治理解，信仰说到底也是一个文化问题，即有没有信仰文化、其内涵和内容是什么的问题。此即世界宗教文化讨论之真谛。从中华民族及其文化存亡的思考上，则在此有着巨大的文化战略意义。中国的信仰文化跌宕起伏、历久弥新，在慎终追远、反躬自问的精神梦寻和文化回归中又逐渐露出了"信仰中国"的本真面目和自我意识。海外华人在地缘上可以做到离境背乡，在精神上则不可能摆脱其信仰家园。中国是一个与神圣结缘的国度，中华民族的信仰情结亦有其与众不同之处，其特点就在于对"神"之独特体悟、上下打通。无论是政治者追求其事业的神圣性，还是宗教徒"举头三尺有神明"的超然敬畏之神往以及因"神道设教"而生发出的神圣建构，都显示出"神州"的本色。当然，中国人在神、俗之间并无绝对界限，而且其现实关切容易成为关切的焦点，因此使中国各层面的信仰有着特别的趋同性、共构性、人文性、乐观性和浪漫性。人们不太强调此岸、彼岸的截然区分，神人之间也不像在"亚伯拉罕传统宗教"中那样有着无限分离的距离。这些特点也在海外华人的信仰中得以充分体现，并和其他民族的信仰形成不同与张力。不少国家及其民众正是在与海外华人的精神相遇中，认识并体悟到中国人的信仰特色，找到其彼此沟通之交汇点的。尽管这种整体观的神明信仰容易造成其挤在同一层面而关系紧张、彼此不容的格局，却也使这种信仰理解有着对我们华人的直接贴近感和亲切感。这种信仰传统及共识，则使海内外的华人更容易心比心、心连心。

中国的信仰对人提出了更高的要求，使本来在一些宗教中不敢想象的人性本真之神圣追求成为可以实现的理想，此即中华人本神论的信仰根基，而海外华人则使这一根基不断得以加固，使之始终牢固。例如，中国的圣贤崇拜在海外经过华侨的精神生活而得以奠立，比其所在社会宗教中的圣徒崇拜更多体现出了人文的内容、社会的蕴涵。中国历史上的英雄人物会被"神化"成为真神，进入中国宗教信仰的神明体系之中。同理，中国历史上政治信仰中的人物及其思想、学说、理想，也可以高达宗教崇敬的程度。海外华人的神仙世界就彰显出这些特色，形成在当地与众不同的神人之维。这也是我们研究海外华人信仰的一个重要方面。实际上，海外华人社区对中华传统信仰文化这种更多、更好的保留，在感染、升华自我的同时，也使其周边之人对中国精神文化中的神人之际有了更清晰的了解。对这份"非物质文化遗产"，我们理应珍视。

中国信仰的核心，无论在其政治信仰、文化信仰、民族信仰，还是宗教信仰之中，都体现出其追求"大一统"即整体共在的这一奥秘。这对中华民族的维系至关重要。海外华人以其信仰实践而保留了其对中国社会独特、持久的整体性和一统性传统及其发展惯性的注重和神圣化。这种统一性在世界范围而言更说明中华民族具有跨越国家、民族之界限的特征，这种民族意识及其中华文化意识是全球各地华人的共性及标识。全球范围的中华民族"四海一家""多元一体"，具有共同的民族秉性及精神气质，有着中华民族伟大复兴的共同使命。中国社会体制本身在世界政治史范围中乃是一个极为典型的超稳态、持久型的"大一统"社会。正是中国社会所持守的这种"海纳百川""天容万物""多元通和"及"多元一体"的圆融、共构精神，使人类看到了一种神圣"大同"世界之可能，这种"大同"即不同而和的共融，这为今天中国社会政体所倡导的"和谐文化"奠定了基础，也是其倡导建设"和谐世界"的起点和基点。海外华人是中华民族"大一统"观念的传播者和持守者，在世界范围内，虽然不可能构筑一个"大一统"的政治中国，却仍可在文化传承意义上保持一个"大一统"的中华民族之存在。这种"文化中国"的愿景，使海外华人不断在身体力行中感动世界，形成并壮大中华文化的软实力。

"大一统"政治及文化理念的持守，既需要求同存异，也允许和而不同。多元共在方为和谐，不同而同故为玄同。在当前越来越强烈地意识到中国已进入多元社会的氛围中，人们希望一种多元并存的局面，却没有丢掉一种"大一统"共在的共识。其维系及坚持乃是中国信仰文化的力量，这种坚守构成了海内外中华民族的信仰之魂。如前所述，由于历史条件的局限，中国当前很难马上实现其政治上的"大一统"，但推动中华文化上"大一统"的条件却已经日臻成熟。我们应该因势利导，积极引导全球华人参与努力实现中华文化"大一统"之梦，而尊重并包容各种信仰，则是我们圆梦的重要前提。中华文化"天人合一"的思想，曾指导中国人以这种精神境界来在现实世界与人合一，形成各种不同的关系及命运共同体之合一。通过全球华人的共同努力，我们要力争早日实现中华文化"大一统"的理想，建设好全世界中华民族的共有精神家园。一旦海内外华人在中国文化一统上达成共识，那么中国政治层面的"大一统"也就不会太远了。为此，尊重海外华人的信仰，使之具有文化软实力的感召作用，让浪迹天涯的游子之心永远保持牵挂其祖国母亲之情，实现中华民族的精神团结，这是我们义不容辞的责任和担当。

（原载 2018 年 11 月 13 日的《中国民族报》）

第六编　宗教与文明对话

第三十六章

对话作为共在之智慧

当代社会已发展成为一个所谓"信息社会","全球化"的趋势使信息互通、知识共享、资源共有、世界共存已不再是一个遥远的神话,而正成为不可否认、无法回避的现实。在这种形势下,地球在"变小",人与人之间的距离在拉近,民族、国家、社会群体之间的关系亦越来越密切。这些现象和事实在"地球村"这一时髦表述上得到了典型体现。各族各民都乃"地球村"的"村民",已处在一种前所未有的紧密关系之中,人们面对面、紧紧相贴,必须正视对方的存在,恰如都市交通高峰时期地铁拥挤之中的情景。德文中的"紧张""害怕""恐惧""忧虑""不安"(Angst)一词正是源自"狭窄""紧贴""紧密""密接"(eng)之词根。人与人过于接近、挤在一块而无法保持距离,这种"紧密"却不"亲密"、"私密"却无法"疏远"的尴尬处境令人狼狈不堪却无可奈何,其结果自然会产生紧张之感、有着不安心情。局部战争成为全球关注的焦点,政治家个人隐私的披露成为各国媒体的热门话题,部分地区的金融危机和经济危机成为席卷世界的"流感"……这一切都是世界"紧密"相存导致当代"恐惧"的生动写照。作为一种无形的抗拒,当代人们作为近邻住在一起却闭门锁户老死不相往来;虽已信息相通、信息共享却要拼命保住隐私;在"公共性"中仍幻想能留有其"个我性"。现代人在以各种方式来拒绝、躲避这种时代的"敞明""透彻",希望找到一块仅属于自我的"净土"。但时光不能倒流，世界已不可能再回到以往的空旷和隔膜。"地球村"的存在是其"村民"之共在，而这种共在的维系和保持则需要其"村民"的参与及智慧。

在当代社会发展中，我们已看到人类文化在其物质层面和结构层面上出现了接近和共融，经济合作、社会交流已达成了不少共识，取得了显著成果。但在精神层面上，人们却仍在突出或强调其区别和不同。因其不解或误解，在不同的社会、文化和宗教之间总存有各种各样的裂缝和相互防范及戒心，其精神隔膜不仅没有减弱反在不断增多，从而加强了当代社会的张势，影响到人类的理想共存。为了世纪之交的和平过渡，为了人类发展的美好未来，为了当代世界的和谐共存，这种深层次意义上的社会结合和精神对话就显得非常必要和重要。对话即人类共在和统一的前提，即文明发展的关键因素，即人们和谐相处、共同发展的智慧。

"冷战"时代结束后，美国哈佛大学教授、奥林战略研究所所长塞缪尔·亨廷顿（Samuel Huntington）发表了《文明的冲突》一文，提出未来世界将从以往的政治军事冲突和对抗转向文明的冲突和对抗，其中还特别提到了宗教的冲突和对抗。亨廷顿的"文明冲突论"在全世界社会理论界和文化思想界引起了轩然大波，把人们已经潜有的内在心理冲突释放为公开的社会冲突，尤其给宗教的认识和理解亦带来了巨大冲击。"一石激起千层浪"，其结果，海内外学者就人类文明的本质究竟是冲突还是和解、是对抗还是对话展开了深入而广泛的讨论。虽然亨廷顿的本意是要防范文明的冲突，而"9·11"暴恐事件却使亨廷顿的预言一语成谶，而"文明冲突论"在西方社会也得到了比较普遍的接受。

不过，在对亨廷顿"文明冲突论"尤其是"宗教冲突论"的回应中，我们也发现许多宗教界的理论家和思想家对这种"冲突"之说却持截然相反的观点。例如，德国天主教哲学家毕塞尔（Eugen Biser）就提出了基督教应与犹太教和伊斯兰教这两种"亚伯拉罕传统宗教"积极对话的观点，而犹太教和伊斯兰教在亨廷顿眼中正是与基督教展开竞争和对抗的主要对手。在毕塞尔看来，若要寻找基督教的本真及其意义之源，那么展开与犹太教和伊斯兰教的对话及比较就显得很有必要。任何宗教都不离其产生的文化背景及其发展的文化氛围，就这种氛围的广泛意义而言，人类文化并不承认某种排他性的"唯一宗教"之存在。

亨廷顿的"文明冲突论"基于当代社会地理学和政治地理学的所谓"板块理论"，其文明"板块"碰撞之说不仅在西方，而且在东方、在阿拉伯世界均引起强烈反响。但在批评亨廷顿的同时，不少批评家自己也陷入了这种"板块论"的怪圈而难以自拔。由此可见，人类相互之间的了解和理解并非易事，要建立起人与人之间的普世关联和融洽共在仍极为困难。虽然"全球化"的浪潮对这种文明"板块论"产生了巨大冲击和压力，但这种"板块"会相互撞击的观念乃根深蒂固且仍保持着其潜在影响。这就提醒了人们，人类文明的共建必须正视其"板块"现实，而这种共建的实现则有待于对其"板块"存在的关键性突破。

反观人类文明发展的历史，文明的冲突和融合其实就犹如一个硬币的两面而共存。因此，"冷战"的结束并不必然意味着人类将进入"文明冲突"的时代。从历史上来看，所谓"冲突"更多地展示在政治、经济和种族等层面，而且这种"冲突"绝非人类文明的本质或最典型的特征。实际上，在人类文明的精神遗产中亦已包含着化解这种冲突的有利因素。如果仅仅强调文明冲突统治着世界政治，那么这种惯性思维势必将人类发展引向歧途。

就当前总体形势而言，当代世界社会发展的主流乃是朝着不同政治之间的相互对话和各种文明之间的相互适应。我们应该尽自己最大努力来保持和发展这种有利的态势，因为不同文明的共融和共在本是人类社会应有的正常状态，达到这种多元共存亦是各国人民求得共同进步和发展的共识。冲突并不从根本上解决问题，而只会使冲突双方两败俱伤，并导致人类文明发展受阻。若要顺应时代发展的潮流，那么我们的目标就应是通过相互交流、理解、补充和完善来达到不同文化的共融，并建立起一种具有普遍意义、多元契合的新文化。所以，与文明冲突论鼓吹的相反，我们必须倡导文化的共融、避免文明的冲突，以使人类社会朝向平等、和谐、进步而顺利发展。

对话旨在理解，理解旨在共存。例如，国际社会的实际结合或合作，目的就在于调解种族冲突、消除民族矛盾、支持多边合作、增进相互了解、求得和平共处。其最初的世界范围的合作就是基于反思20世纪两次世界大战、痛定思痛的积极结果。由此，国际合作已达成普遍共识，成为世界发展的主流。这种意向在寻求宗教对话、共创"世界伦理"上亦得到典型体现。正是在这种潮流中，瑞士天主教学者孔汉思（Hans Küng）的下述警句才得到了普遍反响和国际公认："没有世界伦理就没有共同存活。没有宗教和平就没有世界和平。没有宗教对话就没有宗教和平。"[1] 这些警句体现出一种对话精神和相互理解精神。同理：没有对话就没有理解，没有理解就没有共在，没有共在就没有人类的未来和希望！在一个彼此相关的世界中，我们需要对话而不是独白，我们需要协商而不是对抗，我们需要合作而不是独存。为了这种世界伦理和时代精神，我们必须求同存异、争取全人类的和谐共在。

宗教对话的意义被孔汉思提到了实现宗教和平、确保世界和平的高度。但这种理想观念要想得到世界宗教界的普遍接受、获得实质性进展却举步维艰、极为艰难。在当代世界的矛盾冲突中，西方社会乃首当其冲，成为世界焦点。为此，西方宗教自身的对话就显得格外重要和必要。在基督教的传统中，这种现代对话精神一方面体现在基督新教率先倡导的普世教会运动以及各教派的积极回应和参与上，另一方面则体现在天主教自梵蒂冈第二届大公会议以来的全新发展上。其发展虽有实质性进展，却尚未取得根本性突破。毕塞尔在总结"梵二"会议的意义时曾论述了由此而带来的基督教信仰意识之三个层面的重构："从服从性信仰重构为理解性信仰，从表白性信仰重构为体验性信仰，以及从功效性信仰重构为负责性信仰。"[2] 随着这一重构和转变，对话的必要性和不可避免性就清楚可见。而且，这一对话不仅仅是教会内部的对话或基督教与其他信仰及宗教的普遍关系，亦是旨在与非信仰者和无神论者

---

[1] ［瑞士］孔汉思：《世界伦理构想》，慕尼黑皮珀尔出版社1990年版，第13页。
[2] ［德］毕塞尔：《跨越第三个千年的门槛》，汉堡天主教科学院1996年版，第13页。

的对话。毕塞尔为此指出，大公会议的教父们"想给教会注入一种新的精神，即对话精神。每个人都知道，'对话'乃是'梵二'会议本来的暗语。但我认为，这一原则的意义长期以来尚未得以充分领会。因为对话并不仅仅意味着教宗与主教之间、主教与神父之间、神父与其教区及管理人员之间的一种新关系，对话同样意味着基督教信仰尤其与其他世界性宗教的一种新关系"，"不过，大公会议显然还迈出了更远的一步；它设立了一个无信仰者秘书处，从而表示对话也必须包括与无信仰者的对话"①。"梵二"会议号召全方位的对话，包括与其价值观、意识形态的传统对手展开真诚对话，天主教当代对话的普遍性由此可见一斑。这样，当代天主教就获得了一种新的对话性信仰理解，从而亦有了对其信仰的一种新解释。

结合"梵二"会议的发展和当代社会的现实，毕塞尔在反驳亨廷顿的"文明冲突论"时根据自身信仰传统而首先主张与两种"亚伯拉罕传统宗教"即犹太教和伊斯兰教展开对话。亨廷顿担心伊斯兰教与儒家的可能结合而给基督教之西方带来危险，其对伊斯兰教的防范之心因此已昭然若揭。但从其文化史意义上来看，伊斯兰教和犹太教与基督教的关系在实际上要比它们与儒家的关系远远密切得多。而从不同文化的和平共处上来看，在中国历史上，伊斯兰教与儒家思想的部分融合曾带来了二者的和平发展，而犹太教在中国文化及其儒家思想中的消融亦是犹太人在中国所经历的漫长、平缓的过程，其中绝无强迫之因素。我们与基督教的交往、接触在一开始也是一种和平、平等的对话。中国人民迄今仍记得在16世纪末、17世纪初儒家学者与以耶稣会来华传教士为代表的西方天主教之间的杰出对话和交流。当时中国政界和学术界对天主教保持了一种包容和开放的态度，其政界及知识精英甚至非常认真地研习了基督教信仰，对之有着非常积极而肯定的评价。所以说，在文化层面展开对话的大门是敞开的。而后来所发生的基督教与中国的争执

---

① 《反对听天由命，与毕塞尔教授谈话》，见［德］毕塞尔《跨越第三个千年的门槛》，汉堡天主教科学院1996年版，第30页。

及冲突，虽以"中国礼仪之争"为名，实则主要表现在政治层面上。不可否认，今日中国之"传统国学热"和"儒家复兴"的吁求，在很大程度上亦反映出其政治层面之要求，这在对亨廷顿"文明冲突论"的回应和反驳上表现得尤为明显。不过，这种政治回应乃是"双刃剑"，其触及的方面也极为复杂。而令人担心的是，接受"文明冲突"的观点并采取相应的文化防范或防卫，其结果只能使竞争的双方发展出一种新的"文化保守主义"，导致那种自我封闭、排外主义之态度的死灰复燃。美国等西方社会继"文化保守主义"之后又发展出极为狭隘的"民粹主义"就是明证。

若回归其思想传统，在基督教的神学理解中，对话涵盖一种积极关系，对话本身即一种关系。基于"三一"神学的理解，三位一体的核心即三个神性位格之间的关系，三位一体的教义是"关系"的教义。这种"三位一体"之上帝的关系就是"融会契合"（Perichorese）之关系。通过从神的位格来看人的关系，则可由体悟神的位格之间的彼此平等性、相互构成性和共在群体性而达到对神与人、人与人之间关系的全新理解。这种关系正是一种相互敞开、真诚对话的关系。"对话关系"之学说在基督教和犹太教中有着悠久的传统，亦有着其现代诠释，故而给基督教的现代对话提供了非常丰富的思想及信仰资源。毕塞尔在其《布伯与基督徒》一书中曾高度评价了犹太思想家马丁·布伯（Martin Buber）所论述的"我—你"关系，并极为鲜明地提出"人之存在恰如对话"。对话显示出人之间的相互存在和群体共在，而这正是人之存在本质所包含的意义。布伯说："当言及你，我是其对称词，我—你乃共言。当言及它，我是其对称词，我—它乃共言。我—你之基本词只能与其整个本质所言述，而我—它之基本词绝不可能与其整个本质所言述。"[1]"我与你""我与它"都表明一种存在关系，"与"所表达的就是关系，是对"间性"的沟通。若无这种关系，"我""你""它"则

---

[1] ［德］马丁·布伯：《我与你》，见《马丁·布伯文集》第一卷，海德堡与慕尼黑德文版，1962年版，第79页。

毫无意义。关系表述了人的存在本质及其方式，亦反映出人对宇宙万物和其同类之态度。"我—你"关系乃一种平等、亲密、对话的关系，而"我—它"关系却是一种统治、隔膜、独白的关系。因此，强调"我—你"关系就是追求建立一种非常积极的双向互动、相互沟通、彼此尊重、平等对话的人际关系，此即人之存在的真正本质。

按照对宗教本真之理解，笔者认为这种"我—你"对话关系乃是犹太教和基督教智慧的文化遗产和精神结晶。在其本体及其特性中，我们可以找到其对"真"的体验和情感。毕塞尔曾把这种"追求真"解释为"发现对话真实之道"，并且强调"在每一种真正的对话中都有着对如下三种不可置疑之真实性的确信：对话事实作为世界之第一现实，对话伙伴的实际存在，因为与一个幽灵则不可能对话，以及谈论着的我之存在，如果对话不至于破产，此即其永久必然之前提"。① 对话原则指明了人与人之间直接的交互关系：若无共在者则绝无我之在。"我—你"对话突出了对话伙伴的共在和平等地位，体现出一种最为理想的相互关系。在人类思想史上，古希腊文明智慧主要代表着一种对"我"与"它"之世界关系的探讨。为此，对事物之客观规律性的理性研究起着重要作用。而中国古代智慧则形成两种景观：一方面，道家思想体现出对"内在之我"与"超越之我"这一关系的返思；另一方面，儒家思想则强调对"我"与"我们"之关系的推敲。道家乃通过"超越之我"来消解"灵性之我"与"社会之我"二者之间的矛盾。也就是说，通过自我回归其本源和本质，通过自我在"道"之中的隐遁，这是一种非常潇洒的摆脱。道家希望由此达到主体与客体的合一、领悟宇宙的终极真实和生命的深蕴奥秘。"超越之我"意味着"我"与那不可言说之"道"的交融及合一。"譬道之在天下，犹川谷之于江海。"②"我"在道中既为一切亦乃虚无。于是，道家在其俗世生存中展示出一种浪漫而逍遥的生活方式，它对人与物并无对话关系，却只有一种独

----

① [德] 毕塞尔：《布伯与基督徒》，赫尔德出版社 1988 年版（德文版），第 74 页。
② 《道德经》三十二章。

白、一种沉思之关系；天地之间只有独立、率性、潇洒之我，而此我亦可消失在道之无形之中。与之相对应，儒家以对此岸世界人之有为的充分肯定来看待错综复杂的"我"与"我们"之关系，即人们常言的"小我"与"大我"之关系。尽管儒家对真实人生的负责态度曾使不少中国知识分子人生坎坷、命途多舛，但其舍小我、求大我的牺牲精神却能确保"我们"作为一个整体的更好共在。这是中国"士文化"精神的悲壮及伟大之处，也是中华文化"大一统"观念得以持久延续的"潜在精神力量"。一些西方哲学家并不完全理解东方智慧中这种对整体统一的追寻和自我牺牲的精神。例如，黑格尔在其《哲学史讲演录》中曾论及东方精神因强调普遍性和共同性而缺乏个性和主体性，在他看来，东方精神突出集体性和统一性，其结果却导致了个我主体性的泯灭。他对之持批评态度，并为此宣称，"'普遍'的这个固定性格，是东方特性中的基本特征……上帝、自在自为者、永恒者，在东方大体上是在普遍性的意义下被理解，同样，个体对上帝的关系也是被理解为掩埋在普遍性里面的……只有那唯一自在的本体才是真实的，个体若与自在自为者对立，则本身既不能有任何价值，也无法获得任何价值。但与本体合而为一时，个体就停止其为主体，[主体就停止其为意识，]而消逝于无意识之中了。"① 黑格尔叹息个体、主体在东方精神中被集体、客体所湮灭，从而对东方智慧不以为然。但儒家在触及这一问题时则有着完全不同的视域和评述。儒家从不认为"个我"为"我们"之共在而作出的牺牲乃个我自身的异化或消失，反而将之视为个我在"我们"之共在中的升华和达到的精神永存，对之有着高度评价和推崇。在此，儒家旨在追求一种"我"与"我们"的统一及和谐，儒家对之没有"我—你"之区别，而是通过结合与等同来找寻其理想共存。这样，"我"与"我们"之关系并不是清楚、明确的与外界之对话，因为没有"你"则没有区别，而没有区别则不需要对话。由此可见，儒家传统虽有许多值得珍视之处，其对话的创意却并不突出。严格意义上的对话必

---

① 黑格尔：《哲学史讲演录》第一卷，商务印书馆 1995 年版，第 117 页。

然已包含有一种真正的"我—你"关系。

所谓"文化"或"文明"按其本质乃代表着开放和结合之可能。文化和文明的过程就是吸收、融合、消化各种社会、历史因素的过程。文化和文明绝非封闭的、静止的,而乃开放的、能动的,其本质特征即其相对性、包容性、嬗变性、发展性。人类文化的真谛和精髓正是"天容万物、海纳百川"。因此,在其历史发展过程中,文化和文明可以不断得以充实和重构,其重建有时甚至为凤凰涅槃的新生。一种文化或文明如果自我封闭、拒绝对外交流和结合,其结果只能是这一文化或文明不可避免的倒退、萎缩和衰落。历史上人类文明的浮现和消失恰如大浪淘沙,能够延续至今的文明形态确属不易。诚然,民族性因其文化的不同而体现出其特性和独在;但这种民族性也只有通过其对外界的开放和与整个人类文明的合作才可能体现其真实价值,才具有其进而发展的希望。当今人类拥有同一个地球、处于同一个时代,其可能生存和发展,需要在不同民族和文明之间尽可能的少有猜忌和敌意、尽可能的多有信任和友谊。为避免"文明的冲突",我们必须提倡宽容精神、广传对话之风,以实现人类的大同理想。因此,宗教的对话和宽容既是宗教倡导的本真境界,也是人类灵性所追求的理想境界。通过对话来达到相互了解、彼此补充,有助于人类文化的趋同、整合这一必然走向,也有助于各族人民的文化沟通和达成共识。

在我们这一个时代,人们之间仍存有许多分歧和怨恨,政治、经济、民族、宗教的冲突仍时有发生。世界并不平静,人间仍缺少爱。为扭转这种局面,当务之急乃提倡相互尊重、相互理解、彼此对话和共同合作。我们应通过对话来建立一种"我—你"关系、消除仍旧存在的"我—它"关系;我们要与邻为友而不是与邻为壑,要集体共在而不是个我独在。对话型的"我—你"关系意识到"我与你"之间所存在的不同及区别,并尊重对话伙伴双方的平等和权益。而独白型的"我—它"关系则为一种不平等关系,其主体之"我"在这种关系中乃表现出其对那客体之"它"的冷漠、无知和统治、占有之态,从而缺乏倾听、理解和接受之精神。在"我—它"关系中只有单向自我的独白式宣称、自我意志和粗暴命令，因而就产生了矛盾、冲突和反抗。在国际舞台上，不少自我主义者到来只是为了宣示，而不是为了对话。于此，在这种国际公共场合，我们看多了"共在的独白"，而鲜有真诚的对话。联合国大会上公开辩论中在对立方发言时退席，即表明了这种不合作的意向，其结果连倾听的意向或姿态都没有。所以，我们倡导"我—你"对话，这种对话意味着对彼此区别的承认和准备协商的善意，是人类求同存异的共有基础。"我—你"对话是宗教灵性对人类文明的贡献，它作为我们时代精神给 21 世纪和第三个千年带来了希望。宗教是这一对话的重要领域之一，宗教的比较与对话正体现出宗教的真实意义和我们时代的积极精神。世界宗教的研究也必须在这一对话领域作出重大贡献，发掘这一人类"共在之智慧"。以这种态度，人类则会顺利跨越世纪和千纪的门槛，共同迈入充满希望的新世纪和新千纪。

（原载《宗教比较与对话》第一辑，社会科学文献出版社 2000 年版，此版有修改补充。）

第三十七章

对话以求理解

21世纪的来临翻开了人类历史的全新一页。我们在走入这一世纪时不仅意味着已跨入了一个新的世纪，而且标志着人类历史进入了一个新的千年，迎来新的文明时代。因此，我们所处的时代乃世纪、千纪之交！在我们这一个新旧交替的时代，人类的科技有了迅猛的发展，科技应用带来了人类社会天翻地覆的变化。当代社会已是一个"信息社会""电脑时代"，信息与网络带来了"全球通"、促成了"全球化"。"地球变小""世界共存"已不再是一个遥远的神话，而乃摆在面前的现实。与科技的发展和人类驾驭自然知识上所达到的成熟相对比，人文的发展和人类对自我内在的认识却不尽人意。人与人之间的隔阂、不同社会之间的冲突、政治生活中的矛盾和意识形态上的张势，说明人类并没有真正成熟，世界亦远未达其理想之境，我们还需冲破"丛林"之围。人类的历史本来是人对其自我及其自然认知、揭秘的历史，二者在目前这种发展上的失衡，则有可能使本无自身理性和灵魂的科技应用失控，在给人类带来空前的财富和便利的同时，亦酝酿着巨大的危机和无法预料的灾难。当人类自为主体以世界的"主人"自居而把其他动物关在笼子之中、灭于"无野"之境时，会不会想到将来有一天"人工智能"、超级机器人也会把人类关入笼中成为其"宠物"或"玩物"！因此，陶醉于"科技世界""科技万能"的人们应该警醒，不要忘了掌握科技之魂的人，不要忘了由这些"万物之灵"所构成的社会。否则，高科技的发展遇到人之精神的隳沉和道德的沦丧，就会时时陷于极为尴尬的处境、造成非常极端的后果、酿成无法弥补的灾祸。不关注人的精神生活，不正视人的社会问题，不促成人之灵性的成熟，单靠科技力量而催成的巨人则永远只能是一个跛脚的巨人，甚至是害人之人。

　　对应人类科技发展之迅猛，人类精神生活和社会存在的发展则相对缓慢。人们关注、讨论、探究的人性问题，人之灵性问题及社会问题，仍是千年延续的老问题。这些问题并没有从根本上解决，其相关话语故得以保留、延续。历史的共鸣，千古的回音乃对应了古希腊哲人"太阳下面无新事"这句名言。人类迄今在精神话语方面没有根本性突破，也无思想范式的完全更新。然而，人文思想的滞后，社会科学发展上的缓慢，已使科技的发展及其成果的应用陷入盲区。例如，近年来关于"克隆"技术的争吵，关于"人兽"结合实验的担忧，关于电脑"黑客"和"病毒"的传闻，关于"阿尔法"机器人智力的震慑，关于"核武器"威慑作用的评说，关于"星球大战""战区导弹防御系统"的议论以及关于高科技武器在地区冲突中被试验和使用的批评，凡此等等，都表达了人们对这类科技发展究竟是"福"还是"祸"的担忧与不安。诚然，科学技术在人类生存与发展中发挥着极为关键的"第一生产力"作用，但科技发展并不能根本解决人类的精神渴求及其存在的相关社会问题，因此必须认识和了解发展并掌握科技的"人"本身，讨论人的文化、人类文明的走向，对于人的世界有更多的关心、有更深入的研究。

　　对人的关心和了解，需要一种真诚以待的态度和平等对话的精神。高科技社会中人类生活的贴近并没有解决人与人之间的隔膜，其社会生存上的"亲密"和人际关系上的"冷淡"形成了鲜明对比。现在人口已达到具有"爆炸性"的密集程度，地球已经无法有效负担人类不断扩张的要求，人们在这种"拥挤"和无距离感中却发现自己越来越"孤独"、越来越"寂寞"。在开放社会中却有着人之心扉的封闭，人际交往上的熟悉却难遮彼此内在世界上的陌生！现代社会中充满了国家、民族、社团、群体乃至个人之间的争执、对抗、矛盾和冲突，从以往

"诸神的争吵"已发展为"众人的争吵",在这种人际关系的热闹中我们多听见那种虽然共在却无交流的"独语",自我的"表白"和"宣称"以及对他者的"命令"和"威胁",却很少有真诚的、平心静气的、相互尊重的倾听、对话和沟通。这种目中无人的"独白"或对他人居高临下的命令失去了"我""你"之间的平等,因而很难从中找到"倾听者"和"对话者"。人本是社会群体意义上的产物,现代人的"孤独"和"隔膜"只能说是一场悲剧,它揭示出人在心灵上有荒漠,在精神上有病症。由此而论,人之个体独在与其群体共在之间的适应、物质满足与精神需求之间的协调,都应有一种双向打通的对话。人类必须靠对话以求理解,靠理解以求共存。

在当代众多对话中,宗教的比较与对话亦十分必要。就目前中国国情而言,科技与人文的发展正处于一种畸形之状,社会在出现经济热情高涨时却表现了对人文情怀的冷落。物质生活的提高和法制的逐步健全并不能从根本上解决人的精神渴求和宣泄问题。开放社会面临着多元思想文化的刺激和浸润,人之灵性表达亦极为多样和奇特。现代社会的"开放"和"信息"化已不可能对人的思想、认知之自由加以阻挡或封闭。因此,对这一发展不仅要有一种科技、经济意义上的认知,更需有一种思想、文化意义上的体悟。经济战略和决策若无文化战略和决策的支持,则会苍白无力和缺乏后劲。科技知识创新工程有赖于思想文化创新工程为之提供氛围和潜在动力。科技、经济、文化乃三位一体,是一个系统、整体工程,三者缺一不可。而在文化建设和创新中,对宗教的认识和理解在华夏民族中尤显得重要和必要。毋庸讳言,我们的社会仍缺乏对宗教的真正理解和与宗教的真诚对话。教内与教外以及各宗教之间,这种对话都显得匮乏和苍白。没有对话则无法开展彼此之间的沟通和理解,而以往形成的相互误解和不解则可能继续留存和发展。应该承认,宗教本身在其历史上因强调其信仰的神圣性及唯一真理性而曾有过"排他"的认知和行为,这种体认在当代社会并未完全消失。但就其发展主流及主要趋势来看,各种宗教在经历了近代以来彼此"彬彬有礼"或相互"敬而远之"的容忍、正视这类过渡阶段后,正在朝着共存意义上的对话和聚合意义上的沟通这一目标努力。我们对这种"对话"的关注和提倡，乃有其现实性和迫切性。

宗教在人类文明发展中起着非常重要的作用，宗教自身亦有漫长的发展演变过程。因此，看待宗教必须有一种开放、辩证的心态，有一种能动的历史性审视。观念陈旧和僵化是我们目前认识和理解宗教上最大的障碍，旧的认知套式和窠臼实质上阻挡着人们去与宗教真诚对话，去对宗教加以全面的、综合性的和深层次的了解。人们习惯于静态地评议宗教，而很少去动态地观察宗教的发展变迁。其评论因而往往失之毫厘，谬以千里。以这种僵化的眼光去看宗教或与宗教打交道，则往往南辕北辙，不仅难达安定团结之目的，反而会激化矛盾，与宗教界造成新的隔阂和疏远。仅此而言，与宗教的对话不能以"君临""独尊"的姿态来开始，亦不能以"命令"的语气来参与。相反，在我们的国度更需要的是一种"诚恳"和"平等"，其对话应是一种心的交流、情之打动，于此才可能"精诚所至，金石为开"。在我们已经世俗化的社会中，人们对曾经所盛行的对神明之顶礼膜拜已不屑一顾，却在对他者的颐指气使中把自我当作了神明；人们破除了以往信仰中的迷信，却在现实生活中充满世俗的迷信。所以说，上乘境界的宗教与社会相适应自然为一种双向互动及回应，包括宗教对社会的适应、参与以及社会对宗教的吸纳、认可。彼此都不可昂起骄傲的头，而必须学会相互尊重、诚意倾听。

随着中国社会的改革开放、国门打开，国际国内的形势发生了巨大的变化。世界宗教与中国的关系以及中国宗教与中国社会和国际社会及其宗教的关系，都出现了戏剧性变化。中国的各种宗教既不可能再与中国社会相隔离，也不可能与国际社会截然分开，宗教之间的交流和往来亦属自然和必然。面对这一局面，与宗教的对话就包括对这一全新国际国内形势的分析和研究以及对这一形势下宗教发展的认识和了解。"对话"按其本质代表着求同存异、和而不同。有"异"才有对话的必要，这种对话意味着双向沟通而绝非单向并存的各自独白，代表着对彼此区别的承认和准备协商的善意。而为了真正且真诚的对话，相关话语的找寻亦是必要的。为此，我们应该展开深入细致的调研，弄清并把握宗教界的基本状况和宗教精神的基本特征，研习并厘清其神学思想和信仰要义。在这一过程中，宗教本身对现实社会和教外人群的体认和了解亦是必要的。宗教可在这一过程中把握社会关心的热点、焦点，弄清社会思想的流向及其话语特色。

在展开与宗教的对话中，宗教研究也必须有创新的意识和办法。为适应新的形势，促成新的发展，宗教研究在理论上和实践上应有新的突破和符合时代发展潮流的创新。对于宗教的体认，既应把握其社会伦理层面，认识其社会功能，亦应理解其思想价值层面，弄清其体现信仰特色的神圣性和神圣感。与宗教的对话要想卓有成效，就必须从其社会政治和道德伦理层面上升到其思想意识和价值本真层面，要有对话中的文化感及文明意识。为了与中国社会主义社会相适应、相协调，中国基督教领袖人物丁光训主教提出了"中国神学建设"的创意，从"创造""爱""真善美"等基督教信理上提出了与当代中国社会及其主流意识形态的对话，表现出一种开放、包容、合作的姿态。对此，我们的回应已极为必要和关键，如果对其"神学"彻底否定，则会切断其建设的根基；如果否定其"爱"，怨恨则可能重新抬头；如果不相信有真善美之神圣境界，那么留下的则可能只是假恶丑的现实乱局。在中国当代社会思想发展的交响曲中，我们不仅应突出主旋律、高扬主旋律，而且要以开放之态吸纳、包容人类精神中及其思想发展上一切积极、进步的因素，用全人类创造的全部精神财富来丰富自己、完善自己。因此，思想意识、价值观念、信仰意义层面上与宗教的对话已不可避免。我们的主旋律乃起一个主导、引领的作用，而不应嬗变为一种独唱、独白或包办。认清新时代中这一主旋律与整个交响曲的关系，则可能使我们在丰富中国当代思想文化上大有作为，使中国的进步、可持续性发展大有希望。在这一过程中，中国社会发展会达到一个新的飞跃，而中国宗教亦可获得自我革新、自我完善的良好社会氛围和历史机遇。

为了达到这一目标，使中国的社会更加和谐、更加宽容、更加团结和更加安定，我们应该从大处着眼、从小处入手，以我们的学术研究来推动、促进宗教内外及宗教之间的对话与比较,达到彼此的了解和理解,给中国和世界在新世纪、新千纪的发展上带来新的动力和希望。凡是历史上的东西,都是相对的、可以不断提高和完善的;我们的历史感就是告诉我们正在人类发展的途中,为臻于完善而在不断努力。如果宗教在我们的社会已经以"谦卑""虚己""仆人"的姿态来面世,那么我们也应该放下身段,平等、平和地对待宗教,与宗教界人士齐心合力地共建我们的和谐社会及命运共同体。人类的本质就在于认识自己的有限而追求不断完善,人类历史正是这一认识和追求的曲折展现,其进程即人类的不断自我超越和走向崇高。让我们以真诚对话来求得理解,在共同理解的基础上促成人类社会的进步,达到人类自我的真正成熟。

(原载《宗教比较与对话》第二辑,社会科学文献出版社2000年版,此版有补充。)

第三十八章

以多元文化包容争取世界和谐

今天我们人类以"全球化"的共在而深感多元文化的共处,"地球村"的现实让世界各国人民频频相遇,各种文化直接交往,以往的距离感被迅速打破,曾有的陌生感亦很快消失。这种国家与国家之间的频仍接触、文化与文化之间的密切交流乃前所未有,其差异性已无法回避,我们需要共处的智慧。在此,多元求同、文明对话、和平共在关涉到人类的命运、世界的生存。所以,我们支持"文明对话"世界公众论坛的活动,呼吁各国各族人民共同努力,争取实现人类和平、世界和谐。

20世纪给我们留下了许多经验教训,其后果及影响仍没有消失,因此值得我们今天认真反思和反省。20世纪上半叶的两次世界大战给人类带来了巨大灾难,20世纪下半叶的"冷战"僵持和意识形态冲突使这个世界不得安宁,而"后冷战"时期被唤醒或激发的所谓"文明冲突"等又在给我们制造新的麻烦,并使矛盾或冲突不断激化。在文化的多元性和差异性面前,我们正观察到民族之间、宗教之间、教派之间的冲突和战争,正体验着由此所带来的痛苦和悲伤。特别是在中东地区,在亚非交界之处,在叙利亚、在埃及等地,这种冲突和纷争正在升级、在恶化,由此导致了国际政治更为敏感,国家之间的关系更加复杂,人类共在秩序失去平衡,社会动荡再起,世界不得安宁。为了消除这种"对抗"、减少战争威胁,世界爱好和平的人们也在各方努力,以促成对话、达成和解。因此，我们希望 21 世纪能成为国际合作、文明对话的时代。只有这种对话及合作才能给世界重新带来生存及发展的可能，形成让彼此宽容和包容的人类生存共同体。

回顾人类历史，由于政治目的、经济利益、民族的生存与发展、文化的传承与扩大，曾经有过各种纵横捭阖和谈判联合，但其沟通或合作目的复杂、求同不易，因而无法避免冲突与战争，使人类发展史乃与战争史、冲突史密切相关，有着惨痛的教训，留下了历史的阴影。

尽管饱经沧桑、多有磨难，不少人仍然表现幼稚、很不成熟，他们在面对全球性共同挑战时明显麻木、茫然、不知所措，缺乏必要的清醒，没有走出困境的洞见。目前席卷全球的金融危机尚未消失、世界经济仍然在低迷中徘徊；为了利益的谋取，霸权的独享，局部地区冲突、战争的枪炮声还在震耳欲聋令人揪心。我们眼前所看到的，仍是不同政治、经济、社会、文化群体及其相关利益之间的博弈、较量、交锋、争斗。但对这种状况怨天尤人、悲观绝望无济于事，因此，我们必须振奋起来，积极参与改变这种不利局面的行动。

必须承认，人类在这些危机、冲突和战争中也深刻体会到和平的重要，因而在不断学习如何能够消除矛盾、求得共存。这样，在人类历史上文明的冲突也总会与文明的对话相伴，人们力争减少冲突和战争，增多对话和了解，这种努力反映了人类文明的进步、国际社会的成熟。在步入当代社会发展之后，我们也更加深刻地体会到，世界需要和平、人类应该共存，大家获得的共识：斗则俱伤，和则共荣！

在种种冲突与纷争中，人类并没有气馁和却步，而是抱着发展的希望走到了今天，并且仍会以美好的憧憬奔向明天。各种形态的文明、各个民族的文化已为我们积累了宝贵而丰富的经验，使我们有可能生存而且会更好生存，这种求生、求和之路就要求我们以对话取代对抗，以和谐取代混乱，以共赢取代都败。为此，我们要争取和谐共在的世界"大同"。在当前人类已经亲密共居且显得拥挤的"地球村"中，我们不能以邻为壑，而必须同舟共济，提倡邻里相亲，爱人如己。在已经全球化的国际社会，我们要克服分歧，制止战争，努力让世界有安宁、有和平！为了这个目的，我们走来共聚，相遇且相识，了解且理解，表白且对话，沟通且共识，共在且共融。我们相信只有对话才是实现我们大家相互理解的艺术，只有沟通才是我们既保持各自的个殊性、差异性而又能合作共在的智慧。文明冲突会导致全球混乱、国际社会崩溃，而文化对话才能走向世界和谐，争取人类和平。所以，选择文明对话，共建同一个世界，应成为人类的共识，成为当今世界发展的主流。

人类文明发展究竟应该形成统一还是必须保持多样，历来都是人们在关涉文明相遇时争论的焦点。而人类发展的历史告诉我们，文化的多样性及人类社会的多元存在乃不争的事实。随着文明对话的不断深化，文化多样性和差异性存在，已被公众所接受，为社会所承认。这种文化的多元性及其鲜活的个殊性使人类文明斑斓多彩、千姿百态，使世界各族特点鲜明、充满活力。这种万紫千红、绚丽灿烂的多元文化已逐渐被视为一种理想的人类文化景观、国际社会存在。为此，人类世界的可能存在就在于宽容不同及差异、包容多元及个殊。各种文明在相关民族、国度的社会处境中得以形成并发展完善，因而体现出人类文化的多样性，包括语言的多样、思想的多样、习俗的多样、信仰的多样、社会体制的多样等。文化的多元多彩风景是人类文明之美的典型体现，我们应该欣赏并保留这种多彩之美，做到"各美其美，美人之美"，争取人类的"美美与共"，尽善尽美。而这种人类文明之美的共享和共构，则是我们发展文明共同性、找出大家公认的共同点和契合点的使命与义务。

同理，这种文化的相遇和沟通、对话和理解，要求我们既要尊重自我，保持自己的文化自知和自觉，同时也要学会欣赏他者，看到异己文化也自有其精华和优杰之处。正视、尊重、欣赏这种文明的多样性、文化的个殊性是我们共同存在的必要前提和天然处境，对此我们不可能超越，也没有必要尝试去超越。因此，我们提倡各种文化、各种价值、各种宗教、各种社会体制之间相互尊重、和平共处，只有多元通和，才能多元一体。我们在多元共在中应以承认多元差别为前提，以实现和谐共在为旨归。文明共同性的统一、共融，在于我们达成共识，形成合力。而这种文明的多元共在则要反对一国独霸、一教独尊，以此保证各国平等、各教共存。反思国际交往史和文化沟通史，不同文明之间的真正对话虽然很难，却是可能的，也是被多数人所鼓励、所坚持的。在当今"全球化"和"互联网"时代，文明相遇、文化交流的频仍，更是使"对话"成为首要选择和最佳选择。虽然不同国度、不同民族曾以刀光剑影、腥风血雨来彼此面对、相互碰撞，但今天人类的成熟，却应以不同文明的对话、多种文化的交流为标志。真正的共聚、共存和共同发展要靠对话来沟通、靠理解和谅解来达成。为此，我们要走出战争的阴影，避免对抗的出现。这样，"对话"就成为文明之间以其个殊性、差异性的保留为前提的可能共聚之途，我们要以多元文化包容来争取世界和谐、国际和平。这是人类文化多元却能共在、不同仍可共存的智慧，是我们相互理解、共同生存的人生艺术。在此，政治、文化、民族、宗教都要承担其义不容辞的责任，发挥其积极主动的作用。可以说，若无各种文明的对话则不可能有人类文化的共在，其中政治理想和宗教精神的求同存异及不同而和至关重要。而没有这种文化的共在意识及其真正实现，国际社会的共存则为一句空话，世界的和谐就只可能是人类久久期盼却仍然可望而不可即的梦幻。要想梦想成真，我们必须付诸行动，而且还必须大家共同行动。

这种多元而共在的人类文化，可能会汇聚而成为一种文化的共同体形态。实际上，人类社会在当代正在学会存异而共在、不同而和合，这在政治、经济及法律上的突破遂形成了政治共同体（如联合国、欧盟、东盟、非盟等国际共同体组织）、经济共同体（如世界贸易组织、世界货币基金组织、世界银行等）、法律共同体（如世界知识产权保护组织、海牙国际法庭等）等"共同体"形态，在多元化的世界格局中发展出谋求共同发展的"共同体"意识。这既是已经达到的人类生存共同体，也是走向未来的人类发展共同体。我们应该珍视这些共同体的存在，并促使它们发挥积极而具有实效的作用。同理，在其深层次上，宗教及精神价值的沟通与对话、合作与联谊，则也可在"文化共同体""精神共同体"的构建上探索、创新。在政治、经济走向世界一体化，全球性共在已在许多领域形成的态势下，其"共同体"对话及合作形式肯定有助于人们在文化意义上去追求并创立一种多元通和、美美与共的"共同体文明"。这也是我们推动文明对话所企求的目的。

文化或文明的共同体暂时或许永远无法以某种庞大且包罗万象的国际组织形式来实现，却可以通过我们这种文明对话论坛、多元文化聚会这一共在平台来尽情表达。在这一意义上，应该说，没有文明的对话则没有文化的共在，而没有文化的共在则没有国际社会的共存和全球化世界的和谐。因此，我们的文明对话只能加强，我们的友谊合作必须延续。文明平等、文化互美、彼此尊重、相互理解、建立信任、共同合作，这才是世界发展的坦途，是人类实现和谐共在的理想境界。对此，文化对话的展开需要对各自文化资源的发掘、弘扬。文化多样性中蕴含着丰富的文化元素，有着深厚的文明积淀。多种文化价值不同精神智慧，可以给我们今后构建和谐世界带来启迪、提供经验。这里，我们呼吁大家共同来发掘、运用我们的文化宝藏。

不可否认，在以往的文明冲突或文明对话中，宗教都曾起过非常关键的作用，其在决定战争或和平的选择中事关重要。宗教作为人类文化的灵性资源和精神表述以及相关民族或国度的文化象征及文明传承，在许多国家和地区的社会存在中都有其代表性意蕴和核心地位。正因为如此，我们就理应争取宗教在世界和平中发挥更为积极的作用，使宗教成为防范和制止冲突与战争的重要力量。宗教的沟通和理解可以帮助相关国家或民族及其不同群体铸剑为犁、化干戈为玉帛，走上和解及和平之道；同理，我们也要避免、防止因宗教的误解和冲突导致民族矛盾激化、政治危机扩大、战争威胁升级。所以，我们要关注并推动宗教在文明对话中的参与，呼吁及促成宗教在民族和解、国际合作中发挥重要作用，鼓励和支持宗教深化并扩大这种建设性的对话，积极营造人类友谊、世界和平的良好氛围。宗教在当代中国新文化的构建中有着积极作用。中国改革开放的历程，也是中国宗教和谐发展的大好时机，中国社会的和谐构建、民族团结，有着中国各大宗教的积极参与。而且，当代中国所举行的各种宗教对话论坛，也对世界宗教和平作出了积极贡献。在今后中国社会建设、文化建设中，中国的宗教会发挥更大的作用，在中国社会也会有更为积极的影响。我们会高度重视宗教在中国社会价值、道德伦理、文化对话中的意义和作用，积极引导宗教适应当代中国社会发展、文化重建，使中国文化更快、更好地参加世界和谐的建设。

从全球范围来看，文明对话、世界和谐需要大国的积极参与。不可否认，当今世界一些大国因其政治、经济、军事、外交及文化的强势，在决定或改变世界均势上举足轻重，有着不可替代的地位。因此，这些大国要做"负责任"的大国，在维护世界和平、正义中做到公平、公正、合理，符合联合国宪章和国际共识，而不能谋一己之私利，或出现偏袒、不公之举。这在当前国际政治、经济、文化等事务的处理上应该得到充分体现。为此，我们反对违背联合国宪章、国际法和世界贸易组织规则的任何政治庇护之举、意识形态偏见和贸易保护主义，反对借保护"人权""人道""宗教自由"之口来粗暴干涉他国内政，践踏国际准则。所以，这些大国一定要在维系国际秩序、保障世界和平上起到公平、公义的表率作用。

在国际事务和世界文明对话中，我们中国正在发挥越来越大的作用。我们感谢世界各国各族人民对中国改革开放的理解和支持，也珍视在国际交往中与世界各国所建立起来的真诚友谊。在当前"全球化"的氛围中，中国理应认真观察中华文明与世界文明的关系问题，并且有义务为一种"海纳百川"的"全球化文明"的构建出谋划策、精心设计、积极贡献。中华文化上下五千多年，形成了华夏文明"一体而多元"的"中和之道""和合智慧"。中国文化追求"多样性中的统一"，主张一种"整体性""内涵式"和"共构型"的文化发展，创立了独特的和谐共融文化。中华多民族的文化在这种"大一统"的格局中仍然保持住了其百花齐放、多彩纷呈的个性特色，以其多样性的差异、区别而共构其稳态、和谐的整体。中华文化的理想境界是"人类一家""世界大同"，对外来文化持"海纳百川，有容乃大"之态，主张宽容、包容外来文化，尊崇"道法自然""厚德载物"的发展规则。中国文化在其漫长的发展中深深体会到"同"是一种境界、一种向往、一种梦寻，而"和"则是现实的、当下的、可行的，是在"多元化""多样性"中人类真正得以共存的奥妙之处、睿智之举。为此，中华民族推崇这种"和合文化"，希望世界也能实现其和谐发展。在与世界交往尤其是与"文明对话"世界公众论坛之罗德岛论坛的友好合作中，中国宋庆龄基金会积极发扬中国国家名誉主席宋庆龄追求人类"普遍的和谐与合作"的国际交往理念，对世界和平的关注和参与，以及"把中国真实情况传达给全世界""忠诚地为真理效劳"的对外传播思想，组织中国社会各界精英人士和著名学者认真观察并积极参与罗德岛论坛，并且在本届论坛上准备组织了一场题为"面向未来：多元视角下的中国与世界"之开放式中国圆桌会议。为了世界和平，我们呼吁各国学者积极参加我们的对话或其他各种形式的对话，大家以此来展开坦诚交流，增进相互了解，发展诚挚友谊。

世界不同文化在相互接触中都在尝试着彼此理解、学习、磨合、适应，也正朝向求同达和而不懈努力。各种文化精神、文明追求在"文明对话"世界公众论坛这一大舞台上也都可以得到呈现，实现令人振奋的交流和融贯。有了这些精神的聚集和支持，有了对多元文化的包容和理解，我们则可保持长期对话之态，维护世界的和谐与和平。我们坚信大家的这种共同努力会卓有成就，也对持守这种信念、坚持文明对话的世界各国朋友表示崇高的敬意。

（本文为2013年10月在希腊罗德岛举办的"文明对话——世界公众论坛"第11届年会上的主题发言）

第三十九章

"全球化"处境中的宗教文化及发展趋势

　　文化研究涉及文化战略和发展"软实力"的问题,这对于中国这样的文化大国尤为重要。在此,笔者准备就"全球化"处境中的宗教文化现状及其发展趋势谈点个人看法,讨论如下几个方面的问题。

　　第一,有没有"文化全球化",是否应该关注这一问题?我个人认为,不管承认还是否认,"文化全球化"已经是一个不争的事实。我们不必假设某一文化会代表"全球文化",而应观察在"全球化"处境中的多元文化流动、交流,争取我们的"文化话语权",推动我们的"文化走出去"战略。人们对于文化作为"软实力"的主要表现这一说法仍有争议,所谓"软实力"在笔者看来就是支撑一个国家、一个民族可持续发展的潜在精神力量和社会凝聚力,这也是我们今天谈论这一话题时的基本考虑。中国文化有着五千多年的灿烂历史,理论上说已经为我们今天的文化发展形成了丰厚的积淀,但一个无法回避的悖论就是,今天中国文化的国际影响力其实很弱,我们在中国文化用什么走出去、怎样走出去的问题上仍感到茫然,有着种种不确定因素。所以,讨论世界文化现状与趋势,也必须对中国文化的历史与现状加以深刻反省及反思。

　　第二,"宗教文化"是当今"文化全球化"发展的一个重要表现,因此必须重视对"宗教文化"的研究,分析其对我国文化发展的影响。这一说法在国际大舞台上可以用芝加哥世界宗教大会(1893年,1993

年）的召开、国际宗教史大会每五年一次的举行以及全球伦理运动的推广来说明。而且，宗教文化也对中国有着广泛的影响，例如，当今中国的"圣诞文化"现象，实际上就是宗教文化的一种大众化、习俗化、"商业化"的发展。但它会在社会氛围、文化心态上让人们尤其是年轻的一代潜移默化地认可甚至接受其蕴含的宗教文化意义，形成在今天中国"节日文化"中一支突起的"异军"。为此，我们必须思考如何发挥中华文化自身的节日文化作用，形成关注我们自己文化节日的亮点、热点。

第三，"宗教文化"与中国传统文化的弘扬是一种什么样的关系？谈论中国传统文化及其精神核心，除了"儒佛道"三教之外还有多少内容好谈，对之必须有一个梳理，做到心中有数。我们的"文化输出"应输出什么，别人会接受我们的什么文化，都要认真观察研究，而不要盲目输出，造成浪费资源，给我们的文化带来负面影响等不好结果。例如，我们在海外建立"孔子学院"的努力，恐怕就存在着热情有余、文化准备不足的问题，有必要改善和提高。孔子学院理应有孔子的精神、孔子的课程和孔子经典研读等内容，以此使海外人士真正了解中华文化的精髓以及孔子在中华文化中的定位。由于对中国的宗教文化不好定位，结果其他的说法就总会有一些缺失或不足，甚至难以自圆其说。其实，我们没有必要忌讳或回避宗教在中国传统文化中的地位、意义和影响，宗教是对中华文化的丰富、完善，而不是什么缺点、遗憾。今天中国宗教文化的复兴和繁荣本身就有政府在其中的积极作为，而中国宗教文化在海外的亮相也起的是正面、积极效果。所以，没有必要遮掩政府在宗教文化发展上的引导和指导，更不应该在这种情况下仍对宗教在价值判断、世界观意义上因循守旧地维持以往的负面评价、否定性理解。否则，我们在文化观上就会自我矛盾，在社会实践上则是南辕北辙，在世界文化交流中陷入被动和不利局面。

第四，"宗教文化"作为"外来文化"载体的问题，我们对之应该怎么看、怎么办？在现代开放社会，中国文化更有必要发挥我们"海纳百川、有容乃大"的优良传统。在此，中国文化在当代发展中如何能保持"一体多元",怎样来争取"扶本化外",都值得深入研究。在世界文化"各美其美、美美与共"的趋势中,的确存在文化的"一体"被弱化、文化的"多元"被强化的事实。但这种文化之你中有我、我中有你并不一定就是坏事,相反,它会刺激相关文化的发展和增强。中国文化要想真正在国际文化舞台上亮相、高歌,少不了宗教文化的积极参与,需要其提供宝贵资源。

第五,如何处理、解决"宗教文化"在"全球化"与"本土化"之张力中的生存及发展问题;"宗教文化"比较典型地卷入并体现在不同文化的对比、竞争之中,有其"文化较量""文化博弈"的蕴含。在此,"宗教文化"实际上参与了相关国度和民族"软实力"的构建,我们必须将相关"宗教文化"的"软实力"功能转变为有利于我们"硬实力"发展的"巧实力",而不要使之劣变为制约其发展的"软肋"。现在我们的文化建设不能仅仅满足于搞"映象"工程,光靠形式大于内容、以恢宏的气势掩盖精神的空虚则不可能维系其持久的吸引力。在现代高科技的帮助下,我们的文化产品确实观赏性强,有着很好的视觉美感,但不能忽视其存在的思想性弱、缺乏深沉,仅满足于符号化、脸谱化的问题。我们应以中华文化的深厚底蕴来打动人、感动世界。

第六,在当代中国文化重建、文化复兴中如何看待"宗教文化"的作用,使之尽量发挥其文化建设的"正功能",化解其文化滞后的"负功能"? 在此,我们应该看到,文化特色一是在于其历史的延续和传承,二是民族特性、地区特点的保留和发扬。因此,有必要弄清先进文化建设与传统优秀文化的弘扬是什么关系,下大气力搞好我们共同精神家园的建设。这里,也应该注意分析"宗教文化"与一般文化在意义上功能上的异同,善于抓住其特殊性,找到其中起积极作用、能因势利导的内在规律。

(本文为2010年1月13日在北京召开的"世界文化现状与趋势研讨会"上的发言)

第四十章

从世界语境看中华文明的传承与开放

在世界语境中反思中华文明的发展，有着极为独特的意义。中华文明强调其"大一统"的传承，反映出其强烈的自我意识和明确的自我界定，容易给外界一种封闭、保守之感。但中华文明的这种自我意识和界定并非故步自封、自设樊篱，而是有着明显的开放性和开拓性。在中华文明与世界文明的关系中，中华民族自古就有"中国"和"天下"的区别与关联，由此使其不断扩大文化视域，吸纳他族的文明精华。因此，可以说，中华文明对其自我传承的体认，是与其文化的开放、开明、开拓有机关联或和谐共构的。孟子曾指出，"当尧之时，天下犹未平，洪水横流，泛滥于天下，……兽蹄鸟迹之道，交于中国，尧独忧之，举舜而敷治焉"（《孟子·滕文公章句上》4：7）。当时人们虽把尧舜居住及统领之地视为"中国"，却已经有了更为宽广的"天下"视野及思考。这种"天下"观就是一种开放性视域，表达了其认知将不断扩展的意蕴。而对"中国"之"中"的所谓"中心""中央"之理解，也是在不断自我突破和自我超越。中华文明强调其核心传承，有着从"三皇五帝""炎黄子孙"到"尧舜之民""华夏""神州"的正统性、一统性思维，恰如今天对"核心价值观""主流意识形态"的强调。但在古代中华各民族及其文化的竞争、冲突中，这种认知亦不断在调整、开拓，由此而使"蚩尤"之后、"蛮夷"之族逐渐得以归化、同化。这种亲和力、同化性和融通意向在世界民族发展中也是颇为突出的。早在隋唐时期，中华民族已经表达了对当时所谓"异族""外族"的包容、接受和吸纳，形成共构中华大民族的态势。而中华民族在宋、明之后融合、同化"开封犹太人"之举，则创造了民族交流史上的"奇迹"。

中华文明在强调其"道统"传承、要求对之"一以贯之"时，仍保持了其开放之姿，要求吸纳而不是排拒、通融而不是分殊、"同化"而不是"异化"，追求的是"其德乃普""修之于天下"；在要求自己自强不息、振兴中华时，仍展示出其厚德载物、天下为公的胸怀和境界。这种观"天下"而忧、乐，正是一种世界眼光、环球审视。当然，中华文明在对外开放和交流中乃有其自己的话语体系，因而在对外交流、与外相融时不难发现其存有一定的张力，持守着"和而不同"的独立。当黑格尔等西方哲学家认为中国无哲学时，中国知识精英如梁启超等人却强调唯独中华民族以哲学取胜，其"贵疑"的哲学乃优于西方"贵信"的宗教，由此而抛给世界"何为哲学""谁有哲学"的难题，形成中国式的反问。当然，梁启超关于中国有无宗教的认知也需商榷、明辨。正是在中华民族及其知识精英这种自我持守和坚持开放的张力之中，中华文明的大一统体系获得共识并仍在传承，但与此同时也正面临考验、经受挑战。我们相信，在"海纳百川、有容乃大"的基本文化精神指导下，中华文明会在开放中得以传承，在传承时不断开放。

中华文明的一个重要观念即"大一统"的思想，这在世界文化中极为突出，也颇遭非议。尽管中国历史上有改朝换代、政权更迭，这种"大一统"的理想仍得以延续，既表现在政治上，也表现在文化上，形成中华民族极为典型且独特的"大一统文明"。如果失去对这种"大一统"的执着，中国则可能有着分崩离析的危险，中华民族的意识也会出现解体。这种理念是中华文明上下五千多年得以延绵不绝的奥秘之所在，也是大多数中国人未变的"集体潜意识"。可以说，坚持"和合"的"大一统"观念是中华文化的精神命脉。诚然，在现实中这种"大一统"仅能相对而言，其社会政治的"一统"举步维艰，人们在思想中对其理解也会有伸缩，但其共识已在中国人的心理积淀中潜移默化形成定式。我们今天仍然在政治意义上从中国人对其土地的维护、对故乡的眷念中可见一斑，在文化意义上从"文化中国"的表述和对"我的中国心"之吟唱中深深感受。这是中国人文化精神上的乡恋、乡思、乡情和乡愁，萦绕已久且不会消失。而在理论追求上反映这种"大一统"观念的，则是我们哲学体系所表现的统一性、整体性、圆融性，中国哲学在笔者的理解中就是一种"统一哲学""整体思维"和"圆融智慧"。尽管过去百年我们深受西方"一分为二""二元分殊"思想观念的影响，但中国精神更加坚持的仍然是"对立统一""合二为一"。正是在这种"一"中，中国文化精神才得以表现其自强不息、厚德载物的坚持。

不过，这种"大一统"之"一"对于中华文明的本真而言并非对外隔绝、封闭性之圆。从最为典型的代表中华文明思想传承的《周易》来看，中国人很早就体悟到世界始基之二，但中国强调的是二元共在，在矛盾的转换变化之运动中求其二元一体、一统，所以这种"大一统"之圆在中国人的形象思维中正是阴阳共在、正负共构的"太极图"之圆所描述和表现的。太极之圆在运动变化中形成一个不断扩散、延伸的整体气场。所以说，支撑我们中华文化"大一统"理念的则是其"多元通和"的内蕴。"和谐"是《周易》的核心，也是中国智慧的核心，由此方有我们"太和""中和""保和"的传统。这种作为《周易》核心价值观的"和谐"，在经历了五千多年的跌宕起伏、风云变幻后，尤其是经过了"斗争哲学"的洗礼后，终于重新被视为今天中国社会主义的核心价值观。

由此而论，中华文明在坚持其"大一统"的传承时，亦表现出其开放、开明、开拓。这在中国文化发展中如鸟之双翼，缺一不可。当中国历史上出现厚此薄彼的情况时，尤其是在夜郎自大、故步自封、闭关锁国之时，其文化发展的平衡就会被打破，从而亦带来过危机、灾难，使中国的发展走了不少弯路。因此，面对今天中国得来不易的发展机遇，我们既不能误解"大一统"而搞"文化保守主义"，也不能误读"开放"而以"拿来主义"去"全盘西化"或"外化"。中国今天的现实就是在这二者之间如何搞好"平衡"，找到其"中庸之道"。用一个或许不恰当的比方，西方咄咄逼人的强势文化表现出"火"之阳刚，而中国文化则以其后发之势而好似"水"之阴柔。中华文化的韧性则可以柔克刚。如何体现我们"上善若水"的智慧而可以宁静致远，以"善下"而成为"百谷王"，在今天国际风云变幻中对我们而言则是一次严峻的考验。纯而又纯的封闭会让我们受到灭顶之灾的威胁，而在"你中有我""我中有你"的开放中共在共存则有可能为我们找到摆脱困境的出路。为此，我们仍需境界要高、身段应低的智慧之态。

在"太极"之源的中国哲学中有着"太虚"之境，其文化中"一统"与"开放"的交织使中国思想含蓄而不张扬，内蕴而不外扩，迄今对于世界在很大程度上仍属深藏不露之谜。这种东方智慧也被西方视为一种东方奥秘，见而不识、悟而不透。中国思想体现为一种慢节奏、慢生活，温良恭俭让、"不敢为天下先"，在世界文明冲突和较量中也具有后发制人、以柔克刚的特质。在中西思想的比较中，西方文化对中国影响较大的是其"实学"，但它实中有虚，得到其形而上学、精神科学的支撑；而中国文化在西方眼中则是"虚学"，有着东方神秘主义的堂奥，心、性之学的玄机，但其同样也是虚中有实，"由太虚，有天之名；由气化，有道之名；合虚与气，有性之名；合性与知觉，有心之名"（张载：《太和篇》）。无为而无不为，可以"为天地立心，为生民立命，为往圣继绝学，为万世开太平"（张载：《近思录拾遗》）。中国思想在对宇宙、人生的认识中虽志高却留有余地，有为却不奢望。恰如中国现代不少哲人在评价各大宗教时所言：佛教是"心觉空：觉空而未空"；道教是"心悟道：悟道却无道"；儒教是"心求仁：求仁未达仁"；基督教是"心赎罪：赎罪又有罪"。其结果是无尽无涯之思中又回到现实，佛法随缘，道法自然，形成"平常心"这种中国式的"实学"，即"实用主义""现实主义"。同理，中国的哲学、宗教也会被理解为"人生哲学"或"政治哲学""人文宗教"或"依世宗教"。

在中西文化的比较研究中，我们在中华文明的传承及开放中看到其巨大而顽强的生命力和发展潜力，因此我们不必妄自菲薄而能自强不息。但是中国思维在"虚""实"之把握中也似乎多少有点缺乏西方颇为明显的超越之维和终极关怀，即一种二维对照鲜明的宗教精神。不过，这种宗教自知和自觉的缺失，在中国文化中并不是先天的，而乃后天的，虽然中国宗教自古就已打破其二维之分，有着圆融整体的认知，却也持"天人"有别的意识，故而才会追求"天人合一"这一最高境界，希望能参"天道"之化育。只是在近代国难出现、实用主义、功利主义涌入之时，这种"天地"境界才被遮蔽，使自然无为之态滑向颓废之变。然而这显然已给我们的文化生存及发展带来了某种危机，当我们过度强调"拿起放下两自便、没有负担乃自由"时，则可能会滑向玩世不恭的犬儒主义，而忘掉我们本有的"先天下之忧而忧、后天下之乐而乐"的使命感和远大抱负。所以，今天中华文化的复兴，就需要这种"天地"境界的回复，正确对待具有宗教性的超越意识，使"天道"观能与当今的"天下"行有机结合。因此，今天中华文明的传承，既需要"自强不息"的觉悟，也需要"海纳百川"的开放。

（本文为2012年10月18日在北京大学哲学系举办的"世界华人哲学家会议"上的发言）

第四十一章

宗教与文明对话

　　在人类历史上，曾有不少出于政治目的的纵横捭阖和为了民族利益的游说撮合，其联合与沟通目的复杂、意义有限；人类发展史基本上与战争史、冲突史相关联。不过，人类在冲突中也在学习如何共存。因此，文明冲突总会与文明对话相伴，而冲突减少、对话增多，则说明人类文明在进步、在成熟。文明发展究竟应该形成统一还是必须保持多样，历来都是人们在关涉文明相遇时争论的焦点。

　　随着文明对话的不断深化，文明多样性和差异性存在，已被公众所接受，并逐渐被视为一种理想的文化景观、社会存在。不同文明之间的真正对话虽然很难，却是可能的，也是被多数人所鼓励的。在当今"全球化"和"互联网"时代，文明相遇、文化交流的频仍，使"对话"成为首要选择和最佳选择。不同国度、不同民族曾以刀光剑影、腥风血雨来彼此面对、相互碰撞。但人类的成熟，却以不同文明的对话、多种文化的交流为标志。真正的共聚、共存和共同发展要靠对话来沟通。这样，对话就成为文明之间以其个殊性、差异性的保留为前提的可能共聚之途，是人类文化多元却能共在、不同仍可共存的智慧，是我们相互理解、共同生存的人生艺术。可以说，若无各种文明的对话则不可能有人类文化的共在，而没有这种文化的共在意识及其实现，国际社会的共存则为一句空话，而世界的和谐就只可能是人类久久期盼却仍然可望而不可即的梦幻。这种多元而共在的人类文化，可能会汇聚而成为一种文化的共同体形态。在政治、经济走向世界一体化,全球性共在已在许多领域形成的态势下,其"共同体"对话及合作形式也有助于人们在文化意义上去追求并创立一种多元通和、美美与共的"共同体文明"。

中国社会在其转型及文化重建时期,在对中华文明本真因素及其宗教构成和意义的理解上尚存有许多模糊之处,由此而影响到我们的文化重建、文化软实力的形成和文化战略的制定。在厘清、梳理这些问题上,似乎进展不大,突破甚微。面对相关领域不断出现的问题,以及我们的理论或策略在对待处理这些问题上的滞后并且收效不大,我们深感上述领域的创新、发展乃有着当务之急。作为当代中国学术界文化、宗教的研究者,我们也有着义不容辞的责任。因此,我们在当前"全球化"的氛围中,必须深入研究文化的价值及意义问题,理应认真观察中华文明与世界文明的关系问题,并且有义务为一种"海纳百川"的"全球化文明"的构建出谋划策、精心设计。对此,中国智慧有必要凸显,而且应作出其积极贡献。所以,我们首先就应该在当前自我文化本真模糊、难言的尴尬处境中冲出重围,发掘、找寻、弘扬我们的文化特色,旗帜鲜明地彰显我们的文化特征及其在人类文明中的地位与作用。

在文明冲突和文明对话中,宗教都曾起过非常重要或关键的作用。宗教作为人类文化的灵性资源和精神表述,在许多文化中都有其代表性意蕴和核心地位。正因为如此,我们关注并推动宗教在文明对话中的参与,鼓励、支持宗教深化并扩大这种对话。宗教在当代中国新文化的构建中仍处于边缘,人们对文化是否应涵括宗教内容也慎之又慎、极为敏感。中国改革开放的历程,正是人们在经济上"脱贫"、文化上"脱愚"和精神上"脱敏"的过程。如果宗教不能达到真正"脱敏",中国社会的和谐构建则很难完成。人类社会在当代正在学会存异而共在、不同而和合,这在政治、经济及法律上的突破遂形成了政治共同体(如联盟、欧盟、东盟、非盟等国际共同体组织)、经济共同体(如世界贸易组织、世界货币基金组织、世界银行等)、法律共同体(如世界知识产权保护组织、海牙国际法庭等)等"共同体"形态,在多元化的世界格局中发展出谋求共同发展的"共同体"意识。而在其深层次上，宗教的沟通与对话、合作与联谊，则属于在"文化共同体"构建上的构想、探索和创新。为此，在促进中国社会和谐健康发展上，宗教的确"无小事"。而中国宗教多元共存、和平共处的现状，也有利于我们在多元通和的"大一统"国情中尝试"宗教共同体"的构建及其作用的发挥。

面对社会转型时期的混乱和游移，不少人希望能恢复或重建中国社会的"礼""乐"文化。但这种社会之"礼"、民众之"乐"需要一种伦理精神、道德体系的支撑。因此，建构当今中国社会的理想伦理体系乃当务之急，时不我待。不过，这种伦理体系的核心价值、精神支撑仍不能放弃或远离宗教。宗教会以其"神圣性""终极性"之维度来为这种伦理体系固本强身奠基立志。正是在这一意义上，我们可以深刻体会康德所论"头上的星空"与"心中的道德律"二者之间的关联、默契。宗教的伦理之维，是宗教融入社会思想文化体系的有效之途、"方便之门"。在全球范围的宗教与文明对话中，不同领域开始接触、沟通，而"伦理"领域则正是人们最容易接受、乐于沟通的理想之地。自20世纪下半叶以来，世界宗教领袖各自在思想、价值、文化共在上的主要探讨，而且是比较成功的探讨，正是在"伦理"这一范围中所取得的。如孔汉思等人所推动的"全球伦理"运动，就是以"己所不欲、勿施于人"的底线伦理而在世界各种伦理中求同存异，找出相同之处，从而引起世界的共鸣，形成大家的共识。这种"全球伦理"或"世界伦理"，实际上也是构建社会"道德"或"伦理"共同体的一种尝试。伦理与宗教的密切关系，在这种全球伦理运动中已经给了我们很大的启迪，带来我们的深刻思索。所以，在今后的社会建设、文化建设中，我们不应该也不可以排斥宗教、拒绝宗教。宗教在中国现代百年文化发展之后开始被人们逐渐恢复其正常印象，并在当代社会伦理的建设发展中受到邀请和求助。宗教伦理是宗教适应当代社会发展、重建道德价值的重要因素。为此，深入而系统地讨论、探究宗教与中国社会伦理体系建构的关系及关联，使社会和谐有精神动力和道德保障，正是我们当代学术研讨所追求的意旨和目的。

总之,探究宗教与文明对话的问题,既是一种历史研究,更是一种现实思考。今天世界发展正尝试走出"对抗"的阴影而进入"对话"的新景,但"文明冲突"的咒语却正拼命地把人们往回拉,使人类重陷其灾难的境地。面对这一严峻形势,不少人已把目光转向宗教,看宗教是文明冲突的始作俑者,还是文明对话的开创者,其选择对世界未来的发展至关重要。不过,我们对此不应该消极地坐等,而必须做积极的转化工作,使世界形势好转、人类未来前途光明。于此,宗教的取向和发展就极为关键。中国社会对待宗教态度的主旨、主流乃积极引导宗教与社会主义社会相适应,为此,我们理应推动宗教走向文明对话,化解社会冲突,实现人类命运共同体的和谐共在。

第四十二章

宗教对话的时代：世界宗教对话百年回眸

"对话"是20世纪以来最响亮的政治口号之一。早在20世纪初，西方思想界为了摆脱社会危机，就已开始了各种思想领域的对话。在宗教认识上，西方基督教则随着宗教学的崛起及发展而认识到许多东方宗教观念的价值，尤其是佛教、印度教和中国道教思想，形成了"与东方对话"的高潮。在20世纪的这种对话氛围中，西方基督教各派经芝加哥"世界宗教议会"之后半个多世纪的沉寂，于20世纪中叶率先开始了各种对话，并在20世纪六七十年代达到高潮。

首先，基督教强调自身各派的"对话""谅解"，从而在其内部形成基督教"普世"和"合一"运动。在基督教的合一运动影响下，著名新教神学家蒂利希极力主张未来的教会乃是具有"新教特性的天主教会"，即力主新教与天主教复归为一。受这种思潮的感染，一些新教神学家和基督徒甚至转宗天主教，认为现代天主教会已经克服了马丁·路德所指出的错误，宗教改革中产生出的新教因而已完成了自己的历史使命，因此天主教与新教应在相互对话和谅解中求得统一，共构具有新教开拓、发展精神又保留了天主教大公传统和本质的新一代的合一教会。天主教中也有不少理论家和普通信徒主动与新教接近，在其信仰和行动中与新教产生出强烈的共鸣。一些天主教学者还改变了对历史上宗教改革运动的敌对态度，开始对路德作出正面甚至较高的历史评价及神学理解。除了天主教与新教间的对话，这两大教派还各自展开了与东正教的对话，不少大学神学系为此还专门设立了东正教神学讲座，聘请东正教学者担任教授，并举行各种学术报告和讨论会。

从基督教内部的合一、对话，遂逐步扩大到世界各种宗教的对话、交流。在1961年新德里国际宣教协会会议上，亚洲基督教的神学家非常活跃。他们提出了基督教应该怎样在生活于其他宗教、文化传统的人民中传播福音的问题，并认为上帝在历史上的作用也应包括其他宗教的历史发展，其传播实际上也是不同文明的对话、沟通。这些见解受到西方宗教界人士的高度重视，他们开始对其传统中所认为的基督教之"绝对性地位"加以审视和反省，天主教自第二次梵蒂冈大公会议以来，对其他宗教的态度也发生了根本变化，其转折点是它在1964年11月颁布的《大公主义法令》，其"大公主义"（Oecumenismo）的表述实际上即新教所言"普世"教会，法令明确指出要"推进所有基督徒之间的重新合一"①。其更为开放的态度则是其在1965年10月公布的《教会对非基督宗教态度宣言》，明确了天主教会对其他各种宗教的新型关系，从此不再强调"教会之外别无拯救"的传统观点，而从平等积极的意义上来谈论其他宗教的价值和长处，并指出"印度教徒用无限丰富的神话及精微的哲学，去探究表达天主的奥秘；他们用苦修生活方式，或用深度默想，或用孝爱信赖之心投奔天主，以求解脱人生的疾苦。又如在佛教内，根据各宗派的不同方式，承认现世变化无常，呈现彻底缺陷，教人以虔敬信赖之道，去追求圆满解脱境界，或以本身努力，或藉上界之助，可以达到彻悟大光明之境。"② 天主教还承认犹太教对基督教在灵性上的启迪和在传统上的承上启下，故承认其"信德与蒙召"。而对于伊斯兰教，天主教则肯定其在斋戒、祈祷等基本宗教功课上的虔诚、认真。为此，天主教会号召其信徒要面对丰富多彩的宗教世界，要看到各种宗教的内在价值和文化特色，并准备与之展开广泛

---

① 《梵蒂冈第二届大公会议文献》，台北，天主教教务协进会出版社1988年版，第561页。

② 《梵蒂冈第二届大公会议文献》，第644页。

的对话和友好的合作。

因此，尽管世界局部地区的宗教矛盾和冲突仍时有发生，20世纪的宗教对话运动使各种宗教在总体上来看基本上走过了历史上"宗教冲突""宗教战争"的阶段，而进入了"宗教对话""宗教理解"的时代。在20世纪下半叶，基督教、佛教等世界各大宗教兴起了宗教徒争取世界和平运动，在中国也获得积极响应，中国宗教界成立了中国宗教和平委员会，在北京也召开了与这一运动密切相关的大会。特别是中国改革开放以来，不少西方宗教界人士先后访问了我国，与我国宗教界人士建立了广泛的联系。此外，几大宗教及其领袖们曾汇聚意大利的阿西西，为世界和平祈祷。天主教教宗约翰·保罗二世在访问耶路撒冷时专程拜访了犹太教会堂，作出友好的表示。基督教表示了与犹太教展开对话的姿态，也得到犹太教界的积极回应。当代犹太思想家本·肖仁为此曾从宗教思想史和文化发展史的角度谈到犹太教与基督教、伊斯兰教的关系，认为犹太教的信仰传统和敬神模式在历史上对基督教和伊斯兰教的诞生及其观念的发展影响颇深，他曾以"耶稣的信仰使我们合一，而对耶稣的信仰却使我们分离"之名言来阐述犹太教与基督教、伊斯兰教之间的关系，鼓励在亚伯拉罕宗教传统这一历史积淀中重新开展各教对话，并对其宗教思想的发展给予客观评价，而在其文化传承上则应对犹太教的根源加以追溯和发掘。

基督教与东方宗教对话的倡导，亦得到佛教界的积极响应。在20世纪最后的几十年中，日本的佛教界对这种对话和交流表现得比较积极，曾派出学者和代表团去欧洲、北美学习天主教、基督教的神学理论，进行信仰、思想和修行等方面的交流。而天主教各修院也派出了相关人员或代表团去日本佛教寺院体验宗教生活，增加灵性交流，融洽各教之间的感情，获得彼此更广更深的理解。其中天主教的耶稣会、本笃会等修会与日本禅宗佛教尤为积极，他们在其宗教修行上相互体验和交流的活动引人注目。这些文化交流、实践活动已成为东、西方宗教在现代社会中互相来往、互相学习的佳话而广为流传，为现代宗教从思想理论到生活实践等层面的对话、交往、互感、认可等积极发展注入了一股清新之风。

在欧洲和北美社会，20世纪的迁徙移民也先后移入了不少佛教、伊斯兰教、印度教和锡克教等信徒，佛教的寺院庙宇和伊斯兰教的清真寺在欧美等国日渐增多，逐渐形成西方社会中本土宗教与外来宗教互渗、互敬、相安共处的局面。这些佛教寺院和伊斯兰教清真寺受到西方宗教界的尊重和拜访，而佛教徒和伊斯兰教徒也为西方学者研究自己的宗教提供了种种方便。此外，西方基督教还与外部世界的其他宗教建立了广泛的联系，并对之进行各种研究、采访和报道。如对亚、非、北美、拉美和大洋洲等地土著居民原始宗教的专题研究，对萨满教的关注和观察等。特别是对古今印度教、佛教的深入探究以及对近现代社会民俗宗教和民间宗教的广泛涉猎，都使宗教学研究趋于活跃，学术成果剧增。西方宗教界曾邀请其他宗教界领袖人物访问西方国家，与之展开各种对话和讨论，并形成西方社会对亚、非世界精神生活的重新关注和好奇。

除了宗教之间的对话外，西方宗教界还将这种对话扩大到与其他思想意识形态的对话。当代天主教著名神学家拉纳尔曾提出一种"开放性天主教"的概念，以求建立天主教神学与其他思潮和社会势力的整体联系。他试图用天主教教义和范式来解释一切、界说一切，希望能以之来统一多元世界中的思想现象、政治现象和社会现象。他认为，当前形势展示出一种"全球性的世界史"，每一民族、每一文化氛围都有可能成为其他任何民族和任何文化氛围中的内在因素，起到积极的互渗共融作用。根据这种观点来看待或叙说其他宗教信仰和其他思想文化现象，拉纳尔曾大胆地应用了"匿名的基督徒"这一术语来表达他的万流归宗的思想鹄的。按此观点，他强调，基督教之外并无"绝对的另一体"，上帝绝不会用这只手来拆除他用另一只手所创造的东西，而是用双手来共同建筑起现实世界中"基督"之基石。因此，纷繁复杂的价值世界可用这一种真理的同样标准来解读、统摄；一切宗教、一切意识形态，一切社会理想中的真、善、美，其实都是一种潜在的基督教作用在发挥。显然，这一时段基督教的主导思想是在广泛求同，而非坚持其异。在这种宗教对话精神的感染下，世界宗教界出现了积极对话的发展。1989 年，在孔汉思等人倡导下，天主教、伊斯兰教、犹太教、佛教、儒教和印度教以联合国教科文组织之名在巴黎召开了"世界宗教、人权与世界和平"会议，旨在"通过宗教和平达到世界和平"。1992 年，天主教、伊斯兰教、东正教和犹太教在瑞士联合召开"和平与宽容"会议。1993 年，世界各宗教代表在百年之后重返芝加哥召开第二次世界宗教议会，这种宗教对话、文明对话的气氛空前高涨。在国际政治层面，罗马教宗约翰·保罗二世还访问了古巴，引起世界舆论的高度关注。人们由此认为，古巴基督教的存在与发展也反映了在社会主义条件下基督教的适应性和与社会主义意识形态和谐共存的可能性。

随着中国的改革开放，西方宗教界也开始尝试与中国对话。这种对话包括与中国宗教的对话，与中国文化的对话以及与中国社会政治的对话。为了深入这些对话，西方各国成立了研究中国宗教情况的机构或团体，出版有论及中国宗教问题的专著和杂志，并定期举行报告会和讨论会，还不断组织以中国宗教问题为中心和专题的参观旅游，以达到其对认识中国改革开放"眼见为实"之效。不过，令人非常遗憾的是，在 20 世纪末、21 世纪初，这种以宗教对话为主的国际氛围风云突变，从美国最早出现突出"文明冲突"的意向，随之影响到整个西方和世界。在"文明冲突"思想的引领下，世界民粹主义抬头，宗教对话运动衰减，形成主流的思想观念重新为强调宗教冲突，特别是基督教与伊斯兰教的矛盾日趋紧张。而在这种国际剧变的影响下，中国社会亦出现更多防范、否定宗教的迹象，造成一定程度的思想混乱。为了阻止世界民族、宗教关系的恶化，把人类发展从"文明冲突"的邪道重新拉回到"文明对话"的正道，需要世界人民付出更大的努力。中国提出共建人类命运共同体、积极引导宗教，就是倡导文明对话、社会共融之努力的具体行为。当前，我们正经历并见证着这一"人间正道是沧桑"的现实发展。

(原载《中国宗教》2000 年第 4 期，此版有补充。)

第四十三章

文化对话是世界和谐的通途

全球化给世界各国人民带来了频频相遇的机会,以往遥远的国度今天已成为近邻,过去陌生的文化目前正让人亲历。人与人之间的贴近、文化与文化之间的交流,使人们不可能再擦肩而过却不回首,对彼此的文化亦不再会熟视无睹、毫不动心。我们当今地球村的共在,已无法回避近距离的接触、多层面的交往。大家在面对面时究竟会导致格格不入的防范和狭路相逢的对峙,还是会形成相见恨晚的吸引和知音倾心的亲热,这正考验着我们同时代人的胆识和智慧。

20世纪我们地球人共同走过了极为复杂的历程,它有着种种经验教训,值得我们认真反思和反省。本来,这一世纪是人类发展迄今最为成熟、科学技术最为先进的阶段,却在其上半叶发生了两次几乎让世界毁灭的"世界大战",其规模和杀伤超过了以往任何局部战争,令人深感惊心动魄、毛骨悚然。随后,20世纪下半叶的"冷战"僵持和意识形态冲突,以及"后冷战"时期被唤醒或激发的所谓"文明冲突"等,都给我们带来了太多痛苦的经历,留下了不堪回首的记忆。而寻求消除这种"对抗"的各方努力,也让我们在20世纪进入了合作、对话的时代。不同形式的合作、各种渠道的沟通,曾给世界重新带来了生存及发展的希望,有了让彼此真正了解而友好共存的勇气。这一鲜活的当代史告诉我们人类社会:斗则两败俱伤,和则双赢共荣!

尽管饱经沧桑、多有磨难,步入21世纪的人类仍还没有真正成熟。

一度兴盛的文明对话、社会融洽的"春梦"太短，当前"文明冲突"的阴影使人们重被罩入黑暗之中；而不少人在已经面对着全球性共同挑战时却仍然麻木、茫然、不知所措，缺乏必要的清醒，没有悲天悯人的洞见。由于人为的原因，金融海啸席卷全球，世界经济陷入低迷；为了利益的谋取，局部地区冲突、战争的枪炮声还在震耳欲聋、令人揪心。我们眼前所看到的，仍有不同政治、经济、社会、文化群体及其相关利益之间的博弈、较量、交锋、斗争。而新出现的则还有民粹主义抬头、保守主义突现、恐怖主义肆虐等麻烦不断。难道世界只能呈现这种惨不忍睹的图景？难道人类就是走不出这种兄弟相残、同室操戈的怪圈？难道各国人民不得不遭受这种挥之不去的危机、战争阴云的压抑而别无出路？很显然，对其回答大家都会说"不"，对这种悲观绝望加以坚决否定。

　　人类抱着发展的希望走到了今天，而且仍会以美好的憧憬来奔向明天。各种形态的文明、各个民族的文化已为我们积累了宝贵而丰富的经验，使我们有可能生存而且会更好生存。这就要求我们以对话取代对抗，以和谐取代混乱，以共赢取代两败。在今天的世界，我们要争取和谐共在的"大同"。在当前人类已经亲密共居的"地球村"中，我们不能以邻为壑，而必须邻里相亲，爱人如己。在已经全球化的国际社会，我们要克服分歧、制止战争，努力"让地上有平安"！以这个目的，我们从世界各地走到一起，相遇且相识，了解且理解，表白且对话，沟通且共融。我们以文明对话、文化交流来共聚，因为对话才是我们大家相互理解的艺术，是我们既保持各自的个殊性、差异性而又能共在同存，共同持续发展的智慧。所以说，文明冲突是导致全球混乱的绝路，而文化对话才是走向世界和谐的通途。选择文明对话，共建同一个世界，这正是我们太湖文化论坛组织世界文明对话共聚的主旨，也应该是当今世界发展的主流。

　　各种文明在相关民族、国度的社会处境中得以形成并发展完善，因而体现出人类文化的多样性。一花不成春、一蝶不成景，文化的绚丽多彩是人类文明的宝贵财富，我们应该欣赏这种多姿多彩，保持这种万紫千红，承认文明多样性的存在及发展。文化的相遇、对话、沟通和交融，要求我们既要尊重自我，保持自己的文化自知和自觉，同时也要学会欣赏他者，看到异己文化也自有其精华和优杰之处。正视、尊重、欣赏这种文明的多样性、文化的个殊性是我们共同存在的必要前提和天然处境，对此我们不可能超越，也没有必要尝试去超越。只有在这种多样性、差异性中，我们才有必要求同存异或和而不同。只有多元通和，才能多元一体。所以说，我们在多元共在中应以承认多元差别为前提，以实现和谐共在为旨归。为了共同存在和共同发展，我们不仅要"各美其美，美人之美"，更要"美美与共"，尽善尽美。而这种人类文明之美的共享和共构，则是我们发展文明共同性、找出大家公认的共同点和契合点的使命与义务。文明共同性的统一共融，在于我们达成共识，形成合力。恰似世界政治所争取的多元一体在"联合国"这一政治共同体中的体现，以及世界经济所维系的多元共在在以"世界贸易组织"等经济共同体上所达到的相对实现，我们也需要一种能够提供平等对话、理解沟通、和谐交融的文化共同体平台。尽管这一共同体暂时或永远无法以某种庞大且包罗万象的国际组织形式来实现，却可以通过文化论坛、文化聚会这一共在平台来尽情表达。在这一意义上，应该说，没有文明的对话则没有文化的共在，而没有文化的共在则没有国际社会的共存和全球化世界的和谐。因此，我们的文化对话只能加强，我们的友谊合作必须延续。文明平等、文化互美，彼此尊重、相互理解，建立信任、共同合作，这才是世界发展的坦途，是人类实现和谐共在的理想境界。

文化对话的展开需要对各自文化资源的发掘、弘扬。文化多样性中蕴含着丰富的文化元素，有着深厚的文明积淀。多种文化价值、不同精神智慧，可以给我们今后构建和谐世界带来启迪、提供经验。中华文化上下五千多年，形成了华夏文明"一体而多元"的"中和之道"。中国文化追求"多样性中的统一"，主张一种"整体性""内涵式"和"共构型"的文化发展。中华多民族的文化在这种"大一统"的格局中仍然保持住了其百花齐放、多彩纷呈的个性特色，以其多样性的差异、区别而共构其稳态、和谐的整体，用各自千姿百态的倩影来汇聚成美丽而不奢华的共在，其特点是含蓄而不张扬，温和却仍有刚强。其理想境界是"人类一家""世界大同"，对外来文化是开放而不扩张，"海纳百川，有容乃大"，宽容、包容而不吞并、取代，"道法自然"而不强求。其现实诉求则为"国家兴旺""社会和谐"，在"多"中求"一"表现在以"多元一体"来呈现自我，以"多样统一"而与时俱进，这种"一体"或"统一"都立意在"中和"，其"和而不同"允许个性的张扬、差异性的存在；而其"不同而和"则展示了其文化的凝聚力及其共存、共在、共同发展的人生智慧。"同"是一种境界、一种向往、一种梦寻，而"和"则是现实的、当下的、可行的，是在"多元化""多样性"中人类真正得以共存的奥妙之处、睿智之举。中华民族的这种"和合文化"体现出家、国、天地宇宙的三层追求、三大境界：一乃"家和万事兴"。和谐社会以家庭和睦共处为起点，使和谐因素真正融入社会的最小细胞、起始单元。二为"国和享太平"。国家兴亡、匹夫有责，家国共构、休戚相关，由此方有中国文化传统"格物、致知、诚意、正心、修身、齐家、治国、平天下"的远大志愿和崇高境界。三则"人和天地庆"。天人合一，与人为善，同天地共和谐，这种"为天地立心""赞天地之化育""为万世开太平"的博大胸怀和宽广心境反映出中国特色的"天地境界"及"天人合一"的文化生态、文化环保意识。人与自己和谐，需在"我""你"之"间性"上达成平等和谐的关系。人与自然和谐，则必须呵护地球，守住万物得以生长的这块绿土。人与人的和谐、人与其生存环境的和谐，则需要我们齐心探索、共同努力，创建一种新的，让大家和谐共存、有机统一的人类"共同体文明"。

世界不同文化在相互接触中都在尝试着彼此理解、学习、磨合、适应，正朝向求同而不懈努力。各种文化精神、文明追求在世界这一大舞台上得以呈现，有着令人振奋的交流和融贯。在此，对世界的关怀，对人类的关爱体现在"直面我你"的平等精神，"与东方对话"的和解精神，"普度众生"的慈悲精神，"道成肉身"的拯救精神，"为善致和"

的仁爱精神，凡此等等，蔚为大观。有了这些精神的聚集和支持，我们的文化对话则不会孤单，我们的共同努力会有着强大的后盾。在加强文明对话、形成普遍合作、促进世界和谐这一伟大事业上，我们中国学者不仅会"独善其身"，而且也会力争使这一善举"兼济天下"，我们将以一种积极关注并参与的姿态来"自利利他""自觉觉人"，由此希望能实现我们大家的共赢共荣。正如《论语》所言，"士不可以不弘毅，任重而道远"。随着我们首届太湖文化论坛的成功举办，我们会以充分的信心和坚强的毅力来持之以恒，保持这种文明对话的积极态势，呼吁获得更大的响应和参与，以履行我们的重要责任，完成我们的神圣使命。

（本文为2011年5月在"苏州太湖文化论坛"闭幕式上的发言）

第四十四章

宗教的睿智与东西方对话

　　宗教作为人类精神文化的重要组成部分有着独特的意义和深广的影响，于此，东方文明亦作出了卓越贡献，留下了取之不尽的精神宝藏。宗教与哲学一样都是人类智慧的体现，展示出人们在爱智之途的向往、追求和超越。而且，宗教的睿智更有其信仰的光彩，表达了人之灵性的上下求索、洞观时空，给人以生存的信心、升华的仰望。在这一意义上，纯为理智、理性的哲学是无法企及的。因此，宗教的研究者则不仅是知识的探索者，也应是修道的体验者，其参与性观察之体验亦是哲学范畴所缺乏的。

　　在宗教研究中，以"东方智慧"为特征的佛教有着突出的地位。人们感叹佛教的哲理睿智，将之视为具有哲学化境的宗教，看作超凡脱俗的哲学。佛教有哲思、有逻辑，而更吸引人的则是"佛"以其"觉悟"的蕴涵引导人们脱离世俗之苦海，使其觉有情、道众生、达"悟"成"佛"。通过琢磨、思考之"悟"的修炼，终能于瞬间而达澄明之"觉"，成为无欲无求、关爱众生的觉行圆满者。因此，"佛"之觉悟乃是沟通"天道""心禅"，实现"心性""悟道"的大智慧、真觉醒。"觉者"从自我走向世界人生，故有"从心开始"的"和谐世界"，并能实现其"众缘和合"之太平盛景。佛教的菩提圆觉、寂灭空无之境虽然看似玄奥深邃，实际上却与真正的人生贴得很近，且有其"普度"之"慈悲"。正是这种对佛教智慧的探究和体悟，让人们走出"无缘"

的绝望而从"求缘"到"随缘",达至一种静存"缘在"的平常、平和境界,创造出全新的人生及其超越价值。可以说,这种"佛缘"形成了独特的东方文明,并使中国、日本、印度等国以此而形成其以佛教为核心的宗教文化圈。

东方世界虽然是佛教的故乡,却仍有其地域性特色和差异。为此,对佛教文明的探究亦各有侧重和特点。日本东洋哲学研究所五十年来致力于佛教智慧的探究,并以《法华经》为重点而深入其内探赜索隐,窥其堂奥、悟其真谛,有着辛勤的耕耘,亦达丰硕的收获。这种以佛教为主的宗教智慧之研习形成了东洋哲学研究所的研究特色和引人注目的风格,体现出"东方"之神韵。而且,东洋哲学研究所的有识之士在其创始人池田大作先生的率领下不仅潜心读经、认真为学,而且身体力行,发扬光大,将佛教的哲理智慧推广运用到世界和平、东西方对话、各民族及各国度和谐共存的人类伟业之中,其思幽邃深远,其用功德无量,在学界和宗教界都广有影响,并对社会形成强烈的感染。池田大作先生与东洋哲学研究所的学者们长期持守宗教和平理念,积极推动各宗教之间的对话、东西方文明之间的对话,以努力达成其将佛教思想智慧现代化、人间化、普世化的意愿。池田大作先生宗教研究的一大特点,就是注重与东西方思想精神的对话,为此,他曾专门与中国学者季羡林先生展开过对话,而且在关注西方时也有与西方历史哲学家汤因比的著名对话,在东西方世界都曾引起巨大反响。在这种探求过程中,东洋哲学研究所多年来也与我们中国社会科学院世界宗教研究所精诚合作,积极交流,先后组织过多次学术研讨会,取得了很多学术成果,加深了我们两国之间"一衣带水"的传统友谊,为学术繁荣、中日友好作出了特别的贡献。

佛教在中国文化氛围中曾形成其具有中国特色的发展,由此并影响到此后东南亚一些国家的佛教兴起,由此形成与中国佛教的渊源及承继关系。中国佛教的重要特点包括禅宗及其禅意、禅境的形成,曾导致中国文化的玄禅意境之兴起,并有着极为广远且深刻的影响。此外,佛教在中国与本土道教也联系密切,相互有着深层次的交融。中国哲学家冯友兰曾说,"佛教的中道宗与道家哲学有某些相似之处,中道宗与道家哲学相互作用,产生了禅宗。禅宗是佛教,同时又是中国的。禅宗虽是佛教的一个宗派,可是它对于中国哲学、文学、艺术的影响,却是深远的。"[1] "禅"已经成为中国宗教文化中最为典型的特色之一,然而"禅"之思想渊源却可以追溯到古代印度教传统,"禅"之修行亦与印度教的瑜伽有着复杂的联系,而瑜伽思想在其来源之中则可找到更广远的西方思想文化之蛛丝马迹。从中我们可以看到宗教文化的相互沟通性及其联系的广远性。我们可以谈某种思想精神的独特性,却很难断定其绝对独有性。这里,我们就可悟出文明对话、宗教沟通的深远意义。许多文明中有一种信仰的关联,与相关宗教有着特定联系。但这一相同宗教在其不同的文化处境中又有各自不同的发展,形成其本有甚至独有的地域及时代文化特点。这里,地域宗教的独有性与其普遍性是一种充满辩证意义的关系。如日本佛教在其发展中就既有来自中国文化的传承,亦有在日本文化处境中的独自及独特发展。日本禅宗于此在上述两个方面都非常典型,此后又以其日本禅宗的特色而影响到世界,如西文中有关"禅"的翻译用"Zen"的表述而罕用汉语拼音的"Chan",就说明了日本影响的存在。在此,我们对这些发展都应以一种整体思维来审视,对宗教文明对话及其传播持有开明、开放的态度。这是对话者的睿智,也会是其社会的福祉。

(本文原为纪念日本东洋哲学研究所创办 50 周年而写,此版有补充。)

---

[1] 冯友兰:《中国哲学简史》,北京大学出版社 1985 年版,第 207 页。

第四十五章

亚洲宗教多样性及其文明对话

　　文明对话有着其对话者的时代及地域定位，在此我们主要是从亚洲文明的特点出发来描述亚洲宗教对世界的影响，指出亚洲是世界宗教的摇篮，为流传至今的世界主要文明宗教提供了基本存在范式和精神资源。但亚洲诸多宗教并不是孤立、封闭的发展，而是处于不断相遇、碰撞、摩擦、交流、互渗之中。我们寻求亚洲文明的共享和共构，求同存异或和而不同，则需要找出不同文明的可能共同性，即发现大家所能公认的共同点和不同文化得以汇聚的契合点，为此还需要回避矛盾、协调分歧、防止冲突的共在之智慧。为此，笔者在这里进而试图从立足于自己的中国定位来展开探讨，并想特别说明历史悠久的中国儒家传统能够对文明对话提供一定的启迪或解决问题的正确思路。儒家文明实质上是主张有机共构、形成和谐整体的和合文明。其"天容万物""海纳百川"之境界源自阴阳共处的"太极"理念及其合二为一的"和合"哲学，因此，这种从一开始就追求"一体而多元"之"中和之道"、形成源远流长的"和合智慧""太极文化"的中华文明，可以为今天亚洲命运共同体的建设提供重要启迪。

　　亚洲文明最为典型的特点就体现在亚洲是世界宗教的摇篮，以亚洲宗教原创性和多样性为代表的宗教精神探求是亚洲价值之源，亦是东方智慧的奥妙之所在。从精神意义上探索，亚洲宗教理解乃上接"天道"；从自然意义上体悟，亚洲宗教流传则下连"水源"；其世界观念且以人为本，相信上下打通、神人感应。在亚洲各种宗教中，虽然大多涉及对"天"之仰望和对"天道"的思索，如中国儒教"敬天"所论之"上天""皇天上帝"，道教所言"天之神道"，印度教所信奉的宇宙本原及最高主宰"梵天"，佛教所向往的"西天净土"等，形成"民所瞻仰"之"天"，却没有西方形上思维那种绝对的"二元分殊"、天人隔绝，而是主张"究天人之际"，相信有"通贯天人"之道。因此，亚洲没有朝西方宗教哲学那种逻辑性、思辨性之"形而上学"的方向发展，但展示出其"天人合一""梵我同一"的模糊性、神秘性的"整体哲学"，以这种独特思维风格而与西方思想鲜明对照，各有春秋。亚洲宗教虽然意识到了终极实在"道可道，非常道"的绝对另一体之彼岸性，却坚持"问天""言道"，不可为而为之、不能言而试之，于是就形成了与西方思维迥异的"人道"与"天道"、"人文"与"天文"、"人学"与"天学"的呼应及联结。这种东方思想传统的开拓及发展，遂使亚洲虽然呈现出世界其他地区无法比拟的宗教多样性，却仍能多元求同，保持一种难以言尽却可心悟的和合、统一、整体之状。由此观之，亚洲宗教思想的对话和沟通比其他任何地方都要积极活跃，也都更有成效。各教之间甚至你中有我、我中有你，其复杂关联不能截然分离和撇清。

在古希腊罗马思想文化传统中，其哲学思维讲究一种"物性"，追求其"固体"之本原，凸显为"物之哲学"，故其形成的思维逻辑颇有"阳刚"之气，原则性强，但应变能力不够，因此训练出其逻辑、思辨的方法以供实用。与之对比，亚洲思想在其自然关联上则主张一种"水流"，突出其变化、发展，且任运而行、随遇而安，显露为"水之哲学"的意境，其思考方式体现"阴柔"之美。老子说"上善若水"，而水乃生命之源，人类许多文明来源都有"母亲河"之说，这在亚洲最为典型。对比东西方，亚洲思想之源有着更多的宗教情怀，更加突出其灵性特色。

正是这种亚洲宗教传统，对人类宗教发展起了决定性影响。在思考这种对水与文明、与宗教的关联时，西方思想家孔汉思（Hans Küng）

曾与中国哲学家秦家懿对话，由此提出了"三大宗教河系"理论，他看到了人类主要宗教的起源与流传都与一些大河流域有着直接的关系，并从中得以体悟人类生命及灵性的意义。

　　按照孔汉思的描述，第一大宗教河系为底格里斯河、幼发拉底河，即古代两河流域产生了被称为"亚伯拉罕传统"的三大宗教犹太教、基督教和伊斯兰教，由犹太教最初之源的游牧部落的雨神崇拜演进为绝对一神的信仰，形成与当地多种宗教的碰撞或融合。犹太教既是迄今犹存的最古老的绝对一神教，也是为人类奉献了"立约"文化精神的宗教。基督教虽然强调神圣与世俗的绝对分离，却发展出"父""子""灵"神圣"三位一体"和"知""信""行"实践"三位一体"的整体观，从而在实际上乃以其亚洲渊源根本动摇了希罗精神传统所主张的"二元分殊"。伊斯兰教则以其抽象、无形的神圣观和洁净、神秘的灵修观而独步世界，提供了与众不同的"福乐智慧"。其实在两河流域相关地区还产生了主张二元神教的琐罗亚斯德教及其后的摩尼教，以善恶二元对立来倡导用"光明"所象征的"善思""善言"和"善行"。而基督教的东传也曾深受这种波斯古教的影响，最早来华的基督教史称景教即与此相关。第二大宗教河系即恒河流域，早期也包括今在巴基斯坦境内的印度河，产生了吠陀宗教、古婆罗门教、印度教、佛教和耆那教等，这些代表印度文明的神秘型宗教本身也是一种多元共构的存在，各教之间多有关联，教内各派更是很难加以清楚区分，其神秘主义在理论和实践上都有明显展示，尤其是有着印度文化极为独特的沉思默想，并且发展出动静紧密结合的修行实践，其"思"有空无、因明等论，其"修"则有瑜伽、禅修等为，以此形成了印度文明的"奥义"及其典型特色。而且，印度教也与前述宗教有着异曲同工之妙的整体观，包括"梵天""湿婆""毗湿奴"之"三神一体"，以及"天界""空界""地界"之"三界一体"。佛教则是以其革新之态应运而生，在"观"中达"觉"，于"思"中领"悟"，所强调的是洞观人生的"觉悟"，追求的是超越生死的"涅槃"，告诫人会以其业报而对应其往世、今生与来世，决定其在世界命运迥异之"轮回"，故需"悟"透苦、集、灭、道而"觉"。若往更深层次挖掘，则可发现印度宗教的意义还在于它很早就有着沟通亚洲与欧洲文明的作用，雅利安人的迁徙，印欧文化的交织，在哲学和宗教上早就有了东西方的神秘对话及有机融合。此后，伊斯兰教进入印度，又与印度教融合而形成了锡克教；其宗教多样性在对话、交流中的汇聚融合，彰显了聚多为一、合二为一的亚洲思维特征。第三大宗教河系即黄河、长江流域，诞生了儒教、道教及各种民间宗教，日本受儒道影响进而又发展出神道教。这些中国宗教讲究贤者智慧，人格修行，注重心性，追求的是精神修养和灵性升华，主要以"道法自然"、修行养性来独善其身或以其社会责任感和使命感来兼济天下，不强调宗教礼仪规矩，重实践以彰显人格魅力，所以有着"敬神明却远之，成圣人而躬行"的特点。中国宗教中的神学底蕴并不突出，但其修行养性的人学意向则极为明显，而且人可与神相通，"士"可由贤至圣，并得以神化，最终达至"天人合一"。在中国宗教智慧中，其神圣并联而不绝对区分，君子既有积极作为亦可逍遥洒脱。此外，其属世而实用、模糊而神秘的信仰特色曾使基督教传统百思而不得其解，对之虽有贬损却又不得不敬佩。

如前所述，亚洲宗教的多样性得以充分体现，其个性的张扬、特色的宣示可以表现得淋漓尽致。在此，第一大宗教河系注重的主要是人—神关系，但其绝对一神观最终导致了神—人分隔的彼岸意识，尤其是基督教结合古希腊思辨传统而另辟蹊径，与其本源的亚洲传统故而渐行渐远，以致其成熟之体重返亚洲时被视为"西洋之教"；第二大宗教河系突出的主要是人—灵关系，大千世界乃其升华或堕落的轮回，灵与肉的纠结缠绵有其前因后果，人生故有其特殊缘起和缘分，以此则可解读人世的阴晴圆缺、潮起潮落，其时空的整体观念通过强调这种"永恒的轮回"而得以充分表达；第三大宗教河系则主要突出人—心关系，"头上的星空"逐渐淡去，"心中的道德律"却得以强化，其结果是追求神秘"天道"的"形上"之学逐渐转为突出人格"修炼"的"心性"之学；在其尘世交往中，儒、释、道得以通融而有"三教合一"之果，与之相关的民间信仰也是模糊其多样性而能够如鱼得水、逢凶化吉。这种东方神秘主义与中国人道主义的奇特结合，使刻意于体系建设的黑格尔（Georg Wilhelm Friedrich Hegel）等认为中国无哲学，而只有一种理性不足的神秘感悟；利玛窦（Matteo Ricci）等以基督教为圭臬则认为中国无宗教，儒家思想因在世俗社会的沉淀而未有旨在超越的宗教那种完美；西方汉学家理雅各（James Legge）全力翻译了《四书》《五经》，却认为孔子儒家重人间之"诚"，而轻超然之"信"。后来的英国科学家李约瑟（Joseph Needham）虽然研究、撰写了中国古代科技史，却也沿着这一西方思路或思维定式而宣称中国无科学，从而完成了西方思想理论界对中国哲学、宗教、科学理解上的困惑与迷惘。这样，亚洲的精神世界对西方思想家而言似乎隔了一层而看不透、说不明。文化差异在哲学、宗教、科学的理解上显露出来。

总之，这三大宗教河系产生了世界的主要宗教，提供了人类灵性精神的基本范畴和思维特征。而非常有意思的是，这三大河系都在亚洲，亚洲故而为人类文明宗教之源，此地产生了多种宗教，是世界宗教之源，而且为宗教多样性之集大成。今天世界留存的文明宗教基本上源自这三大宗教河系，所谓"西方宗教"主要也不过是作为源自亚洲的基督教在罗马帝国的后期发展使然。从这一意义上可以说，亚洲宗教的多样性有其辐射性，实际上已经扩大为全球影响。但其多元有合、多样共聚仍主要在亚洲文化传统中保留下来，从而达致亚洲宗教的整体圆融精神，形成亚洲宗教价值观与众不同之处。从文明类型的宗教来看，古希腊罗马曾有其悠久的宗教传统，其内容丰富、特色突出给人留下了深刻印象，但这一可以代表欧洲文明的宗教体系并没有流传下来，其思想内容及某些信仰特点则被来自亚洲的基督教所涵容。同样，古埃及的宗教亦曾达到鼎盛，形成过以尼罗河三角洲为核心的非洲宗教文明，其关于死后生活的生动描述极有特色，但它仍然没有逃掉夭折的命运。值得玩味的是，这三大河系之外的古代文明宗教都未流传下来，欧洲、非洲发源的宗教发展都在历史的进程中被中止，而与它们在历史长河的流失相对比，亚洲三大河系的诸种宗教却奇迹般地得以留存，而且迄今仍有着旺盛的生命力。这就是我们所面对的历史真实，尽管其缘由、因果可以得到各种解释，而事实就是这样的鲜明。人类的这一文明传统及其精神传承在亚洲的凸显，使我们有充分的理由来高度评价亚洲文明对话及其价值体系的意义。

除了原住民宗教和部分新兴宗教之外，当前世界上非常活跃的主要宗教基本上都诞生于亚洲，它们首先铸就了亚洲文明模式及其传统延续的格局，此后才形成了世界范围的复杂发展，并且有了东方、西方宗教之别，其间亦有了不同政治及意识形态体系的复杂交织。但基于其发展根源，亚洲宗教文明可以在当今文明对话中超越东西方，起到避免或减少文明冲突的积极作用，这就需要主动沟通、建设性对话，以共建亚洲命运共同体的努力来化解矛盾、求得共存。中国作为亚洲人口最多、面积最大的国家，以其绵延五千多年而未中断的文明积淀，而理应在这种亚洲宗教理解、文明对话中发挥积极甚至引领的作用。这当然需要今日中国本身练好内功，厘清其认知思路，正视其宗教存在及其悠久文明传统，承认其积极价值和重要社会作用；如果否认中国古今的宗教存在及其历史作用，以历史虚无主义的态度对待中国自身的宗教，那么就会在找寻中华文化自知、自觉时失去自我，也就失去了在亚洲乃至全球范围开展宗教文明对话的前提及可能。实际上，亚洲文明对话中有很大比重乃宗教文明对话，亚洲各国各族大都以宗教文明为其主要文明和其文明的标志，因此，没有对宗教文化的考量，我们的文明对话则无从开展，相应的文化战略也会空洞软弱。对文明多样性的体认，在很大程度上就是对宗教多样性的认知，如果没有以正常的眼光来看待宗教，在亚洲文明乃至全球文明对话中就会失语，其回避宗教的文明讨论也只会被边缘化。同理，我们的文明对话旨在各文明之间相互学习、取长补短，由此而达文明和谐；但如果没有对宗教的和谐相待，文明和谐则是一句空话，我们的社会和谐也不可能真正实现。在有宗教误解、宗教冲突的社会，其和谐只能是一种奢望。

今天，我们人类有着更大的志向，正以"全球化"的共在而争取人类命运共同体的共建，而这种共建恰恰就应该是多元文化的共处。高科技处境中的"地球村"让世界各国人民前所未有的"亲近"，多元文明频频相遇，各种文化密切交往，不同宗教亦无法回避。但这种"亲近"并不必然带来"亲密"，相反，由于曾有的距离感已不再存在，这种"亲近"会使人油然而生出"拥挤感"，近距离的"交往"也容易变为"交锋"，其结果可能会是"拥挤的地球村"让人感到"恐惧"。当代政治、经济层面的竞争与博弈，使文明对话的环境更趋复杂，但这种对话、沟通、达成和解、求得共存也更为必要。人类的共存需要我们必须具有共处的智慧，而亚洲多元共处则可先行，以此来解决当下迫切需要了断的问题，为人类的对话共存提供成功经验、避免文明冲突两败俱伤的教训。在此，我们应积极推动亚洲文明对话，号召亚洲各国各族人民共同努力，以实现亚洲的和谐及和平。

　　反思亚洲宗教交往与文明对话，我们有着很多的经验教训。基督教、伊斯兰教和佛教以其广泛传播而发展为世界性宗教，在文化交流、文明对话中起过关键性作用。亚洲诸多宗教并不是完全孤立、封闭的发展，而是处于不断的相遇、碰撞、摩擦、交流、互渗之中，有着"门外青山如屋里，东家流水入西邻"的景观。如基督教、伊斯兰教和佛教这三大宗教在中国社会所经历的"中国化"发展既推动了中国文明的进步，又充实了这些宗教自身。其实，这种"中国化"代表着双重审视，从这些世界宗教的视角乃其本土化、本色化、在地化、处境化的选择，从中国社会的视角则是这些世界宗教融入中国、成为中国宗教一员的标志，是其中国特色的彰显。此外，在今天许多亚洲国家中也都留下了这些宗教的文化印痕、信仰足迹。佛教从尼泊尔、印度传往亚洲各国，形成其南传、北传、藏传等模式；在中国兴起的佛教各派则传往日本、越南、朝鲜半岛等地，成为这些宗派的祖庭之所在。基督教在亚洲各地则导致其天主教、东正教和新教各派的分殊，有着其地域化、本土化、处境化的风采。伊斯兰教则在其东传中铸就了许多亚洲国家及地域的民俗民风，形成对许多民族传统及其文化意识的熏染，使今天亚洲伊斯兰文化绚丽多姿。即使是作为民族信仰的犹太教、印度教和儒教、道教等亦超出了其本民族之限，而将其精神要素广为传播，如犹太文化的全球影响，印度教文化对中国的感染，以及儒教、道教给世界带来的惊讶和吸引人的魅力，甚至古代波斯宗教的深层次影响也在许多地区今日犹存。我们今天所讨论的海上、陆上丝绸之路文化，正是对这段文明传播历史的回顾、总结与弘扬。

不可否认，各宗教对抗、文明冲突也给亚洲带来了巨大灾祸。因为不同意文化的多样性并尝试用武力消除其差异性，相关民族之间、宗教之间、教派之间也出现了尖锐冲突和残酷战争，由此带来的痛苦和创伤造成了难以目睹的惨象、酿成了种种人间悲剧。今天在亚洲许多地区，这种局势仍未根本改变，原教旨主义、极端思潮此起彼伏，连续不断，民族和宗教冲突及相关纷争并没有消停，甚至还在升级、在不断恶化，由此使相关地区的人们从失望转为绝望，国家之间的关系也更为复杂。其结果，国际政治因为民族宗教因素而更为敏感，人类共在秩序因各持己见而更加难建。当对话变成独白、当相互尊重变为各执己见、当善意倾听转向颐指气使，共在对话的讲台则会失去平衡，而与之相呼应的将是社会动荡再起，民众陷入水深火热之中。所以，这种"对抗"的结局或是弱肉强食或是两败俱伤，人民失去尊严，人类走向倒退。今天，我们依旧面对着这一严峻形势，宗教之间的贬低、竞争，宗教内外的偏见、冲突，使亚洲成为危险的火药桶，让人们感到"地上无平安"。而要减少战争威胁，需要全世界爱好和平的人们共同努力，尤其是亚洲人民首当其冲，不可推责。我们已经意识到，沿"相互冲突"之路走下去，其实只有彻底毁灭一个结局。为了拯救人类、拯救地球，我们必须回到"对话"之路，必须以这种"全球化"的人类命运共同体之关联来提倡对话、促成沟通、达到和解。为此，处在冲突旋涡之中的亚洲人民义不容辞，因首当其冲故需挺身而出，做化解矛盾、消除危机的筑桥者和修路者。

在政治目的和经济利益的驱使下，在民族生存与国家发展的要求下，亚洲已经有过各种谈判与合作，政治家及外交家们穿梭而行、纵横捭阖，取得了相应的成果。但如果这种合作与联盟仅为权宜之计，只是功利需求，那么其根基就不会稳固，其合作也难以持久。所以，这种对话与合作有必要往深层面发展，即在精神、信仰、意识、价值层面寻求理解、沟通与合作、共处。如果能减少这些文化深处的矛盾与冲突，寻得相对共识或共同之点，或许亚洲共在会更为和谐，世界局势亦会更加稳定。

不言而喻，在对精神文化的深层次理解上，亚洲文明及整个人类文明发展尚不可能形成统一整体，故此还必须保持其多样多元之现状，而这与东方智慧所倡导的整体观并不矛盾。亚洲文化从来没有主张消灭个殊性、去除差异性的绝对整合，而乃倡导文化多样性及社会多元存在之共聚，彼此力争相互尊重、相安无事。东方文化的辩证法是有机整合、张弛有度、充满弹性的整体辩证法，其整体的内涵不是绝对"一"之空洞，而乃无限"多"之共构，因而是丰富的而不是空白的、是共融的而不是对立的。这种亚洲文化共同体即允许"各美其美"，进而争取"美美与共"。对此，亚洲各种文明特别是其宗教文明都可提供其丰富的智慧和资源。

寻求亚洲文明的共享和共构，求同存异或和而不同，都要求我们尽量找出不同文明的可能共同性，即发现大家所能公认的共同点和不同文化得以汇聚的契合点，为此还需要回避矛盾、协调分歧、防止冲突的共在之智慧。对此，根深蒂固、历史悠久的中国儒家传统能够提供一定的启迪或解决问题的正确思路。中国儒家文明实质上是主张有机共构、形成和谐整体的和合文明。其"天容万物""海纳百川"之境界源自阴阳共处的"太极"理念及其合二为一的"和合"哲学，这使中华文明从一开始就追求"一体而多元"的"中和之道"，形成了源远流长的"和合智慧""太极文明"。这种观念被视为顺"天道"、有"天理"之神圣思想，而其对"多样性中的统一"之凸显亦为今天"全球化文明"的理念奠定了社会学、政治学和国际关系学上"世界大同""协和万邦"之理论基础和历史根据。这种体现中华文明之本真的精神元素在儒家发展中得以系统化、体系化，成为中国社会维系其长久整合之普遍共识的文化基因。所以说，中华文明的发展与亚洲文明有机共构，乃其重要代表和体现。以这种儒家理念作为中华传统核心价值观之支撑，中华民族虽然历经坎坷、命运多蹇，有过复杂的风云变幻、社会变迁，却始终保持了这种多元通和、多元一统的精神传统，坚持着其"整体性""内涵式"和"共构型"的文化发展，倡导并高扬这种和谐共融之文明。儒家的经学是中华古代文献之整合，儒家的礼学是中国古代社会秩序及其规范之整合，而儒家的仁学则是其思想、道德及人伦理想之整合。代表中华民族"和合"文化的儒家以这种允许不同、包容差异、承认多样的圆融、共构、整体之思想精神一以贯之，在宗教境界上主张"天人合一"，在哲学追求上主张"知行合一"，在人格升华上主张"心性合一"，相信在这种整体、整合之中天人感应、神俗互动，"上承天之所为""下以正其所为"，故而在宗教、哲学、政治、法律上并无截然之分，而有复杂串联。其对"天"乃"信"，对"人"则"诚"，二者共构的"诚信"哲学提供了政治上必被"恭敬"或"敬畏"的"王者之道"，旨在达到"圣人致诚心以顺天理，而天下自服"的理想效果。由此而论，儒家的"天学"与"心学"乃有机共构，以此双翼而翱翔在天上人间，其超越境界乃宗教意蕴的，而其现实关怀又不离世俗政治。儒家作为古代中国社会的"国教"而为儒教，也正是中华整体文化中非常典型的"政教共同体"。仅此意义而言，区分儒学是宗教还是政治，并无绝对的必要。在现实社会生活中，宗教既为教、亦为政，彼此可分亦可合，其辩证意义即在于儒家乃追求超越自我的精神现象和献身社会治理的政治现象之共构。而这在其他亚洲宗教中也可找到许多相似之处。

多元求同、多样致和的理想境界是"人类一家""世界大同"，这在近现代同样是诞生在亚洲的巴哈伊教中进而得到了集中体现。本来，巴哈伊教在中国社会处境中曾被译为"大同教"，但因其信者发现当时许多宗教也有"大同教"之称，如佛教、儒教甚至相关民间宗教等，故而不得不放弃其意译而保留其音译。或许，这就是亚洲宗教及亚洲文明所共有的"人同此心""心同此理"。当然，多元中的真正之"同"在绝对意义上可能仅为一种理想境界，让人永远向往和梦寻，具有其精神动力的价值。但"和"则是可以做到的，值得去努力争取的。因此，我们应该把"同"的理想化为"和"的现实，形成理想与现实之间的沟通和关联。亚洲宗教文化在"多元化""多样性"中对话交流，在其存在意义上争取聚同共构，这正是人类未来共存的智慧之思、可为之举。为此，儒家文明可以借鉴和提供参考、对照。儒家思想奠定了中国人的"和合"哲学传统及思维定式，在传统中华思想的整合中曾起到引领作用，具有标杆意义。中华文明参与当今亚洲文明的对话，完全可以基于这种儒家思想宝库而充实自我、厚积薄发。所以，中华民族在共建亚洲命运共同体的努力中，在推动多宗教、多文明积极对话的实践中，应该奉献并发挥这种以儒家传统为主来实现其"和谐社会"之奥秘的"和合文化"。

（原载滕文生主编《亚洲价值 东方智慧——亚洲文明交流互鉴北京国际学术研讨会论文集》，人民出版社2019年版。）

第四十六章

亚洲文明对世界文明的贡献

亚洲文明论坛在北京成功召开，习近平主席在亚洲文明对话大会开幕式上作了"深化文明交流互鉴，共建亚洲命运共同体"的主旨演讲，指出"交流互鉴是文明发展的本质要求。只有同其他文明交流互鉴、取长补短，才能保持旺盛生命活力"[①]，其意义非常重大。我们的文化自信首先乃基于对自我文明的认知，而重新认识亚洲文明对于当今世界发展具有重要意义。亚洲是世界人口最多的大洲，其文明发展也是世界文明最早的代表，并对整个世界文明的奠立起了非常关键的作用，作出了重要贡献。学习习近平主席的重要演讲，结合当今世界发展运势，在此特谈谈如下一些构想。

一 亚洲文明乃世界文明之源

(一) 世界古代四大文明主要为亚洲文明

亚洲乃世界文明的摇篮，世界古代四大文明中的两河流域（美索不达米亚）文明、印度文明和中国文明这三大文明诞生于亚洲，而古埃及文明亦紧邻亚洲，与之密切关联及有机呼应。因此，习近平主席指

---

① 习近平：《深化文明交流互鉴，共建亚洲命运共同体——在亚洲文明对话大会开幕式上的主旨演讲》，2019年5月15日。见2019年5月16日人民网。

出,"璀璨的亚洲文明,为世界文明发展史书写了浓墨重彩的篇章,人类文明因亚洲而更加绚烂多姿"[1]。亚洲文明的基本要素在很大程度上影响到世界古代文明的奠立和发展,而当今许多文明之间都可以追溯到亚洲文明之源头。

(二) 世界宗教文明得以延续的根本为源自亚洲的宗教

在世界文明中的一个重要构成就是宗教文明,而世界宗教文明基本上源自亚洲的宗教。著名哲学家雅斯贝斯(K. Jaspers)曾论及"轴心时代"世界性宗教的创立,指出其主要为古代中国、印度、古巴勒斯坦、波斯和希腊的宗教,但希腊只有其哲学影响至今,而其宗教传统却在历史发展中归于消失。令人惊奇的是亚洲的主要宗教却都延续下来,如犹太教、琐罗亚斯德教、印度教、佛教、耆那教、中国的儒道宗教思想等保存至今,其发展及衍生成为世界宗教的主流,形成了全球影响,特别是源自古巴勒斯坦的"亚伯拉罕传统宗教",孕育了犹太教而又产生出世界两大宗教基督教和伊斯兰教,已经影响到当今世界的大多数人。今天看似仍然强大的西方宗教,其根源亦在亚洲宗教传统之中。所以,亚洲宗教的历史作用巨大。习近平主席在论及亚洲文明对世界提供的丰富文明选择时,首先就论及"从宗教到哲学"。可以说,人类的精神生活、灵性追求基本上乃由亚洲宗教所铸就。为此,我们必须高度重视并积极促进对宗教、哲学的研究。

二 亚洲文明对人类精神世界的意义

习近平主席指出,"我们要加强世界上不同国家、不同民族、不同文化的交流互鉴,夯实共建亚洲命运共同体、人类命运共同体的人

---

[1] 习近平:《深化文明交流互鉴,共建亚洲命运共同体——在亚洲文明对话大会开幕式上的主旨演讲》,2019年5月15日。见2019年5月16日人民网。

文基础。"① 在亚洲文明的悠久历史发展中，已经形成厚重的文化积淀，留下了具有丰富精神资源的宝库，给人类精神世界带来了独特的意义。而这些精神文化遗产则正是我们今天共建这一命运共同体的人文基础。

（一）对人类信仰世界的孕育

人类的精神信仰大致有两大维度，一为仰望天际，以形上之思而构成其对超然绝对的信仰，这种思维特征乃来自亚洲宗教的基本世界观；二为反观心性，以心灵回归来寻求一种内在的自律和道德性，这种内省功夫亦以亚洲思想为专长。

（二）对绝对精神、整体观念的培育

如中国的"天""道"观，印度的"梵"（Brahma）、"我"（Atman）观等就能体现出这种绝对精神和整体观念的存在。中华文明强调"天人合一"，这种"天地"境界为典型的空间整体观，即天人感应，天、地、人一体，替天行道，敬天法祖等天人共构。儒家修行养性、独善其身的"内在超越"是与其"超越自我""洞观天地"之"外在超越"有机一体的。中华文明讲究阴阳合一、张弛有度、刚柔兼济、和而不同、美美与共、整体圆融，给世界提供了平和的社会气象、和谐的整体景观。对此，习近平主席总结说，"亲仁善邻、协和万邦是中华文明一贯的处世之道，惠民利民、安民富民是中华文明鲜明的价值导向，革新鼎新、与时俱进是中华文明永恒的精神气质，道法自然、天人合一是中华文明内在的生存理念。"② 在亚洲文明中，亦多有这种会通性整体关照，如印度文明亦提出"梵我一如""神我合一"（Oneness of Brahma and Atman）的思想，强调"梵天""湿婆"（Siva）和"毗湿奴"（Visnu）这"三神一体"

---

① 习近平：《深化文明交流互鉴，共建亚洲命运共同体——在亚洲文明对话大会开幕式上的主旨演讲》，2019 年 5 月 15 日。见 2019 年 5 月 16 日人民网。

② 习近平：《深化文明交流互鉴，共建亚洲命运共同体——在亚洲文明对话大会开幕式上的主旨演讲》。

(Trimurti), 以及"真"(存在, sat)、"知"(知识, sit) 和"乐"(圆满, ananda) 的三位一体, 尤其是其"永恒轮回"的思想则为典型的时间整体观。因此, 只有各美其美, 方能美美与共。

(三) 对神秘智慧的想象

东方神秘主义以一种内省、反观自我、神秘感悟来认识和界定宇宙与人, 有其独特的深奥和意境。这种直观、直觉的领悟亦给现代科学带来了启迪, 20 世纪 70 年代在西方兴起的"新时代"运动就持有"现代物理学与东方神秘主义"的独特比较 (卡普拉:《物理学之道》)。无限宇宙神秘复杂, 深不可测, 人类对无限的把握则当然需要这种想象力和神秘感, 而不可对之简单、武断地否决。

(四) 对人性升华的修炼

亚洲文明讲究人主动、自觉地修行和修炼, 形成了静思默想、修禅修道、培育人性、修养心性、提升心智等独特精神实践, 其中充满对人性的肯定、对人类发展之无限可能性的鼓励。其人文情怀及志向认为, 人通过自我修炼而使其人格得以升华, 人则可以经这种修行而由贤达至成圣、成仙、成神。在人间达成神圣则给人类的精神发展提出了更高要求。我们在认识自己的同时当然也需要不断升华自身。

三 亚洲文明的复兴对当代世界文化发展的贡献

目前世界的发展已经进入一个前所未有的"新时代", 但其运势尚难预料。西方文明在 20 世纪开始遇到危机, 一些西方学者曾惊呼"西方的衰落", 担心"西方文明"的可能"终结", 并感到"东方文明"时代的来临及其世界发展的可能转型, 如美国外交家及汉学家傅立民 (Chas Freeman) 就表达了其"后美国时代"甚至"后西方时代"之忧。对此, 我们可以冷静地洞观当今世界的巨变和西方尤其是美国的"不安"。美国选择了一种"分殊""分道""分裂"的路向, 以承认

"文明冲突"、强调"种族对抗"和主张"美国第一（唯一）"的民粹主义意气来对付这一全新变化，因而使世界更混乱、更多元，更加前途莫测。其实，这种杞人忧天、自找荒唐是大可不必的。习近平主席对之有非常冷静而睿智的评说，昭示出"文明只有姹紫嫣红之别，但绝无高低优劣之分"①。对待任何文明都应持平和、平等、平静的心态，彼此加以鉴赏和学习。当前，亚洲文明迎来了其自我复兴的机遇，但对世界亦有了更多的义务和担当。亚洲的经验和启迪是，不要回头走文明对抗、冲突的老路，而应该在对话、合作中迎新。而亚洲对新时代世界文化的健康发展则可以作出如下贡献：

（一）返璞归真，反思亚洲文明之源端

我们应该提醒世界在今天要选择"文明对话""文化趋同"而不是"文明冲突""文化战争"。习近平主席回顾中外文化交流时特别论及宗教文化的交流互惠，"中华文明是在同其他文明不断交流互鉴中形成的开放体系。从历史上的佛教东传、'伊儒会通'，到近代以来的'西学东渐'"②，这都与宗教文化的交流往来直接相关；而且也正是在这种文化交流中，"中华文明始终在兼收并蓄中历久弥新"③。世界文明本有着亚洲文明之源端，基于这些关键的亚洲文明元素则可找寻到化解冲突之策。各种文明完全可以相互对话和沟通，实现合作共赢，而不是只有回到"丛林"规则，陷入文明冲突、弱肉强食这一条绝路。

（二）以整体、圆融的亚洲文明智慧拯救趋于分裂的当今世界

亚洲文明的整体观和圆融共在观正是共建"人类命运共同体"的

---

① 习近平：《深化文明交流互鉴，共建亚洲命运共同体——在亚洲文明对话大会开幕式上的主旨演讲》，2019年5月15日。见2019年5月16日人民网。

② 习近平：《深化文明交流互鉴，共建亚洲命运共同体——在亚洲文明对话大会开幕式上的主旨演讲》。

③ 习近平：《深化文明交流互鉴，共建亚洲命运共同体——在亚洲文明对话大会开幕式上的主旨演讲》。

重要基础。要告诉全人类,我们生活在同一个世界,共享着同一个孤独的地球,因为迄今仍未发现有一个生命存在的其他星球。所以,全人类是一个整体,必须以其圆融之圆来匹配地球生存之圆,否则一荣俱荣、一损俱损,在世界的毁灭中难有幸免者。我们要以文明的积淀来填补世界分裂的裂痕,达成各种文明的美美与共、和谐共存,共建世界文明"群芳竞艳"的百花园。对此,亚洲文明有着义不容辞的责任。

(三) 以信仰对话、宗教包容消除文明的冲突

习近平主席指出,"各种文明本没有冲突,只是要有欣赏所有文明之美的眼睛。"[①] 本来,文明之间只应该是对话、沟通、交流和互融的关系,所谓冲突、竞争则更多是在社会、政治、经济、种族层面上的,而人类发展出来的文明则是要以其知识、智慧来消除这些冲突和竞争,找出和谐共在、可共同持续发展的理想之途。而对话、沟通、研究、理解就正好是"欣赏所有文明之美的眼睛"。所以,文明的关系不是"我"灭"它"的凶残,而乃"我"和"你"的对话。一种更佳且双赢的选择,则正如习近平主席所言:"文明应该秉持平等和尊重,摒弃傲慢和偏见,加深对自身文明和其他文明差异性的认知,推动不同文明交流对话、和谐共生。"[②] 为了推动社会、政治、经济、族群层面的对话,文明对话尤其是信仰对话应该先行,起到探路、引路的作用。为此,我们应特别关注和呼吁宗教之间的包容和宽容,信仰之间的理解和尊重。

(四) 亚洲人的团结合作及其神圣使命和崇高责任

在"文明冲突"观念的误导下,强调"二元对立"的思路正在把世界引向灾难。此时此刻,我们亚洲人应该挺身而出,以其"圆融统

[①] 习近平:《深化文明交流互鉴,共建亚洲命运共同体——在亚洲文明对话大会开幕式上的主旨演讲》,2019年5月15日。见2019年5月16日人民网。

[②] 习近平:《深化文明交流互鉴,共建亚洲命运共同体——在亚洲文明对话大会开幕式上的主旨演讲》。

一""多元玄同"的文明精神及思想传承来拯救世界、拯救地球。习近平主席号召我们要"在继承创新中不断发展,在应时处变中不断升华",以复杂环境中的"苦难辉煌"来"积淀着中华民族最深沉的精神追求",由此得到"中华民族生生不息、发展壮大的丰厚滋养"。① 为此,乘着亚洲文明论坛成功召开的东风,我们一定要团结合作,要以我们文明共有的亚洲文明智慧及胆识来努力推动亚洲乃至全人类生命共同体、社会共同体和文化共同体的共建。

(原载《中国民族报》2019 年 5 月 21 日第 5 版)

---

① 习近平:《深化文明交流互鉴,共建亚洲命运共同体——在亚洲文明对话大会开幕式上的主旨演讲》,2019 年 5 月 15 日。见 2019 年 5 月 16 日人民网。

第七编 宗教与生态文明

第四十七章

中国宗教与生态文明

中国宗教以其"道法自然"的特质而充满了生态保护的观念，对人类生态文明发展有着重要贡献。当然，这里对"生态"的理解包括自然生态、社会生态、文化生态和精神生态，这四种生态与人类生存乃有机共构。中国宗教以其"出世"精神和"人间"关怀的有机结合，而使各个方面构成统一整体，形成和谐关系。于此，中国宗教将自然纳入"神圣"领域，对生态保护因而具有一种神圣的维度；对人类社会发展持有另一种审视，主张人际关联实现其社会生态的平衡；对人类文化强调百花齐放、千姿百态，各美其美、美美与共，形成文明的和谐与共融，对精神发展则力争纯心净化、返璞归真，达其上善若水之升华。由于其宗教视域打破了相关领域的界限，使之更贴近自然，因而形成其对保护自然原貌、维系生态平衡的独立见解。

一 "生态"在中国传统宗教中的"神圣"意义

自然与神圣在西方文化传统及其语境中是有明显区别的，二者不可相提并论、等同而言。自然（Nature，natura）一般与"地形""出生""存在"关联，是一种与人相对贴近的内向性存在，给人"沉潜""生机"之感，由此而与"生态"形成关系；而神圣（sacred，sacratus）则与"天机""庙堂""祭祀"有缘，是一种具有超然、超越境界的外向性存在，给人带来"升华"敬仰，因此而脱离自然。这种区分在西方"二元分殊"的世界观即神人观上乃不言而喻，理所当然。但在中国文化之阴阳共构的整体观中，自然却与天道相关，故而也有神圣之维。老子在《道德经》25章中指出"人法地，地法天，天法道，道法自然"，从而表达了宇宙万物、人地天道"自然"一体的整体观念。自然与"生态"的关联就其本意已经充分体现，因为"生态"（Eco-）一词通常就是指生物的生活、生存状态，即生物在相关自然环境中的生存与发展之状，反映出其自然特性和生活习性。西文"生态"（Eco-）一词源自古希腊语 Olkos，意指"住所""栖息地"；而中文"生态"最初则是表达美好、和谐、健康的事物或状态。《东周列国志》第17回中有"目如秋水，脸似桃花，长短适中，举动生态"之描述；南朝梁简文帝《筝赋》也有"丹荑成叶，翠阴如黛。佳人采掇，动容生态"之说。这里，生态即美，指一种非常美的状态。由此可见，"生态"与"生存""生命"密切相关，体现在"生生""相生"的辩证发展之中，而且突出其健康、美好状态。在此，既有自然的生存演化，也有人类的生命传承，更有人类与自然之"生生灭灭"、经久不息的双向互动和交互影响。因此，谈"生态"就离不开人与自然的关系，离不开人对"生"的认识。而中国传统宗教则将"生态"赋予神圣的蕴涵，更加凸显出中华信仰传承中一种"重生""惜生""贵生""养生"的"生"之精神。

从宗教对生命的关爱来看，生命也被看作自然的本真及其典型表现。生命体现出自然的"变易"和发展，反映了大自然的"万物化生""生生不息"。因此，自然的存在就是对生命的礼赞，生命即自然的和谐、圆融的根本性意义之所在。人以生命而在自然进程中展示出与自然的和谐，与自然万物"同生天地，无所异也"（《无能子》）。在这种自然状况中，按照中国宗教中道家的思想，"天地与我并生，而万物与我为一"（《庄子·齐物论》）。生命与天地万物共在而体现出其尊严，关爱生命与关爱万物有机关联，彰显出自然的规律和生命的价值。

因此，人的生命的意义反映出天、地、人的有机融贯，关爱生命乃是对"天道"和"人道"的信守及尊崇。仅从宗教信仰的角度来看，也必须遵守、顺从这种"天道"和"人道"，而绝不可以残害生命或自我摧残，绝不能够纵容"摧残生命"这种逆"道"而行之举动。人在天、地之间，其地位独特，责任重大，宗教则可为其生存、生态达到神圣提供资源和借鉴。

宗教作为人类精神信仰，其在现实生活中的一个重要维度，就是对"生命"的重视，体现在对生命的关爱和拯救上。这在佛教"不杀生"的观念上得到了典型体现。此外，基督教所主张的拯救精神，也是强调对生命的关爱和拯救。而巴哈伊信仰所持守的"人类一家，地球一村"观念，也有着尊重众生、守护自然、珍视宇宙秩序、爱护地球生命的深刻蕴意。在中国文化中，特别是中国宗教全面表达了"尊重生命"这种质朴而神圣的宗教观和人生观。爱惜生命，这是宗教信仰对人生态度的基本底线，充分反映出宗教中高扬生命意义的信仰底蕴。

在中国宗教信仰的基本认知中，生命的意义和价值除了这种基本的人生之维以外，还表现为生命与"天道""神圣"的关联。也就是说，自然生命的存在意义来自"天道"，这种"人道"与"天道"的有机相连使生命具有了神圣之维。由此可见，中国古代宗教智慧就已经将关爱生命、珍惜生命置于"天地之大德"的重要地位，表达出对生命之神圣的意蕴。中国佛教从内心深处就特别强调对生命的仁慈、关爱，由此而有"和谐世界，从心开始"的祈愿。其对生态的重视上升到了一种神圣的境地，在其眼里，"青青翠竹尽是法身，郁郁黄花无非般若"[1]。而道教所坚持的"道法自然"也就是一种"上善若水"的境界。对此，宗教界的大德和学界的大家已多有系统论述和深刻见解。笔者只是从宗教信仰精神这一基点来突出对宗教中"关爱生命、拯救生命"这种生命观的理解，说明宗教对其大众生命的关爱和保护是其理应具有的基本素质和基本职责。而宗教中出现的极端思潮就是忘掉了这

---

[1] 《大珠慧海禅师语录·卷下 诸方门人参问语录》。参见《景德传灯录·慧海禅师》"青青翠竹尽是法身，郁郁黄花无非般若"。

一"初心",实际上也就舍弃了宗教的本真。在我们的社会主义大家庭中,在我们中华民族有着深厚宗教文化底蕴和积淀的社会氛围中,我们一定要全面贯彻落实宗教信仰自由这一受宪法保护的人民神圣权利,充分尊重和爱护广大信教群众,维护好各民族、各宗教之间的安定团结、友好共在,以关心、团结、合作等积极举措来实现宗教与我国社会主义社会的和谐适应,发挥宗教界在我国经济社会发展、文化建设和民族复兴强盛中的重要作用。从根本而言,对宗教的积极引导就体现了对民众的关爱、对维护正常社会生态的努力,表达了从社会整体意义上对生命、生存、生态的尊重。

按照中国宗教"道法自然"的理解,"生"之"态"不只是自然之态,而且有着"神圣"之维,因为"生态"反映出"天道"。"生"不单纯是"地"之为,而是体现出"天"之意,《周易》对此曾强调:"万物资生,乃顺承天。"[①]"化生"万物这种自然状态所表达出的正是一种"天地"的"大德":"天地之大德曰生。"[②] 而"天地之元"则为"道",由此使"生"之"态"与"天"之"道"关联起来。在这种中国传统宗教的关联中,"生,道之别体也"[③]。人生并非孤立存在,其"生"蕴含着"天道",既有人文意味,亦有自然意义,更是表达了二者之间的精神互动。所以,人在其社会及自然"生态"中,就必须"观天之道,执天之行",这是人之存在的义务和使命。从中国宗教的审视而言,这种精神性关联使宇宙万物不是支离破碎的单独存在,而是和谐共构的有机整体。由此,人类多层面的认知得以打通,彼此呼应、关联。以往人们在世俗化的语境中多强调物质与精神的分殊,以非常机械的思路来剖析神秘复杂的大千世界,结果往往是浅尝辄止、故步自封。例如,自然科学在传统范式中深入探究了物质、能量,突出物与物之间的距离感,而当前的发展则终于

---

① 《周易·坤·象传》。
② 《周易·系辞下传》。
③ 《老子想尔注》。

打破了这一窠臼，给人类展示了一个全新的世界。以前人们只是简单地推定宇宙无始无终无限地存在，但现在却体悟到"创世""创生"之创造的意义，开始了更为复杂、更有刺激、更加大胆的"探源"研究，如宇宙之源、生命之源、意识（精神）之源的探讨已是世界范围科学家的研究课题；以前人们只认为物质第一性、精神第二性，忽略二者的内在关联和本不可分，但现在却更多关注"暗物质""暗能量"的存在，对世界"物质性"的"负面"有了承认和探究；以前人们只关注物质传播的媒介作用，并以"光速"来确定标准，但现在人们却更认真地研究"量子纠缠"现象，对以往鄙弃的"心灵感应"之说重加评价；以前人们觉得不可能发现能说明为什么物质拥有质量的根源所在这种万流归宗的"粒子"存在，但40多年之前猜想的有着"上帝粒子"之称的神秘希格斯玻色子在前些年的实验发现及其被授予诺贝尔奖的科学承认，使人们神秘想象、"寻根探源"的努力得到肯定和鼓励；这也是人类所能企及的一种更广远宏伟的大自然生态观。这种宇宙自然的发现使当代自然科学的研究突飞猛进，观念更新。上述现象或许可以从自然科学的角度重新思考"终极实在""神圣存在"和"灵魂"有无及其本质的宗教问题。对此，老子在其充满神秘意义的《道德经》中也以一种模糊的方式论及，而且留下了"道可道非常道"之谜。最近有自然科学家在多年宗教研究及实践体验后也跟着说出以往宗教学家之言：在经过辛苦的攀援而达到科学的顶峰的科学家们，惊讶地发现一批宗教领域的精英早就等在那儿迎接他们了！自然充满神秘和神圣：这既是宗教也是科学的发现。自然科学日新月异的飞速发展，突破了对宇宙自然的传统认识，给人们一种值得思考的启迪：囿于陈旧自然观范式中的唯物主义与唯心主义、无神论与有神论之辩，或许会在不远的将来有更多的反思和认知上的超越。

所谓"生态"，如前所述，在中国传统宗教的语境中，实际上就是一种"道法自然"的状态，有其内在的自然规律（也是神圣规律）。自然生态与神圣天道的呼应乃天然趣成，并非人为的矫揉造作。

因此，体悟神圣首先就在于顺应自然，遵循自然规律，保护生态平衡，而不是对自然为所欲为、贪求"人定胜天"的短期行为。其实，对自然改造中的某种表面成功并不一定就已经真正"胜天"了，相反会给人的生存带来更大的隐患和灾难，被自然界所无情惩罚。人们在与"天"斗其乐无穷、觉得已经征服自然之后却是疲劳和恐惧，终于意识到"大自然并不需要人类，而人类却绝对需要大自然"。在这种意义上，中国传统宗教观念以自然生存及变易为"神意"，主张静观自然变迁，平静对待其"云行雨施，品物流行"①，体悟"天地絪缊，万物化醇。男女构精，万物化生"②的生生灭灭之"天地变化"、宇宙历程。

在自然共存中，人不能自以为乃自然万物的"主人"或"管家"，更不能有侵吞、占有自然的贪欲和满足。中国传统宗教主张人与自然的平等和平衡，强调"人与鸟兽昆虫，共浮天地之中"，保持"同生天地，无所异也"③之关系。尤其是在中国道教及道家传统中，保持"道法自然"的生态平衡就在于拥有"天地与我并生，而万物与我为一"④的天、地、物、人共同平等的心态，人虽然看似对自然有着更多的支配权，却仍然应该对自然持"爱养万物而不为主""长之畜之，成之熟之，养之复之，生而不有，为而不恃"的态度，有着"生而不辞，功成不名有"⑤的平常心。这就是中国传统宗教所强调的自然生态。在中国古代自然经济发展中，中国传统宗教传递了明显的自然生态意识，对保持自然、平衡生态起过积极作用。而中国宗教人士所追求的也是远离尘世、归隐山林，欣赏水穷云起、空谷幽兰，有着在大自然中"天地闭，贤人隐"⑥的境界。

---

① 《周易·坤·彖传》。
② 《周易·系辞下传》。
③ 《无能子》。
④ 《庄子·齐物论》。
⑤ 闵智亭：《道教杂讲随笔》，中国道教学院2002年版，第91页。
⑥ 《周易·坤·文言》。

二 中国宗教对文化生态的追求和保护

在人类发展进程中，自然生态逐渐在减少，而寻求更好生存的人类也在不断注意营造人为生态，旨在保护自然、美化环境。这种生态即社会生态、文化生态和精神生态，若归类汇总而言，即文化生态。"文化"（culture，cultura）一词在西文中原意指"开垦""耕作""照料""培养"，但其词源 cultus 则包括"礼拜""祭礼"和"耕作""教化"这两层含义。泰勒认为，"文化或文明是一种复杂的整体，包括知识、信仰、艺术、道德、法律、风俗以及作为社会成员的个人所获得的任何能力和习惯"[①]。格尔茨则换了一种方式指出，"我们的思想、我们的价值、我们的行动，甚至我们的情感，像我们的神经系统自身一样，都是文化的产物"[②]。但他认为文化作为"控制行为的一套符号装置"却有其特殊性，不可普遍套用，"文化模式是历史地创立的有意义的系统，据此我们将形式、秩序、意义、方向赋予我们的生活。此处所指的文化模式不是普遍性的，而是特殊性的"[③]。由此可见，文化的形式是个殊性的，但文化的意义则是普世性的。通过对文化的独特体悟，恒源祥的刘瑞旗曾言简意赅却意味深长地总结说，"文化是习惯""品牌是记忆"[④]，当习惯上升为文化时，其文化品牌则是其特殊而独到的记忆。必须指出，在文化生态所涵容的社会生态及精神生态中，当然包括宗教。桑塔亚纳在其《宗教中的理性》中强调，"每一种现存的有活力的宗教都有着显著的特质。它的力量存在于它的特别的和惊人的启示中，存在于由它的启示赋予生命的倾向中。它所开拓的远景和它所揭示的神

---

① 卓新平：《宗教与文化》，人民出版社1988年版，第22页。
② ［美］克利福德·格尔茨：《文化的解释》，韩莉译，译林出版社2014年版，第63页。
③ ［美］克利福德·格尔茨：《文化的解释》，韩莉译，第65页。
④ 刘瑞旗、李平等：《国家品牌与国家文化软实力研究》，经济管理出版社2014年版，第1页。

秘是另一个生活世界；这另一个生活世界——无论我们是否希望完全进入其中——正是我们所说的'拥有一种宗教'。"① 在这一过程中，宗教则形成并坚持保留其相应的文化生态。这在中国宗教的演进中也颇为明显。

一方面，中国宗教如道教、佛教等在高山大川、林深峰险之处相继建立了其寺院宫观，使自然景观中添入了人文景观。这虽然对原有自然生态有所改变，相关的宗教场地却也加强了人为生态的构建，以弥补其原有生态的改动或破坏。这就是一种社会生态的形成。另一方面，宗教场景在社会城镇化的过程中为保留其自然原貌和其文化生态而不懈努力，在留有其"神圣"领地的同时也在很大程度上为其自然生态的保护作出了贡献，并以其"神圣"性理由为自然生态的保护作辩解，其中显然也呈现其独有的精神生态。这样，中国传统宗教场景之所在，通常也是其区域绿色之冠，有着浓郁的自然生态气场，使人在接近神圣的同时亦能更好地贴近自然，在建设社会生态时不忘自然、精神二维，从而让人体会到自然与神圣的奇特结合、相得益彰以及人类社会对自然的保护和对神圣的追求，在自然、社会、精神多层面都体现出其"止于至善"的文化气质，形成多元共构、多彩纷呈的文化生态。可以说，这些宗教场所作为人的社会建构及精神诉求有着自然生态和文化生态的双重共构，其建立起的人为生态因而也有着非常积极的意义。从这一角度来考虑，中国今天推动的城镇化建设中，似乎也应为保留或扩大相关的宗教场景作出规划，而宗教界也可在"绿水青山"和"绿色城镇化"的生态努力中有其积极参与和独特贡献。

首先，"城镇化"的布局应该打破以往"水泥楼房"林立的开发格局，而先从其"绿化"布局的设计起步，留出足够的"绿色"空间，充分考虑与其植被、生态相关联的问题。结合中国宗教传统，我们应该树立对"绿色"的神圣感，有着对碧绿植被的敬畏。在各地出差中，

---

① [美] 克利福德·格尔茨：《文化的解释》，韩莉译，译林出版社 2014 年版，第 107 页。

笔者最深刻的印象就是其传统中国宗教场景的绿黄相交、树荫水影，黄色或青色的宗教建筑有着其神圣的气势和浓厚的文化韵味，获得精神上的满足与充实；而满院绿树绿地、碧波荡漾又给人一种生态的享受，使人得到回到大自然怀抱之安慰。其给人的启示即生态文化乃神圣文化，追求神圣亦是回归自然。我国即将来临的"城镇化"建设高潮将以中小城市建设为主，自然也会触及其遍布各地的宗教场所或景观。为此，我们要借鉴这种"绿色"寺庙宫观的布局而应该有"森林城市""绿色乡镇"的意识，改变以往城镇建设从"水泥建筑"中找树草、觅绿色的败笔，而要有在绿树成荫中见楼房的效果，建设"花园式""草原式""森林式"及"立体绿化式"的城镇，改善人与自然的环境，真正实现"生态乐居""自然宜居"的城镇格局。所以，"城镇化"建设在构设、布局上应"绿色"先行，应有对"绿色"的神圣感和相应的敬畏及追求，以确保其"生态"计划的实施。

其次，"城镇化"的发展应该适应当地自然环境来进行，旨在贴近自然、天地和谐，而不要以强求"人定胜天"来造成对其地貌环境的过多破坏。其城镇格局要有中国传统宗教中"道法自然"的意识，形成其依山傍水、天然趣成的效果，不要借机搞过度开发、任意扩张，防止因修建太多、生态破坏而失去城市形象的神圣感，导致出现无人居住或人烟稀少的"鬼城"。同样，要事先考虑其地貌、地质等生态情况，体现对自然的敬畏和尊重，以防范未来出现"生态"意义上的灾难。所以，社会建构必须与其自然背景相协调、达和谐。在这种社会氛围中，笔者相信其社会人际关系也会得到更加和谐、融洽的改善。

此外，不同地方有不同的地域文化传统和自然生态观念，因此，在"城镇化"建设中这种"文化味"和"生态味"应该有机接轨，形成积极呼应和良性互动，体现其精神味，有着精气神。例如，在保护或修复地方文物古迹时，也应注意其周边生态环境，并借此机会搞好或改善其周边生态环境，使之既有历史的厚重感，又有自然的清新感，在回归历史的同时亦可回归自然。这在宗教场地的兴建或重建中尤其如此，即一定要有生态意识和精品意识，在保留文化遗产的同时亦为未来增添弥足珍贵的文化创新。为此,"城镇化"建设中人文景观和自然景观的有机搭配就应该体现在其城镇规划及设计之中,使城镇社会具有灵气和秀气,让人感到神圣和向往。而其城镇规划者则必须在"城镇化"设计及动工前补足相关的文化课、历史课、宗教课和生态课,对当地文化历史和自然生态有扎实的调研和准确的把握。

中国传统宗教在今天已经不可避免地进入社区和城镇,因此有着保护和建立自然生态和文化生态的双重使命。其信仰理念的弘扬、信仰传统的延续都应该彰显其生态意识及生态文化。无论是在名山大川,还是在城镇闹市,中国宗教在保住对生态神圣意识的同时亦会保住其宗教追求的神圣,在人类社会发展中保持住其精神性。自然与神圣不是对立而乃同道,故需"道法自然"。今天"大隐于市"的宗教亦应该把神圣带给闹市社会,使之少一些流俗、少一些污染和破坏。于此,生态观念已从传统的自然生态观而引申、扩展到社会生态、文化生态和精神生态等视域,其蕴涵更加丰富、全面。社会生态需要的是社会和谐、稳定,井然有序,宗教在维护这种社会生态中可继续发挥其积极作用。而人类命运共同体的共建、"一带一路"的广泛合作,就是社会理想生态的追求。对这种社会和谐生态而言,发展是硬道理,稳定、秩序则是其得以维系的底线。我们的文化生态所需要的是百花齐放、满园春色,各美其美、美美与共,而宗教文化正是这一百花苑中的一朵奇葩。此外,人类精神生态所需要的是身心健康、积极向上,乐观睿智、豁达开朗,而宗教则可为在社会江海中跌宕起伏的众生提供心理援助、心灵慰藉、精神调适、精神关爱。按照中国宗教的意念,只要我们牢牢守住"生态"这一底线,在自然、社会、文化、精神等层面的生态文明建设中可持续发展,我们就仍能保持与自然的和谐与亲近,也就能使我们的国家仍然是可持续发展的、让人羡慕和敬仰的"神州"。过去人们太多强调在社会病态中宗教的"幽暗",而在今天"积极引导"的社会、文化、精神生态文明建设中,我们也应该更多彰显宗教中的"阳光"。

巴哈伊信仰在生态文明建设及发展中有很好的理念和很成功的经验。其自然生态保护、社会社区建设、精神文化传播,都给世人留下了深刻印象。尤其是以色列海法城中巴哈伊信仰世界正义院所处的美丽花园，更乃其自然、社会、文化、精神生态文明集大成的杰作，故已成为海法城市的经典标志，让人流连忘返，给人激励遐想。可以说，巴哈伊信仰也是当代特别注重生态文明的宗教，其新兴的特色，就是融这种自然、社会、文化、精神的生态为一体，旨在构建一种走向未来的现代信仰文明。这种积极之态，当然可以使之与有着悠久生态保护意识的中国宗教产生共鸣，而其协同、合作则肯定会为当前世界生态保持和生态文明的崛起作出卓越贡献。

（本文为 2019 年 7 月 31 日在澳门召开的"共建人类命运共同体：生态文明与社会发展"学术研讨会上的主旨发言）

第四十八章

关爱生命,拯救生命
——论宗教中的生命观

宗教作为人类精神信仰,其在现实生活中的一个重要维度,就是对"生命"的重视,体现在对生命的关爱和拯救上。通常宗教比较关注"彼岸"世界,因而会在其信仰思考中强调"死"及"死后"的得救,或是重视"死后生活",如古埃及的宗教就是凸显"死后"意义的宗教,其所修建的各种金字塔以及人死之后制成的木乃伊,就是典型的为人的死后生活所设。此外,基督教所主张的拯救精神,虽也强调对生命的关爱和拯救,但其"天堂""地狱"及"炼狱"之说,却是非常明确的关于人死之后问题的神学之论或神话般的描述。这与中国传统宗教观则有着较大的差距,虽然中国古代宗教也多论及人死后的魂归为"鬼"和灵魂不灭,但其"人文宗教"的特质却使之更多地关注"生"、谈论"生",由此形成中国宗教"关爱生命""拯救生命"的意向或倾向。在中国文化中,特别是中国宗教全面表达了"重生""惜生""贵生""养生"的宗教观和人生观。而佛教非常强调"不杀生"的观念,从而也典型地体现出其对"生命"的重视。爱惜生命,这是宗教信仰对人生态度的基本底线,充分反映出宗教中高扬生命意义的信仰底蕴。而中国宗教则明确有着对这一关注的侧重以及在其信仰实践中的践行。

按照宗教信仰的理解,生命的意义和价值除了这种基本的人生之维以外，还表现为生命与"天道""神圣"的关联。也就是说，生命的存在意义来自"天道"，这种"人道"与"天道"的有机相连使生命具有了神圣之维。《周易》有"万物资生，乃顺承天"（《周易·坤·象传》）之说，认为"天地之大德曰生"（《周易·系辞下传》），把生命之"化生"视为"天地之大德"。道家直接将"生"与"道"相关联，视"生"为"道之别体也"（《老子想尔注》）。而中国儒家在"赞天地之化育"上亦有许多阐述。由此可见，中国古代宗教智慧就已经将关爱生命、珍惜生命置于"天地之大德"的重要地位，表达出对生命之神圣的意蕴。

从宗教对生命的关爱来看，生命也被看作自然的本真及其典型表现。生命体现出自然的"变易"和发展，有着"生生之谓易"（《周易·系辞上传》）的本质，反映了大自然的"万物化生""生生不息"。因此，自然的存在就是对生命的礼赞，生命即自然的和谐、圆融的根本性意义之所在。人以生命而在自然进程中展示出与自然的和谐，与自然万物"同生天地，无所异也"（《无能子》）。在这种自然状况中，按照道家思想，"天地与我并生，而万物与我为一"（《庄子·齐物论》）。生命与天地万物共在而体现出其尊严，关爱生命与关爱万物有机关联，彰显出自然的规律和生命的价值。在此，生命观与生态观形成其内在的有机关联。中国古代宗教思想甚至会从自然季节的变换来对应生命的生长变化，将自然气候春、夏、秋、冬这四季与生命变化元、亨、利、贞这四期相对应，"'元'——生命的开始期；'亨'——生命的成长期；'利'——生命的成熟期；'贞'——生命的衰老期"[①]。根据中国古代宗教生命观的理解，人与自然万物甚至与具有神圣之维的天地都是平等的。"天地与我并生，而万物与我为一"（《庄子·齐物论》），"同生天地，无所异也"（《无能子》），于是，天地、自然与人就具有一种生态意义上的平等。

因此，人的生命的意义反映出天、地、人的有机融贯，中国宗教对

---

① 詹石窗主编：《道学研究》2004年第1期。

生命有着特别的重视，充分体现了"仙道贵生"的生命价值观，视关爱生命为对"天道"和"人道"的信守及尊崇。仅从宗教信仰的角度来看，中国文化也要人们必须遵守、顺从这种"天道"和"人道"，而绝不可以残害生命或自我摧残，绝不能够纵容"摧残生命"这种逆"道"而行之举动。

在此后传入或形成具有体制性的宗教之后，关爱生命、保护自然的主题亦被高扬。例如，佛教就特别强调对生命的仁慈、关爱，并把对自然生态的保护提到了其神圣信仰的高度，留有"青青翠竹尽是法身，郁郁黄花无非般若"等经典名句。对此，佛教界的高僧大德和相关专家学者已多有系统论述和深刻见解，这里只是从宗教信仰精神这一基点来简单谈谈对宗教中"关爱生命、拯救生命"这种生命观的初步理解，说明宗教领袖对生命的关爱和自然的保护是其理应具有的基本素质和基本职责。在我们的社会主义大家庭中，在我们中华民族有着深厚宗教文化底蕴和积淀的社会氛围中，我们一定要全面贯彻落实宗教信仰自由这一受宪法保护的人民神圣权利，充分尊重和爱护广大信教群众，维护好各民族、各宗教之间的安定团结、友好共在，不仅保护好我们"绿水青山"的自然生态，也要保护好"和谐友善"的社会生态，以关心、团结、合作等积极举措来实现宗教与我国社会主义社会的和谐，发挥宗教界在我国经济社会发展、自然生态保护、文化建设和民族复兴、强盛中的重要作用。

（本文为 2013 年 1 月 16 日在四川省成都市举行的"慈心悲愿·善待生命——佛教生命观研讨会"上的发言稿）

第四十九章

生态文明与佛教文化

　　生态文明是当代世界发展及人类生存的重要标示之一，有着极为独特的意义。在中国面向复杂多变的现实世界积极努力共建人类命运共同体之际，很有必要对生态文明的蕴涵加以深入发掘，而其中佛教信仰与生态文明的关系问题，就值得我们展开专门而系统的探讨。正是对这一意蕴的深刻体认，作为"生态文明贵阳国际论坛"的"中国梵净山生态文明与佛教文化论坛"得以可持续发展，使人们可以对生态文明有更深刻、更透彻的认知。

　　在梵净山——铜仁举办的生态文明及佛教文化论坛之所以能够成为生态文明贵阳国际论坛的重要品牌，就在于梵净山这一"梵天净土"所具有的"弥勒道场——养心天堂"之意境。这里有优美景观，亦有神圣境界。梵净山以其秀美绿色、青山叠翠而让人心旷神怡、流连忘返；"弥勒菩萨"以其笑口常开、宽容大度的独特形象，展示了我们当前所迫切需要的一种精神面貌和基本心态，这就是立意和平、心境宽阔、包容超脱、乐观通达、自然潇洒、笑对人生，以宁静、纯洁之心来促使人类纯净心灵、洞观寰宇、大度洒脱、豁达升华。而这种精神及态度也正好能够契合这次论坛活动的主题"心灵环保—世界和谐""尊重自然，构建人类命运共同体"。

　　佛教作为世界三大宗教之一对人类文明有着杰出贡献，其本身也是一种影响广远的文明形态，尤其对于人的精神世界有着其独特的魅力，表达出人类智慧的成熟，展示了人类信仰探究的魅力。而且，佛教还是最早传入中国的外来宗教，由此使之一方面为中华文化提供了新鲜血液、丰富了华夏文明的蕴涵，另一方面则使中国人很早就有机会接触其他民族的精神文化，从此也得以全面系统地了解世界各种文明、各种精神资源和丰富多彩的信仰及求知生活。在中华文化的肥沃土壤中，佛教成功地实现了其思想及建构体系的"中国化"，佛教以其政治上的"依国主"、尊法度，文化上的"创禅宗""传净土"和信仰上的"求观音""信弥勒"等本地适应的方法而获得在中国的全方位发展，并成为今天中国本土在人数上和影响上的第一大宗教。通过海、陆丝绸之路，佛教在传入中国后在政治、社会、文化、民俗等方面适应了其中土生存，带动了中华文明的对外开放、海纳百川和可持续发展。随之，中国佛教又沿海、陆丝绸之路而将中国特色的佛教传入异域他乡，为人类提供了具有中国文化特色的佛教智慧和思想信仰。而在中外文化的交流与传播及其相互发展中，佛教也提供了鲜明的生态思想，有着强烈的生态意识。

  对于佛教而言，生态的完好、环境的完美具有神圣之意，体现出其佛、禅的觉悟、通透、澄明之境。如其"清水出芙蓉，天然去雕饰"之荷塘莲花寓意，即是尊崇、敬慕天然纯洁之禅意；而"青青翠竹尽是法身，郁郁黄花无非般若"之表达，也正是自然为佛、生态禅境的写意。这亦与我们所言"梵净山，山即是佛，佛即是山"的体悟天然吻合。根据佛教所传承的精神资源，此处有着"梵"这一最初印度元素的积极发挥，其"梵净"乃是一种"梵境"，"梵"在形而上之本体论层面就有着悟透天地本原之意，同样也有着天地之间"梵天"与"梵我"之沟通和连接，其"究天人之际"乃追求一种纯然、纯洁之"梵境"，使自然及人类世界成为体现出这一"梵境"的玄妙"梵宫"。而且，若想实现这种"梵净"，则需要人们在主体认识上必须获得有心性觉悟之"佛陀"和超越生死之"涅槃"，这是佛教文化所理解的超脱心境和超然追求。而同样重要的是，佛教认为人们在社会实践的道德论层面及其实践理性上，则还需要普度众生的菩萨之"慈悲"、弥勒之

"大度"。其民俗、社会实践之道德层面将这种理解加以淋漓尽致的发挥，推崇禅修等自我修炼而成佛得道，通过超越生死之界的"永恒轮回"而悟透时空整体之在，即以此生不够而或升或降之轮回的超越来使生得以延续，由此来确定生活的质量、生命的意义，为义舍生，自我反省，获得在轮回中新生等生生不灭的超然境界，从而将死与生有机相连，让人向死而生，绝处逢生。在其看来，普通之人也可在生活禅、人间佛上达到对永恒的追求。特别是弥勒之悟在人的社会场景中得以凸显，即在面对复杂人生时有弥勒之大度和看破红尘之轻松，虽"难得糊涂"却洞察一切，以"笑口常开"来育人度人，彰显其大德大成。由此，通过对梵净山自然美貌与其精神底蕴的观察研究，我们可以加强对世界自然及文化遗产的深刻体认，佛教之"隐山"既是一种超越，也是一种回归自然，其作为人类文化遗产与世界自然遗产的有机共构，使我们得以透彻理解"梵净山"之"梵净"所寓意的生态文明与佛教文化在这里所达到的完美结合。

佛教受儒、道等中华本土文化之影响，在中国文化所倚重的理学、心学、道学等方面都有体悟和拓展，使中国思想有了更深的哲理底蕴，让中国人的信仰生活达到更高灵性。中国社会过去有"以佛治心、以道治身、以儒治世"之信仰指引的社会精神治理，而佛教生态意识在此也达到了新的境界和升华。也正是在这一思想的启迪、深化上，我们可从构筑尊崇自然、绿色发展的生态体系进一步拓展，即从恢复或打造纯洁的自然生态扩大到形成纯洁的社会生态和精神生态，使自然环境、社会处境与人的心境达至理想的三位一体。通过这一思想境界，我们理所当然地会从关注自我可持续发展的"美丽中国"进而推进到积极参与人类命运共同体的共建。

对于佛教的这种独特意义及贡献，习近平总书记曾高度评价说：佛教产生于古代印度，但传入中国后，经过长期演化，佛教同中国儒家文化和道家文化融合发展，最终形成了具有中国特色的佛教文化，给中国人的宗教信仰、哲学观念、文学艺术、礼仪习俗等留下了深刻影响。中国人根据中华文化发展了佛教思想，形成了独特的佛教理论，而且使佛教从中国传播到了日本、韩国、东南亚等地。文化的自我封闭是没有出路的，而文化的交流则正是体现出文化的多样性，这种多样性并不必然相互排拒，而是可以彼此丰富并带来世界文明的绚丽多彩的。在这种典型的宗教文化交流中，我们看到了文明从对抗走向对话的重要及必然，这一充满希望的路径可以使世界格局得以柳暗花明、走向人类共同发展的康庄大道。习近平主席关于佛教"传入"及"传出"作用和影响的这一精辟论述，值得我们认真思考和系统探讨。

总之，作为"生态文明贵阳国际论坛"的有机构成，"2018年中国梵净山生态文明与佛教文化论坛"有着国际交流、相互了解和彼此达到学术升华等诸多意义。习近平主席在致生态文明贵阳国际论坛2018年年会的贺信中进而指出，"生态文明建设关乎人类未来，建设绿色家园是各国人民的共同梦想。国际社会需要加强合作、共同努力，构建尊崇自然、绿色发展的生态体系，推动实现全球可持续发展。""中国高度重视生态环境保护，秉持绿水青山就是金山银山的理念，倡导人与自然和谐共生，坚持走绿色发展和可持续发展之路。"绿色是生命之色，是未来希望的象征，也有着永恒的蕴涵。我们的宗教生态文明研究也正是要体现出"生态优先、绿色发展""走向生态文明新时代"这一主题。而突出梵净山的佛教意义，就是要探索并阐明生态文明与佛教文化的有机关联及历史渊源，彰显并弘扬佛教在中国所代表的中国特色之开拓性、开创性和开明性，强调正是这种开启才真正拓展了中华文明的精神世界，深化了中国思想的哲理底蕴，也随之提升了中国人信仰生活的灵性境界，由此则还可以这种"中国化""中国特色"来与国际社会对话，与世界各国人民交流。而我们积极引导宗教与当今中国社会主义社会相适应，就是要积极弘扬以佛教为代表的中国宗教之正能量、正功能，发掘其适应中国当今主流意识和核心价值的思想教义，给自然、社会和人心带来健康生态、优化生态。

（本文为2018年在"中国梵净山生态文明与佛教文化论坛"上的发言，参见《中国宗教》2018年第7期。）